吉林省"十四五"普通高等教育本科省级规划教材

大学生心理健康教育

（第二版）

主　　编　张金明　　杨　莹　　蒲文慧

副主编　徐凤利　　谷　丹　　张冬梅

参　　编　侯彦宇　　侯依林　　闫世超

　　　　　于金涛　　高　迪　　夏睿聪

西安电子科技大学出版社

内 容 简 介

　　促进学生身心健康、全面发展，是党中央关心、人民群众关切、社会关注的重大课题。加强和改进大学生心理健康教育工作，是深入贯彻落实习近平新时代中国特色社会主义思想的重要举措。本书围绕"立德树人"的教育目标，深入挖掘"课程思政"的内容元素，努力做到知识传授和价值引领相统一。

　　本书既可以作为大学生心理健康教育的教材，也可以作为大学生进行自我心理调适的辅导书，还可以作为关心大学生健康成长的领导、教师、辅导员、家长等指导大学生心理健康发展的参考书。

图书在版编目（CIP）数据

　　大学生心理健康教育 / 张金明，杨莹，蒲文慧主编. 2 版. --西安：
西安电子科技大学出版社，2024. 6（2025. 8 重印）. -- ISBN 978-7-
5606-7212-0

　　Ⅰ. G444

中国国家版本馆 CIP 数据核字第 2024Y2T557 号

策　　划　井文峰　李鹏飞
责任编辑　张　存　武翠琴
出版发行　西安电子科技大学出版社（西安市太白南路 2 号）
电　　话　(029) 88202421　88201467　　邮　　编　710071
网　　址　www. xduph. com　　　　　　电子邮箱　xdupfxb001@163. com
经　　销　新华书店
印刷单位　陕西天意印务有限责任公司
版　　次　2024 年 6 月第 2 版　2025 年 8 月第 3 次印刷
开　　本　787 毫米×1092 毫米　1/16　印张 19
字　　数　489 千字
定　　价　59.00 元
ISBN 978-7-5606-7212-0
XDUP 7514002-3
＊＊＊ 如有印装问题可调换 ＊＊＊

前　言

　　促进学生身心健康、全面发展，是党中央关心、人民群众关切、社会关注的重大课题。随着经济社会快速发展，学生成长环境不断变化，学生心理健康问题更加凸显。

　　习近平总书记在全国高校思想政治工作会议上强调，"学校立身之本在于立德树人""思想政治工作从根本上说是做人的工作，必须围绕学生、关照学生、服务学生，不断提高学生思想水平、政治觉悟、道德品质、文化素养，让学生成为德才兼备、全面发展的人才""要坚持不懈促进高校和谐稳定，培育理性平和的健康心态，加强人文关怀和心理疏导，把高校建设成为安定团结的模范之地"。

　　为深入贯彻落实习近平新时代中国特色社会主义思想和2023年5月11日教育部、最高人民检察院、中央宣传部、中央网信办等十七部门联合印发的《全面加强和改进新时代学生心理健康工作专项行动计划（2023—2025年）》文件精神，全面加强和改进新时代学生心理健康工作，提升学生心理健康素养，培养学生良好的人格品质，提高学生心理调适能力，培养造就拔尖创新人才，建设人力资源强国，推动教育改革，推进大学生心理健康教育工作科学化建设，我们结合心理健康教育工作的教学实际情况，编写了本书。

　　参与编写本书的人员都是多年从事大学生心理健康教育与心理咨询的教师，具有较强的理论功底和实践经验。可以说，本书是我们多年来从事大学生心理健康教育与心理咨询实践的结晶。在编写本书的过程中，我们遵循理论与实践相结合的原则，既重视应用有关心理学的知识原理，阐明大学生心理发展的规律与特点，又密切联系大学生心理问题的实际情况，提供切实可行的心理训练和辅导方法。

　　本书围绕"立德树人"的教育目标，深入挖掘"课程思政"的内容元素，努力做到知识传授和价值引领相统一。本书既可以作为大学生心理健康教育的教材，也可以作为大学生进行自我心理调适的辅导书，还可以作为关心大学生健康成长的领导、教师、辅导员、家长等指导大学生心理健康发展的参考书。

本书的编写工作采用集体讨论、分头执笔、交叉修改的方式，由张金明、杨莹、蒲文慧担任主编，负责统稿、审稿、定稿。各章的具体编写分工如下：第一章、第二章由张金明撰写；第三章由蒲文慧撰写；第四章由徐凤利撰写；第五章由高迪撰写；第六章由张冬梅撰写；第七章由于金涛撰写；第八章、第九章、第十章由杨莹撰写；第十一章由侯依林撰写；第十二章由夏睿聪撰写；第十三章由侯彦宇撰写；第十四章由谷丹撰写；第十五章由闫世超撰写。

本书在编写过程中，参考了其他大学生心理健康教育类的书籍和文章，也得到了学校领导、教务处等有关人员以及西安电子科技大学出版社的积极支持和帮助，特在此表示感谢！

由于编者水平有限，书中疏漏在所难免，诚望广大读者不吝赐教。

编　者

2023 年 12 月

目　录

第一章　大学生心理健康导论

心灵导读

　　一个健康的人，不仅在身体方面是健康的，在心理方面也是健康的。心理健康是人在成长和发展过程中，认知合理、情绪稳定、行为适当、人际和谐、适应变化的一种完好状态。心理健康事关个体的幸福，家庭的和睦，社会的和谐。大学的培养目标是培养全面发展的、高素质的专门人才。心理素质是个人整体素质的一个重要方面，加强学校心理健康教育，不仅对提高大学生个体的心理素质，对他们在校期间的身心健康和德智体美等全面发展有着重要指导作用，而且对他们毕业后的发展，尤其对国家一代新人总体素质的提高有着极其深远的影响。

教学目标

　　通过对本章的学习，应了解心理、健康、心理健康的含义以及大学生心理健康的标准，理解在高校开展心理健康教育的意义，掌握大学生心理发展的特点和影响大学生心理健康的因素，从而能够通过积极有效的途径和方法提高心理健康水平。

第一节 心理健康的含义和标准

对于每一个迈入大学校园的大学生而言，大学生活都是一种全新的人生体验——开始独立地面对现实生活，自主地解决人生难题。然而，社会的变革、环境的改变、学习的压力、生活的烦恼、竞争的加剧等都给他们带来巨大的心理矛盾和困惑。避免和消除各种矛盾引发的心理压力、心理困惑甚至是心理障碍，增进大学生心理健康，优化心理素质，预防心理疾患，已成为高校面临的一个重要课题。

案例导入

一、心理的含义

心理是感觉、知觉、记忆、思维、意志、性格、意识倾向等心理现象的总称。人的心理并不是虚无缥缈、神秘莫测的东西，人们每时每刻都在体验着、经历着，只要处在清醒状态下，就会感受到它的存在。人的心理现象又是丰富多彩、错综复杂的，它看不见摸不着，很难把握和控制。为了了解人类自身的心理世界，探索其发展、变化的规律，也为了研究的方便，心理学把人的心理现象划分成相互联系的两大方面：心理过程和人格心理特征。

（一）心理过程

心理过程是人的心理活动发生、发展的过程。具体来说，心理过程是指在客观事物的作用下，在一定时间内大脑反映客观现实的过程。根据心理过程的性质和形态的不同，可将其分成认识过程、情感过程和意志过程。

（1）认识过程。认识过程是人在认识事物中产生的心理活动，包括感觉、知觉、记忆、想象和思维。感觉是人脑对直接作用于感觉器官的事物的个别属性的反映；知觉是人脑对作用于感觉器官的事物的整体反映；记忆是过去经历的事物在人脑中的反映；想象是在原有感性形象的基础上创造新形象的心理过程；思维是人脑对客观事物本质属性及其规律的间接、概括反映。

（2）情感过程。情感过程是人对客观事物是否符合自己需要所产生的一种态度体验。人们在认识客观世界时，并不是无动于衷的，总是伴有一定的态度体验，或喜或悲，或欢欣雀跃，或忧愁悲伤，这些都是情感（或情绪）的实际表现。

（3）意志过程。意志过程是人自觉地确定目标并克服困难去实现目标的心理过程。人不仅能够认识世界，而且能够改造世界，但是，在这个过程中会遇到许多困难和挫折，能否克服这些困难和挫折主要取决于人的意志过程。

心理过程的三种形式并不是彼此孤立的，而是相互联系、相互制约的。认识是情感和意志产生的前提，情感和意志随着认识活动的变化而变化；反过来，人的情感和意志也会影响认识过程，对人的认识起着推动作用。

（二）人格心理特征

人格心理特征是一个人身上经常表现出来的本质的、稳定的心理特点。它包括能力、气质和性格。

能力是直接影响活动效率、保证活动顺利完成的人格心理特征。能力总是和活动联系在一起，反映了个体具有完成某种活动的潜在可能性。

气质是一个人与生俱来的心理活动的动力特征，反映了个体心理活动的动力特征。

性格是一个人对现实的稳定态度和习惯化的行为方式，反映了个体对现实的态度和行为特征。

能力、气质和性格之间也是彼此联系、相互影响的，它们反映了人格心理特征的不同侧面。

心理过程和人格心理特征构成了人的心理现象的两大侧面，两者是紧密联系、不可分割的。人格心理特征需要通过心理过程形成并表现出来，已经形成的人格心理特征又制约着心理过程的进行。因为没有客观现实的意志行动，人格心理特征就无法形成；反之，人格心理特征的差异又决定着对事物的认识程度、情感体验的深度和意志行动的强度。所以，人的心理是一个完整的统一体。

二、健康的含义

长期以来，人们一直认为"只要躯体上没有疾病、没有缺损、不虚弱就是健康"。也就是说，过去人们把健康与疾病看成是非此即彼的两个极端，无病便是健康，健康就是无病。而现在人们更多地把健康看成是一个连接体，在健康与疾病之间没有截然的分界点，在两个端点之间有一个很大的空间，这一空间既非健康又非疾病。人们把这一空间状态称为"亚健康状态"或"第三状态"。

从医学上讲，处于"亚健康状态"的人，虽然各项体检指标均为正常，也无法证明有某种器质性的疾病，但与健康的人相比却又显出生活质量差、工作效率低、易疲劳、食欲不振、睡眠不佳、腰酸背痛、疲乏无力等症状。

从心理健康的角度来看，处于"亚健康状态"的人，虽然没有明显的精神疾病和心理障碍，但却表现为工作、学习效率不高，注意力易分散，情绪烦躁焦虑，缺乏生活目标与动力，常常感到生活无聊、提不起劲，人际关系紧张等。

通过以上的分析可以了解到，随着社会的发展，健康的内涵和外延也发生了重大的变化。世界卫生组织提出：**健康不仅局限于躯体没有疾病、没有缺损、不虚弱，还要有完整的生理、心理状态和社会适应能力。**这明确地告诉人们，健康应该包括三个基本方面：一是生理方面，即躯体、器官方面；二是心理方面，即认识、情感、意志及人格；三是社会适应方面，即个体对于社会关系能动的调适能力。

三、心理健康的含义

对于心理健康的概念，历来有不同的看法。美国心理学家马斯洛和密特尔曼提出过 10 条被认为是经典的标准：一是有充分的自我安全感；二是能充分了解自己，并能恰当地估计自己的能力；三是生活理想切合实际；四是不脱离周围现实环境；五是能保持人格完整与和谐；六是善于从经验中学习；七是能保持良好的人际关系；八是能适度地宣泄情绪和控制情绪；九是在符合团体要求的前提下，能有限度地发挥人格；十是在不违背社会规范的前提下，能适当地满足个人的基本需要。

国内有些学者，如马建青在 1992 年提出了心理健康的 7 条标准：智力正常；情绪协调，心境良好；具有一定的意志品质；人际关系和谐；能动地适应环境；保持人格完整；符合年龄特点。

结合国内外专家学者的不同见解，我们认为，**所谓心理健康，最概括、最一般的含义，是指人的心理，即知、情、意活动的内在关系协调，心理内容与客观世界保持统一，并据此能促使人体内、外环境平衡和促使个体与社会环境相适应的状态，并由此不断地发展健全的人格，**

提高生活质量，保持旺盛的精力和愉快的情绪。

四、大学生心理健康的标准

　　大学生的年龄普遍为 18～25 岁，从心理学的观点来看，大学生正处在青春期的中后期。大学生的心理具有青春期中后期的许多特点，但作为一个特殊群体，大学生又不完全等同于社会上的青年。根据我国大学生的实际情况，评判大学生的心理健康水平应从以下几个标准考虑。

（一）智力正常

　　智力正常是大学生学习、生活、工作的最基本的心理条件，是大学生胜任学习任务、适应周围环境变化所最需要的心理保证，因而也是衡量大学生心理健康的首要标准。一般来说，大学生通过了高考的选拔，足以证明其智商是正常的，且总体水平会高于同龄人。衡量大学生的智力水平，关键看大学生的智力是否正常地、充分地发挥了效能。大学生智力正常且充分发挥效能的标准是：有强烈的求知欲和浓厚的探索兴趣；智力结构中各要素在其认识活动和实践活动中都能积极协调地参与，并能正常地发挥作用；乐于学习。

（二）情绪健康

　　情绪健康的主要标志是情绪稳定和心情愉快，这是大学生心理健康的一个重要指标，因为情绪在心理变化中起着核心的作用，情绪异常往往是心理疾病的先兆。大学生的情绪健康应包括以下内容：

　　（1）愉快情绪多于不愉快情绪，一般表现为乐观开朗，充满热情，富有朝气，满怀自信，善于自得其乐，对生活充满希望。

　　（2）情绪稳定性好，善于控制和调节自己的情绪，既能克制约束，又能适度宣泄，不过分压抑，使情绪的表达既符合社会的要求，又符合自身的需要，会在不同的时间和场合恰如其分地表达情绪。

　　（3）情绪反应是由适当的情境引起的，反应的强度与引起这种情绪的情境相符合。

（三）意志健全

　　意志健全者在行动的自觉性、果断性、顽强性和自制力等方面都表现出较高的水平。意志健全的大学生在各种活动中都有自觉的目的性，能适时地做出决定并运用切实有效的方法解决所遇到的各种问题，在困难和挫折面前，能采取合理的反应方式，能在行动中控制情绪和言行，既不顽固执拗、轻率鲁莽、言行冲动，又不意志薄弱、优柔寡断、害怕困难。

（四）人格完整

　　人格，在心理学上指个体比较稳定的心理特征的总和。人格完整，就是指有健全统一的人格，即个人的所想、所说、所做都是协调一致的。大学生人格完整的主要标准如下：

　　（1）人格结构的各要素完整统一。

　　（2）具有正确的自我意识，不产生自我同一性混乱。

　　（3）以积极进取的人生观作为人格的核心，并以此为中心把自己的需要、愿望、目标和行为统一起来。

（五）自我评价正确

　　正确的自我评价是大学生心理健康的重要条件。大学生是在现实环境里与他人的相互关系及在自己的实践活动中认识自己的。一个心理健康的学生对自己的认识应比较接近现实，有"自知之明"。对自己的优点感到欣慰，但又不狂妄自大；对自己的弱点不回避，也不自暴自弃,而是善于正确地"自我接纳"。

(六)人际关系和谐

人总是处在一定的社会关系中,大学生也同样离不开与人打交道。和谐的人际关系,既是大学生心理健康不可缺少的条件,又是大学生获得心理健康的重要途径。人际关系和谐表现如下:

(1)乐于与人交往,既有稳定而广泛的人际关系,又有知心朋友。

(2)在交往中保持独立而完整的人格,有自知之明,不卑不亢。

(3)能客观评价别人和自己,善于取人之长补己之短。

(4)宽以待人,乐于助人。

(5)积极的交往态度多于消极态度。

(6)交往动机良好。

(七)适应能力强

较强的适应能力是心理健康的重要特征。不能有效处理与周围现实环境的关系是导致心理障碍的重要原因。心理健康的大学生,应能与社会保持良好的接触,对社会现状和未来有较清晰正确的认识,思想和行动都能跟上时代的发展步伐,与社会的要求相符合。这里所讲的适应,不是被动、一味地迎合,甚至与不良风气、落后习俗同流合污,而是在认清社会发展趋势的基础上,主动适应社会发展的要求,不逃避现实,更不妄自尊大、一意孤行,与社会需要背道而驰。

(八)心理行为符合大学生的年龄特征

大学生是处于特定年龄阶段的特殊群体,大学生应具有与年龄和角色相适应的心理行为特征。一个大学生若经常严重地偏离这些心理行为特征,则有可能是心理异常的。

第二节 大学生心理发展的特点及心理健康状况

了解大学生心理发展的特点,把握当前大学生的心理健康状况,掌握影响大学生心理健康的因素,是开展大学生心理健康教育的基本前提和重要内容。

案例导入

一、大学生心理发展的特点

个体的心理发展,从一定意义上看,就是指个体从出生到死亡,其间心理发生、发展和变化的过程。在校大学生正处于人生发展阶段的青年中期。

(1)青年前期:14、15岁至17、18岁,相当于中学阶段,个体的生长发育进入"第二次生长高峰",心理发展特别是人格心理特征变化明显。

(2)青年中期:17、18岁至22、23岁,相当于大学阶段,生长发育、心理发展均趋于成熟。

(3)青年后期:22、23岁至27、28岁,相当于完成学业、选择职业、组建家庭、走向社会的初期阶段,生长发育和心理发展趋于稳定。

从发展心理学的角度看,这一时期的大学生在人格上将逐步完成从青少年向成年人的过渡和转变,从而建立起自己稳定的人格结构,在心理上和经济上逐步摆脱对家庭和父母的依赖，走向独立和成熟。这一时期，在校大学生面临很多重要的人生发展课题，必然会遇到各种困惑和矛盾。有相当一部分大学生不能正确对待遇到的各种问题，从而感到困惑和迷茫，有的甚至产生心理障碍。

（一）独立与依赖的矛盾

大学生离家求学，脱离了家庭的约束，同时也摆脱了升学的压力，有更多的机会来观察世界、发现自我。他们想用自己的眼睛寻找真理，不再一味地遵从师长和世俗的要求，可是他们经济不独立，经历还不丰富，思维还不深刻，他们想独立但又很难摆脱依赖，就像空中的风筝，既想自由翱翔，又不想挣断风筝线，因为风雨来时，还想投入父母的怀抱。

（二）闭锁心理与渴望理解的矛盾

由于拥有了人格化的自我，大学生再也无法把自己完全地融入他人之中。他们每个人都有了一片只属于自己的"田野"，别人无法涉足。但他们又处于渴望友谊、期待理解的年龄，一声赞许会令他们欣然，一丝微笑会使他兴奋。他们把自己的心灵之门小心地锁上，又把钥匙挂在旁边，渴望一个细心的人能开启他的心灵之锁，然后推门而入，发现那小心翼翼的心灵原来并不设防。

（三）理想与现实的矛盾

大学生是天之骄子，他们指点江山、针砭时弊。他们有的是热情，有的是精力，总觉得自己是未来社会的"撑船人"，世界属于他们。可是一接触现实则会发现，社会并不完全按照他们的思维运转，他们的高谈阔论很少被别人采纳，一腔热血有时换来的是冷冷一笑。理想的"泡沫"在现实面前破碎后，他们痛苦、愤怒、郁闷，找不到自己的位置、自己的路。这世界充满了成功的机遇，但挫折和失败却比成功更多。大学生还处在一个太容易欣喜和沮丧的年龄，还不知道如何面对成功和失败。

（四）求知欲强与鉴别力低的矛盾

上大学前，大学生们一直埋头于课本与参考书中，一旦没有了升学的压力，那处于巅峰的感知力和记忆力则令他们"胃口大开"。他们像节食多年的孩子一样涌向大学图书馆，饱读哲学、文学、艺术类书籍。这种没有指导、没有鉴别的盲目阅读使他们在吸收许多营养的同时也接受了一些"毒素"。许多思想涌入他们缺乏鉴别力的大脑，使他们又陷入了新的迷茫与困惑中。

（五）性生理早熟与性心理晚熟的矛盾

20 岁左右的大学生，他们的生理迅速发展成熟，但由于在学校生活的时间长，与社会实践接触得少，他们出现了与生理发育不协调的心理晚熟现象。性生理的基本成熟，使大学生有了与异性交往的需要和欲求。但大学生除感情外，在经济、社会、心理方面都还缺乏承担爱的责任和能力。如果把爱和性分开，把爱和责任分开，那么爱只不过是一场浪漫的游戏。在大学中，许多人恋爱中都无法回避性的骚动和爱的困扰所带来的矛盾。

二、目前大学生的心理健康状况

各方面的心理健康调查结果显示，目前我国大学生的心理健康状况令人担忧。在校大学生出现心理障碍倾向的比例在 30％左右，而存在较严重心理障碍的约占 10％，主要表现在以下几个方面。

（一）环境适应不良产生的心理矛盾和困惑

环境适应不良主要发生在大学新生群体之中。大学生从中学进入大学是人生的一个重要转折，在这个过程中，如果难以适应生活环境、人际环境，就会产生心理矛盾和困惑，例如自豪感与自卑感的矛盾、新鲜感与恋旧感的矛盾、独立性与依赖性的矛盾、轻松感与被动感的矛盾以及强烈的交往需求与孤独感的矛盾。如果这些矛盾过于激烈和持久，就容易导致心理压抑，甚至引发心理疾病。

(二) 学习和考试的过大压力导致的高度紧张和焦虑

学习仍是大学生生活的主旋律。而学习进度的快慢、学习内容的简繁、学习难度的大小、学习成绩的好坏都会使大学生的心理状况发生变化。特别是在学业成绩的好坏直接成为影响就业的主要因素的情况下，有的同学因学习和考试的过大压力而出现一定程度的心理问题。例如，因时时感到竞争压力大而高度紧张和焦虑，出现自卑、厌学、注意力不集中、失眠、精神不振、思维钝化等心理障碍，这些状况在大学生心理问题中较为多见。

(三) 人际交往的不适导致的烦恼和孤独

社会心理学的研究表明，人的心理矛盾乃至心理疾病的产生大多是人际交往不适造成的。大学生是处在一个特定阶段的特定角色，他们缺少社会生活经验和社会交往的阅历。随着环境的改变，以及生理、心理的逐渐成熟，他们产生对友谊和爱情的渴望，而且时代的发展对大学生的人际交往能力也提出了更高的要求，不少大学生常常因为沟通不良、人际冲突、人际关系失调，而产生烦恼、失落、自卑、压抑、焦虑、孤独和恐惧等情绪，严重者则会导致生理、心理疾病。

(四) 恋爱和性心理的发展导致心理困扰

伴随着大学生生理、心理的逐渐成熟，大学生性心理也有了较大的发展，产生性的欲望和冲动，有了结交异性的强烈愿望。一般情况下，大学生通过学习、工作、文体活动和正常社交活动，可以使自己的生理能量得到正常的释放，保持生理心理平衡。但一部分大学生缺乏对性健康和性科学的认识，对性心理缺少卫生知识和良好的习惯，因而导致恋爱和性心理的困扰，如因单相思而自闭，因热恋影响学业而烦恼，因失恋而萎靡，因多角恋而难以自拔，因性冲动导致性自慰而感到羞愧自责，等等。

(五) 人生价值观上的消极取向导致认知上的偏执

大学生关心政治、思维敏锐、乐于进取，但是由于新形势下社会价值观多元化的影响，一部分大学生缺乏对人生态度和人生意义的正确理解，他们在价值取向上或过分强调自我价值的实现，过分夸大自我作用，或自我否定、自我拒绝，他们在处理个体与集体、个人与社会的关系时常常有吸取消极评价的倾向或存在过激的心理状态。

三、影响大学生心理健康的因素

影响大学生心理健康的因素是多种多样的，既有个体发展过程中的家庭因素、学校因素、社会因素，又有个体自身的主观因素。

(一) 社会因素

著名社会学家费孝通先生说："我国当前正处在一个大变革时期，这个变革包括几千年沿袭下来的文化、观念的变革，因此不可避免地会出现因适应不良而产生的各种心理障碍。"这就要求人们及时地进行自我调整，以便适应新的社会生活环境。然而，大学生正处于世界观、人生观的形成期，生理和心理处于不稳定阶段，心理还十分脆弱，容易产生价值观的混乱和情绪的起伏不定。他们的心理是复杂而动荡不安的，加之缺乏社会经验，心理承受能力和调节能力较低，因而在高效率、快节奏和激烈竞争的社会中出现各种心理困惑也就在所难免。

（二）家庭因素

家庭环境和教育对个体人格的形成具有重要的影响。家庭是每个人成长的第一环境，父母是大学生的第一任老师。父母的文化程度、职业特点、性格特征、价值观、人生观，以及教养态度、教养方式，直接影响着孩子的人格特点和心理素质，对大学生的性格塑造，人格形成，人生观、价值观、世界观的形成都有着重要影响。父母的病态心理常常会引发子女的心理病态，父母心理不健康也成为导致家庭不安定的潜在因素，并直接影响到子女的心理健康。不正常的家庭关系会造成一个人不适当的心理行为。父母关系恶劣，家庭气氛紧张，尤其是父母离异，往往会使孩子形成不良的性格特征，如冷漠、孤僻、自卑、多疑等。这些不良性格特征常使大学生在人际交往方面出现障碍，表现出缺乏生活热情、缺乏爱心、人际关系淡漠、人际交往羞怯、恐惧等心理问题。

（三）学校因素

学校是大学生生活、学习的主要场所，对大学生的身心健康会产生直接的影响。我们的中小学教育一直是围绕着高考的指挥棒而运转的，学习成绩的高低决定能否考上大学，这就使得教师和家长只重视学生的分数，而忽视了他们的身心健康。即使有人想重视，也会被"考不上大学，什么都不是"的理由顶回来。当这些心理素质极其薄弱的学生进入大学后，面对新的环境、学习方式和人际交往，便会出现各种各样的烦恼和困惑，如果得不到及时的调整和解决，就会产生心理问题或心理疾病。

（四）大学生自身因素

大学生个体自身因素是影响和制约大学生心理健康的主要内因，主要表现为以下几个方面。

1. 个体的人格缺陷

有研究表明，大学生中有相当一部分人存在不同程度的人格发展缺陷，表现为孤僻、冷漠、多疑、悲伤、急躁、冲动、固执、好钻牛角尖、易偏激、骄傲、虚荣、以自我为中心等。近年来，在对学生进行心理健康教育和咨询时发现，不少心理障碍都与人格缺陷有关。如偏执型人格障碍导致固执、多疑，易嫉妒，难与同学相处；强迫型人格障碍具体表现为过分的自我束缚、自我怀疑，常常紧张、苦恼和焦虑；自恋型人格障碍主要特点则是自负、不接受批评和建议、人际关系紧张。

2. 自我意识缺乏客观性和正确性

大学生的自我意识是大学生心理发展中具有突出特色的方面，是人格发展的最集中的表现之一。自我意识包括自我评价、自我体验、自我控制等。

大学生对自我评价有浓厚的兴趣，但却常常缺乏客观性、正确性。他们有时自我感觉太好而自负骄傲，自我期望值过高，偏离实际水平，但一旦遇到挫折和不幸，又容易出现逆转，走向对立面，产生自卑情绪，自我评价过低，不能客观、正确地认识自己。

大学生的自我体验强度大却不稳定。由于大学生对自己的发展以及对自己的社会地位日渐关心，他们对自己的一切行为举止极易产生强烈的内心体验，但自我体验有着较多的情感性，故不够稳定。他们常常会因为自我目标和现实目标有差距而心灰意冷、意志消退，出现自卑、抑郁、悲伤、痛苦等负面情绪体验。

大学生自我控制水平明显提高，但却缺乏持久性。进入大学后，大学生总是按照自己的理想和追求规范自己的行为，并能逐渐以社会标准和社会需求调节自己的行为。但同时，青年大学生的自我控制缺乏持久性，经常出现起伏现象。大学生中存在的自由散漫、懒惰、沉沦、失落迷茫、情绪过度高涨和过度低落就是具体表现。

3. 缺乏科学的社会认知

在社会的急剧变革中，传统文化体系开始衰落，人们所推崇的价值体系和行为规范受到冲击，而新的道德行为规范又尚未完全建立起来，人们普遍感到困惑、焦虑、无所适从，出现价值失落、道德滑坡和人格扭曲现象。社会行为中的短期行为、享乐主义、拜金主义和极端个人主义等非理性行为也比比皆是。处于敏感期的大学生对社会的复杂性缺乏科学、全面、正确的认知，容易受社会消极面影响，产生悲观、失望、消沉、偏激等心理问题，甚至产生攻击型和反社会型人格障碍。

4. 缺乏人际交往能力

大学生面对来自不同地域、不同教育背景、不同经济状况、不同风俗和生活习惯、不同学业期待的新同学，建立协调、友好的人际关系是非常重要的。大学生们整天在一起学习、生活，交往的机会很多，交往的内容也非常丰富，交往也较中学时期要复杂、难处理得多。而大学生中不少人既缺乏应有的交往意识和能力，又缺乏良好人际关系所必需的人格品质，因此，一些大学生常常感到人际关系上的压力大，一些人甚至陷入人际交往危机。调查显示，有55.3％的大学生认为自己的交往能力欠缺，交往范围有一定的局限性，主要表现在以下方面：

（1）缺乏自信心。有33.41％的学生认为对任何事情如果不反复确认就放心不下；有29.25％的学生认为自己缺乏自信心，因此不愿意参加社交活动。

（2）在社交场合十分拘谨，过多地考虑自己的形象。有27.89％的学生很在乎别人对自己的看法，因而谨小慎微，害怕出错。

（3）以自我为中心，过分地苛求别人。有的大学生对他人的言行吹毛求疵、挑剔、猜疑，缺乏理解、尊重、同情心。

（4）不懂宽容，不会设身处地为别人着想。

（5）过分固执、任性、偏激甚至喜怒无常等。

可以说人际交往能力的欠缺，是大学生产生心理困惑最直接的原因。

5. 生活环境变迁

心理学研究表明，个体所处环境的巨大变迁会使个体产生心理应激反应。生活环境的变迁对新生是一个不小的挑战。由于环境的改变、角色的变化、生活方式的变化，再加上远离父母，自己的独立生活能力、适应能力、交往能力欠缺，以及缺乏思想上、心理上的准备，大学生们产生了程度不同的适应困难，对大学生活产生焦虑、恐慌、苦恼、不安等情绪，进而产生心理困惑。

6. 理想与现实的冲突

在上大学之前，每一名学生都在内心勾画着大学的轮廓：校园是那么温馨美丽，专业学习是那么得心应手，大学教授的风采是那么超凡脱俗……然而，到大学后感觉与自己理想中的大学相差太远。理想与现实的差距越大，大学生的心理就越难以平衡，因此他们出现了不满、失落、抱怨、自卑等心理困惑。

7. 情感、情绪上的困扰

情感、情绪上的困扰是大学生心理困惑最主要的表现形式。据调查，32.26％的学生认为自己的情绪起伏过大；28.43％的学生认为自己缺乏热情和积极性；29.96％的学生认为自己的情绪易被破坏。这说明大学生情绪倾向性较高，而情绪控制能力较弱，易受外界暗示和干扰，波动性较大，极易产生紧张、焦虑、抑郁、嫉妒、愤怒等消极情绪。

8. 学习、考试的压力

对于多数学生而言，大学学习、考试的压力并不大，但有一部分学生因不适应大学的学习方法，仍然像中学时期那样依赖课堂，依赖父母、老师的监督，学习效果很差。调查表明，有49.20％的学生认为自己的思想不集中；有34.27％的学生认为自己的记忆力减退；还有一部分学生由于学习基础差，跟不上进度，或者整天忙于娱乐、上网、谈恋爱、看小说，等到了考试的时候担心考不及格；也有些学生为了取得好成绩，整天埋头于书本，缺乏必要的放松和休息，长期处于紧张状态，导致心理疲劳，出现各种心理障碍。

9. 恋爱问题

处在青春期中后期的大学生，由于身心发展逐渐成熟，非常渴望同异性接触，而大学自由、宽松的环境，也为男女生交往提供了良好的机会。此外，大量文学作品、影视剧中男女恋爱情节的渲染，或在谈恋爱的师兄、师姐的影响下，很多大学生在没有充分心理准备的情况下，不冷静思索便盲目地坠入爱河。然而由于缺乏对爱情的认识和情感的把握能力，当在恋爱中出现了矛盾、纠纷或者失恋时，轻者情绪低落、痛苦不堪，重者心理变态，导致杀人或自杀。

10. 择业困难

随着社会主义市场经济体制的逐步建立和完善，以及高等教育改革的进一步深化，现在的毕业生就业制度逐步实行，在国家就业制度指导下，毕业生走向市场，自主择业。大学生能否顺利择业，取决于择业的客观环境因素和择业的主体因素两个方面，包括家庭的背景和期望、学校教育的目标与质量、社会就业的形势与信息、个人的素质和人格特征等。由于现阶段我国仍处于经济转型时期，各个地区的经济发展不平衡，各种产业结构又处于调整和改革之中，原有教育体制下培养的毕业生往往在专业上、知识结构上不能适应新的产业结构和高新技术发展的需要，这样，就会在一定时期、一些地区出现大学毕业生供需脱节的现象，使大学生的就业出现暂时的困难。另外，大学生自身的择业动机、就业目标选择、自身实际情况等也影响着他们的择业。就业形势不乐观、择业竞争日益激烈、就业压力日益增大，使相当一部分大学生感到焦虑、无助、迷茫、自卑等。这些问题如果处理不当，轻者影响就业选择，重者引发心理疾病，极大地影响大学生的身心健康和个人发展。

第三节　高校开展心理健康教育的意义

2023年5月11日，教育部、最高人民检察院、中央宣传部、中央网信办等十七部门联合印发的《全面加强和改进新时代学生心理健康工作专项行动计划（2023—2025年）》明确指出，以习近平新时代中国特色社会主义思想为指导，全面贯彻党的教育方针，坚持为党育人、为国育才，落实立德树人根本任务，坚持健康第一的教育理念，切实把心理健康工

案例导入

作摆在更加突出位置，统筹政策与制度、学科与人才、技术与环境，贯通大中小学各学段，贯穿学校、家庭、社会各方面，培育学生热爱生活、珍视生命、自尊自信、理性平和、乐观向上的心理品质和不懈奋斗、荣辱不惊、百折不挠的意志品质，促进学生思想道德素质、科学文化素质和身心健康素质协调发展，培养担当民族复兴大任的时代新人。但是，还应该看到，我国高校大学生心理健康教育发展的状况远远不能适应新形势发展的需要，而且对其重要性的认识，

还远远没有上升到应该有的位置。因此，我们必须进一步提高对大学生心理健康教育工作在新形势下的必要性和重要性的认识，以保证和推动大学生心理健康教育工作健康有效地开展。

一、开展心理健康教育是社会发展的需要

大学生是承载着社会、家庭、自身高期望值的一个特殊的群体，他们的素质如何，将直接影响社会的发展和进步。高校是培养符合社会发展需要的高素质人才的专门场所，对于培养具有良好的思想道德素质、科学文化素质、专业技能素质、身体素质、心理素质的人才责无旁贷。因此，开展大学生心理健康教育是社会发展的需要。

二、开展心理健康教育是全面推进素质教育的需要

全面推进素质教育是党中央、国务院从我国社会主义事业兴旺发达和中华民族伟大复兴的大局出发做出的重大决策。高等学校作为培养社会主义建设者和接班人的重要阵地，全面推进素质教育是其必然的工作目标。

所谓素质教育，是依据个人的发展和社会发展的实际需要，以全面提高全体学生的基本素质为根本目的，以尊重学生主体和主动精神、注重开发学生的智慧潜能、注重形成学生的健全人格为根本特性的教育。

"素质"是从心理学界定过来的一个概念。心理学认为，素质是指人的身体和心理发展的客观基础。人的发展，是从量的积累到质的变化的连续不断的过程。每一个阶段新质的出现，都为下一个阶段的发展奠定一定的基础，进而促成其在新的水平上生长。人的可教育性，就是在不断提高基础水平的变化中体现出来的。因此，素质是一个人处在发展中的"基础条件"。

个体的素质结构，主要包括生理、心理两大基本要素。无论是古希腊时期的"身心既美且善"，还是现代社会提出的"个体和谐发展"，无一不认为个体素质结构包含身、心两个基本方面。

生理素质主要指人的身体发育、机能成熟和体质体力的增强。心理素质则指人的认识、情感、意志及人格的发展与完善。心理素质教育是指有目的、有计划地对受教育者的心理施加影响，使其提高心理健康水平，全面发展人格，注重学生潜能的开发和各种优秀心理品质的培养和发展，同时预防各种心理问题的产生。

近年来，我国大学生心理健康教育工作虽然得到了较大的推进，在大学生素质教育中发挥了重大作用，但是还应该看到，我国大学生心理健康教育工作还远远不能适应新形势的发展，特别是还不能满足全面推进素质教育的需要，还存在着对新形势下大学生心理健康教育的任务、对象、特点和规律认识不够、研究不深的问题，还远远没有把这项工作放到应有的高度上。因此，我们要通过心理健康教育活动，引导大学生提高对心理素质在人的整体素质中的作用的认识，帮助大学生正确处理好心理素质与其他素质的关系，使大学生了解和掌握心理健康的必要知识，优化人格品质，增强心理调适能力和社会适应能力，为全面发展和协调发展创造相应的条件。

三、开展心理健康教育是新形势下学校德育工作的需要

中共中央、国务院《关于进一步加强和改进大学生思想政治教育的意见》中把大学生心理健康教育作为大学生思想政治教育的重要内容，明确提出，在高校"要建立健全心理教育和咨询的专门机构，配备足够数量的专兼职心理健康教育教师，积极开展大学生心理健康教育和心理咨询辅导，引导大学生健康成长……"。由此可以看出，加强大学生心理健康教育不仅是德育的重要组成部分，而且是加强改进德育工作的重要保证。随着我国社会改革的深入开展，社会情况发生了复杂而深刻的变化，高校德育工作面临的形势更复杂、任务更繁重、工作更艰

巨。面对新情况、新特点，增强高校德育工作的时代感及针对性、实效性，迫切需要包括心理健康教育在内的多方位、多形式的素质教育强有力的配合。

四、开展心理健康教育是自我发展的需要

大学生要想成为出类拔萃的人才，不仅要有良好的身体，还要有健康的心理，并且两者还要有机地结合在一起。

21 世纪对人才的心理素质提出了更高的要求，不仅要有良好的思想道德素质和科学文化素质，更要有创新的精神、进取的态度、竞争的意识、应变的能力、沟通的技巧、充分的自信、积极的思维、乐观的态度、健康的情绪、成熟的人格。要想在未来的社会中生存和发展，没有良好的心理素质是不行的。有效提升学生的心理素质，提高学习、生活的效率，才能使学生得到全面而充分的发展。因此开展心理健康教育，是大学生自我发展的需要。

第四节　大学生心理健康教育的有效途径

大学生心理健康教育作为一种教育活动，同其他教育一样，有其自身的发展特点和规律。为了有效地开展心理健康教育活动，使大学生心理健康教育真正发挥和体现出"德育的重要组成部分""素质教育的重要举措""促进大学生全面发展的重要途径和手段"的作用，要在认真研究大学生心理健康发展的特点的基础上，积极地探索大学生心理健康教育的有效途径。

案例导入

一、学习科学理论，树立科学的人生观和世界观

努力学习科学理论，牢固树立科学的世界观是开展大学生心理健康教育的核心内容。从社会心理学角度看，人生观是人们心理现象的最高层次，人生观对心理结构具有优化作用。从前面的内容已经知道，由于人的心理过程都内含着人对客观事物的反应和态度体验，人生观作为一种观念形态，它一经形成，就对人的思想起着巨大的反作用，对人的需要、动机、理想、信念及其对待现实的态度都将产生重大的影响和制约。如果有了正确的人生观和世界观，那么这个人就能对社会、对人生、对世界上的事物有正确的认识和了解，并能采取适当的态度和行为反应；这个人就能站得高、看得远，并正确地体察和分析客观事物，做到冷静而妥善地处理事情；同时也能胸怀开阔，保持乐观主义精神，提高对心理冲突和挫折的耐受能力，从而防止心理障碍的发生，有利于保持心理健康。

二、提高文化素质，塑造完美人格

对于大学生来说，努力提高综合文化素质，不仅是形成良好思想道德和专业素质的重要基础，而且是帮助大学生开阔视野、活跃思维、升华人格、陶冶情操的重要条件。通过综合文化素质的提高，大学生应形成正确的自我意识，有效地克服自卑或自傲的偏执心理，保持一种豁达、大度的心理状态，形成健康的自尊、自信的心理品质和自律、自强、自立的良好人格。

提高大学生综合文化素质，应以教育为前提，首要的是要加强对大学生的文化素质教育，把加强文化素质教育贯穿于大学教育的整个过程、各个环节，实现教育的整体优化，最终达到教书育人、提高素质的目的。要切实抓好课程教育，开设提高文化素质的必修课和选修课。对理工科学生来说，应重点开设文学、历史、哲学、艺术等人文社会科学的课程；对文科学生来

说，应当适当开设自然科学课程。所开设课程要在传授知识的基础上，注重大学生人文素质和科学素质的养成和提高。

提高大学生综合文化素质，还应该帮助、组织大学生开展各种形式的社会实践活动，要有计划地组织大学生通过参观、访谈、社会调查、参与社会服务等工作，投身社会、投身实践，在实践中提高自身的修养。

三、优化校园环境，营造健康氛围

加强校园文化建设，通过各种课外活动以及可以利用的手段，营造积极、健康、高雅的氛围，使大学生从中受到熏陶和感染，进而促进个体的和谐发展。共青团、学生会等社团组织开展如演讲、辩论、知识竞赛、体育比赛等活动，使大学生的思维能力、语言表达能力、合作意识、意志品质等心理素质得到提高和发展。通过"5·25"大学生心理健康宣传日、学校广播、电视、网络、校刊、校报、橱窗、板报等宣传媒体广泛宣传、普及心理健康知识，使学生能够经常地接受心理健康教育，积极主动、自觉地提高心理健康水平。

四、创造有利条件，健全教育网络

大学生心理健康教育工作是一项系统工程。要积极创造条件，建立以课堂教学与课外教育指导为主要渠道和基本环节，课内与课外、教育与指导、咨询与自助紧密结合的心理健康教育网络体系，确保大学生受到系统的心理健康方面的教育和指导。

（一）建好一个中心

学校要成立大学生心理健康教育咨询中心，负责大学生心理健康教育工作的整体规划、组织协调和运行工作。制定全校学生心理健康教育和相关的心理学科公共选修课教学大纲、教学计划的安排及授课任务、各种规章制度；开展心理普查，建立心理档案，开展团体训练、个体咨询、心理危机干预、网络维护等工作。

（二）开设一组课程

构建合理的心理健康教育体系，充分发挥课堂教学在大学生心理健康教育工作中的主要渠道作用，通过课堂教学向广大学生传授心理健康知识和心理调适方法，帮助学生提高适应社会生活的能力，养成良好的人格品质。例如，可开设社会心理学、交往心理、学习心理、成功心理等公共选修课。针对不同年级学生中具有普遍性的一些问题，召开系列专题讲座和报告会。

（三）建设一支专兼结合的师资队伍

大学生心理健康教育工作是一项专业性很强的工作，对工作人员的专业素质要求较高，因此，培养一支专业化骨干教师队伍是做好大学生心理健康教育工作的关键。依据教育部办公厅《关于印发〈普通高等学校学生心理健康教育工作基本建设标准（试行）〉的通知》文件精神，学校应按学生比例配备3～5名专职心理教师及多名兼职心理教师。加强师资培训，保证专兼职心理教师每年接受不低于40学时的专业培训，参加两次省级以上主管部门及二级以上心理专业学术团体召开的学术会议；及时安排从事心理咨询的教师接受专业督导，使他们不断提高理论水平，丰富专业知识，积累教育经验。

（四）建立大学生心理健康教育四级工作网络

大学生的心理问题具有不同的层次，从一般的适应问题到严重的心理障碍或精神疾病都可能存在，因此，帮助大学生解决心理问题要建立一个分层次的工作网络。

（1）第一级工作网络。学生有一半的时间是在寝室度过的，寝室也是最容易暴露个性、表达情绪的场所。因此，每一个学生寝室应设定一名心理负责人(一般由寝室长担任)，这名心理负责人实行"零报告"制度，每天向心理委员或辅导员报告寝室同学的心理状态，发现学生有心理困惑，特别是有心理危机时及时向班级心理委员或辅导员等相关人员汇报。

(2)第二级工作网络。在每一个教学班选一名对心理学感兴趣、有热情、愿意帮助同学的学生作为心理委员，通过培训，使他们对心理健康知识有基本的了解，掌握一定的心理辅导的方法和技能。学生心理委员来自学生，共同的生活与情感使他们易于与同学沟通，并容易发现同学中的各种问题，特别是危机事件。发现问题后，心理委员要及时向辅导员或学生工作管理干部报告。

(3)第三级工作网络。发挥学生工作管理干部在心理健康教育工作中的作用。学生工作管理干部是与学生打交道最多的老师，他们对学生的人格特点、家庭状况、学习情况和人际关系状态等都比较清楚，因此在大学生心理健康教育工作中担任着重要角色。学生工作管理干部经过一定的心理咨询培训，再加上他们丰富的思想教育工作经验，对于学生面临的一般性心理问题和发展性问题，在日常思想教育过程中就能全部或部分解决。对于有较为严重的心理问题的学生，由他们介绍到心理健康教育咨询中心，由心理咨询专业人员来处理。

(4)第四级工作网络。心理健康教育咨询中心工作人员具有专业优势，能够解决学生中较为严重的心理问题。对有较严重的神经性障碍的学生，由他们拿出诊断及处理建议报告，或休学或转到专业医院进行治疗。

学生寝室心理负责人、班级心理委员、学生工作管理干部和心理健康教育咨询中心专业人员这四级工作网络，为更好地落实大学生心理健康教育工作提供了有力保证。

(五)进一步搞好大学生心理普查工作

通过科学的方法和手段，有效地将大学生中可能存在心理问题的学生筛查出来，并根据其严重程度进行分类，对问题较为严重的学生进行跟踪、控制和帮助，实现对大学生心理问题的及时发现、早期干预和有效控制，从而提高大学生心理健康教育工作的科学性和针对性。通过开展大规模的心理普查，有效地扩大了大学生心理健康教育工作在学生中的影响，同时为制订大学生心理健康教育计划和建立大学生心理档案提供了有力支持，形成筛查、干预、跟踪、控制一体化的工作机制，切实做好筛查出的可能有心理问题的学生的后期支持工作。

(六)积极开展有效的心理辅导和心理咨询工作

心理辅导和心理咨询是大学生心理健康教育中必不可少的辅助性工作。心理素质教育是面向全体学生的，而心理辅导和心理咨询则是有重点地针对少数有心理困惑和心理问题的学生的。充分利用咨询室、心理信箱、心理热线、网络等进行心理辅导和心理咨询，及时帮助有心理困惑和心理问题的学生走出困境。

(七)心理健康教育要全面渗透到整个学校的教育过程中

应把心理健康教育与学校的德育工作、教学及日常管理工作有机结合起来，将心理健康教育通过各项工作渗透到整个学校的教育过程中。辅导员、班主任、任课教师和党政工团干部要有加强学生心理健康教育的明确意识，能够基本掌握有关心理辅导的理论和方法，在日常思想政治教育工作及日常的教育和管理工作中，能将学生的心理问题与思想问题区分开，及时主动地与学校从事心理健康教育工作的教师合作，给予学生及时的辅导和帮助。学校医疗保健机构应与学校心理健康机构相结合，为学生开展心理健康教育和咨询服务。共青团、学生会和其他学生社团还可举办丰富多彩的活动，以便更好地提高学生的心理健康水平。

测试与训练

一、阅读资料

阅读资料

二、心理测试

心理成熟水平测试

【测试说明】　下面有15道题，与自己情况相符的打"√"，不相符的打"×"。

1. 你是否曾特意选定一个夜晚独自度过？

2. 你提议去某餐厅吃饭，而你的同学决定去另一家，结果那家餐厅的菜糟糕透顶了，你会向同学抱怨吗？

3. 对一项同学们都赞同的议案，你觉得不妥，在投票前你会据理力争吗？

4. 如果学习紧张，你会放弃一些课余活动吗？

5. 如果有一项重要的方案需要你参加推行，你是否要比别人多出一点力量？

6. 几年前你对事物的看法是否比较有趣？

7. 对同学的一项新发明，你是否急着要看它的效能？

8. 听到老同学取得了重大成绩，你是否觉得有点嫉妒？

9. 你有耐心等待一件你非常想得到的东西吗？

10. 在课堂上，你是否害怕因提问时措辞不当而不敢发问？

11. 你对社会工作热心吗？

12. 对自取其辱的人，你是否不予同情？

13. 在过去的一两年，你曾深入研究过一些事物吗？

14. 学生时代的生活是最快乐的吗？

15. 以上问题，你是否据实回答？

【计分方法】　编号为单数的题打"√"的每题得2分，编号为双数的题打"×"的每题得2分，相加得出总分。

【测试结果】　总分在24分以上的，心理比较成熟，能够很好地处理日常生活中的事物；总分在18～22分之间的，心理不是很成熟，容易感情用事；总分在16分以下的，心理不成熟，遇到问题总是优柔寡断。

三、心理训练

大家都非常熟悉中国著名的田径运动员刘翔，他所从事的体育项目是110米栏。与普通的赛跑项目不同，跨栏比赛为运动员设置了障碍，增加了阻力，提高了难度。但是，只要有过硬的体能素质、精湛的运动技巧和良好的心理素质，比赛选手就能顺利地通过障碍，抵达终点。把这种过程形象地移植到心理调适中来吧！把每一项心理障碍都当成一道人生心路历程上的

"栏"，只要充满勇气、掌握技巧，就一定能够跨越这些障碍，赢得心理的健康。要跨越障碍，可以采取以下方法：

方法一：读——悦读明理

阅读是一种精神享受，愉快的阅读更是一种高级的休闲。作为在校大学生，首要的任务就是学习，接触最多的是书本。因此，当心里有烦恼时，最先求助的就是书，尤其是那些能够打开心结、启迪智慧、丰富心灵、砥砺意志的社会科学与人文科学类图书，快乐地阅读，带着兴趣去阅读，让心灵在文字的"按摩"下得到治愈，既拓宽了视野、通晓了情理、开阔了心胸，又获得了身心的全方位放松。

选择一本你最喜欢的书，再选取其中你最喜欢的一段话（或蕴含哲理，或富于幽默，或慷慨激昂），大声地、有感情地朗读出来，和同学们分享，并谈谈对该段文字的感受和给你的启发，最后完成表1-1。

表1-1　阅读感受与启发

我的枕边书	最喜欢的话	给心灵最大的启示
《沉思录》 （马可·奥勒留）	"一方面能足够强健地承受，另一方面又能保持清醒的品质，正是一个拥有一颗完善的、不可战胜的灵魂的人的标志。"	要增强心理承受能力，不怕挫折、不惧压力，以强大的内心面对一切困难

方法二：写——解锁心灵

记录自己的心情是一个良好的习惯，它可以帮助你养成一种有序的生活习惯，强化对自己内心的重视程度，锻炼冷静审视自我、客观分析自我的能力，每间隔一段时间就对自己的心理状态进行省察，及时发现问题并解决问题。

长期记录心情还能够从中摸索出自己的思维模式，揭示自己既定的、习惯化了的，甚至是潜意识里的认知结构，而一旦矫正了某些错误的思维或认知，就能克服自己的心理障碍，改善自己的情绪。

表1-2是一个关于"应该不应该"的认知模式表，列举了一些同学们常有的思维倾向（信条）。看看你都有哪些，在相应选项打上"√"。

表1-2　"应该不应该"认知模式表

应该不应该	有	没有
我应该抓住每一次机会		
我应该永不疲倦，保持旺盛的精力		
我应该自信能解决每一个问题		
我应该让所有人都认识到我的价值		
我应该把每一件事都做好		
我应该让别人都同意我的看法		
我应该宽宏大量，体谅别人		
我应该永远快乐，不伤害别人的感情		

应该不应该	有	没有
我应该知晓、理解和预示未来		
我应该知难而进，永远能控制自己的情绪		
我不应该犯错误		
我不应该说任何谎言		
我不应该落在任何人后面		
我不应该批评别人，让别人感到不舒服		
我不应该求助任何人，给别人添麻烦		

上述信条中，你具备的只要达到或者超过 5 项，就表明你的认知模式不合理，甚至在一定程度上给你带来了心理和行为上的压抑感。你需要考虑逐条审视它们，看看如何及时修正。不妨尝试以下步骤：

（1）分析"应该"和"不应该"的信条中哪些是不太现实的，甚至是过分的、严重超出自己能力范围的，分析它们给自己施加的压力，认识到正是这些认知妨碍了自己重大目标的实现。

（2）据此要充分认识到人的局限性，人不可能做到理想中的十全十美，所做的一切也不可能都成功，或许残缺也是一种美，或许"十全九美"也不错。

（3）要认识到各人有各自不同的价值系统，没有统一的"应该"与"不应该"模式。你认为应该的，别人不一定认为应该，不能把自我同他人的看法等同起来，不能按照自己的标准去要求别人。

（4）改变"应该"与"不应该"的信条，使之更现实、更富有弹性，对自己不要那么苛刻，不要和自己过不去。

在表 1-3 中列出那些你认为能够改变的信条，以及改变后的信条，谈谈为什么做出如此改变。

表 1-3　信条

原来的信条	改变后的信条	为什么做出如此改变

方法三：说——倾诉解压

交流是人类生存的基本方式，也是解决心理问题的有效途径之一。很多心理问题正是当事人自我封闭所致—遇到问题后总是自己闷头苦想，不主动与他人积极交流，造成心理压力长期积郁于心，得不到合理的宣泄。交流的过程是自我开放的过程，打开心灵的窗户，尝试把别人的意见当作阳光请进来，把自己的问题当作二氧化碳排出去，这样才能恢复心理的健康。

在你心情不好的时候找个人聊一聊，说出你的想法，让他给你出主意。进行此项活动时最好分别找两个人，谈两次：一次是当事人向同性朋友倾诉，一次是当事人向异性朋友倾诉。倾诉过程完成后，填写表1-4。

表1-4 倾诉情况

	向同性朋友倾诉	向异性朋友倾诉
倾诉的问题		
对方的回应		
解决的程度		
满意的程度		

交流互动之后，对比一下同性朋友和异性朋友在帮助自己解决心理问题时的不同特点，你觉得向哪种朋友倾诉更放得开、更舒心、效果更好？课余时间尝试着向老师、父母、心理咨询专业人员分别进行倾诉，对比一下感觉和效果。

方法四：唱——歌以养气

唱歌是一种十分有效的释放压力、舒缓身心、调动情绪的手段。首先，老师播放音乐，同学们传递物品，当音乐停的时候，接物者成为选定人物。然后，选定人物要当众进行歌唱表演，同学们作为观众要给予他信心，营造热烈的氛围，以鼓掌、欢呼等"粉丝团"形式让表演者找到一种"我是大明星"的感觉，充分让其放松与释怀。表演结束后，请同学们填写下面的词条。

最让我开心的歌曲：_____

最让我振奋的歌曲：_____

最让我想睡觉的歌曲：_____

最让我释压的歌曲：_____

最让我想运动的歌曲：_____

最让我沉醉的歌曲：_____

最让我感动的歌曲：_____

最让我想笑的歌曲：_____

此外，老师可以选择播放某些经典音乐作品，同学们闭目静听，在听的过程中仔细体会心理上的变化。音乐播放结束后，相互交流一下感受。

方法五：学——快乐模仿

可以模仿自我催眠的方式，使自己随时随地都能对自己的心理状态给予干预。采取深腹式呼吸法，仰卧在睡椅或床上，静坐于座位上亦可。两手置于腹部肚脐处。想象自身坐在阳光明媚的公园里或者是夏日海滨的沙滩上。自我暗示以下几句话："腹部温暖，温暖""我的整个腹部非常温暖""像太阳光照在肚子上，暖洋洋，暖洋洋的""腹部温暖，非常轻松""腹部轻松、舒适，非常温暖"。以上暗示反复进行三次。当腹部确实有一种充实的温暖感后，可以结束所有练习，自我暗示"一切正常"，然后睁开眼睛，苏醒。

还可采用暗示法，即《武林外传》中郭芙蓉式的克制法：静坐，闭上双眼，深呼吸，小声告诉自己"世界如此美妙，我却如此暴躁，这样不好，不好"。反复劝告自己，直至心态稳定。

你还想到什么方法？给大家介绍一下，让大家一起来学习、掌握。

方法六：逗——开怀一笑

笑是一剂良药，即所谓"一笑解千愁"。想一想生活中令自己开心的事，或尝试给大家讲一个笑话，可以是精心搜集挑选的、大多数人没听过的，也可以是自己原创的，还可以是身边发生或观察到的有趣事，把大家逗乐即为成功。

方法七：泄——痛哭无罪

心理压力积压太久了，真想大哭一场。真想哭吗？那就哭吧！哭能缓解压力，让情感抒发出来要比深埋在心里有益得多。可以选择欣赏一场悲剧电影，与自己想哭的心理诉求形成共鸣，加强释放效果。

方法八：动——绿色充电

生命在于运动，运动赋予我们健康。运动是保持健康的最佳处方，不仅对于躯体，对心理健康和社会适应能力也有着非常重要的作用。运动可以让我们心情愉快，保持良好的状态，它是修身养性的一味良药。规律适宜的运动除了能够增进健康和延长寿命，还能改善生活质量，使我们思维更清晰，更有创造力，享受更美好的人生。在发觉自己有某种心理障碍的时候，不一定非要把目光"向内"，紧紧盯住不良的心理，不妨把目光"向外"，投向大自然，投向外面的世界，呼朋引伴，去做适当的运动。

完成表1-5，给具有负面心理特征的同学一些建议，看看不同的心理问题可以用哪种运动来加以调适。

表1-5　建议

心理特征	建议运动项目	益　　处
心理素质差		
天性胆小、容易害羞脸红、性格腼腆		
性格内向、孤僻、不合群、不善于与人交往、缺少竞争力		
多疑、对他人缺乏信任、处理事情不果断		
虚荣心强、遇事好逞强		
处世不够冷静沉着、易冲动急躁		

跨越了一道道障碍后，你是否觉得轻松了许多？同学们彼此交流一下这些方法的作用和运用这些方法时的真实感受。同时，再开动脑筋想一想，还可以有哪些有效的方式能够方便同学们自行掌握与运用。把想到的方法记下来，跟同学们分享。最后把可行的技巧在全班同学面前演示、推广。

四、思考题

1. 怎样理解心理健康？大学生心理健康的标准包括哪些方面？
2. 为什么要在高校开设大学生心理健康教育课程？
3. 影响大学生心理健康的因素有哪些？
4. 通过哪些途径能够提高大学生心理健康水平？
5. 大学生心理发展有哪些特点？

第二章　大学生自我意识

 心灵导读

　　苏格拉底曾留下很多格言，其中他最爱说的一句话是"认识你自己"。大学阶段是大学生自我意识迅速发展并走向完善的重要时期，他们开始思考"我现在是什么样子""我将来要成为一个什么样的人"等问题。因此，正确认识自我、积极体验自我、有效管理自我是良好心理素质的体现，也是心理健康的标志。

 教学目标

　　通过对本章的学习，应了解自我意识的含义和结构以及大学生自我意识的发展特点，理解大学生由于自我意识矛盾所产生的心理困惑，掌握提高自我意识的方式和方法，从而能够通过积极有效的途径和方法正确认识自我，提高自我认知能力。

第一节　自我意识概述

处于青春期的大学生，并没有因为多年的学习而减少了"为什么"，相反有了更多的"为什么"，有了更多的关于自我、他我以及自我与他我关系的思考和困惑，想了解自己、了解他人、了解世界。

案例导入

一、自我意识的含义

自我意识是意识的核心部分，就是自己对自己的认识，是自我概念、自我评价、自我理想的辩证统一。人在自我概念（我是什么样的人）的基础上产生了自我评价（我这个人怎么样），进而实现自我理想（我应该成为怎样的人）。

二、自我意识的结构

（一）按自我意识的活动内容可分为生理自我、社会自我和心理自我

1. 生理自我

生理自我是个体对自己身体、生理状态（如身高、体重、容貌）的认识和体验，它是一个人在与他人交往的过程中逐渐形成的。生理自我是与生俱来的，我们只能接受而不能改变。随着自我意识的成长，我们逐渐会对生理自我有一个明晰的看法。大学生正处于青年期，对生理自我高度关注。

2. 社会自我

社会自我是个体对自身与外界客观事物关系的认识、体验和愿望，包括个人对自己在客观环境及各种社会关系中的角色、地位、权利、义务、责任、力量等的认识。青年男女常用"我已经长大了"来表达自己的社会自我，期望社会给予积极的肯定与认可。

3. 心理自我

心理自我是个体对自己的心理活动、人格特点、心理品质的认识、体验和愿望，包括对自己的感知、记忆、思维、智力、能力、性格、气质、爱好、兴趣等的认识和体验。我们的情感、智力、能力、兴趣、情绪等都随着成长而变化，在成长过程中我们学会评价自己的心理自我、体验心理自我，如初恋与失恋的体验、成功与失败的体验等。随着自我意识的发展，个体的社会角色渐渐占据重要位置，与此相应的责任感、义务感、角色感也在增长。

生理自我、社会自我、心理自我是密切联系、相互影响的，其特性见表2-1。它们都包含着不同的自我认知、自我体验与自我控制，但由于比例和搭配的不同，构成了个体自我意识的差异，也使得每个人都有自己对人、对己、对社会的独特的看法和体验。

表2-1　生理自我、社会自我、心理自我的特性

类　型	自我认知	自我评价	自我控制
生理自我	对自己身体、外貌、衣着、风度、所有物等的认识	英俊、漂亮、有吸引力、迷人、自我悦纳	追求外表、物质欲望的满足，维持家庭的利益等

类　型	自我认知	自我评价	自我控制
社会自我	对自己名望、地位、角色、性别、义务、责任、力量的认识	自尊、自信、自爱、自豪、自卑、自怜、自恋	追求名誉地位，与他人竞争，争取得到他人的好感等
心理自我	对自己智力、性格、气质、兴趣、能力、记忆、思维等的认识	有能力、聪明、优雅、敏感、迟钝、感情丰富、细腻	追求信仰，注意行为符合社会规范，追求智慧与能力的发展

（二）按自我意识的活动形式可分为自我意识、自我体验和自我控制

1. 自我意识

自我意识就是自己对自己的认识，包括自我认知和自我评价。前者是个体对自身各种状况的了解，后者则是对"自我"各方面的评估。自我意识就是要解决"我是一个什么样的人"的问题。

要想认识自我，必须学会在产生自我的生活情境中去体察认识自己，包括现在的以及过去的，甚至将来的自己。因此，自我意识并非是一种状态性的了解，而是跨越时空的动态分析过程，是比较与综合的评价。在这一过程中，我们会发现多个"我"的存在。

首先是因"自省"形成的"主观的我"，即"我如何看我"。当然，我们每个人总是先看到现在的我。请大家准备一张纸，给你10分钟的思考时间，给自己画张像，或用文字描述你现在是一个什么样的人。下一步将是穿越时空练习，请带上你良好的记忆力进行自我分析。闭上眼睛，回到你最早有记忆的时候，看看当时的你的家、你自己以及其他相关的人。那时发生过什么？你当时在干什么？有什么样的感受？调节呼吸，平静下来，你开始长大。在你成长的过程中你又看到了什么？小学、初中、高中、大学，直到现在的你，都是怎样的？经过这样的时空穿越，是不是会帮助你认识现在的自己呢？这是自我意识的第一个方法——"自省"。

其次是因"人言"形成的"客观的我"。所谓"人言"，就是他人的反馈。反馈既包括可见可闻的外显性反馈，如言语、行为、表情等，也包括只可感知的内隐性反馈，如情绪暗示等。"人言"所解释的是"你在别人眼里是个什么样的人"。

"自省"形成的"主观的我"与"人言"形成的"客观的我"经过比较、匹配，最后将形成一个"我"。"自省"与"人言"都是自我认识的途径，一般来讲，年龄越小的"我"越可能是"客观的我"，越可能随"人言"而变；年龄越大，就越有可能是"主观的我"，越由"自省"来确定。

自我意识的过程可以说是一次艰辛的历程，不管我们的感受如何，对自我的成长都有所帮助，我们会在一次次的自我意识过程中形成自我评价体系及自我形象，可以很清楚地勾勒出自己。自我意识的内容及程度将直接决定我们的自我体验以及自我要求。

2. 自我体验

自我体验是自我意识基础上的一种情绪体验，即解决"自己对自己是否满意"的问题。满意则自我肯定、信心十足；反之，就自我否定、垂头丧气。自我意识决定自我体验，而同时自我体验又往往会强化自我意识并影响自我控制。那么，这里就存在着两对交织的矛盾：其一是"主观我"与"客观我"的矛盾；其二是"现实我"与"理想我"的矛盾。

（1）"主观我"与"客观我"的矛盾。当"主观我"与"客观我"不一致的时候，侧重前者的人可能会有"知音少，弦断有谁听"的孤寂感。侧重后者的人，当"主观我"优于"客观我"时，会陷入

自我怀疑甚至自责状态，认为自己并不像别人说的那样，进而产生焦虑感，忧心忡忡；而当"主观我"不如"客观我"时，也会盲目轻信，自我感觉良好。

（2）"现实我"与"理想我"的矛盾。"现实我"是综合了自我评价与他人评价后存在于现实中的现在的"我"；"理想我"则是综合了自我要求与他人要求的虚拟的最令自己向往的"我"。这两者之间不存在很清晰的界限。我们可以因"人言"而确定一个"理想我"，而以"自省"的我为"现实我"，"自省"与"人言"的差异也就成了"理想我"与"现实我"的矛盾。

"现实我"与"理想我"的矛盾是在"主观我"与"客观我"逐步发展、结合的过程中产生的。一般来讲，"现实我"与"理想我"总是不一致的，两者之间有差异，如何看待两者的差异直接关系到我们的自我体验。

人们常说老年人常思既往，少年人常思将来。如果我们能满怀积极的自我体验，那么未来的不确定性会给我们带来希望，催人奋进、谋求发展；而如果有过多消极的自我体验，则会对未来担忧、紧张，抑制成长。

3. 自我控制

自我控制就是自己对自己的控制。这里包含了两层含义：其一是自己对自己的设计，即我应该做什么，不应该做什么；其二是自己对自己的指导，即我应该怎么做。

自我控制能力的强弱可以直接由我们的情绪、行为表现出来。自制力强的人不易感情用事，常常会克制自己的情绪，做事有计划性，自我发展方向明确，给人以深沉、冷静、含蓄的印象。相反，自制力弱的人常常会不顾场合宣泄一番，高兴时手舞足蹈，生气时乱发脾气，比较任性。

自我意识是要解决"我是一个什么样的人"的问题，自我体验主要涉及"自己对自己是否满意"的问题，而自我控制则是"如何有效地调控自己""如何改变现状，使自己成为一个有理想的人"的问题。三者紧密联系、相辅相成。自我意识是其中最基础的部分，决定着自我体验的主导心境以及自我控制的主要内容；自我体验又强化着自我意识，决定了自我控制的行动尺度；自我控制则是自我的实现途径，对自我意识、自我体验都有着调节作用。三方面整合在一起，便形成了完整的自我意识。

第二节　大学生自我意识的特点

人的自我意识不是生来就有的，而是在社会生活中通过与别人相互交往而逐渐形成的。自我意识的形成和发展是一个不断对自我进行探究和发现的过程。大学生从年龄上看已进入了成年期，而大学新的学习环境、学习活动和人际关系又使他们的自我意识进入一个新的探索和发展的时期，呈现出新的特点。

案例导入

一、自我意识的发展特点

（一）大学生对自我的认识进阶为对自身内心品质的关注和探究

大学生对自我的认识已经从对自身外部特点（如身体、容貌、仪表等）的关注和探究，进阶为对自身内心品质（如气质、性格、能力和品德等）的关注和探究。

在对大学生所做的问卷调查中，在回答"你认为自己是一个什么样的人"时，多数学生回答的都是关于自己内心品质的内容，如善良、真诚、热情、诚实、乐观、自尊、有理想、有上进心、勤奋学习、尊敬老师、团结同学、心胸开阔、有同情心、能助人为乐等。虽然多数大学生对自己的外貌都比较关注，但只有极少数人将此作为专门探究的内容。

（二）大学生对自我的认识开始重视自我社会属性

大学生对自我的认识中，对自我社会属性（社会归属、社会角色、社会价值、社会义务等）的关注和探究，随着年级的升高而日益成为重要的内容。

大学生们说："宇宙是无限的，人生只是昙花一现，但也要在这一瞬间把斑斓的色彩留给人类""社会的进步不是靠哪一个救世主，而是靠社会全体成员的努力，靠我们自己掌握自己的命运""我是祖国的儿子，我要为振兴中华做出自己的贡献"。随着年级的升高，越来越多的学生意识到自己对家庭、对社会、对国家的义务，不少学生因未能报答父母的养育之恩而感到内疚。

（三）大学生对自我的认识经历着由矛盾到统一的过程

很多大学一年级的学生无法确认自己究竟是一个什么样的人，对自我的认识尚未成熟和统一。一般到三四年级，他们对自我才会有比较确定的认识和评价，形成比较稳定的自我观念。

（四）大学生的自我意识以肯定性的评价为主

从对大学生自我意识的调查问卷中可以看出，他们对自我的评价绝大多数是积极肯定的，优点多于缺点。在毕业求职的自我推荐信上，这种肯定性的评价表现得更为明显。

这些自我评价不但是积极肯定的，而且对自我的社会责任与义务的意识已趋于成熟。

（五）大学生的自我评价从高估走向平衡

研究认为，青年大学生对自我评价有过高评估的倾向。但是，经过大学四年的学习、观察与体验，他们的自我评价已逐步走向平衡。

总之，经过大学四年的学习，大学生的自我意识已经逐步深入、全面、统一和稳定，趋向成熟。他们对自己已形成了一个明确的自我评价，并影响着自我体验与自我发展。

二、自我体验的发展特点

大学生对自我的情感体验是随着自我意识、自我评价的发展而发展的。这个时期最主要的自我体验是自尊感、优越感、义务感、爱美感、孤独感、抑郁感和烦恼等。

（一）自尊感

自尊感是由于意识到对自我的肯定评价而产生的自我体验。

自尊感是一般人都具有的。大学生的自尊感主要基于两种肯定的评价：一是由于意识到自己正成长为社会的主体而产生的肯定的评价；二是由于意识到自己心理品质的成熟而产生的肯定的评价。总之，大学生的自尊感是由于意识到自己作为一个有理想、有文化、有道德的公民，对家庭、对社会、对国家具有价值而产生的积极的自我体验。

自尊感对大学生的心理发展和成长具有积极的意义。自尊感强的学生，为了维护自尊心，必然会以高度的责任感和进取心对待学习，对自己提出严格的要求；为了维护自尊心，必然会严于律己，学会尊重别人，处理好人际关系。

但是，过分的自尊感也会产生消极的作用，如不能正确地对待因自尊心受损而产生的挫折感，或因过分要求别人尊重自己而处理不好人际关系，特别是当自尊心受到严重伤害时也许还会做出极端的难以预测的反应。

（二）优越感

优越感是由于对自我社会地位与个人知识、能力等评估过高而产生的一种自我体验。

考上大学之前，一般学生忙于过"应试关"，并没有这种优越感的体验。但是，当从众多竞争对手之中脱颖而出考上大学之后，环顾左右，展望未来，对自我过高评估产生的优越感便在许多学生心中油然而生，感到自己是"天之骄子"，是"时代的宠儿"。但是，这种优越感的产生并未成为激励他们学习的动力，反而造成了学习上的松懈情绪，也影响到他们对待其他人的态度。

这种优越感的体验在大学生中持续的时间并不是很长，随后就被环境适应问题、人际关系等问题冲淡了。临到毕业时择业竞争，这种优越感可能已十分淡化，反而是感到生存不易，担忧自己的专业知识与人格品质与社会和时代的要求不相适应了。

（三）义务感

义务感是由于意识到个人对家庭、对社会、对国家的义务而产生的一种自我体验。

每当国家和民族的命运处于生死存亡的关键时刻，或者当人民的生命财产受到威胁时，许多人不顾个人安危，奋勇献身，义无反顾，以为国家、为人民尽忠而欣慰，以未能做出奉献而自责和内疚。这就是一种义务感。

由于大学生意识到祖国对自己的培养和期望，他们对国家和人民的义务感也相应增强。有的学生说："上大学之前，我考虑的只是如何考上大学，关心的只是个人的前途；上大学以后，国家培养了我，使我认识到自己的社会责任和义务，我要报答祖国，努力为祖国现代化建设做出贡献。"

（四）爱美感

这里所说的爱美感，不是指爱客观事物的美感，而是指大学生意识到本身的美与丑而产生的自我体验。

爱美之心，人皆有之。关注自身的外貌美，是大学生具有的普遍性特征。大学生除重视身材与容貌外，更重视自己的仪表与风度，他们认为仪表与风度更能体现出自身的文化修养与心理素质。

（五）孤独感

孤独感是由于得不到他人思想上的理解与情感上的共鸣而产生的一种自我体验。

孤独感并非源于没有可以交往的朋友，而是源于缺乏知心的、互相理解的朋友。大学生由于年龄的增长和"代沟"的形成，同长辈之间的交流日益减少，而由于思想的深化、人格的分化，他们已不满足于一般交往，而要求在更深层次上同知心的朋友互诉衷肠，达到情感共鸣，这时就产生了缺乏知音的孤独感。

（六）抑郁感

抑郁感是由于个人的思想、愿望受到压抑，未能得到充分表达或实现而产生的一种消极自我体验。

大学生产生抑郁感的原因很多，如：理想同现实发生矛盾；人际关系不好，不被他人接纳；缺乏可以谈心的知心的人；对所学的专业不满意，又无力解决；没有展现自己才干的机会；等等。这些都可能使人产生抑郁感。

研究表明，自我认可程度低的人较易产生抑郁感。消除抑郁感，首先要提高个人的自我评价，增强自信心，意识到自己有能力摆脱造成压抑感的困境。

（七）烦恼

烦恼也是许多大学生常有的自我体验。这往往是由不顺心的事引起的。引起大学生烦恼的原因很多，从问卷中反映出以下几点：

（1）就读的学校或专业不理想；

（2）想家；

（3）同学间的关系处不好；

（4）见不到从前的好友；

（5）家庭经济困难；

（6）亲人有病或遇到麻烦事；

（7）感到学习上收获不大；

（8）感到书本知识脱离实际；

（9）为择业而烦恼；

（10）感到适应不了现代社会的竞争。

三、自我意向的发展特点

在自我意识、自我体验的基础上，产生了个人对待自我的意向：是接纳，还是拒绝自我；是对自我严格要求，还是放任自流，任其发展；是不断完善，还是"破罐子破摔"；等等。

大学生对待自我的意向，主要表现在以下方面。

（一）独立自主的意向

绝大多数大学生已满 18 周岁，身体发育已经成熟，具有一定的科学知识与生活经验，已确立了一定的生活目标，掌握了一定的道德规范，并具有一定的独立分析问题和解决问题的能力。因此，大多数大学生认为自己已是一个成年人，他们强烈要求像个成年人那样独立自主地行事，不愿受父母的约束和教师的训诫，希望按照自己所设计和选择的目标"走自己的路"。

（二）获得尊重的意向

希望获得别人尊重的意向，表现为在人格上得到别人的尊重，在能力上受到别人的赏识，在社会地位上受到别人平等的对待。

大学生获得尊重的意向，使他们产生强烈的自尊心、荣誉心和好胜心，成为推动他们勤奋好学、拼搏进取的动力。但是，过分自尊的意向也不利于大学生的成长，会导致他们工作上的失利和人际关系上的挫折。

（三）自我完善的意向

当大学生为自己设计了一个"理想我"的形象和目标以后，他们就竭力要使自我形象得到圆满的实现，要把自己塑造成一个完美的人：既有优美的仪表与风度，又有美好的心灵；既有远大的理想和抱负，又有坚韧不拔的实干精神；既有渊博的知识与才干，又有开拓创新的进取精神；既有声誉，又有权位可以施展抱负；等等。

这种自我完善、追求完美的愿望成为激励大学生蓬勃向上的动力，但过分追求完美的意向，也可能带来不利的影响，必须善于适时适度地调整。

（四）渴求理解的意向

青年之间由于人格化的发展，形成了各自向深层发展的内部主观世界，使彼此的沟通和了解也增加了难度。因此，大学生觉得自己不为别人所理解，而他们又希望别人理解自己。

大学生这种渴望获得理解的意向可以成为他们追求真诚的友谊、追求异性朋友的重要动机，也可以使他们同集体的关系更加冷漠而陷于孤独和苦闷。

第三节　大学生自我意识的矛盾与困惑

大学生自我意识的发展使他们在心理上日趋成熟，但是，自我意识中的矛盾在一定情况下也能演变成心理障碍，影响大学生心理发展。大学生自我意识的矛盾，有自我意识上的矛盾，有自我意识与自我体验的矛盾，有自我意识、自我体验与自我意向的矛盾，也有自我实现的意向与客观现实的矛盾，等等。下面就一些主要矛盾加以阐述。

案例导入

一、"主观我"与"客观我"之间的矛盾

"主观我"是自己所认识和评价的我；"客观我"是他人所认识和评价的我。这种自我评价与他人对自己评价的不一致构成了"主观我"与"客观我"之间的矛盾。

自我评价与他人评价之间的矛盾是任何人都难以避免的。这个矛盾对于大学生来说是比较突出的，因为大学生对自己的认识和评价总是要受到个人出身、经历、教育程度和个人社会地位的制约，很难做到全方位地对自己进行客观的审视和评价；而其他人却可以从不同的地点，在不同的情况下，以不同的视角对他进行审视和评价。

"主观我"与"客观我"之间的矛盾会产生以下几种不同的结果。

（一）接受客观评价，从中吸取有益成分，修正自我观念，提高自身心理素质

如果别人批评你骄傲自满、看不起别人，那么你可以据此进行自我检查、反省，修正自我观念，并纠正那些使人不满的行为表现。这样既可以端正对自己的认识和评价，又可以改变别人对自己的评价和改善同别人的关系。

（二）拒绝别人的评价，坚持原有的自我观念，我行我素

你说我骄傲，我认为自己并不骄傲；你说我看不起人，我只是看不起那些没有人格的人。虽然这种拒绝他人评价的态度不会导致自我观念的改变，但也未能解决自我意识中自我评价与他人评价之间的矛盾，而这种隐藏在内心深处的矛盾冲突必然对个人心理健康产生不利的影响。

（三）全盘接受他人评价而改变自我评价

全盘接受他人评价而改变自我评价的做法不但是困难的，而且是痛苦的，甚至可能使人在心理上感受到巨大的痛苦而导致精神疾病。

有个女同学自认为对人真诚，直来直去，而别的同学却认为她任性、娇气，同学间的关系处得很僵。后来，她一反常态，对人态度谦和，有说有笑，使人际关系得到了改善。但是，由于她只是改变了外表的态度，并未改变内心的自我观念，且还是无法接受别人的评价，因此内心很痛苦。她说："社会不需要一个真实的我，反倒需要一个乔装打扮的我。"并由此认为："自己是真诚的，而人与人之间的关系是虚伪的。"可见，自我评价与他人评价之间的矛盾冲突不仅造成了精神上的痛苦，还导致了人生观与价值观的改变。一些生活中的悲剧就是由此产生的。

二、"理想我"与"现实我"之间的矛盾

随着知识的增加和认识的发展，大学生不断塑造自己未来的形象，在思想上形成了一个"理想我"，这个"理想我"包含着他所希望达到的一切美好的愿望，因而也就不可避免地包含着某些难以实现的愿望。然而，"理想我"在他心目中一旦确立并且逐步形成一种稳定的模式后，

他会不自觉地把它视为真实的自我，这样一来，就必然同他真正的"现实我"发生矛盾和冲突。

"理想我"与"现实我"脱节的现象，在我国大学生中普遍存在；而且，随着社会的进步和对大学生成才要求的提高，大学生所塑造的"理想我"的内容更加全面，要求更高。他们不仅希望自己在德智体美劳各方面都得到全面的发展，而且希望自己成为具有突出发明创造成果的科学家，或成为具有开拓进取精神的一流企业家。这样一来，"理想我"与"现实我"的差距也就更大了。

大学生"理想我"与"现实我"的矛盾，可能沿着不同方向转化。一种是积极的转化，即以"理想我"为目标，不断进行自我完善，以提高"现实我"的水平；或者当发现"理想我"的目标与主客观条件不相适应时，及时对其做出调整，使"理想我"与"现实我"的矛盾逐步趋向统一。另一种则是消极的转化，即当"理想我"与"现实我"发生矛盾时，个人不再坚持"理想我"的目标，而只保持"现实我"的水平，不求发展，或者自暴自弃、颓废消沉，甚至走向自我否定的极端化道路。这种消极的转化常常是精神障碍和精神疾病乃至生活悲剧产生的重要根源。

三、渴望关爱理解与缺乏知音的矛盾

人都有获得别人关怀、理解与爱的需要，处于青年期的大学生，对这种获得爱与理解的需要尤为强烈。这是因为，首先，大学生是进入"心理断乳期"的青年，是既非儿童又非成人的"过渡人"，他们两头脱节，缺少沟通，感到无人理解自己。如有的女生说："回到家中，母亲只问我在学校吃什么，吃得好不好，却不问我在想什么"，感到同父母难以沟通，难以获得理解。其次，大学生上大学后，知识增多，思想深化，情感体验复杂，人格分化，更感到难以同别人沟通，难以获得别人理解。

一方面强烈希望获得别人的关爱与理解，另一方面又感觉得不到别人的关爱与理解。在这种矛盾的思想支配下，大学生常常把思想情感寄托于日记、文学、音乐等。正如有的学生所说："我的苦恼除知心朋友知道外，我都倾诉给了日记，对着日记总有说不完的话。"

这种渴求爱与理解而得不到满足的矛盾，促使大学生追求真诚而纯洁的友谊，并产生对爱情的渴望，希望能找到一个带来温暖的爱与理解的异性朋友，这是大学校园中恋爱较为普遍的一个重要心理原因。而得不到理解与关爱，甚至受到冷漠对待、误解、冤屈和精神上的打击，则成为产生心理障碍和心理疾病的重要原因。

四、自我实现的意向与客观现实之间的矛盾

大学生确立了"理想我"的目标后，力求使理想变为现实，但客观现实往往不尽如人意，不能满足他们自我实现的要求。例如，入学前把大学想象成无比美好的学习圣地，上大学以后却对学校的环境、设备、教师的水平等都不是很满意；原来对所选择的专业寄予了很大的希望，现在却发现这个专业在社会上并不吃香；原来希望毕业以后再读研究生，现在发现毕业以后的出路面临种种困难。这种种理想与现实的矛盾往往使大学生感到烦恼、焦虑，甚至对现实不满。

此外，大学生自尊、自立、自治的意向往往与不符合青年特点的教育管理制度发生矛盾，使他们感到心理压抑，并可能产生逆反情绪，这也是影响大学生心理健康发展的矛盾之一。因此，对大学生自我意识的矛盾进行适时的疏导，是预防大学生心理障碍产生的重要前提。

第四节　大学生自我意识辅导

对自己的评价是一个不断发展和完善的过程，随着年龄的增长，对自己的评价也会不断变

化。无论什么样的自我评价，都是对自己变化的认识。生活就像一个大舞台，每个人都要在台上扮演自己的角色，谁都希望自己扮演的角色能光彩照人。

案例导入

一、正确认识自己

在希腊一座古老的神殿上，刻着"认识你自己"这样一句话；我国也有句俗语"人贵有自知之明"。这也就是说，认识自己并不容易，知人难，知己更难。但是，我们每一个人又必须正确地认识自己，否则，就无法正确处理自己与别人、自己与客观现实之间的相互关系。那么，怎样才能正确认识自己呢？

（一）全面地剖析自己

1. 要全面地剖析自己的长处和短处、优点和缺点

我们说"金无足赤，人无完人"，只看到自己的优点，看不到自己的缺点，就会骄傲自负；只看到自己的缺点，看不到优点，就会自惭形秽，导致自卑。全面剖析自己，首先要对自己人格的各个方面进行考察。人总是各有所长、各有所短的，所以不能拿自己的长处同别人的短处比而洋洋自得，也不能用自己的短处同别人的长处比而自愧不如。其次，全面剖析自己还要联系不同的社会角色来对自己进行考察。在我们的一生中每个人要扮演不同的角色，如儿童、学生、爸爸或妈妈、爷爷或奶奶等，在我们生活的每一天、同一时刻我们也要扮演不同的角色，如此时此刻我们既是父母的孩子，又是学校的学生，还是共青团员、班级干部、社团成员等。自己在家庭中作为儿女可能表现得比较好，是个好孩子，但在学校中作为学生却不一定是个好学生；当自己被选为班级干部时可能获得众多的好评，但后来因为种种原因落选了，可能又会有不同的评价。因此，要从不同角色和角色地位的变化来考察自己，才能对自己形成全面的认识。

2. 全面剖析自己还要正确分析不同时期中不同的人对自己的评价

有些评价是处在顺境时别人的评价，有些评价是处在逆境时别人的评价，有些评价是了解你的人或亲近你的人的评价，有些评价则是不了解你的人或对你有意见的人对你做出的评价。只有对不同时期中不同的人所做出的不同评价进行全面综合的分析，才能形成比较接近于"现实我"的认识。

（二）客观地评价自己

所谓客观地评价自己，就是不能脱离他人的评价和社会的实践进行主观的自我评价。例如，有的大学生自恃才高，这只是主观的自我评价，他是否真正有才能，必须联系他现实的学习成绩和他解决实际问题的能力来客观地评价。一个大学生自认为品德好，这也是一种主观的自我评价，必须联系他日常是否勤奋学习、是否关心和帮助同学、是否尊重父母和老师、是否关心他人的疾苦、热心助人来客观地衡量。一个大学生的价值不是由其自我评价决定的，而是由他对社会所做出的贡献决定的。自古以来，志士仁人、英雄豪杰、模范人物受到人们的崇敬和爱戴，都是因为他们为人民和民族谋幸福，推动了社会的进步和历史的发展。

二、获取积极的情感体验

只有对自我有积极的情感体验，才会悦纳自我，对自己有所期望和要求，进而自我实现。如果对自我缺乏积极的体验，对自己不满意、不喜欢甚至厌恶，就有可能自我否定，甚至自暴自弃。那么，大学生应该获得哪些积极的自我体验呢？

（一）积极进取、克服困难，获得成功的体验

每一位大学生在学习、生活、工作中都要积极进取、克服困难，以获得成功的体验；同时，

要避免获得消极失败的体验，即使当我们遭遇到无法克服的困难而失败时，也要主动地设法扭转失败的结局，用成功的体验替代失败的体验，这样才能消除失败给我们的心灵蒙上的阴影。例如，一个初学游泳的人，在学习游泳的过程中呛了水，可能因此感到害怕，不敢再学了，如果就此罢手，留下的永远是失败的体验，这个消极的体验还可能造成终身的影响（恐水症），使他一辈子不会再学游泳了。但是，如果他不怕困难，终于学会了游泳，那么，他因成功所获得的快乐体验便可以替代先前失败而产生的不愉快体验，他本人也就可以从失败的阴影中走出来。成功的体验不仅使我们获得快乐，更重要的是使我们获得自信心，而自信心反过来构成取得成功的要素。因此，获得成功的体验，消除失败的体验，是提高自信心、维护自尊心、培养独立性与创造性的重要自我体验。

（二）关爱他人、多行善事，获得道德的体验

一个人的行为不仅为成功的体验所鼓舞，也为道德的体验所驱动。因此，获得道德的体验是自我意识健康发展的条件之一。道德体验的基础在于对他人、对集体、对社会的关爱，因此，最基本的道德体验是道德感和同情心。没有道德感，没有对是非善恶的爱与憎，就失去了对道德与不道德的情感体验；没有同情心，对别人的不幸与痛苦熟视无睹、麻木不仁，也不会有任何道德与不道德的体验。道德体验不能从对道德规范的认识中获得，只能从道德行为实践中获得。作为当代大学生，我们更要通过积极的道德实践，如帮助有困难的同学、尊老爱幼、尊敬老师等来增强自身的道德感和同情心，获得高尚的道德体验。

三、加强自我实现意向的调控

（一）科学建构"理想我"

"理想我"是大学生通过长期学习与生活的实践、接受社会楷模的影响和自己有意识地思考抉择而确立的。它体现了大学生自我实现的目标和要求。建构"理想我"必须有科学的态度和策略。

1. 建构"理想我"要敢于树立远大的理想和抱负

孟子说："夫志，气之帅也。"也就是说，树立远大的志向，才能统帅自己全部身心的力量勇往直前、奋力拼搏、夺取胜利。有大志向、大抱负的人，才会放眼世界、关心大局、关心大事，而不会斤斤计较、患得患失；有大志向、大抱负的人，会把全部的精力集中于大目标，获得大的成果。因此，建构"理想我"就要敢于树立远大的理想和抱负。

2. 建构"理想我"要有正确的价值观

理想与抱负是否远大，不在于最终获得的名利、地位的大小，而在于社会价值。例如，当科学家是为了科教兴国、造福人民，这是远大的理想和抱负；如果当科学家只是为了出名和获得高薪，便算不上远大的理想和抱负。因此，建构"理想我"必须对理想的社会价值进行考量。

3. 建构"理想我"不能追求绝对的完美

世界在运动中发展，任何事物都是在发展中不断完善的，没有绝对的完美。大学生走向"理想我"时，所规划的内容要有主有次，不能要求面面俱到、齐头并进，都达到完美。而且，随着时代的发展和个人的成长，昨天被视为理想的追求，今天很可能已不再是理想了。所以，"理想我"要随着时代与个人的发展不断进行调整。"理想我"如果目标过高，不能实现，必然会造成精神上的失意和痛苦；而没有理想和追求，失去精神的寄托，更会造成另一种心理障碍和痛苦。因此，科学地建构"理想我"，引导自我意识健康发展，具有重要意义。

4. 要立足现实，协调好理想与现实的矛盾

古人云"千里之行，始于足下"，在建构"理想我"时，既要敢于树立远大的理想和抱负，又要脚踏实地处理好"理想我"与客观现实的矛盾，处理好"理想我"与"现实我"的矛盾。"理想我"

是自我希望实现的目标，这个目标既可能实现，也可能实现不了，关键在于条件。一个条件是客观现实及其变化所提供的可能和机遇，另一个条件是主体本身的素质。例如，在"文化大革命"的前期和中期，许多中学生想上大学，但是当时大学停止招生，客观现实没有提供可能，想上而上不了；而现在能否上大学，主要取决于自身的素质和努力。因此，大学生在树立"理想我"的目标与确立要求时，既要考虑到客观现实的可能性，又要考虑到主体本身的条件，这样才能使"理想我"建立在比较现实的基础上。

（二）不断完善"现实我"

许多人在建构了"理想我"以后，常会不自觉地把自己想象成"理想我"的形象，而在现实生活中别人所看到的自己却是一个既有优点又有缺点的"现实我"。这样，就不可避免地产生了"理想我"与"现实我"的矛盾。如"理想我"可能是个科学家，而"现实我"却是个学业平平、没有什么创新的人。自我意识中的这种矛盾必然会产生焦虑、烦恼、失意等种种消极情绪体验，并会因此造成心理疾病。为了达到自我实现，既要注意对"理想我"进行实际的调整，又要不断地对"现实我"进行完善，使其逐步向"理想我"靠拢。为此，必须掌握一些自我调控的策略。

1. 自我监督，经常反省

一方面，根据"理想我"的要求考察"现实我"的状况和差距；另一方面，把"现实我"的表现反馈到自我意识中进行审查和分析，以做出完善自我的决策和指示。曾子说的"吾日三省吾身"，就是一种自我监督活动，没有自我监督和反省，就无从实现自我完善。

2. 自我批评，不断改进

孔子云"人非圣贤，孰能无过"，在自我反省的过程中，既要总结自己的成绩，肯定优点，又要发现自己的缺点和错误，进行自我批评，不断改进、不断自我完善。

3. 自我调节，自觉控制

要根据环境的变化和对自我的要求，对不正常的心理状态进行调节，对不符合要求的情绪与冲动进行自觉的控制，这是保持心理健康、实现自我完善极为重要的措施。

总之，大学生在进行自我意识修养时，要树立终身修养的观念，"活到老，学到老"，要把自己培养成心理健康、品质高尚的人，决不能放松、中断对自我意识的培养。人的一生是不断发展变化的，自我意识也在不断发展，每个人从青年到老年，都要不断地重新认识自己，不断地进行自我反省、自我调节和控制，这样才能不断完善，从而达到自我实现。

测试与训练

一、阅读资料

阅读资料

二、心理测试

自我和谐量表（SCCS）

【测试说明】 下面是一些个人对自己看法的陈述，填答案时，请你看清每句话的意思，然后圈选一个数字(1代表该句话完全不符合你的情况;2代表比较不符合你的情况;3代表不确定;4代表比较符合你的情况;5代表完全符合你的情况),以代表该句话与你现在对自己的看法相符合的程度。每个人对自己的看法都有其独特性,因此答案是没有对错的,只要如实回答即可。

1. 我周围的人往往觉得我对自己的看法有些矛盾　　　　　1　2　3　4　5
2. 有时我会对自己在某方面的表现不满意　　　　　　　　1　2　3　4　5
3. 每当遇到困难,我总是首先分析造成困难的原因　　　　1　2　3　4　5
4. 我很难恰当表达我对别人的情感反应　　　　　　　　　1　2　3　4　5
5. 我对很多事情都有自己的观点,但我并不要求别人也与我一样　1　2　3　4　5
6. 我一旦形成对事物的看法,就不会再改变　　　　　　　1　2　3　4　5
7. 我经常对自己的行为不满意　　　　　　　　　　　　　1　2　3　4　5
8. 尽管有时得做一些不愿意的事,但我基本上是按自己的意愿办事的1　2　3　4　5
9. 一件事好是好,不好是不好,没有什么可含糊的　　　　1　2　3　4　5
10. 如果我在某件事上不顺利,我往往就会怀疑自己的能力　1　2　3　4　5
11. 我至少有几个知心朋友　　　　　　　　　　　　　　　1　2　3　4　5
12. 我觉得我所做的很多事情都是不该做的　　　　　　　　1　2　3　4　5
13. 不论别人怎么说,我的观点决不改变　　　　　　　　　1　2　3　4　5
14. 别人常常会误解我对他们的好意　　　　　　　　　　　1　2　3　4　5
15. 很多情况下我不得不对自己的能力表示怀疑　　　　　　1　2　3　4　5
16. 我的朋友中有些是与我截然不同的人,这并不影响我们的关系　1　2　3　4　5
17. 与朋友交往过多容易暴露自己的隐私　　　　　　　　　1　2　3　4　5
18. 我很了解自己对周围人的情感　　　　　　　　　　　　1　2　3　4　5
19. 我觉得自己目前的处境与我的要求相距太远　　　　　　1　2　3　4　5
20. 我很少想自己所做的事是否应该　　　　　　　　　　　1　2　3　4　5
21. 我所遇到的很多问题都无法自己解决　　　　　　　　　1　2　3　4　5
22. 我很清楚自己是什么样的人　　　　　　　　　　　　　1　2　3　4　5
23. 我很能自如地表达我所要表达的意思　　　　　　　　　1　2　3　4　5
24. 如果有足够的证据,我也可以改变自己的观点　　　　　1　2　3　4　5
25. 我很少考虑自己是一个什么样的人　　　　　　　　　　1　2　3　4　5
26. 把心里话告诉别人不仅得不到帮助,还可能招惹麻烦　　1　2　3　4　5
27. 在遇到问题时,我总觉得别人都离我很远　　　　　　　1　2　3　4　5
28. 我觉得很难发挥出自己应有的水平　　　　　　　　　　1　2　3　4　5
29. 我很担心自己的所作所为会引起别人的误解　　　　　　1　2　3　4　5
30. 如果我发现自己某些方面表现不佳,就总希望尽快弥补　1　2　3　4　5
31. 每个人都在忙自己的事,很难与他们沟通　　　　　　　1　2　3　4　5
32. 我认为能力再强的人也可能遇上难题　　　　　　　　　1　2　3　4　5
33. 我经常感到自己是孤独无援的　　　　　　　　　　　　1　2　3　4　5
34. 一旦遇到麻烦,无论怎样做都无济于事　　　　　　　　1　2　3　4　5
35. 我总能清楚地了解自己的感受　　　　　　　　　　　　1　2　3　4　5

【测试结果与计分方法】　三个分量表包含的项目及题号如表2-2所示。各分量表的得分为其所包含的项目分直接相加。

表 2 - 2　三个分量表包含的项目及题号

项　　目	包含题目	自测分数	大学生常模
自我与经验的不和谐	1、4、7、10、12、14、15、17、19、21、23、27、28、29、31、33		46.13±10.01
自我的灵活性	2、3、5、8、11、16、18、22、24、30、32、35		45.44±7.44
自我的刻板性	6、9、13、20、25、26、34		18.12±5.09

自我与经验的不和谐：反映的是自我与经验之间的关系，包含对能力和情感的自我评价、自我一致性、无助感等，它所产生的症状更多地反映了对经验的不合理期望。

自我的灵活性：与敌对与恐惧显著相关，可以预示自我概念的刻板与僵化。

自我的刻板性：不仅同质性信度较低，而且仅与偏执显著相关，其使用仍然在探索中。

此外还可以计算总分，方法是将"自我的灵活性"反向计分，再与其他两个分量表得分相加。对于大学生，低于 74 分为低分组，75～102 分为中间组，103 分以上为高分组。得分越高，自我和谐程度越低，容易因对环境不适应或逃避而导致自我僵化，或因不能改变而导致无助感。

三、心理训练

（一）20 个"我是谁"活动

请补充下面的"我是……"（如我是一个热爱生活的人，我是一个有理想和追求的人，我是一个爱交往的人，等等）。要求符合真实的自我，尽量选择一些能代表自己人格特征的语句，避免表述过于宽泛，如我是大学生。限时 5 分钟。

（1）我是 _____

（2）我是 _____

（3）我是 _____

（4）我是 _____

（5）我是 _____

（6）我是 _____

（7）我是 _____

（8）我是 _____

（9）我是 _____

（10）我是 _____

（11）我是 _____

（12）我是 _____

（13）我是 _____

（14）我是 _____

（15）我是 _____

（16）我是 _____

（17）我是 _____

（18）我是 _____

（19）我是 _____

（20）我是 _____

写出 18 个以上，自我认知良好；写出 15～17 个，自我认知尚可；写出 12～14 个，自我认知很一般；写出 9～11 个，自我认知较差；写出 8 个以下，自我认知存在一定的困惑。

回答的内容是否涉及自己的未来。哪怕只有一个答案涉及未来（如我是未来的 IT 精英），也说明自己有理想和抱负，在现实生活中充满生机。若没有一个答案涉及未来，则可能说明自己对未来缺乏考虑。

回答内容涉及自己的身体状况、情绪状况、才智状况、社会关系状况的，记录如下。

身体状况：＿＿＿＿＿＿＿＿＿＿＿＿＿＿＿＿＿＿＿＿＿＿＿＿＿＿＿＿＿＿＿＿＿＿＿

情绪状况：＿＿＿＿＿＿＿＿＿＿＿＿＿＿＿＿＿＿＿＿＿＿＿＿＿＿＿＿＿＿＿＿＿＿＿

才智状况：＿＿＿＿＿＿＿＿＿＿＿＿＿＿＿＿＿＿＿＿＿＿＿＿＿＿＿＿＿＿＿＿＿＿＿

社会关系状况：＿＿＿＿＿＿＿＿＿＿＿＿＿＿＿＿＿＿＿＿＿＿＿＿＿＿＿＿＿＿＿＿

评估一下你对自己的陈述是积极肯定的还是消极否定的。如果积极的句子多于消极的句子，说明你的自我接纳状况良好。如果消极的句子将近一半甚至超过一半，这说明你不能很好地接纳自己，你的自尊程度较低，这时你需要内省，寻找问题的根源。例如，在哪一方面过低评价了自己？是什么原因造成的？有没有改善的可能？

认识自我、接纳自我是一个艰难而痛苦的心理历程，而重塑自我、超越自我更是一场自我革命，它必须从了解自我、接纳自我起步。这对于一个追求卓越成功的年轻人来说是必不可少的。

在自愿的基础上同学之间可以相互交流、分享（如果有的人不想把自己的隐私说出来，也不要勉强）。每个学生总结自己的评价和同学的评价，课后写一篇《这就是我》的总结文章，文章不讲究形式、措辞，只要求对"我"的各个方面都思考全面，以达到正确认识自我的目的。

（二）我就是我

请同学们认真填写表 2-3。其中，"现实我"是从外貌、性格、智力等方面对自己做一个评价；"理想我"可以选择一个你心目中的偶像或者想象中的人进行描绘；"别人眼中的我"是你觉得你在别人的眼中是什么样的，也可请身边同学帮忙来填写此栏。

表 2-3　自 我 评 价

项　　目	现实我	理想我	别人眼中的我
身高			
体重			
性别			
出身阶层			
文化程度			
性别			
性格			
人际关系			
专业			
恋人			
收入			
爱好			
理想抱负			

讨论：

1. 对比表的结论，看看"现实我"和"理想我"之间的差别大吗？对于自己拥有的，你喜欢哪些，不喜欢哪些？你想改变你不喜欢的自己吗？

2. 对比表的结论，看看"现实我"和"别人眼中的我"之间的差别大吗？你是不是一直在伪装自己，你今后打算怎么做？

四、思考题

1. 什么是自我意识？自我意识具有哪些类型？

2. 大学生自我意识发展的主要特征有哪些？

3. 试从学习、社会活动、人际关系三个方面列出自己人格的 10 个主要特点（优点和缺点）。

4. 大学生的自我意识存在哪些问题？

5. 如何培养健康的自我意识？

第三章　大学生心理适应

 ## 心灵导读

　　对于初入大学的新生来说，面对身心成长、环境改变与社会转型等诸多变化，学会积极地适应客观环境，调适身心状态，达到自我与环境的和谐统一，不仅关系到他们能否顺利完成大学学业，还关系到他们将来在社会生活中能否继续发展、人生目标能否实现。

 ## 教学目标

　　通过对本章的学习，应了解适应的内涵、标准和分类，理解大学生在适应方面存在的主要问题及其产生原因，掌握大学生心理适应能力的培养方法，从而能够正确认识在适应方面存在的问题并能运用有效的方法进行调适。

第一节　心理适应概述

"适者生存"是生存竞争的普遍规律。适应环境的能力是在适应环境的过程中提高的。环境是客观存在的，我们无法改变它的现状，只能改变我们自身。对于初次离开家庭进入新环境的年轻人来说，生活上、心理上有一个适应过程是正常现象，关键的问题是如何认识和对待这一适应过程。适应能力的提高，不仅对大学生四年的学习生活有现实意义，

案例导入

而且对他们今后适应各种环境、处理好人生道路上遇到的各种问题都有重要价值。

一、适应的内涵

（一）适应的含义

当我们谈到适应时，通常是指个体改变自身去顺应环境条件。因为对于个体来说，他能直接支配和控制的是自己的行为。在多数情况下，现实环境的力量太强大，个人操纵和掌控环境的能力是有限的。在这种情况下，个人只能依靠调整自己来适应环境。例如，初入大学的新生面对全新的学习环境、生活环境、人际环境、管理环境、校园文化环境等，会产生一些新的心理矛盾，这时，他们不能期望环境和生活条件朝着有利于自己的方向改变，而必须通过自我调适、自我努力去尽快适应高校的新环境。

适应是一个动态的平衡过程，适应期中总是孕育着变化的因素，这种变化要么是环境条件的改变，要么是个人自身的改变，这两种因素一旦变化到一定程度，适应的平衡即被破坏，接着便是一个新的调整期，逐渐达到新的适应。

综上所述，我们可以将适应定义为：**适应是个体在与环境相互作用的过程中，通过自我调节系统做出的能动反应，这种能动反应使自己的心理活动和行为方式更加符合环境变化和自身发展的要求，使个体与环境达到新的平衡的过程。**

（二）适应的基本环节

适应的心理机制是由四个基本环节组成的。

1. 个体对环境的认知

个体对环境的认知是适应的心理基础。压力是个体与环境交互作用的结果，而环境的变化是否对个体产生压力，以及该压力会对个体产生多大的影响，这往往取决于个体的认知评价能力。因为人们遇到任何情况时，都会不由自主地按过去的体验对它进行评估，然后做出应对这一事件的行动计划，并选择最佳方案。

2. 个体对环境的接纳

个体对环境的接纳是个体在认知的基础上，通过对新环境的反馈，进一步调整已有的价值观念，进而构筑与新环境协调的新的价值观念，以规范心理适应机制，并在新的价值观的引导下，形成与自身价值观相符的反应模式。

3. 个体对自身的改变

在新的价值观念引导下，个体的心理需求、动机和情绪等心理机制都会做出相应的变化和调整，以便符合环境的内在要求，使两者和谐发展，从而达到适应。

4. 保持积极心态，保证自身与环境的和谐一致

积极心态包括远大的理想和坚定的信念，同时还要有积极的自我体验，做到自尊、自爱，对自己始终充满自信。要有较强的竞争意识和好胜心；对人对事有宽容的态度与豁达的胸怀；要有自我监控的意识和自我调节的能力，特别是自省、自察和自我审视的意识。积极心态能使人在改变自我的基础上顺应环境或顺应环境中的某些变革，或使人不断地抗争和选择，从一个目标走向另一个目标，使个体与环境保持一种动态平衡。

二、适应的标准

适应是一种智慧。作为大学生，要在这个充满变革的时代更好地生存与发展，必须具备健全的心理适应。那么，什么样的标准能作为判断一个人心理是否适应的标准呢？或者说何为适应良好？有学者主张，应该从社会适应角度、生活适应角度、经验的角度三个方面来看。

(一) 社会适应的标准

社会适应的标准就是以社会适应为目标，用社会常规来衡量人的心理和行为是否完善。

每个人生活在一定的历史环境和社会文化环境中，其心理和行为都受这一特定环境的制约。人们的心理和行为既是历史环境和文化环境的产物，又反作用于历史环境和社会环境，达到对环境的改造，使之更适合人们的需要。当人的心理和行为能够适应环境，并能正常地作用于环境时，他的心理就是正常的。观察个体对社会体制、社会关系、社会事件的观点及反应，观察个体处理集体、人际关系的态度及结果，观察个体对自己的评价，如果个体的心理和行为在面对上述问题时不能符合社会所认可的行为准则，则视之为异常，即视之为心理不适应。

需要注意的是，社会适应标准是有一定的时代性和文化差别的。

(二) 生活适应的标准

生活适应的标准是用社会生活的常规来衡量个体的心理和行为，看其是否符合社会生活的公共规范和准则。它要求个体能够根据环境的变化有效地发挥人的主观能动性，改变自己以顺应环境或环境中的某些变革，或者某种程度地改造环境，满足自己生存和发展的需要。这个标准也有一定的相对性，如个体对环境有一定的畏惧感，对外在事物毫无兴趣，言语行为迟钝，虽然他遵守社会生活的公共规范和准则，但不能算是适应。

(三) 经验的标准

经验的标准是指具有一定专业知识的人凭借专业知识或者以往积累的、经过系统整理的知识经验来鉴别和验证被测试的对象心理是否适应现实生活。这一标准是以一般人的常态的、已有的经验作为出发点和参照点的，其主观性较大，常受测试者的专业水平、经验和能力的制约，对同一个被测试对象可能会产生不同看法，难免失之偏颇。

一般来讲，可以遵循以下三项原则来鉴别：首先是心理与环境的同一性原则。任何正常的心理活动和行为，其形式和内容都应该与客观环境保持一致性，即同一性。人的心理或行为只要与外界失去同一性，就难以为人所理解，就不正常了。其次，心理与行为的统一性原则。一个人的认知、情感和意志行为在自身是一个完整的协调一致的统一体。这种统一性是确保个体具有良好的社会功能和有效地进行活动的心理学基础。最后，人格的稳定性原则。人格形成之后，一般具有相对的稳定性，在没有重大变故的情况下是不易改变的。如果一个爽朗、外向的人突然变得沉闷、悲观、内向，那就要考虑他是否出现异常，说明他的心理和行为已经偏离了正常的轨道。

在心理适应的标准上，很难找出一个完美、客观又一致的标准。在实际生活中，往往将上述标准综合运用，来鉴别适应与否。

三、适应的分类

关于适应，可以依据不同的标准将其分为不同的类型。孔维民认为，根据适应的对象可以将其分为对自然环境的适应和对社会环境的适应；根据适应的基础可以将其分为生理适应和心理适应；根据适应的程度可以将其分为浅层适应和深层适应；根据适应过程中是否有意识地参与可以将其分为有意识地适应和无意识地适应；根据适应的效果可以将其分为积极适应和消极适应。这些分类各有依据，都有一定的道理。以下还列举了其他适应的分类。

（一）积极适应和消极适应

积极适应是一种健康的适应，是指个体先确定一个目标，然后积极努力去实现这个既定目标，即使遇到阻碍和挫折，也会尽力去克服，即使达不到目标也会及时调整目标，再去适应。它具有两个含义：一是改变自己以顺应环境或者环境中的某些变革；二是不断地选择和抗争，从实现一个目标到实现另一个目标。

积极适应的主体充分发挥自身的主观能动性，尽最大可能去改变环境使之适合自己发展的需要，所以积极适应是一种比较高级、比较主动的适应方式，是使自身得到有效发展的过程，是发展性适应。任何一次积极的适应都是一次新的尝试，是一次对个体心理的历练，可使认知得到提高与升华。

消极适应的主体在适应过程中遭遇到挫折时，需求不能顺利满足，内心产生苦闷与冲突，形成悲观心理。消极适应是个体认同、顺应了环境中的消极因素，压抑了自身积极因素和自身潜能，违背了人的心理发展方向的过程，是一种基本的、比较被动的适应方式，其作用只是求得一时的内心平衡。

（二）内部适应与外部适应

有学者根据适应表现的方式将适应分为内部适应与外部适应。

内部适应是指在心理上达到认知和情感上的平衡状态的适应；外部适应是指在行为上能够符合外部环境要求的适应。一般而论，可以认为内部适应是外部适应的基础，外部适应是内部适应的外在表现，两者是一致的。但在某些特殊条件下，两者也存在不一致的情况。比如，有时候屈从于某种外部压力，为了避免更大的挫折，尽管内心并不情愿，但有可能在行为上暂时遵从某种规范，表现为表面上的顺从或服从，这就是一种外部适应与内部适应不一致的情况。

（三）狭义适应和广义适应

根据适应的内涵可将适应分为狭义适应和广义适应。

狭义适应是指在遭受心理挫折后人们采用自我防卫机制来减轻压力，恢复心理平衡的过程。广义适应是指当外部环境发生变化时，主体通过自我调节系统做出有效反应，使自己的潜能得以充分发挥，使内外环境重新恢复平衡的心理过程。前者更多地表现为无意识的适应过程，具有一定的自发性；后者则主要表现为有意识的适应过程，带有更明显的自主性。在个体发展过程中，前者出现得较早，而后者出现得较晚。但是，随着个体心理成熟水平和思维水平的提高，广义适应的作用就会越来越大并逐渐占据主导地位。

第二节 大学生适应方面的主要问题

在人生的舞台上，每个人都扮演着一定的社会角色。人在特定的时间、特定的社会文化环境中，形成了与那个时空相适应的角色期望和行为方式。随着生命长河的流淌，每个人不可避免地转换着自己的角色。当一个人还没有充分的心理准备和经验准备时，常常会碰到角色转变带给自己的许多困惑。

案例导入

一、大学生活的新变化

（一）生活环境的变化

大学的生活环境是指大学生在学习之外的业余生活方式，包括生活方式、生活习惯、生活范围、生活条件等。

1. 生活方式

如今很多大学新生都是独生子女，入学前习惯于家中父母全方位的关怀和照顾，缺乏独立生活的能力；异地求学后远离了父母亲人的照顾，必须独立地安排自己的生活。他们在集体食堂吃，在集体宿舍住，远离家乡、远离父母，所有事情都要亲力亲为，难免被生活中这些琐事搞得焦头烂额。这对缺乏独立生活能力的新生来说无疑是一个挑战，他们时常感到孤独寂寞，常常想念亲人，而且极易被焦虑的情绪困扰。

2. 生活习惯

大学新生在家乡生活十几年，习惯了家乡的饮食、气候、语言、作息时间等，异地求学造成他们对学校所在地的生活不适应。这种不适应，必然会给他们的生活带来不少的困难。

3. 生活范围

中学生由于有高考的压力，学习成了他们生活的中心内容，无暇他顾，生活内容比较单一，范围较窄。而在大学里，一些大学新生面对校园众多的学生组织、社团、协会，面对宣传橱窗里花花绿绿的各种海报，面对丰富多彩的社会实践活动和丰富的校园文化生活时目不暇接、无所适从。此外，还有一些习惯了农村生活环境的大学生，当他们来到喧闹的城市后，易产生压抑感和自卑感。

4. 生活条件

随着高校招生并轨，大学生成了消费水平较高的社会群体。这给家庭经济不宽裕的大学生带来很大的经济压力和心理压力。一些靠助学金过日子的大学生，节衣缩食节省开支，有的用勤工助学的方式解决学习费用。而来自富裕家庭的大学生则穿戴名牌，出手大方。相比之下，家庭困难的大学生由于经济窘迫，心理上易产生一种处处不如人的感觉。

（二）学习生活的变化

1. 学习任务

中学阶段是基础教育阶段，学生的主要任务是学习各种科学文化基础知识，考上大学，为在高等院校学习打好基础。大学虽然也学习一些基础知识，但更重要的是学习更深的专业知识，掌握专门的专业技能，为将来走向社会从事某项专业工作打好基础。

2. 学习内容

中学阶段所开设的课程内容基本上是数年一贯制，变化很小，知识面也较窄，基本上没有选修课，课外参考书也很少。而大学的学习具有专业性、探索性，四年里要学二三十门课程。除基础课、专业课外，还有选修课。大学生除了学习新开设的课程，还要翻阅大量的、相关的参考书，查找大量的文献资料，学习内容比中学阶段要多很多，知识面也要宽得多。

3. 学习方式和方法

无论是教学方法还是学习方法，大学与中学都有很大的区别。中学的学习方式是以教师为主导、以课堂教学为中心的教学方式，学生主要从课堂教学中获取知识，学习途径和方法相对单一，学生学习的每个环节都在教师安排、指导、监督下进行，学生的学习大多处于被动状态，对教师的依赖性很大，探索性和自主性不强。而大学的教学方法具有高度理论性、概括性和教学内容的大容量性，学习方式则以学生为主导、以自学为中心进行，要求学生做到独立思考、融会贯通、举一反三。一些新生不善于自学，不会安排学习时间，因而有很大压力。

（三）人际关系的变化

对于一个新入学的大学生来讲，他们习惯了中学的环境，对大学环境缺乏了解和心理准备，进入大学后往往不能适应，因而在适应的过程中也就很容易出现问题。面对来自五湖四海、性格各异的同学，大学生的人际交往的类型和方式都发生了很大的变化，最显著的特点是师生关系明显淡化，同学之间的互动更加频繁，人际空间更加广阔，错综复杂的社会交往成为大学生的基本生活内容之一。在交往过程中，大学新型的人际关系不能以个人好恶来决定，必须学会与不同的人建立和保持协调的关系。

1. 交往方式与对象

中学时代交往的对象，主要是同窗好友、父母、亲戚、老师。尤其是班主任，天天与学生见面，对他们的思想、学习、生活样样关心。家长更是体贴入微，关心备至。所以对自己不喜欢或不想交往的人就可以不去交往。但到了大学就完全不同了，远离父母，难诉衷肠，师生关系也不那么密切，有时几天见不到辅导员老师；从各地来的学生组成了新的班集体；与素不相识，脾气、生活习惯各不相同的同学生活在同一宿舍，常常感到难以适应，知音难觅。由于生活领域的扩大，大学生交往的场所扩展到学习、生活、娱乐等各个方面。

2. 交往所处的地位

中学生在人们的心目中还是个未成年的孩子，家长、老师在各方面都予以关怀照顾，对他们的直接干预很多，他们很少经历挫折。在中学时，他们大多是成绩优异的尖子生，经常得到老师、家长的赞扬和同学的羡慕，自己则以时代的宠儿、胜利者的姿态出现，有一种优越感。到了大学，大学生在人们的心目中就多了几分成人感，人们对他们的要求相对提高，对他们的关心照顾相对减少，对他们的直接干预也不像从前那样多。大学生原来的优越感也在群星荟萃、强手如林的班集体中逐渐消失。这就要求大学生们逐渐摆脱以自我为中心的思维方式，学会设身处地为别人想一想，并在此基础上建立起独立、协调的新的人际关系。

3. 交往的要求

中学生人际关系相对简单，对交往的要求不那么强烈，人际交往时间和范围也受到限制。进入大学后，接触新群体、新伙伴，交往的范围扩大了。新环境要求他们独立地、主动地去与陌生人交往，宽松的学习环境也给他们的交往提供了条件，社会化要求的迅速提高使他们对友谊的渴望也越来越强烈。但如果缺乏交往技巧，将难以建立友好的、协调的人际关系，甚至可能发生人际冲突。

二、大学生适应中的心理问题

（一）环境适应的困惑感

大学新生入学后，首先面临的是生活环境和生活习惯的适应问题。对这两个问题的适应不良，将严重影响大学生的心理和行为。

在生活环境方面，一是对学校地理环境不适应。远离家乡来到陌生的城市，使不少同学无所适从。二是对当地气候、风土人情、经济发展水平、生活习惯不适应。三是不少同学缺乏独立生活的能力，集体生活观念淡薄，不会关心他人，个人角色定位不准，一味寻求自己的行为自由，不管他人感受，我行我素，干扰了其他同学的学习和休息，导致同学关系紧张。四是不会安排好自己的衣食住行，不会理财，往往计划不周导致经济上捉襟见肘。

在生活习惯上，大学生也存在一些问题。一是懒惰，缺乏正确的卫生与劳动习惯。二是饮食不当，如不吃早饭、挑食、偏食、暴饮暴食，不能养成定时定量的饮食习惯等。三是生活不规律，晚上不睡，早上不起，没有良好的作息生活规律。四是有不良嗜好，酗酒、吸烟现象较为严重。

(二) 幻想破灭的迷失感

1. 学习目标的迷失

中学阶段的学生都有一个明确具体的目标——考大学。进入大学后的最初一段时间，这种压力自然消失，很多同学没有及时建立新的奋斗目标，也就失去了学习的动力和目标。在大学大部分时间靠学生自主管理的情况下，大学生就有可能有意无意地放纵自己，把大量学习时间用于网络游戏、聊天、玩乐等，追求享乐，得过且过，不思进取，内心陷入极度空虚和困惑中。

2. 理想大学的迷失

大学是中学生十分向往的地方，在他们的心目中，大学是一座金碧辉煌的知识殿堂，大学生活应该充满诗情画意。但进入大学后，现实的大学与理想的大学相比较，似乎没有想象中的优越生活条件，没有想象中的无忧无虑的快乐生活，有的只是比中学还要多的课程，比中学还复杂的人际关系。大学新生不知道如何接受教室、食堂、宿舍三点一线的平淡生活。现实大学与理想大学的强烈反差，导致迷茫、失望的情绪困扰着大学生们，使其终日处于精神涣散的状态中，心理冲突加剧。

3. 专业理想的迷失

不少学生不喜欢自己的专业。在就业竞争压力和行业差距较大的今天，大多数学生在高考时根据父母的意愿、自己的兴趣和对未来专业发展趋势的判断，选择了自己的专业志愿，即专业理想。但不少学生填报专业时可能是屈从于父母的意愿，可能是考分的缘故不能报理想的专业，或者是大学录取中被调剂了专业，这给部分大学生造成专业理想的失落。有的学生不能正确对待这种情况，失去了学习兴趣和信心，不安心学业，甚至放弃学习。

(三) 知音难觅的孤独感

1. 离开家乡和父母带来的孤独

中学时期，学生有父母在身边，时时受到父母的关心与照顾。进入大学，来到一个新的环境，大学生独自面对陌生的环境、老师和同学，缺乏生活的依靠、感情的寄托和心灵的慰藉，因此产生一种思念家乡、思念亲人的情绪，感到寂寞孤独。

2. 人际关系复杂带来的孤独

大学阶段是交往需求最强烈的时期，他们希望有一个生机勃勃、健康向上的新集体，渴望建立和谐的人际关系，并使自己通过社交活动展现才华，得到别人的认可。但实际上有三种交往心态，造成同学之间的疏离，形成了大学生的孤独感。一是陌生的环境、生疏的同学，使他们在刚开始的相互交往中本能地表现出某种心理上的戒备与谨慎，以致形成一种闭锁的心态，产生冷漠的孤独情绪。二是住在同一宿舍的同学，刚开始时还比较注意自己的言行，但时间一长，由于生活习惯和性格特点的不同，易做出干扰别人休息和学习的事情来，久而久之，就容易引起受干扰同学的情绪化反应，相互之间产生误解，形成更深层次的孤独感。三是某些同学在新的集体中倚仗某种优势，瞧不起其他同学，一旦受到同学的疏远，就会陷入孤独。

（四）相形见绌的自卑感

1. 新集体的出现带来的自卑感

大学新生来到一个群英荟萃的新集体。新的集体面临着重新分化的境况。原来的学习尖子自然不可能都仍旧是尖子，原来的学生干部不可能都继续担任学生干部，有一些同学失去了中学时期的优越地位。有的同学发现自己不会唱歌，不会跳舞，不擅长交际，运动天赋不高，没有任何特长，造成一种挫折感，产生强烈的自卑心理，苦闷、彷徨甚至难以接纳自我。

2. 家庭经济困难带来的自卑感

大学新生来自祖国各地，家庭经济状况不一。一些家庭条件不好的同学由于经济困难而影响到与同学交往中的人格尊严与独立，造成自卑情绪。

（五）竞争压力带来的恐惧感

1. 学习压力带来的恐惧感

经过十余年的考试竞争，大学生有着考试成功与失败的深刻体验。经过高考，对考试失败的恐惧深有感触。进入大学后，部分学生仍面临着考试失败的威胁，每到考试之前就紧张不安、担心、焦虑、恐惧，影响正常学习。

2. 经济压力带来的恐惧感

经济困难不但给学生带来自卑感，更为严重的是会带来恐惧感。经济问题带来的精神压力是巨大的。随着消费水平的上升，这种压力将有增无减。据统计，我国高校特困生占在校生总数的 $5\% \sim 10\%$，而存在一定经济困难的学生比例还要高。为此，党和国家、地方各级人民政府及社会力量都做出了巨大的努力，虽然在一定程度上使特困生问题得到缓解，但目前面临的问题仍十分严峻。

3. 就业压力带来的恐惧感

据调查，大学生对就业的考虑在进入大学前就已经开始了。有的同学在选择专业志愿时就从就业的角度考虑。随着普通高校招生人数的增加和成人高等教育的发展，应届大学毕业生的就业形势相当严峻，这也导致了就业的巨大压力，带给学生恐惧感。

第三节　大学生适应问题产生的原因

经历高考的重重筛选，终于步入理想的大学校园，每一个大学生都对新的生活和环境充满了憧憬和期待。但是真正开始一段大学生活后会发现大学并不完全是自己所想的样子，甚至出现各种各样的适应问题。

案例导入

一、应试教育的影响

高中阶段的应试教育模式过分强调传授知识和技能，强调知识掌握的熟练程度，大多采取过度学习、强化训练的手段，把学习局限在课本范围内，致使学生无暇参与课堂以外的、各种对发展智力十分有益的活动，从而出现知识面狭窄、高分低能的局面。这种错误的引导在相当大程度上压抑了学生的创造能力、适应能力和自主能力的发展。因此，当这些新生来到高校这个新环境时，角色要求的转变、教育方式的改变，使他们一时无所适从。

二、家庭造成的心理定势

家庭环境和教育对个体人格的形成具有重要的影响。在生活方面，有些大学生缺乏独立生活能力，怕苦怕累；在意志方面，他们精神脆弱、挫折承受力差。这些都与在特定的家庭环境中所形成的心理定势有关。

此外，一些家庭对子女的影响起着消极作用，可能使他们形成不良心理定势。进入大学之后，这些心理定势在某种程度上影响着新生的心理适应。

三、大学生个人主观原因

大学生个体对大学生活的认知是影响大学生适应的关键因素。大学新生的生理发展相对成熟，而心理发展相对滞后，尚未成熟。比如：他们缺乏对价值观、世界观的正确认识而导致认知障碍；他们从感性认识和经验直觉出发判断和评价自己和周围的事物，导致情感障碍；他们在顺境中长大，难以承受挫折和失败而产生挫折感；他们精力充沛，朝气蓬勃，但当他们没有找到正确的发展途径和表现方式时，则会用到有害的事情上去；他们富于理想，憧憬未来，但当现实与理想发生矛盾时，又会发泄不满，悲观丧志；他们渴望掌握知识，但又不善于辨别真伪是非；他们情感丰富，但又难以控制自己，易成为感情的奴隶；他们自尊心强，但一经受挫，便牢骚满腹，灰心丧气；他们有时表现出见义勇为的英勇气概，有时又表现出无组织无纪律的莽撞举止。上述种种现象说明，大学新生在认知、情绪和意志等方面都尚未成熟。

第四节　大学生心理适应辅导

主动适应的结果往往是积极的，而被动适应的结果往往不理想，甚至是消极的。为预防和克服在心理适应过程中的各种问题，尽快适应大学的环境和生活，应努力掌握新知识和新技能，提高自身的心理素质。

案例导入

一、大学生心理适应的基本要素

大学生心理适应是心理健康的标准之一，因此要提高大学生心理健康的水平，就必须引导大学生适应大学生活。

（一）正确评价和认识自己

正确评价和认识自己是大学生心理适应的关键。大学生的良好适应，可以解释为个人与现实环境能保持和谐的关系。所谓和谐关系，就是人与环境之间的互相适应。要达到良好的适应，应从现实中先认识自己，然后进一步去完善自己。如果一个人对自己有清楚的认识，心理就比较健康，就可以比较好地适应环境。大学生应客观全面地认识自我，正确地同他人比较和正确地对待他人对自己的评价；分析自己的长处和短处，摆正自己的位置。只有客观全面地认识自我，才能心平气和地悦纳自我，树立信心，找准前进的基点和努力的方向。

（二）确定明确的目标和方向

目标、方向、理想的迷失是大学生心理适应的重要问题。生活的目标和方向虽然受社会发展与学校教育的影响，但大学生本身可通过对现实、对自己的认识来确定。因此，在熟悉环境之后，大学生应该尽快为自己确定一个新的学习目标和奋斗目标。大学生在确立目标时一定要考虑社会发展的制约，考虑现实的社会条件和自身条件。目标可分为近期目标和远期目标。从心理学的角度讲，一个明确的目标，尤其是近期目标，可以使人集中注意力，减少对小事的关注和由其引起的困扰，产生积极向上的内驱力。近期目标的实现是远期目标的保证。大学新生要学会自己来确定学习目标，自己制订学习计划，自己安排学习时间，自己选课，自己检查学习效果，并且主动找教师征询意见，请教师帮助解决困难，定期向教师汇报学习状况，提出自己的计划并与教师共同探讨。

（三）坚定信心，迎接挑战

大学生要达到良好的社会适应，保持个人的心理平衡，必须坚定成功的信念，保持积极的心态。只要有积极的心态，人人都能成功。

二、大学生适应能力的培养

提高自立和自理能力，主动适应新的学习和生活方式，充分认识自我和完善自我，正确运用心理调适策略，尽快适应大学生活，是大学新生亟待解决的问题。

（一）明确大学生适应与发展的任务与要求

有学者提出了大学生适应和发展的任务要求，具体包括：

（1）发展能力：包括智力、体力及人际交往能力等。

（2）管理情绪：充分了解、认识自己的情绪，并以恰当的方式来处理情绪。

（3）由自主迈向互相帮助：在学习独立的同时也要学习如何互相帮助、互相包容。

（4）发展成熟的人际关系：容忍和欣赏别人与自己的不同，有能力与别人发展亲密关系。

（5）确立自己的角色地位。

（6）发展目的：不断增强能力，做出计划，定出方向和目标。

（7）发展整合：包括行为与价值的一致、顾及别人的利益、尊重别人的意见，同时能够肯定自己的价值观及信念。

联合国教科文组织提出，大学生的主要任务是"四个学会"。

（1）学会做人：不断增强自主性、判断力和个人的责任感，树立正确的人生观、价值观，拥有明确的伦理道德观念和是非观念。

（2）学会做事：要有敬业精神、独立处理问题的能力以及应付各种情况和各种环境的工作能力，能够不断积累做事的相关经验。

（3）学会与人相处：对他人有尊重、真诚的态度，与人和谐相处，能够与他人进行良好的沟通。

（4）学会学习：热爱学习，不断用新的知识充实自己。

（二）学习心理知识，寻求心理帮助，迅速适应新环境

新生来到大学以后，人生开始了一个新的里程，许多事物都在发生变化，此时要学会全面地、客观地看待事物。自己要有意识地学习一些有关心理学方面的知识，也可以学习"大学生心理健康教育"等公共课或选修课。除此之外，还要积极寻求心理帮助。现在许多高校都建立起心理咨询室，有专业的心理咨询人员，新生可根据自己的具体情况进行心理咨询。心理咨询师会针对学生学习、生活中的各种困惑、心理冲突、感情纠纷、精神压力等问题，帮助学生分析问题的症结所在，找出摆脱困境、解决问题的办法。目前，社会上有一种看法，认为只有心理有病的人才需要进行心理咨询，这其实是一种误解。因为每个人都会碰到困难，都会有一些自己解决不了的心理问题。特别是大学新生，其身心都处于适应阶段，在这个时期无论怎样防范，客观上总会出现一些问题和障碍。这时去找咨询师，得到一些理解、宽慰和帮助，既能防

患于未然，又能促进自己的身心健康，并且还能掌握一些心理学知识，对自己很有必要。

（三）加强意志锻炼，培养乐观情绪，成功渡过适应期

研究表明，伟大人物的成功，除其本身具有超人的智力外，更重要的是具有超人的意志品质。也就是说，他们具有坚定的信心和必胜的勇气，有不畏艰险、百折不挠的精神。对于大学新生，他们由于对新环境、新事物的不适应而产生的不顺心和委屈较多，需要克服的困难和挫折也就更多。在遇到挫折时，意志力强的人能够自觉控制和调节自己的心理和行为，面对现实，找出失败的原因，施展所有的本领来对付困难，善始善终地将计划执行到底，直至目标实现。意志力强的人对挫折的适应能力、承受能力都较强，并能将挫折进一步转化为促进目标实现的积极因素，进一步增强自己的自信心。意志薄弱的人往往缺少信心和主见，对自我的控制和约束力较差，在遇到挫折时，容易回避现实，采取消极的应对方式，其结果不仅严重影响既定目标的实现，同时还会进一步降低自信心以及对挫折的承受能力和适应能力，甚至出现意志消沉和精神障碍。

大学生的情绪富有冲动性和不稳定性，应当十分重视情绪的自我管理。情绪有其积极的一面，也有其消极的一面。积极的情绪对人的行为起着协调和促进作用，消极的情绪则起破坏、瓦解和阻断作用。如果消极情绪有了宣泄的渠道，它就不会泛滥成灾，而会慢慢地平静下来。因此，正常地宣泄情绪有助于身心健康。当大学生陷入较严重的情绪障碍时，有必要向社会支持系统寻求帮助。每个大学生都应该确立自己的社会支持系统，有能够在心理方面给予自己帮助的社会网络，如亲人、朋友，或者是专业的社会工作者、心理医生。社会支持系统的存在有多方面的意义：一是可以获得倾诉的对象，向他人倾诉苦恼之后，会有轻松解脱的感觉；二是别人可以提供新的视角和思路，帮助当事人走出个人的习惯思维模式，重新评价困境，寻找新的出路；三是社会工作者和心理医生可以提供专业性的意见和建议，运用心理学手段和方法帮助大学生更有效地解除情绪障碍。

（四）学会接纳现实，接纳自我，提高自立和自理能力

1. 对我国的教育现状有正确认识

大学新生对我国教育现状要有正确的认识。校园环境的优劣、教学设备的齐全和先进与否并不是个体能否成才的唯一决定因素，个人能否有所成就、有所突破主要取决于个人的努力程度。

2. 大学生要树立自立精神，提高自主能力

自立精神表现为在生活中形成的一切由自己的力量去完成的独立意识。当然，大学生要在经济上完全自立，目前还不具备客观的物质基础。但是，要树立自立的观念，尽力通过自己的奋斗去争取自立。比如，积极主动地参加大学的勤工助学、做家教，一方面可以锻炼自己，另一方面可以加深对社会的了解，还可以从一定程度上缓解家庭经济负担。

（五）主动适应，尽快掌握新生活的技能

对于大学新生来说，过好独立的但又是集体的生活是遇到的新课题。尽快了解集体成员中各自的生活习惯和心理需要，学会理解别人、关心别人是每个大学新生应掌握的处世技巧，也是现在大学生应具备的个人素质之一。

大学新生必须尽快熟悉和掌握一些生活技能。生活的技能主要指社会交往的技能，要学会待人接物，处理好同寝室、同班、同年级同学之间的关系，还要安排好自己的课余生活。学生社团可以为大学生提供良好的"第二课堂"，有选择地参加社团活动会使自己的生活充实、人格成熟。比如，参加学术性社团，其成员多属同一系的同学，参加这种社团，一方面有机会跟其

他年级同学切磋专业技巧，另一方面有机会表现自己的学术才能，从被人接纳和认可中获得自信和自尊的满足。又如，参加服务性的社团活动，一方面有机会学习社会服务的技能，并加强自己的责任心和义务感，另一方面也有机会认识社会。再如，参加一些娱乐性的社团，一方面可借助娱乐活动使感情升华，减少情绪困扰，另一方面也有机会表现自己的才艺，并被人欣赏以及因志趣相投而增进同学间的感情。总之，大学生有必要根据自己的性格特点和条件培养和发展一些业余爱好，这对于培养自己的适应能力是十分有益的。

大学新生要顺利地完成大学的学习生活，为将来真正进入社会创造一个良好的身心健康条件，更好地符合国家和现代社会对于人的素质要求，就应该从跨进大学的第一天开始，有意识地培养自己健康的人格和健康的心理。高校通过开展必要的新生适应性教育，可以有效地帮助新生正确认识自我和认识社会，培养生活自理能力，掌握处理人际关系的技巧，培养心理健康意识，提高对新环境的适应能力。

测试与训练

一、阅读资料

阅读资料

二、心理测试

社会适应能力诊断量表

【测试说明】 下面的 20 个问题能帮助你进行社会适应能力的自我判断。

1. 我最怕转学或转班级，每到一个新环境，我总要经过很长一段时间才能适应。（　　　）

A. 是　　　　　　B. 无法肯定　　　　　　C. 不是

2. 每到一个新地方，我很容易同别人接近。（　　　）

A. 是　　　　　　B. 无法肯定　　　　　　C. 不是

3. 在陌生人面前，我常常无话可说，甚至感到尴尬。（　　　）

A. 是　　　　　　B. 无法肯定　　　　　　C. 不是

4. 我最喜欢学习新知识或新学科，它给我一种新鲜感，能调动我的积极性。（　　　）

A. 是　　　　　　B. 无法肯定　　　　　　C. 不是

5. 每到一个新地方，我第一天总是睡不好，即使在家里只是换一张床，有时也会失眠。（　　　）

A. 是　　　　　　B. 无法肯定　　　　　　C. 不是

6. 不管生活条件有多大变化，我也能很快习惯。（　　　）

A. 是　　　　　　B. 无法肯定　　　　　　C. 不是

7. 越是人多的地方，我越感到紧张。（　　　）

A. 是　　　　　　B. 无法肯定　　　　　　C. 不是

8. 在正式比赛或考试时，我的成绩多半不会比平时练习差。（　　）

A. 是　　　　　　　　B. 无法肯定　　　　　　　　C. 不是

9. 我最怕在班级发言，全班同学都看着我，心都快跳出来了。（　　）

A. 是　　　　　　　　B. 无法肯定　　　　　　　　C. 不是

10. 即使有的同学对我有看法，我仍能同他（她）交往。（　　）

A. 是　　　　　　　　B. 无法肯定　　　　　　　　C. 不是

11. 老师在场的时候，我做事情总有些不自在。（　　）

A. 是　　　　　　　　B. 无法肯定　　　　　　　　C. 不是

12. 和同学、家长相处，我很少固执己见，乐于采纳别人的建议。（　　）

A. 是　　　　　　　　B. 无法肯定　　　　　　　　C. 不是

13. 同别人争论时，我常常感到语塞，事后才想起该怎样反驳对方，可惜已经太迟了。（　　）

A. 是　　　　　　　　B. 无法肯定　　　　　　　　C. 不是

14. 我对生活条件要求不高，即使生活条件再艰苦，我也能过得很愉快。（　　）

A. 是　　　　　　　　B. 无法肯定　　　　　　　　C. 不是

15. 有时自己明明把课文背得滚瓜烂熟，可在课堂上背的时候，还是会出差错。（　　）

A. 是　　　　　　　　B. 无法肯定　　　　　　　　C. 不是

16. 在决定胜负成败的关键时刻，我虽然紧张，总能很快地使自己镇定下来。（　　）

A. 是　　　　　　　　B. 无法肯定　　　　　　　　C. 不是

17. 我不喜欢的东西，不管怎么学也学不会。（　　）

A. 是　　　　　　　　B. 无法肯定　　　　　　　　C. 不是

18. 在嘈杂混乱的环境里，我仍能集中精力学习，并且效率很高。（　　）

A. 是　　　　　　　　B. 无法肯定　　　　　　　　C. 不是

19. 我不喜欢陌生人来家里做客，每逢这种情况，我就有意回避。（　　）

A. 是　　　　　　　　B. 无法肯定　　　　　　　　C. 不是

20. 我很喜欢参加社交活动，我感到这是交朋友的好机会。（　　）

A. 是　　　　　　　　B. 无法肯定　　　　　　　　C. 不是

【计分方法】　凡是单数号题（1、3、5、7……），选"是"得－2分，选"无法肯定"得0分，选"不是"得2分；凡是双数号题（2、4、6、8……），选"是"得2分，选"无法肯定"得0分，选"不是"得－2分，将各题的得分相加，即得总分。

【测试结果】　35～40分：社会适应能力很强。能很快地适应新的学习、生活环境，与人交往轻松、大方。给人的印象极好，无论进入什么样的环境，都能应付自如，左右逢源。

29～34分：社会适应能力良好。

17～28分：社会适应能力一般。当进入一个新的环境时，经过一段时间的努力，基本上能适应。

6～16分：社会适应能力较差。遇到困难易怨天尤人甚至消沉。

5分以下：社会适应能力很差。在各种新环境中，即使经过相当长时间的努力，也不一定能够适应，常常因感到与周围事物格格不入而十分苦恼，在与他人的交往中，总显得拘谨、羞怯、手足无措。

如果你在这个测试中得分较高，那么说明你的社会适应能力较强。但是，如果你得分较低，也不必忧心忡忡，因为一个人的社会适应能力是随着年龄的增长、知识经验的丰富而不断增强的。只要你充满信心、刻苦学习、虚心求教、加强锻炼，就一定会成为适应社会的成功者。

三、心理训练

训练目的：提高适应能力。

1. 导入：在生活适应的过程中，由于各种各样的变化和压力，大学生会遇到各种各样难以解决的问题，造成心理上的紧张和压抑。因此，学会心理调节，摆脱不良心理状态非常重要。

讨论：当你遇到问题时，你会用什么样的方法调节心理？有效吗？试着一一列举出来。

例如，情绪宣泄—利用倾诉的方法或大哭一场，或去参加一场体育活动，宣泄掉自己的不良情绪。

(1) _____

(2) _____

(3) _____

2. 导入：不同的人应对困难和适应环境的方式不同，不同的方式、方法达到的效果也不同，各人以自己的方式适应着生活，发展着自我。

讨论：当你进入一个新的环境或遇到困难时，你会采取什么样的方法去面对？

(1) _____

(2) _____

(3) _____

3. 导入：生活信念直接影响一个人的生活状态，拥有一个合理的生活信念对人的生活影响重大。

讨论：

(1) 我对人生的看法：_____

(2) 我的未来会怎样：_____

四、思考题

1. 什么是适应？适应具有哪些标准？

2. 大学生适应中存在哪些心理问题？

3. 影响大学生心理适应问题的因素有哪些？

4. 大学生心理适应具有哪些要素？

5. 怎样培养大学生的适应能力？

第四章 大学生认知心理

心灵导读

认知是人的主要心理活动之一，它对个体在现实生活中的心理感受、行为反应具有主导作用。大学生虽然掌握了大量知识，逻辑思维能力也有所提高，但由于心理不成熟、经验不丰富，在学习、生活中必然存在一些不良认知。提高认知水平，对大学生适应社会具有十分重要的意义。

教学目标

通过对本章的学习，应了解认知的含义以及大学生认知心理的特点，理解大学生存在的主要不良认知，掌握大学生不良认知的调节方法，从而能够结合实际情况，运用有效的方法调节不良认知。

第一节　认知概述

在生活中，心理健康的人与心理不健康的人在面临同一个问题时所产生的心理活动是截然不同的。如两个到沙漠旅游的人，在他们最饥渴的时候分别在沙漠中发现了半瓶水，心理健康者庆幸"还有半瓶"，而心理不健康者却抱怨"只有半瓶"。有的人智商不低，但常常聪明反被聪明误，有的人学富五车，但日常生活却处理得一塌糊涂。这里面有着一个与智力无关的东西，那就是我们的认知模式。

案例导入

一、认知的含义

认知是指人脑反映客观事物的特性与联系，并揭露事物对人的作用和意义的心理活动。从心理活动的类型来说，认知包括感觉、知觉、记忆、想象、思维等心理现象。它是心理活动中高级的、完整的形式。

认知一般由三部分组成：接受和评价信息的过程；应付和处理问题的过程；预测和估计结果的过程。

认知理论认为认知（C）是刺激（S）和情绪、行为即反应（R）的中介，也就是 S—C—R。情绪、反应并不是由刺激直接带来的，而是通过认知引发的。例如，面对同样的挫折，有的大学生垂头丧气、不思进取，甚至怨天尤人、得过且过；有的大学生却能找到失败的原因，乐观向上，争取更大的成功。这两种截然不同的反应（R）是因为大学生对挫折、刺激（S）的想法和评价（C）不同而产生的。前者认为"失败了，太糟了，我真没用，再努力也白费劲"；后者认为"失败挫折是正常的，世界上没有那么多一帆风顺的事，吸取教训，继续前进"。

存在于刺激（S）和反应（R）之间的认知（C）是一个复杂的变化过程：刺激（S）通过感觉器官成为感性材料，经过记忆中存储的经验和人格结构折射，再由思维过程为感性材料赋予意义，构成了知觉过程，通过这一知觉过程，大学生可对过去的事件做出评价，对当前事件加以解释，对未来可能发生的事件做出预测。这些评价、解释、预测激活了情绪系统和运动系统，产生了各种情绪和行为。如果认知发生错误，就可能导致错误观念，继而产生不良情绪和行为。

二、健康认知模式的表现

（一）积极，不悲观

任何事物总有黑、白两面。拥有健康认知的人总是积极地看待一切事物，不健康的人则恰恰相反。

有一个故事，讲的是一个老太太，她有两个女儿，大女儿嫁给了洗衣店老板，小女儿嫁给了卖雨伞的老板。结果无论晴天雨天，老太太都发愁，晴天担心小女儿家的雨伞卖不出去，雨天担心大女儿家的衣服晾不干。后来，有人提醒老太太，晴天你大女儿家的生意好，雨天你小女儿家的生意好，你应该晴天雨天都高兴才对。

故事中的老太太想法也许过于简单，但生活中许多高智商的人也会犯老太太那样的低级错误。当我们面临失恋、干部落选等生活事件时，我们常常采用自我否定的思考方式，陷入不健康的认知模式之中。

(二) 客观，不自欺

客观是心理健康的一个重要标准。生活中许多人常常把想象当作事实，沉溺于空想，不知道真实的自己是怎样的。他们或者沉溺于理想化，追求完美主义，从而想入非非、好高骛远、眼高手低；或者夸大别人对自己的厌恶，造成自卑、猜疑、缩手缩脚。

(三) 独立，不依赖

健康的认知具有独立性，能超越外在无关因素。相反，不健康的认知常常受无关因素干扰，产生"心理眩惑"现象。心理学家梅尔和伯克曾经做过一个实验：买马实验。有以下两个算术题请大学生回答。

问题 A：有一个人用 60 美元买了一匹马，以 70 美元卖了出去，然后他又以 80 美元买回来，再以 90 美元卖出去，他一共赚了多少钱？

问题 B：有一个人用 60 美元买了一匹白马，以 70 美元卖了出去，然后他用 80 美元买了一匹黑马，以 90 美元卖出去，他一共赚了多少钱？

实验结果表明，对问题 A 的回答，正确率不到 40%，而对问题 B 的回答正确率是 100%。

其实，这两个问题在算术运算上完全相同，但在问题 A 中，许多人的思维不独立，纠缠于无关的一些运算步骤，往往使问题复杂化，抓不住本质，因而犯了错误。心理学家威特金通过实验研究，将人们的思维方式分为两种：场依赖型与场独立型。所谓场依赖型，是指其认知依赖于周围环境，容易被无关因素干扰；而场独立型则能抓住本质，不受外在因素的影响。

(四) 灵活，不僵化

健康的认知具有灵活性，人们在不断地与新人、新事和新思想接触时，基本感受和观念会不断更新。这需要克服思维固着与习惯定势，需要举一反三、触类旁通，将所学的知识不断迁移。

能够迁移的知识就是能力。在心理学家安德森与梅耶等人的研究基础上，我国学者提出了一个广义的知识分类模型。广义的知识包括三种形式：陈述性知识、程序性知识、策略性知识。知识的这三种类型随着学习阶段的变化而动态地发生变化。学习的第一阶段（习得阶段）为单纯的陈述性知识，这是一种以"命题网络"形式表征的知识，这也就是传统意义上的知识本身。到了学习的第二阶段（保持阶段），知识一分为二，除原有的陈述性知识经重建与改组后有了新的意义并得到巩固外，经过变式练习，部分命题转化为程序性知识，这是一种以"if-then"的产生式表征的知识，它往往以这样的形式存在：在什么样的条件下，将产生什么样的活动或得到什么样的结果。这时的知识已具有了很强的可迁移性，实际上已经是一种能力。到了学习的第三阶段（提取阶段），知识一分为三：陈述性知识回答比较简单的"是什么"的问题，而程序性知识则分裂为对外办事的智慧技能与对内监控的元认知两部分，它们要解决的是比较复杂的"怎么办"的问题。元认知又被称为策略性知识。所以知识认知是先有知后有认的，认是动态的知识，是活化的知识，是可迁移的知识，是程序性知识，也就是能力，它包括智慧技能和元认知。在学习的三个阶段，广义的知识认知需要克服思维固着与习惯定势的影响。一个人太多地受制于习惯定势，便会使思维僵化，抑制创造性。

(五) 本质，不幼稚

健康的认知能够超越表面现象，深入本质。

人的认知有一个逐渐成熟的过程。比如心理学家柯尔伯格通过研究发现，人的道德判断经历了三个发展阶段：前习俗水平、习俗水平、后习俗水平。

海茵兹的妻子病入膏肓，到处求医问药均无济于事，海茵兹非常难过。这时，有人介绍他认识了一位药剂师，药剂师发明了一种药正好可以治海茵兹妻子的病，但这种药价格非常昂贵。海茵兹千方百计也没有筹足这笔钱，于是他与药剂师商量："药价能否便宜一点？或者分期付款，先取出药救人要紧。"然而药剂师冷冰冰地回答："不行，我发明这种药就为了赚钱！差一分钱，我都不会给你药！"痛苦而无奈的海茵兹只好在深夜撬开药剂师的药柜，偷走了药。

问题：海茵兹应不应该偷药？若海茵兹被抓，送到法院，法官应不应该判海茵兹有罪？为什么？

这是柯尔伯格用来考察人的道德判断的发展水平时采用的一个"道德两难问题"，通过对不同人的认知发展进行考察，得出了许多有价值的普遍规律。

若让9岁以下的小孩回答，他们的回答多种多样："海茵兹应该偷药，因为如果他不去偷药救他的妻子，他妻子死了，就没人为他烧饭洗衣了。""海茵兹不应该偷药，假如他被抓住，就要去坐牢。"无论是主张偷还是不主张偷，他们的出发点都立足于朴素的利己主义：追求快乐，避免痛苦。柯尔伯格将处于这一水平的认知发展称为"前习俗水平"，这时的认知以自我需要为中心，不考虑他人。

如果是青少年，他的回答是："他不应该偷，因为法律不允许偷盗。""他应该偷，否则邻居会笑他无能。"他们认识与判断的出发点是社会的舆论、公众的看法或法律的规定。柯尔伯格将这一阶段的认知发展称为"习俗水平"，这是青少年与一般成人的水平。

还有一些人，他们的思考会比较深入："虽然法律不允许偷盗，海茵兹的行为违背了法律，但法律也不应该允许见死不救，真正好的法律应该以保护人的生命为最高原则。海茵兹敢于用实际行为向不合理的法律挑战，他的精神是值得赞许的。"这时的认知已经超越了个人的单纯快乐，超越了社会的舆论与习俗的水平，而上升到了道德的本质，它以人类的最终幸福与终极关怀作为最终的判断标准。因此柯尔伯格将这一阶段的认知发展称为"后习俗水平"，这是道德判断发展很好的人才能够达到的水平。

健康的认知不仅仅要考虑个人的感觉、社会的需要，还应该深入事物的本质。就如许多武侠小说的情节各异，但基本的发展无非遵循这样一条路线：仇恨—超越仇恨。这实际是人的认知方式的成熟过程，是人由道德判断的习俗水平上升为后习俗水平，是人认知发展的一个阶段性超越。

许多人在家中胡搅蛮缠、撒娇任性，实质是停留在前习俗水平，即以自我为中心，是赤裸裸的利己主义，这是简单的感性水平上的判断，虽然用对了时间、地点，这种行为偶尔也显得很可爱，但从认知发展来看，它毕竟是最低水平的。

第二节　大学生认知心理的特点

由于大学生知识不够丰富，经验不足，理性水平欠缺，大学生的认知水平总体上仍处于理性与非理性、成熟与幼稚并存的状态。

一、独立性与依赖性并存

自我意识的进一步发展强化，知识经验的日益增加，逻辑思维的不断加深，使得大学生认知独立性大大增强，喜欢用批判的眼光看世界，不轻信盲从，凡事总要问问"为什么"；他们喜欢且能够独立提出并坚持自己的观点，也能对自己的认知进行一定的检查评价。

案例导入

但是，大学生的认知独立性和批判性还不够成熟，带有一定的依赖性，主要表现在两方面：第一，对自己的主张、见解信心不足，希望得到别人的理解和支持，容易动摇；第二，在对事物的认识评价上，容易接受暗示，常受外界舆论、观念、思想的左右，迷信书本，崇尚权威。

二、现实性与理想化并存

随着活动领域的拓宽，大学生与客观实际接触范围扩大，独立思考能力提高，在经历了现实与理想、语言与行动、个人愿望与社会要求的种种矛盾冲突后，深刻领悟到原来过于天真、理想的认识和想象是那么不切实际。这使得大学生逐渐变得注重实事求是，从现实出发去观察、分析、解决问题。大学生认知的现实性有所提高。

富于想象是大学生的一大特点。想象力丰富，兴趣广泛，对未来满怀憧憬以及天之骄子的角色和以往的种种荣耀，使大学生的认知倾向于主观化、理想化，常常脱离实际，沉湎于幻想世界。

三、全面性与片面性并存

大学生在分析和处理问题时，已经显露出辩证的特点，喜欢全面、综合地去评价人和事。但是，由于大学生自身还有许多弱点，在全面、辩证地认识事物、他人和自我时，不可避免地存在片面性，以点概面、以偏概全的晕轮效应时时存在。过于依赖主观想象、思维活动的局限性以及大学生常有的认知上的偏激现象是产生这种片面性的主要原因。

四、深刻性与肤浅性并存

大学生的抽象思维能力显著提高，辩证逻辑思维逐渐占主导地位，不仅能感知事物的外部特征，而且能找到事物的本质规律，从而更深刻地认识世界。尤其是高年级学生，其认知的深刻性、自觉性已达到了较高水平。

但也应看到，大学生的抽象思维能力还未达到成熟水平，观察事物容易表面化，思考问题常被具体、直接的感性经验支配，就事论事、停留在一点一面，在认知上带有肤浅性。

五、稳定性与波动性并存

大学生在学习、生活、人际交往的认知实践中，对情绪、情感的控制和调节能力增强，情感出现了比较稳定的特点，有了明显的心境化趋势。

但这只是相对的成熟，大学生仍具有情绪易波动、尚不稳定的特点。一是因为青年期正是内分泌系统中与情绪兴奋有直接关系的肾上腺激素分泌旺盛阶段，这使其容易兴奋、激动，情绪体验强烈，常出现"疾风骤雨"式的激情状态；二是因为影响大学生情绪的各种因素大量存在，其情绪易受外界干扰；三是大学生辩证逻辑思维发展水平不高；四是大学生人格还不健全、稳定；五是大学生世界观、人生观还处于发展时期。

综上所述，大学生的认知水平较中学时期有了明显的提高和发展，但尚不成熟完善，这是大学生不良认知产生的重要原因。

第三节　大学生主要的不良认知

所谓不良认知，是指由认知错误所产生的歪曲的、不合理的、消极的观念和信念。大学生中常见的不良认知较多地体现在对自我、挫折、人际交往等方面的观念和评价上。这会影响其学习、生活和工作，甚至导致心理障碍，应予以充分重视，加强调适。

案例导入

一、对自我的不良认知

进入青春期，大学生的自我意识有了较大发展，但还不成熟。所谓自我意识，是指人对自己各种身心状态的认识以及对周围事物关系的各种体验，包括自我认识、自我监督、自我评价、自我调节及控制等。大学生对自我的不良认知，主要表现为自我评价过高或过低两个极端。

（一）高估自我

高估自我表现为对自我过分肯定地评价，肯定自我往往有过之而无不及，夸张地看待自己的长处，而对短处则缺乏应有的认识，甚至视缺点为优点；对他人总是过低评价，看不起别人，过多地看到别人的不足，无视甚至贬低别人的长处。这些同学常常自傲自大、自以为是、盛气凌人、自我欣赏，表现出过度的自信心和自尊心。这部分同学在现实生活中容易与人产生冲突，也容易因为愿望和要求不切实际而导致失败。失败又往往使这部分同学对原先的自我评价产生过激的否定，走向低估自我的另一极端。

大学生对自我的过高评价与他们的成功体验有关。跨进大学校门，成为令人羡慕的大学生，无论其间是一帆风顺还是几经挫折，毕竟是经历了一次激烈的竞争和严格筛选后的最终"胜利者"。这种成功的体验，往往使一些大学生对自己的现状肯定得多，觉得自己了不起，对未来也充满了自信。

高估自我还是大学生具有强烈优越感导致的。社会、家庭、亲朋好友的期待、赞誉、羡慕加强了大学生在小学、中学时代所形成的优越感、自豪感，使部分大学生产生自负的心理，以致对自己不能进行全面的认识和客观的评价。

对自我的不恰当评估也与大学生认识水平不足有直接关系。思考问题的片面性、肤浅性，导致大学生认识问题时表现出偏激与固执的特点。他们往往不善于准确无误地对来自各方面的信息进行分析、综合，得出正确的结论，尤其是在对社会现实、对自己和他人的看法方面更为突出。他们容易从消极方面去看待别人，从积极方面认识自己。

总之，认识水平欠缺，加之成功体验导致的强烈优越感，是大学生过分地肯定自己的重要原因。

（二）低估自我

过低地评价自我，表现在看不到或很少看到自己的优点和长处，在俯视自我的同时又总是仰视他人，常常拿别人的优点和长处与自己的短处和不足相比。因此，他们看不起自己、不喜欢自己、不容忍自己，一味地抱怨、指责、否定自己。如越来越讨厌自己，认为自己在性格、风度、能力方面简直一无是处，不善言辞、不会处理事情，又傻又笨、无才无貌。这就是典型的自我否定、自我拒绝。

如果一个人看不到自己的价值，只看到自己的不足，觉得自己什么都不如别人，处处低人一等，就会丧失信心，产生厌恶自己并否定自己的自卑感。在学习、生活、工作中他会显得自信心严重不足，对有利条件估计不足，对困难估计过高，视成功为机遇好，将失败归因于自己的无能。因此，自卑的同学或表现为缺乏进取心，甚至自暴自弃；或为掩饰自卑而表现出过强的自尊心、虚荣心。他们情绪压抑、心烦意乱，做事既希望成功，又缺乏勇气，该果断时却优柔寡断，屡屡坐失良机。

大学生低估自我，产生自卑心理，有的是因为自身客观条件不理想。他或是觉得自己身材不高，体型不美，相貌平平或有生理上的缺陷；或是认为家庭经济条件不好；或是认为自己的父母不如其他同学的家长有"地位"、有"门路"、有文化；或是感到自己没什么特长、没能力，在校园活动中默默无闻。

也有同学是因为挫折感导致自我评价不足。其挫折源大体可分为三类：一是以往的挫折经历，比如过去在考试、升学中的挫折，在生活中遭受的挫折和不幸等；二是现实的挫折，如进大学后来自中学时代的优越感陡然丧失，学习成绩不如意，恋爱受挫，班干部落选，评优落榜等；三是缺乏应有的社会评价和期待，如不被重用、被人轻视、受人贬斥、遭人嘲弄，在集体中自觉没有地位等。

当然，自身客观条件不理想，有挫折感不一定导致自我否定，产生自卑心理，而认知上的某些弱点才是内在根源。研究发现，自卑感严重的大学生有以下心理特点：

（1）自我形象不稳定。他们往往喜欢封闭自己，向周围的人展示某种"虚假的面貌"（伪装的自我），以掩饰自己的弱点。

（2）对一切事物都异常敏感，因而特别容易受挫折。

（3）倾向于超脱现实而陷入幻想世界，缺乏社会活动的积极性，有严重的孤独感。

（4）缺乏竞争意识。尽管他们给自己提出了正确的目标，但往往并不指望取得成功，因为他们认为自己不具有这方面的条件。

（5）对世界、对人生的科学认识不足或是没有真正内化为稳定的心理结构，因而容易受一些消极认识和态度的影响，产生自我否定的心理。

二、对挫折的不良认知

（一）挫折和挫折承受力

挫折，一般包括挫折情境和挫折体验两层意思。

挫折情境又称挫折源，是指阻碍人满足需要、实现目标的情境或事物。由此而产生的心理感受和情绪状态称为挫折感受或心理挫折。现实中存在两种挫折情境：在人的意识之外客观存在的挫折情境称为实际挫折；人主观想象、并非客观存在的挫折情境称为想象挫折。

一个人遇到挫折后，就会产生挫折体验，而这种挫折体验同他原来的期望程度有关。一个原来期望在考试时达到 100 分的学生，现在达到了 95 分，他感到的是挫折；一个原来只期望及格的学生，现在得了 70 分，他却感到心满意足。这就是人们平常所说的"希望越大，失望越大"的道理。

最初使用"承受力"这一概念的是美国心理测验专家罗森茨威格。他给挫折承受力下的定义是"抵抗挫折而没有不良反应的能力"，即个体适应挫折、抗御挫折和对付挫折的能力。1977年就任世界卫生组织精神卫生部主任的萨托拉斯提出三条精神健康标准，其中一条就是能够经受生活的挫折，及时地调适自己的情绪，不仅适应环境，而且能有效地改造环境。由此可见培养挫折承受力对精神健康的意义重大。

每个人对挫折的承受力是不同的。有的人承受挫折能力强，虽历尽坎坷，仍百折不挠，继续奋斗；有的人稍遇挫折便心灰意冷，一蹶不振。人对挫折的承受力同身体状况有关，更同个人的心理素质，如认知水平、经验及意志力等有关。见多识广、眼界开阔的人，能正确认识挫折的意义和估量挫折的分量，提高承受挫折的水平；经历过种种挫折和磨难的人，则有承受挫折的经验与信心；而意志力强的人，承受挫折的能力更强。

不同的人对挫折的承受力不同，同一人对不同的挫折情境的承受力也不同。有的大学生能够忍受学业上的失败，却不能忍受恋人的背弃；有的人能从容对待人际交往中的不合群、孤独，却丝毫不能忍受自尊心受到伤害。大学校园里发生的种种极端事件都与挫折承受力有关。评选班干部落选的女大学生卧轨，联欢会上唱歌跑调的男生投湖，品学兼优的女生因"流言蜚语"而上吊。之所以出现众多过激行为，关键在于他们不能正确认识挫折，忍受和排解挫折的能力尚不健全。

（二）大学生对挫折的不良认知的主要表现

1. 不应发生

一些同学总是采取否定、拒绝和逃避的态度，认为"我从未失败过"，因此"失败不应属于我"；"我从未有过挫折"，所以"我不该有挫折"。不懂得成功和失败皆存、顺境与逆境同在，就是生活的辩证法。大学校园里强手如云，竞争激烈，学习紧张，纪律严格，对于每一个大学生都是严峻的考验，都要有一个不断适应的过程。失败与挫折是正常和自然的。实际上挫折那貌似偶然的背后存在着必然性——放松学习势必造成成绩的滑坡；不注意工作方法必然影响在同学中的威信。正是这种种的"不懂得""不理解""意识不到"使一些同学不能用正确的认知方法对挫折做出清醒理智的预测和评价。

2. 非常可怕或不以为然

部分同学把挫折情境及其后果想象得非常可怕。这种想象中的挫折远远超出了实际挫折的本来意义，其引起的心理挫折（即挫折体验）也往往更加严重。"非常可怕"的不合理观念与"任意夸大"的认知方式有直接的关系。

有的同学把生活中的困难想象得十分严重，认为这是"极大的不幸""简直糟糕透了"；有的同学过分评价某些事物、某些挫折的影响和后果，如一句话没说妥、一件事没办好，便担心别人对自己有看法，会失去信任。事实上这种担心主要是自己想象出来的，情况根本没有那么复杂、糟糕。

"非常可怕"的不良认知，不仅把事实上暂时的、局部的甚至是根本就无所谓的损失看成永久的、全面的丧失，而且把注意力放在无限度地想象挫折的后果上，没有看到挫折中孕育着成功的机会，没有把注意力集中到如何做出积极调整、切实把握时机、争取成功上来。

与"非常可怕"的认知正好相反，有些同学对挫折采取"缩小"的认知方式，产生了"没啥了不起""不足为鉴"的观念。他们无视挫折情境及其客观后果的现实存在，不能觉察挫折背后的危机，而是片面地"居危思安"。因此，考试不及格时，"没关系"；受到老师、同学的批评时，"我不在乎"；甚至受到学校处分时，"我也无所谓"。

3. 否定自我

还有一些大学生对挫折存在歪曲认知，即因某些挫折和失败而否定自己，认为自己"没用""无能"，是个"失败者"。比如，学习成绩不好就认为自己笨、不是读书的料；与同学产生矛盾就觉得自己人缘差，缺乏交际能力；求爱不成，就断定自己对异性没有吸引力。在这种错误认知的影响下，一些同学遭受挫折后变得自卑起来，甚至自暴自弃。这些同学犯了一个严重的认知错误，即过度引申（或过度泛化），即在单一事件基础上不适当地做出关于能力、价值的普遍性结论。

三、对人际关系的不良认知

渴望建立和谐的人际关系，期盼真诚友好的人际交往，这是青年大学生的共同心理需要。然而，这种需要却因人际关系障碍而得不到满足。造成大学生人际关系障碍的原因很多，主要原因是在人际关系问题上存在以下不合理的观念：

（1）人都是自私自利的。这种观念认为人际交往无非是一种为了达到个人目的而利用别人的手段。因此别人对我好，无非是想利用我或想占我的便宜，人与人之间都是钩心斗角、不可相信的，没有真诚可言。

（2）人际关系是一种庸俗的关系，是拉关系、走后门、搞不正之风，是一种不良风气，善于交往的人是滑头、危险的，是"交际花"。

以上两种不良认识，往往与他们对人际关系的错误感知和以偏概全的思维方式有直接关系。持第一种观念的人对人际交往产生了不健康的心理和错误行为：凡事从个人利益出发，斤斤计较，常常为小事大动干戈或闷闷不乐，嫉妒他人；对人常怀防范之心，生怕自己的利益受到侵犯；缺乏真诚，不愿表露自己的真实思想；对同学采取"用得着则交，用不着则不交"的态度，在交往中只是贪婪地获取，不肯真诚地付出，认为别人给予帮助是别有用心。而持第二种观念的人虽然有交往的需求，但不愿广泛交往，缺乏交往的热情和积极性，在交往中常常自我约束。

（3）我必须与周围的每个人建立亲密的关系，只要有一个人对我不好，就说明我的人际关系有问题；别人都应该待我好。这是一部分同学在人际关系上的求全求美观念。在人际交往中他们往往显得积极主动，希望与每一位同学都保持良好的关系，他们乐于付出，舍得花大量的时间和精力，而同时他们又以苛求的心态关注着每一位交往伙伴对自己的态度和感情的变化，常常为人际交往中一些难以避免的矛盾和冲突、为同学对自己的意见和冷淡而焦虑不安、伤心苦恼。因此，人际关系带给这些同学的与其说是情感需求的满足，不如说是因困惑而导致的惶惶不安。

（4）只有顺从他人，才能保持友谊；或者他只有听我的，与我有同样的想法和行为，才说明他对我是真心的，我们的友谊才牢固。这两种观点的一个共同的认知特点就是能"求同"却不能"存异"。因此在交往中，尤其是朋友之间，总是以此作为衡量关系深浅的尺度。为了维持友谊，他们不得不顺从别人的兴趣和意向，不惜牺牲自己的选择权力和自主性；或者是强求别人与自己保持一致，否则就怀疑对方的情感，否定相互的亲密关系。这种交往观念使得双方在交往中不能保持应有的人格独立，因而貌似牢靠的关系恰恰是最脆弱的。

（5）朋友之间应该坦诚，不应有所保密和隐瞒。有些同学由于错误地理解人际"坦诚"，因此推导出这种不合理的信念。他们过于强调别人对自己坦诚，不能容忍有所保留，即便是对方的隐私，也坚持认为自己有权了解。在他们面前，对方没有安全感，常常被"剥"得无遮无掩而感到羞耻和气愤，最终因为忍受不了这种"强取豪夺"而不得不逃避、疏远。这种现象多见于朋友和恋人之间。

（6）既然我俩是好朋友，你就不应该再与别人交朋友。抱有这种观念的同学把爱情排他性、专一性的道德要求错误地转嫁于友情关系中，自己"忠实"于对方，不再与别人交朋友，也不允许对方"用情不专"，更不能容忍有第三者"插足"。

（7）以他人为中心。该观念与自卑心理有关。持有这种观念的人把人际交往的可能性被动地建立在别人的态度上，与人交往的目的似乎只是使别人高兴、满意，于是担心说话、做事得罪别人或有什么地方让人不满意，谨小慎微、畏畏缩缩、顺从别人；与同学交往时缺乏主动的勇气；他们不轻易接受他人的帮助，即使偶尔接受了哪怕是微不足道的帮助，也会受宠若惊、惶惶不安，并设法尽快给予回报；他们关心别人，但在群体中往往缺乏威信；人际关系良好，但自我满意度较低，常有压抑感，易受人际焦虑的困扰，感觉活得很累。

（8）那些得罪过我的人，有机会我一定要报复他们；或者我希望看到这些人遭到报应；或者我决不再与他们来往。这种认知中以偏概全的思维方式（因为别人的一点过失而忽视了其优点和好处，全盘否定）与狭隘的性格有关。他们对冒犯过自己的人和事耿耿于怀，缺乏"严于律己、宽以待人"的气度，希望对方倒霉、遭殃，并以此为满足。为此，他们直接间接、明里暗里报复别人，即便没有机会也抱定"大丈夫报仇十年不晚"的信心。当对方遭到挫折和不幸时，他会暗自窃喜——终于"恶有恶报"。因此，这些人往往容易发生人际冲突，树敌过多，人际关系紧张，内心更是常被仇恨占据。

四、大学生不良认知产生的原因

（一）极端思维

极端思维是大学生最普遍的一种认知失真。生活中所说的以偏概全、超概括化、过分夸大或缩小、糟糕至极、乱贴标签、诅咒等都是极端思维。在大学生的人际交往中，极端思维表现得非常明显，无论是对自己的评价，还是对他人的评价往往容易走极端。

（二）心理过滤

由认知的选择性而带来的心理过滤，往往使人不能客观地、全面地看待现实。例如，所谓的"左眼跳财，右眼跳灾"。左眼一跳，我们一整天都会特别关注是否有什么好事，只要有蛛丝马迹，就会欣喜若狂。其实，每一天都会发生很多事，有好有坏，我们要刻意去验证，找出一两个证据并不难。只是有可能在左眼跳的那一天，你筛选出了三件好事，而忽视了七件坏事；而在右眼跳的那一天里，你可能筛选出了三件坏事，而忽视了七件好事。通过这样的心理过滤，可能大大地歪曲了现实。

有的人在人际交往中总觉得自己吃亏，总感到自己委屈，总觉得别人在欺负自己，因此常常牢骚满腹、求全责备，随时随地感到自己是个受害者。其实，这完全可能是认知失真带来的错误结论。如一个同学在作业中这样写道："在大学的头一年里，我会把鸡毛蒜皮的小事无限放大、耿耿于怀。我很计较得失，动不动就认为宿舍里的人瞧不起我，自尊心受到了很大的伤害。我一直认为自己是个弱者，总被别人欺负，因此，常常有一些不满的表示，但后来证明事实并非如此。"

另外，我们也会发现，在我们的周围有这样一种人，无论你对他多好，给予他们多大的帮助，可是他们似乎永远也不懂得感激。实际上，这些人也许并不是知恩不报，而是由于他们的认知失真使他们根本就不知恩。

当我们因认知失真而只看到事物的一个侧面，只看到你为别人做了许多事情，而看不到别人为你做事情的时候，我们就会理所当然地向别人索取，因此就犯了心理过滤的错误。

（三）瞎猜测

瞎猜测就是把想象与主观推测当事实，主观臆断，想当然。自我失败性质的瞎猜测在大学生中是非常普遍的。

（四）虚拟陈述

心理学的研究表明，人的认知加工包括两个过程：一个是自下而上的加工过程，也就是直接对外在刺激所做出的反应；另一个是自上而下的加工过程，也就是利用自己的知识经验对外在刺激做出解释。由于知觉具有恒常性的特点，也就是说许多现象司空见惯、习以为常后就成为一种"成见"、一种"刻板印象"、一种"虚拟陈述"，从而影响了自上而下的加工。这种成见常常在不知不觉中成为一种独断专行的内心指令，表现为"应该""必须"等毫不留情的强迫性指令。如"我必须得把这件事办好，否则别人会瞧不起我""我必须得到所有人的喜爱""你既然和我交朋友，那就应该和其他人保持一定的距离""我为他付出了那么多，他必须得给予回报"等。如果自己的"应该""必须"的内心指令得不到满足，那么必然会产生心境不良，从而产生各种各样的心理困惑或心理障碍。

（五）人格化

人格化是一种使外在事件与个人发生关系的倾向。一种很典型的人格化就是找替罪羊。例如，有的同学在毕业的时候没能找到工作，便埋怨父母、埋怨学校；有的同学学习不好，但他不从自身找原因，而是抱怨学校的学习环境不好，学习气氛不浓，对学校和专业不满意、不感兴趣等。另一种形式的人格化就是宿命论。例如，有的同学在考试的时候因作弊被监考老师抓了，受到了处分，便抱怨"别人作弊那么多次都没有被老师发现，而自己刚刚把纸条拿出来，还没抄就被抓了，我的运气真不好"等。

第四节　大学生认知心理辅导

大学生正处在青年中期，心理发展日趋成熟，是培养理性认知的重要时期。大学的教育为他们学会理性认知提供了极为有利的条件，其自身的良好素质又为发展理性认知奠定了坚实的基础。大学生应把握住这个契机，重视并努力完善认知结构，改善认知方式，发展认知能力，提高理性认知水平。

案例导入

一、不良认知的调适

在大学生中存在的各种不良认知（非理性观念），严重影响他们的学习、生活和工作，必须加强调适，以理性观念取而代之。

（一）不良认知的校正

1. 人应该得到自己生活中每一位对自己重要的人的喜欢和赞许

要得到所有人的喜欢是一个无法达到的目标，即使是得到了所有重要的人的喜欢和赞许，在这种观念的指引下你一定还会进一步地考虑：别人赞许我达到了什么程度？这种喜欢能维持多久？他除了喜欢我以外是否还喜欢别人？……一个人为什么非要得到每个人的喜欢和赞许呢？每个人都有其存在的价值，别人的评价也必然存在褒贬，更何况我们无法要求别人没有误会和偏见，大可不必因为别人的非议而伤心失意。人应该关注别人的评价，但这种关注是为了从中吸取对自己发展有益的东西，因此无论是好评还是批评，对我们都是有用的。人更需要关注自己"应该怎样去做"，应该把精力用在考虑怎么尽力做得更好、用在积极的行动上。

2. 一个人应该能力十足，在各方面都有成就

认为一个人应该能力十足，在各方面都有成就，这也是一个不切实际的要求。事实上没有人能在各方面都能力十足、成就卓著，大多数人连在一个小的方面也无法比别人更突出。一个人想通过努力学习、工作来充实自己，希望做事成功、有成就，这是合乎理性的。"有所得，必有所失"，人不可能万事顺利，失败在所难免。人也不可能面面俱到，事事比人强，毕竟"尺有所短，寸有所长"。

3. 事情应该按自己喜欢和期望的那样发展，否则便是很糟糕、很可怕的

客观事物的发展有其规律性，它不以人的意志和愿望为转移。主观要求事物这样或那样发展，否则就闷闷不乐甚至暴跳如雷，这是不明智的。理性的做法是自觉地认识规律，按规律办事。当事情有可能改善时努力改善它，不能改善时则理智地去接受事实。

4. 担心危险或可怕的事情会随时发生

考虑危险事情发生的可能性并设法避免，或一旦发生该如何减轻其后果，是明智之举。"人无远虑，必有近忧"，但如果过分担忧和焦虑，反而会使人在事情发生时不能有效地面对。

更何况有些天灾人祸是难以控制和预防的，担忧既无必要，又无好处。要预防"万一"，但不要把"万一"变成"一万"。这会使人变得谨小慎微、不敢作为、不思进取。这恰恰是最危险、最可怕的。理性的人总是既有充分的准备（包括心理准备），又保持积极乐观的态度，既考虑各种不利情况，又不故步自封。

5. 不愉快的情绪是由外界引起的，因此我无法控制这种情绪

很多人相信不愉快的情绪是由外部事物引起的，并且觉得，如果外在因素改变的话，便不会如此不愉快，因此，一般不去主动控制、调节情绪。事实上人的情绪大部分是由自己的知觉、想法和评价引起的。人应学会控制、调节自己的情绪。理智的人总是能对自己的情绪负责，做自己情绪的主人。

6. 对有错误的人应给予严厉的惩罚和制裁

每个人难免犯错误。对所有人不加分析，一味给予严厉制裁是缺乏理性的。人犯错误有各种原因（主观的、客观的），错误有大有小，犯了错误不等于不可救药。对待同学、同志的错误，明智的想法是"他犯了错误，我不能歧视他，要帮助他不再犯同样的错误"。这并不是主张纵容"恶行"，也不是提倡做"老好人"，因为一味地责备和惩罚往往无助于错误行为的改善，而常常会导致逆反心理、对立情绪，以致引起更严重的后果。所以人际交往中，看见错误大可不必一心想着如何去惩治。即便是施以必要的惩罚、制裁也不是最终目的，而是帮助人、教育人的手段。理性的人际交往态度是宽容待人、以诚待人、以善待人。

7. 逃避困难、挑战与责任，要比面对他们容易得多

逃避可以带来片刻的轻松，却不能获得长久的安宁，而且还会带来更多的困扰，造成更大的损失。因为这些困难、挑战与责任并不因为你的躲避而消失，它仍然存在。逃避只会使人变得胆怯，而且永远得不到行动的经验和成功的机会。理性的人是现实和积极的，他们能够直面困难、挑战和责任，并且总是全力以赴地战胜困难、迎接挑战、承担责任。

8. 人应该依赖他人，并且依赖比自己强的人

在社会生活中，人与人之间相互依赖又相互独立。只强调独立而拒绝别人的帮助并不可取，但过于依赖别人则更不应该。太依赖别人的结果必然是：自己变得不会处理问题，不敢做决定，没有自信心，缺乏安全感，一旦离开别人的帮助便一筹莫展。明智之举应该是争取外援但不依附外援；信赖别人但不依赖别人。

9. 一个人往往被历史所决定，因此一切都是无法改变的

持有这种观念的人相信事情和现状已被历史决定了，虽然不好也没办法，改变不了，宁愿忍受历史和现实带来的不幸或用怨恨过去减轻痛苦，平衡心理。过去的经历对现在固然有影响，但并不能主宰人的未来。过去的消极影响可以通过努力来削弱，现实的状态可以通过努力来改变。因此，理性的人往往更注重对现实的把握，他们总是以积极的姿态去改变现实，他们不抱怨过去而是着眼将来，用实实在在的行动去创造明天。

10. 任何问题都能够而且应该有正确、完美的答案

许多人相信任何事情都有正确、完美的答案。遗憾的是，我们生活的这个世界并不存在完美或绝对的事。企求绝对的完美是不实际、不明智的，会使人忽视甚至放弃那些切实可行的解决问题的途径和方法，从而丧失成功的机会。正像哲学家罗素所说："不绝对确定是理性的基本成分之一。"我们需要学会进行软性思考，而不是只会采用一种把事物看成非黑即白、非此即彼的硬性思考。理性的人面对问题时总是设法寻求各种可能的答案，采用其中相对好的或尽可能利多弊少的方式，而不幻想着去追求完美。

（二）自我调适

1. 不良认知的自查与发现

根据认知理论，人的情绪、行为反应是对刺激认知的结果。自查应从认识不良情绪和行为入手，然后自问："怎么会产生这种情绪（或行为）的？"经过分析，可以发现是因为某（些）事件（即刺激）。进一步自问："我对这件事是怎么想（或看）的？"如此可以发现对此事件的不良认知。

2. 不良认知的调整

应对自查发现的不良认知进行调整。调整的目的在于识别其错误，并在此过程中确立起相应的合理观念。具体方法很多，下面以调整对自我的不良认知为例选择介绍。

（1）对比调整法。低估自己的人往往与片面的比较有关。这种片面比较表现在两方面：一是与比自己强的人比；二是只拿自己的短处与他人的长处比。对比调整法是全面地进行比较，以确立对自己的正确评价。对比调整法包括横向比较和纵向比较两方面，横向比较是指与比自己强、和自己差不多和比自己差的人进行比较。纵向比较就是和过去的自己比较。在比较中，要客观、公正、合理，既不夸大事实，也不缩小事实；既比较各自的长处，也比较彼此的不足。坚持实事求是、一分为二的原则。此外，为了实现比较以及使比较的结果对自己有说服力，横向比较所选取的对象应是客观条件同自己差不多的（如同班、同系、同校、同种职业）和自己比较了解的人。

（2）调查调整法。该方法通过了解别人对自己的评价和看法，来修正自我评价。调查调整法的要领包括：

① 以在现实生活中真实的自我表现为基础。不能为获得期望的调查结果而有意地伪装自我。如有的同学为了得到老师、同学的好评，在一段时间内有意识地做出积极的表现，掩盖自己的不足。虽然他人的评价一般以你一贯的表现为基础，但"近因效应"是存在的，人们的评价容易受你最近的表现影响。

② 调查的对象应是了解你并值得你信任的人，不了解你的人往往难以做出客观的评价；你不信任的人，其评价对你难以有效。此外，调查的人可以适当多一些，以获得较全面的评价效果。

③ 调查的方法有两种：一是坦率说明意图，希望对方如实相告，你的诚意以及宽松的气氛、恰当的时间和场合会使对方坦率地说出看法；二是以隐蔽的、不易被对方察觉的方式征询对方对你的看法，如在娱乐的时候、谈工作的时候、讨论某个问题的时候，或将自己的疑虑假借到别人身上，请对方谈谈对此的看法等。这时你应表现得随便和不经意，以使对方流露真实的看法。

④ 在对方做出评价后，你可以把自己的评价（如"我觉得自己很无能、一无是处"）诚恳地说出来并与之讨论。在讨论中对方会提出许多理由说明你的自我评价是不合理的，对你劝导，从而帮助你改变看法（如对方说"我认为你不是这样，你在××方面就很好，还有如××、××等，有很多优点，你怎么会这样看自己呢？"）。

（3）列举调整法。该方法即让自己通过列举与自我评价相悖的事实和理由来动摇错误的自我认知。不是认为自己不行吗？那么就绞尽脑汁想自己的长处，比如"我很诚实""我会关心人""我脾气好""我比较冷静""我学习很认真""我乒乓球打得好"……事无巨细，一一列在纸上，越多、越具体越好，随时想到随时补充。然后，反复欣赏列出的内容——"哦，我原来有这么多优点呀！"同时，在现实生活中尽量去表现自己的长处，通过实践进一步发现、认同这些优势。表现自己的长处会获得周围人的肯定性评价，这有助于你进一步肯定自己。

（4）反诘调整法。该方法对自己的不合理观念进行挑战式的追问、质疑，以揭露破绽，动摇这些观念。如对"我是全校最丑的女孩子"可进行这样渐次递进的发问："有什么根据证明我是全校最丑的女孩子?""我有调查依据吗?做过多大范围的调查?""有谁说过我是全校最丑的女孩子?如果有,有多少人?是我亲耳听到的吗?""美有绝对的标准吗?""相貌是衡量美丑的唯一尺度吗?""相貌能代表一个人的价值吗?""相貌是决定一个人前途和幸福的必要条件吗?"……

(5)重新归因调整法。归因,是指人们对他人或自己行为的原因加以解释和推测的过程。有人曾通过实验考察人们如何估量自己成功与失败的原因,结果发现,有的人把成败归因于外部因素,如运气的好坏;有的人则归因于内部因素,如个人的能力和努力。而旁观者的解释又与当事人大不相同。这说明,人们在对成败归因时往往容易出现单一性、片面性的错误,正是这种错误归因,导致自我认知的偏差。重新归因调整法,就是对成败的原因用全面客观的归因方法重新解释,从而达到调整自我认知的目的。以"失败"为例,一般既有个体的原因,又有外界的原因。在个体原因中,既有个人的主观态度、主观努力、方式方法等因素,又有个人身心发展水平等因素。在全面客观分析的基础上,做出合理归因:哪些是主要原因,哪些是次要原因,哪些不是原因。这样就不会因盲目把失败归因于"脑子笨""能力差"而产生自卑心理;同时,又可以针对失败的现实采取理智、有效、切实可行的措施。

自己重新正确地归因对有些同学可能是困难的,这时可求助于他人,帮助自己对失败进行归因,从中获得启发。

调整不合理观念,应视具体情况灵活运用上述方法。为了收到理想效果,这些方法可合并使用。

3. 巩固合理信念

通过自我调适,应能达到破"旧"(原来的不合理观念)立"新"(新的合理观念)的目的。因为已有的观念具有很大的顽固性,难以一下子清除,因而巩固合理信念阶段是必不可少的。这一阶段要做的工作主要包括:

(1)总结不合理观念错在哪里,相应的合理观念应该怎样,以达到强化的目的。

(2)以新的合理观念去面对现实的刺激,认真体会情绪反应并与原来观念引起的情绪反应进行比较,最好能用书面的形式写下比较的心得体会。

(3)在现实生活中有意识地运用已经获得的合理观念(并体会良好的心理感受),使之逐步习惯化、自然化。

(4)可进一步探查是否还有与原有的不良情绪和行为相关或与原有不合理观念相近的不合理观念存在。若有,再重复(2)、(3)步骤进行调整和巩固。

有些学生的不良认知是长期形成的,对此又深信不疑,因此,依靠自我调适往往难以奏效。这时,求助心理咨询才是明智之举。

二、发展理性认知

人的认知活动并不是某个因素单独发生作用的结果。事实上,影响认知的因素很多。这些因素从客观方面看,有认知对象的特征、认知发生时的客观情境等因素;从主观上看,有认知者的知识经验、价值观特点、思维水平、人格特征、自我意识等。知识经验是认知活动的基础;价值观对认知具有定向和识别功能;思维是认知活动的最高级形式;人格特征制约、调节认知过程;自我意识是对自我与他人、社会关系的认识和把握。因此,发展理性认知、提高个体认知水平必须从提高大学生的上述素质入手。

(一)丰富知识

丰富知识是大学生的基本任务,它是满足求知欲、提高认知水平的基础。

第一，大学生应重视学习知识，用人类创造的一切文明来武装自己的头脑。第二，应注意知识的深度和广度，拓宽知识面。第三，不拘途径学知识，既向书本学习，也向社会学习，更向实践学习—在实践中观察总结，积累经验；接受是一种学习，运用更是一种学习—只有运用知识才能使之真正成为自身认识世界、改造世界的武器，也才能在运用知识的过程中扩展知识、积累经验。第四，在向书本、他人、社会、实践学习的过程中，既虚心好学，又善于思考，辨别真伪，去伪存真。

(二) 面对挫折，适当运用心理防卫机制

人在遭受挫折后，挫折情境对人的心理压力会使人产生紧张、焦虑、不愉快的情绪体验，并导致心理、生理活动的不平衡状态，影响人的正常行为和活动能力。主体为减轻挫折造成的心理压力，常常有意无意地运用心理防卫方式，称为心理防卫机制。

常见的心理防卫机制有以下几种。

1. 文饰作用

文饰即为个人的挫折寻求一种合乎逻辑的理由，以掩饰挫折的真实原因，维护心理的平衡。如考试不及格说成是老师评分不公平，体育竞技失败归罪于场地不好，没有朋友说成是个人想自由清静，等等。这实际上是一种自欺欺人的方法，但对缓解心理压力却有一定的作用。

2. 投射作用

投射即将个人的缺点和错误投射到他人身上，以减轻自己的心理压力。例如，考试作弊的学生认为别人也都在作弊，有腐化行为的人则认为这是市场开放的必然结果。

文饰作用是为自己的挫折寻求理由，为自己的失败辩解；而投射作用则是在否认自己有错误，而将错误归罪于别人。

3. 补偿作用

补偿即用一种取得成功的活动来补偿遭到失败的活动。例如，数学考试失败，就用英语考试成绩来弥补，以减轻自己心理上的痛苦。

4. 转移作用

转移即把本人受挫的情绪转移到别的对象身上。"迁怒"就是最典型的转移作用的表现。人们在受到挫折时，通过音乐、舞蹈和体育活动等发泄情绪，也属于转移作用。有的人在情场失意后就移情于文学创作；有的人在失去亲人以后就献身于亲人所从事的事业，这些都属于转移作用。

5. 幻想作用

对在现实中所遭受到的挫折，通过幻想加以实现。例如，失恋以后，就幻想他（或她）重新回到了自己身边，用幻想来弥补未实现的愿望。

心理防卫机制对于降低人因挫折而产生的紧张与痛苦，防止攻击行为的产生无疑具有积极作用。试想，鲁迅笔下的那个受压迫的阿 Q，他无力反抗欺压他的赵太爷，如果他不用"儿子打老子"这种文饰作用为自己解脱，怎能消除精神上的伤害和痛苦呢？因此，面对挫折，我们可以适当采取某些积极的心理防卫措施，如补偿、转移等方式以抵御外来伤害，减轻内在压力，而不至于引起太大的痛苦和不安。

(三) 合理思维

在人的思维活动中，经常容易犯一些错误，克服这些错误，可以使我们的思维更加科学、合乎理性。这些错误如下。

1. 过分概括化

过分概括化是一种以偏概全、以一当十的不合理思维方式，是思维活动中常见的错误。合

理的思维方式是：评价某件事或某个行为，而不是轻率地对整个人的价值做结论。

2. 绝对化要求

绝对化要求从主观意愿出发对客观事物的发展进行推理和判断，是一种常见的不合理思维。它常与"必须""应该"之类的词联系在一起，如"我必须成功""他应该这么做"。这种思维方式忽视了一个基本事实，即客观事物的发展有自身的条件和规律，是不以人的主观意志为转移的。我们"希望"客观事物是这样而不是那样发展的，这是可以理解的，也合乎情理，但我们不能把"希望"变成"要求"和"命令"。合理的思维是宽容的，即虽然"我希望成功"，但也接受可能有的失败；"我不希望他那样做"，也尊重他按自己的方式行事。

3. 极端化

要么全对、要么全错，要么全盘肯定、要么全盘否定，把生活看成非黑即白、非此即彼的两个极端，称为极端化。把某件事情看成"糟糕至极"就是极端化思维方式的结果。我们应该学会"软性"思考，即看到黑白之间存在许许多多的中间色，事物可能是较好或较坏的，但绝不会是最好或最坏的。用辩证的观点去认识和把握事物，既看到有利的一面，也看到不利的一面。认识事物是发展的，在一定条件下，矛盾的双方是可以相互转化的。这种思维方式才是科学、合理的。

三、伯恩斯三栏目技术

在心理治疗中，使用伯恩斯三栏目技术（见表4-1）调整人的认知失真，效果是非常好的，而且简便易行。具体做法是：当你在生活中有了烦恼或心理困惑时，请你坐下来，拿出一张纸，将其一分为三，从左至右分别写："随想"，也就是针对心理困惑想到什么就写什么，怎么想的就怎么写；"认知失真"，对每一种随想进行分析，找出你认知失真的原因，准确地揭示你对事实的歪曲；"合理反应"，对失真的思想进行无情的反击，以更客观的思想取代失真的思想。例如，一名女同学因感冒发烧开会时迟到了，被老师当众批评，她感到非常委屈和气愤，事后她通过伯恩斯三栏目技术进行了认知矫正。

表 4-1　伯恩斯三栏目技术

随　想	认知失真	合　理　反　应
被老师当众批评真丢死人了	极端思维	每个人都会有错，所以被老师批评是正常的事，虽然老师当众批评了我，让我很难堪，但也不至于那么可怕。没有时间观念，的确不是什么好习惯，以后我要尽力改正
同学们肯定在嘲笑我，他们会看不起我，以后我在同学中还怎么做人	瞎猜测	大部分同学对我都是很友好的，起码同寝室的同学都知道我的身体不好，他们会理解我的，一个小小的错误并不会影响我在同学心目中的形象
老师真可恶，他看不起我，不就是因为我是普通学生，是从农村来的吗	极端思维瞎猜测	其实老师平时对我的生活、学习都是很关心的，他发火并不是针对我一个人，凡是迟到的同学都被老师批评了
我真是个失败者，怎么会落到被老师当众批评的地步呢？	虚拟陈述	不对，我能考入大学，就说明我很优秀，在学习、活动等方面我一点也不比别人差，今天的事情只是一个小小的状况而已，我尽可能把它改掉
我真倒霉，偶尔迟到一次就被老师碰上了	人格化	弱者才会怨命，只要我积极进取，我的命运一定会很好的，现在需要我做的是找老师沟通一下，解释我迟到的原因

使用伯恩斯三栏目技术时应注意两点。

（1）不要只在头脑中想，而要实际动手写，因为动手较之动脑能更大程度达到客观性认识，更具有条理性。

（2）调整认知失真不可能一蹴而就，需要我们有耐心、有信心，长期练习。

四、塞利格曼 ABCDE 记录

塞利格曼 ABCDE 记录的具体做法是：在一个不愉快的事件发生后，我们坐下来，仔细倾听由不愉快的事件而产生的念头和想法，观察这样的想法会给我们带来什么样的后果，然后无情地反驳这些想法，观察自己成功地处理悲观的念头后所获得的激励，并将这些都记录下来。

例如，一名男同学，不敢到有熟人的环境中学习，只要在图书馆、阅览室、合班教室等场所学习时看到他所认识的人，就立刻在头脑中产生"别人以我为榜样照着我的样子学习"的想法。来咨询后做了这样的记录：

A. 不愉快的事件：不敢到有熟人的环境中学习。

B. 想法或念头：别人以他为榜样照着他的样子学习。

C. 后果：感到委屈、气愤，马上离开学习场所。

D. 反驳：通过观察、了解，每个人的学习方法都是不一样的，比如，我在做高数，而对方在看外语。

E. 激励：在学习中，我如果不受外界因素干扰的话，我的学习成绩一定会更好。

在塞利格曼的反驳记录中，最难做的是与自己辩论，因此，我们应该想方设法地为自己的想法找证据，若找不到证据来证明自己的想法是正确的，那么就说明我们的观念和想法是错误的，就需要调整。只要我们能充分地去找证据，就会发现其实许多想法都是我们思维过度引起的。

最简单的方法是当头脑中出现想法后，不用考虑这个想法对不对，只需要感受这个想法给你带来的是快乐还是痛苦。

测试与训练

一、阅读资料

阅读资料

二、心理测试

认知失真诊断量表

【测试说明】 请大家判断下面 11 个论述是否有道理，你认为论述得有道理，并跟自己的行为或想法一致的打"√"；你认为论述得没有道理，跟自己的行为或想法不一致的打"×"；说不清楚的打"△"。

1. 人应该得到自己生活中每一位重要人物的喜爱与赞许。

2. 一个有价值的人就应该在各个方面都要比别人强。

3. 对于有错误的人就应该给予严厉的惩罚和制裁。

4. 如果事情没有达到自己的愿望将是可怕的。

5. 不愉快的事情都是由外在因素引起的，所以自己不能控制和支配。

6. 面对困难与责任很不容易，倒不如逃避更好。

7. 对危险与可怕的事要随时警惕，经常提防其发生的可能性。

8. 人要活得好一点，就必须依赖比自己强的人。

9. 以往的事件和经历对现在具有决定性的、难以改变的影响。

10. 对于别人的问题应当非常关切。

11. 任何问题都有唯一的正确答案。

【计分方法】 "√"得一分；"△"不得分；"×"得负一分。

【测试结果】 以上的 11 道测试题是 11 类不合理的观念，因此得分越少就越好。

三、心理训练

(一) 自我认识与评价：我是谁

1. 对自己的身高、体重、体形、外貌的评价：_____

2. 对自己的智力、优点、特长的评价：_____

3. 对自己的短处、缺点、弱点的评价：_____

4. 我的座右铭：_____

5. 我最欣赏自己的是：_____

6. 我最讨厌自己的是：_____

7. 我的烦恼是：_____

8. 我最近一次流泪是因为：_____

9. 我与家人、朋友相处：_____

10. 我的心理是否健康：_____

最后用三个形容词来概括自己，仔细想想这样的概括主要来源于何时、何事，并用正式或非正式的方式请朋友或同学用三个形容词对你在学习、社会和人际关系方面的表现进行描述，比较两者之间的异同。共同探讨哪些描述更接近真实的你。结合自我评价和他人评价，思考到底该如何评价自己。请用 100～200 字记述。

在自愿的基础上同学之间可以相互交流、分享(如果有的人不愿把自己的隐私说出来，也不要勉强)。

提示：认识自我、接纳自我是一个艰难而痛苦的心理历程，所以重塑自我、超越自我可以说是一场自我革命，它必须从了解自我、接纳自我起步。这对于大学生来说是可贵的。

(二) 自信心训练

训练目的：自信是自我的核心，本训练将通过形象训练、心态训练、自我暗示，消除自卑，从而达到制造积极自我形象的目的。

具体操作：

(1) 观察自信者的形象。

找一个或几个你最敬佩的成功者，观察他们的外貌、服饰、发型、举止、态度、语言……加以概括，并找出可学之处。

（2）练习爽朗地大笑。

爽朗大笑不是狂笑，也不是似笑非笑或苦笑等。试试看，各种笑的感觉是不一样的。真正的发自内心的笑不但能治愈自己的不良情绪，同时还能化解别人对你的敌对态度。"微笑外交"就是一种具有魅力的外交手段。如果你心情不好，就有"笑不出来"的感觉。学会笑、运用笑会使你变得更开心、更自信、更具有魅力。

人的行动可以改变人的心情，笑能改变你的心态和健康，即"笑一笑，十年少"。

（3）学会欣赏自己——照镜子。

① 找自己的优点。欣赏自己的价值并不等同于自我中心主义；不要因为自己的过失而永无止境地责备自己的一切；也不要因为你没有正确利用你自身的某件"产品"就贬低它。特别是自己处于不利环境时，找出自己的优点，这是一种自我激励的方法，也是为自己制造积极自我的方法之一。要尽量把自己的优点都找出来，无须过分"谦虚"，把找出的优点都写在纸上，每天还要大声朗读数次。记住是"大声朗读"！

② 自我欣赏。照镜子也是一种自我欣赏的方法，即找一个能照到半身的穿衣镜，再对着镜子修饰自己的仪表，然后开始欣赏，从衣服、发型到表情、动作。欣赏的同时要念自己的暗示导语，或自己的目标或自己的优点（哪一种对你最有激励就念哪种），一边念，一边看自己的表情是否能充分与自己所念的词融为一体。比如，"我一定能考第一"，念的同时加上自信的表情和动作，然后再想象考第一的情境并体会考第一时的心情。

（4）分组讨论。

请每组成员回忆自己曾经遭遇过的最严重的一次挫折经历，并回答问题：当时的状态如何？你采取了什么样的应对措施？从这次挫折体验中你能吸取什么经验、教训？通过这次经历，你认为应对挫折时最重要的是什么？

讨论：你认为这种应对挫折的方式有效性如何？如果是你遇到这种情境，你会采取什么应对方式？经过学习，你认为是否有更好的应对方式？

四、思考题

1. 什么是认知？健康的认知模式是如何表现的？
2. 大学生的认知具有哪些心理特点？
3. 大学生不良认知产生的原因有哪些？
4. 应对挫折的有效方法有哪些？哪些是你最常用的应对方式？你为什么会采用？经过学习，你认为是否有更适合你的应对方式？
5. 结合你的实际谈谈怎样发展理性认知。

第五章　大学生情绪心理

心灵导读

　　情绪是一面多棱镜，让我们的生活变得五颜六色、丰富多彩。情绪又像一个调味瓶，让我们的生活充满了酸甜苦辣。处于青春期中后期的大学生是一个特殊群体，情绪活动丰富多彩而又变化不断。这时发生的情绪体验不但影响他们现在的成长，而且会对终身的发展产生重大的影响。大学生心理健康与否，很大程度上取决于情绪是否健康。因此，了解大学生情绪活动的规律和特点，使其保持健康的情绪状态，提高情绪活动的品质，对于大学生的心理健康具有重要意义。

教学目标

　　通过对本章的学习，应了解情绪的含义和作用，理解大学生情绪心理的特点以及不良情绪的表现，掌握调节大学生情绪的方法，从而能够通过积极有效的方法调节自身的不良情绪。

第一节　情绪概述

在生活中，情绪是人的心理状态的晴雨表，它反映着每个人内在的心理状态。无论是欣喜若狂，还是悲痛欲绝，或是孤独不安、热情奔放，我们都在体验着各种各样的情绪。

案例导入

一、情绪的含义

情绪是人们对外界刺激引起的生理和心理变化的一种主观体验。比如电影中的悲伤镜头会催人泪下，成功会使人异常惊喜等。情绪是由刺激、认知、主观体验、情绪的行为反应几方面组成的反应过程。这几方面的关系是：刺激情境→对情境的认知评价→产生主观的情绪体验→表现出不同的情绪反应（包括行为反应）。

人的情绪有愉快情绪和不愉快情绪之分。愉快情绪以喜乐为主，不愉快情绪以悲愁为主。不愉快情绪一般指焦虑、愤怒、恐惧、沮丧、不满、忧郁、紧张等。不愉快情绪又被心理学家称为负性情绪（不良情绪或消极情绪）。

二、情绪的状态

（一）心境

心境是一种比较微弱而又持久的情绪状态。心境具有弥散性，它不是关于某一事物的特定体验，而是由一定情境唤起后，在一段时间内影响各种事物的态度体验。当一个人处在某种心境下时，他往往以同样的情绪状态看待一切事物，即所谓"忧者见之则忧，喜者见之则喜"。心境的持续时间可能是几小时，也可能是几周、几个月或更长时间。某种心境持续的时间依赖于引起这种心境的客观环境和个体的人格特点。心境对人的生活、工作、学习和身体健康有很大影响。因此，学会对心境的调节控制，对我们的工作、学习和生活都十分重要。

（二）激情

激情是一种强烈的、短暂的、爆发式的情绪状态。这种情绪状态往往是由一个人生活中具有重要意义的事件所引起的。激情发生时一般有很明显的外部表现，如面红耳赤、咬牙切齿、手舞足蹈，有时甚至出现痉挛性动作，言语过多或者不流畅。在激情状态下，人的认识活动范围缩小，控制力减弱，对自己行为的后果不能做出适当的评估，容易出现轻率的举动。但激情是完全有可能控制的，人在激情发生之前，要竭力把注意力转移到与此无关的事情上去；在激情状态中，在做或说某件事时，要慢慢使自己的情绪平缓、镇定下来。

（三）应激

应激是在出乎意料的紧张情况下所产生的情绪状态，是人们对某种意外的环境刺激做出的适应性反应。产生应激状态的原因是：已有的知识经验与当前所面临的事件产生的新要求不一致，新的异常情境的要求是过去从未经历过的，这时就会产生紧张的情绪状态；或者已有的经验不足以使人对付当前的境遇而产生无能为力的压力感和紧张感。应激状态对人的活动有着很大影响，它能导致生理、行为和心理的急剧变化：在生理上会心跳过速，呼吸急促，血压升高；在行为上由于发生兴奋反应，在一定程度上造成行为上的紊乱，动作不协调，姿势失常，语无伦次等；在心理上由于意识自觉性的降低，思维混乱，判断力减弱，知觉和记忆错误，注意的转移发生困难。有些人在应激状态下，全身发生抑制，身体的一切活动受阻，呆若木鸡，甚至休克。但是，中等程度的应激状态会对人的行为产生积极作用。在这种状态下，个体能更好地发挥积极性，思维清晰、灵敏、精确，反应能力增强。人适应应激状态的能力有差异，这主要受人的性格、过去的经验、知识，特别是思想道德修养的影响。

三、大学生的情绪特点

大学阶段是人的情绪充分发展的时期，大学生的情绪世界正日趋饱满、丰富多彩，产生了对自己行为的责任感和严肃对待生活的态度。归纳起来，大学生的情绪具有以下特点。

（一）情绪活动丰富多彩

大学生学习生活中随着自我意识的不断发展，不断产生各种新的需要，而且需要的强度也在不断增加。由于新的需要不断涌现，大学生的情绪活动也就日益丰富起来，突出表现在大学生对自我认知的态度体验上，如自尊、自信、自卑、自负，以及友谊、爱情等方面的多种情绪体验。

（二）不稳定性

大学生热情奔放、容易激动，有着丰富、复杂、强烈并有如"疾风骤雨"般的情绪世界。他们喜欢感情用事，遇事好激动，对自己认为不良的现象深恶痛绝，对罹难者多有恻隐之心；他们对外部刺激反应迅速、敏感，时而热情、奔放、慷慨激昂，时而忧郁悲观、怨天尤人；高兴时手舞足蹈，消沉时无精打采，苦闷时受到鼓舞能精神振奋，遭挫折时则灰心丧气。在强烈的感情冲击下，他们可能会遇事武断，行为固执，不听劝告，我行我素。个别心胸不够宽广的人，甚至会走上轻生之路。

相当一部分刚跨进大学校门的大学生，自认为是高考竞争的胜利者、时代的骄子宠儿，因而争强好胜，自尊心极强，事事不甘落后于人，有一股蓬勃向上的朝气和热情，对一切充满了憧憬和幻想。然而经过一段时间的观察和了解，会发现大学校园藏龙卧虎，群英荟萃，他们中的一部分人会由自尊、热情转变为自卑、消沉，感到懊恼泄气，甚至因此陷入极度苦闷而不能自拔，出现情绪的大起大落。此外，女同学一般比男同学更富于浪漫的想象力，她们经常在梦幻中编织着美妙的生活图景，然而一旦真正进入实际生活，便会发现大学生活并不像原先想象的那样令人心驰神往。面对严峻的现实，部分同学也会感到不知所措，心里一下子失去平衡，在体验上出现各种程度不同的紧张感和压抑感，有时还会感到严重的心理冲突，甚至觉得整个世界一片黯淡。

正因为大学生的情绪起伏不定，动荡多变，感染性大，来得急去得快，所以他们既可以表现出惊人的豪迈行为，又可能因为狂热和不冷静而盲目做出追悔莫及的蠢事，酿成不可挽回的后果。

（三）鲜明的层次性

大学生情绪的发展是一个由不成熟到成熟、由简单到丰富的渐进过程，往往呈现出层次性和递增性的特点。

一年级的新生，由于缺乏在新环境中独立生活的思想准备和自理能力，往往思乡思亲之情很重，留恋中学生活及父母乡亲，经常想回家，集体观念较淡薄。大多数新生对自己能够跨进大学校门感到自豪和满足，难免有些飘飘然，个别人的优越感达到顶峰。但对于不同于中学时代的生活环境的变化、师生同学的更替、学习方式的改变等的不适应，他们又会感到茫然不知所措，自豪和满足中往往伴随着时隐时现的自卑和焦虑。因此他们特别希望得到别人的关心和鼓励。他们对未来充满了美妙的幻想和憧憬，容易将生活理想化，对各种知识领域有广泛的兴趣，要求更多的个人自由和牢固的友谊，尤其需要坦率和诚实。但由于他们摆不正个人与社会、与集体的关系，其行动往往表现得盲目自信或过于自负，对自我的认识和作用都缺乏系统分析。

二、三年级的大学生随着对生活环境的熟悉和适应，以及年龄和阅历的不断增长、专业基础课和专业课的逐步展开，普遍存在着适应感、随意感和自信感，情绪一般比较稳定，既没有新生的激动和盲目，也没有四年级同学临近毕业时的紧张和忧虑。他们越来越变得成熟和有主见，强调自我独立性和自我表现的倾向开始突出起来。他们对周围的一切有所了解，集体荣誉感较强，热心参加各种社会活动，迫切希望在学习、工作等方面取得突出成绩，期冀引起人们的关注和垂青。他们能够根据已有的知识经验和自身条件，对外界的各种影响有选择地吸收，逐步克服自己的幼稚和盲目性，学会较稳妥地处理各种关系，较现实地设计自己的理想。

四年级的大学生经过几年的学习，大体掌握了教学大纲所要求的各种知识，世界观基本形成并有一定的深度，有一定的分析和解决问题的能力。他们的情绪趋于稳定，能够比较理智地对待和处理各种问题。但由于面临毕业和择业，精神上又处于一种紧张状态。概括起来，四年级的大学生程度不同地存在着以下三种心理状态。

1. 紧迫感

觉得时间不够用，学习的自觉性、独立性更强，有强烈的成就感，迫切希望在德智体诸多方面得到全面发展。

2. 责任感

对政治、经济生活中的重大事件更为关心，并与自己未来的工作联系起来考虑，希望社会团结稳定、改革事业取得胜利。能够抓紧有限的在校时间，争取在政治和业务上再有所提高。

3. 忧虑感

担心学非所用，将来胜任不了所承担的工作任务。

此外，四年级的大学生不像其他年级的大学生那样兴趣广泛，集体观念逐渐淡化，班级也出现松弛趋势。

据此看来，从低年级到高年级，大学生情绪的波动性逐渐减弱，稳定性日趋增强。

（四）微妙的隐蔽性

大学生的情绪不再像儿童那样天真直露、心口如一，也不同于一般少年一引而发，其表现具有文饰的、内隐的、曲折的性质。他们的心理往往带有闭锁性，即把自己真实的内心世界封闭、伪装起来，不肯轻易吐露心曲、暴露秘密。在特别情况下，他们情绪的外显形式与内在体验并不一致，心口不一，让人不易把握其真实的思想脉络。这是情绪自我调控能力增强的表现，因为社会生活有时候要求人们有自我调节和克制情绪的能力。当然，大学生情绪表现的这种状态并不是一贯的，与成年人相比，大学生毕竟阅历较浅，涉世未深，内心深处也存在希望被理解的强烈愿望，还比较坦率，当意志不完全能控制情绪时，也会锋芒毕露、咄咄逼人。此外，在条件适当，遇到知心人、知音、知己的时候，大学生的真情也会表现出来。

（五）可控性

大学生具有较高的文化修养，具备反省自身弱点的能力和控制自己情绪变化的能力。一个较理智的大学生面对不良的情绪波动时，能主动地寻找引起情绪波动的原因，并不断地调节自己的情绪状态，避免情绪波动造成的不利影响。

第二节　大学生的情商

谈到了大学生的情绪，必然要涉及一个概念：情商（EQ）。生活中人们常说，一个人的成功，20%依赖于人的智商（IQ），80%依赖于人的情商（EQ）。可见，情商在很大程度上影响着一个人的学习、交往、爱情、工作和事业。

案例导入

一、情商的概念

心理学家丹尼尔·戈尔曼在《情绪智力》（又译作《情感智商》）一书中，最早提出了"情商"的概念。情商（EQ）又称情感智商或情绪智力，是相对于智商提出的，是情绪、情感商数的简称，也是情绪评定的量度。我们可以把情商理解为一个人感受、理解、控制、运用和表达自己及他人情绪的能力，通常表现为工作热情、有责任心、主动性、协作能力、组织管理能力、人际交往能力、解决问题的能力以及面对困难承受挫折的能力等。情商的提出，动摇了智力决定一切的统治地位，使人们进一步认识到，一个人的成才，不仅要靠智商，而且要靠情商。研究也表明，人在一生中能否成功、快乐，主要取决于其情商的高低。

二、情商的功能

（一）认识自己的情绪

认识情绪的本质是情商的基石，当人们出现了某种情绪时，应该承认并认识这些情绪而不是躲避或推脱。只有对自己的情绪有更大的把握性才能成为生活的主宰，才能更好地指导自己的人生，更准确地决策婚姻、职业等大事；反之，不了解自身真实情绪的人，必然沦为情绪的奴隶。

（二）妥善管理情绪

情绪管理是指能够自我安慰、自我调控情绪，使之适时、适地、适度。这种能力具体表现在通过自我安慰和运动放松等途径，有效地摆脱焦虑、沮丧、激怒、烦恼等因失败而产生的消极情绪的侵袭，不使自己陷于情绪低潮中。这方面能力较匮乏的人常需与低落的情绪交战，而这方面能力高的人可以从人生挫折和失败中迅速调整，重整旗鼓，迎头赶上。

（三）自我激励

自我激励是指能将情绪专注于某项目标上，表征为了达成目标而调动、指挥情绪的能力。任何方面的成功都必须有情绪的自我控制——延迟满足、控制冲动、统揽全局。拥有这种能力的人能够集中注意力，易自我把握，发挥创造力，积极热情地投入工作，并能取得杰出的成就。缺乏这种能力的人则易半途而废。

（四）认知他人的情绪

认知他人的情绪即移情的能力，它是在自我认知的基础上发展起来的最基本的人际技巧。具有这种能力的人，能通过细微的社会信号敏锐感受到他人的需要与欲望，能分享他人的情感，对他人处境有共同感受，又能客观理解、分析他人情感。此种能力强者，特别适合从事监督、教学、销售与管理的工作。

（五）人际关系管理

大体而言，人际关系管理就是调控他人的情绪反应，即管理他人的情绪。这种能力包括展示情感、富于表现力与情绪感染力，以及社交能力（组织能力、谈判能力、冲突处理能力等）。人际关系管理可以强化一个人的受欢迎程度、领导权威、人际互动的效能等。能充分掌握这项能力的人，常是社交上的佼佼者；反之则易于攻击别人，不易与人协调合作。因此，一个人的人缘、领导能力及人际和谐程度，都与这项能力有关。

三、情商的情绪反应模式

（一）低情商对外界刺激的情绪反应模式

低情商者在受到外界刺激之后，通常是对自己的情绪毫无觉察，有点像我们常说的"性情中人"，不论环境条件是否适合，直接采取反应行为。比如，有人骂他一句，他马上回敬一句甚至更多；别人提一条不同的看法，他的脸马上"阴天"；下属还没有说完，他立即打断，"不要再啰唆了"；遇到不顺心的事，连续几天无精打采甚至暴跳如雷；等等。有些人在情绪发泄之后有了悔意，认为自己不应该发火，不应该过激等，但为时已晚。

（二）高情商对外界刺激的情绪反应模式

高情商者在受到外界刺激之后，不是马上回应，而是迅速发挥人类特有的四大天赋，即价值观、想象力、良知和独立意志，进行理性判断、分析和思考。他会有意识或潜意识地问自己：我应该如何做出反应才能得体、利人利己地处理眼前的事情？比如，下属出现明显的不该出现的错误，面对手足无措的下属，他会心平气和地指出今后不再犯同类错误的方法，然后拍拍下属的肩膀说"没什么大不了的，只要下次注意就是了"。再比如，听到下属报告不好的消息，不如冷静理智、处变不惊、沉着应对，这样反而会提升威信，增加魅力和影响力。

这并不是说高情商者遇到刺激都要经过一个复杂的分析与决策过程，而是他们经过刻苦的自我训练之后，已经形成了理顺情绪的潜意识和习惯。

四、当代大学生情商水平的现状

（一）协作精神较差，缺乏团队精神

当前，我国大学生多为独生子女，他们缺乏一定的谦让品质，集体观念淡薄，人格化倾向严重，生活中独来独往，自由主义严重，缺乏全局意识，缺乏团队精神。在团队中他们不善于同他人开展合作，不能协调各方面之间的关系。在工作学习中他们缺乏必要的互助，仅从个人角度考虑问题。

（二）心理素质差，缺乏心理承受能力

当代大学生主要处于青年中期，心理发展正在走向成熟而又未真正完全成熟。大学生心理发展未完全成熟的特点，决定了其心理发展的消极特点。他们心理起伏比较大、易冲动，自我控制能力较差，做事情欠考虑，心态浮躁，情绪不稳，难耐寂寞，遇到困难、挫折就怨天尤人、垂头丧气、牢骚满腹、悲观失望，甚至轻生。

（三）人际交往能力差，缺乏社会适应能力

不少学生在与人交往时很容易以自我为中心，过多注重自己的需求，容易产生主观臆断，对他人产生偏见。同时，他们对人际关系的考虑太过理想化，缺乏足够的心理准备。许多在学校里受到奖励的学生，毕业以后的个人发展却落后于曾向他们抄作业的同学。有些人似乎有这样一种特点，他们在生活中很会与人交往，善于赢得他人的好感，别人都说他们"有性格""有气质""有人格""善解人意""会做人"。他们在别人心目中有威信，别人也愿意与他们交朋友。相反，有一些非常聪明的人却往往缺乏这些素质，不能赢得别人的好感，也就是"不会做人"，缺乏社会适应能力，这些人的情商就相对较低。

（四）道德伦理观念差，缺乏责任感

当代大学生绝大部分明白尊老爱幼、爱护公物、遵守公共秩序、维护公共卫生、语言文明等基本社会公德，但实际生活中并不能做到知行合一，随地吐痰、乱扔纸屑、出口成"脏"、随意毁坏公物、不健康文明恋爱等现象时有发生。

（五）自主自立意识强，但自理自律能力较弱

当代大学生具有成人感、自尊感、自我表现感，希望被他人理解，渴求友谊，如青年学生中最流行的一句话是："走自己的路，让别人去说吧！"他们喜欢自己设计和组织各种活动，表现出自主自立意识，但由于在中学时代基本上是在老师的关怀和家长无微不至的呵护中度过的，又在同龄人羡慕的眼光下跨入大学校门，因而自尊感特别突出，不适应独立生活，自理自律能力差，个别同学因此荒废了大学学业。

五、提高大学生情商的方法

对于正处在身心发育成长阶段的大学生来说，除了依赖学校所提供的心理健康教育及有关的教育措施，还要进行有意识的自我提高，每一个有志于学有所成、有所作为、生活幸福的人，不妨采取一些适当的方式来培养和提高自己的情商。

（一）注意随时省察自我

有些情绪体验，如快乐或悲伤，人们常常能明确意识到，但有时人们并不一定能准确地察觉到自己的情绪状态。如人们在情绪不佳时往往容易"祸不单行"，有些人此时并不能意识到是自己的不良情绪在作梗，而常常认为自己运气不好。这时就要加强自我省察了，看看自己到底处于一种什么样的情绪状态，造成这种状态的原因又是什么。当你情绪低落的时候，就要注意提醒自己，该引起重视了。有时很难说清自己处于什么样的情绪状态，如忧伤还是愤怒，这时可借助自己的行为表现及行为发生的情境加以判断。如果你能注意随时关注自我的情绪状态，那么就能及时识别、判断自己的情绪体验。

（二）学会察言观色

人的情绪、情感常常通过一些外部表情表现出来，因此要把握他人的情绪、情感状态，就应学会观察他人的外部表情，包括面部表情、身体表情和言语表情等。察言观色的能力需要在日常的交往中努力培养和提高。一方面要求自己必须学会关注他人，避免以自我为中心，一个以自我为中心的人是很难学会关注他人的情绪、情感体验的。另一方面，要注意从日常的交往做起，学会观察。

（三）学会理解他人

有些时候尽管我们能准确识别、把握他人的情绪状态，但并不一定能理解他人的情绪表现。如别人为某事而伤心落泪，我们知道他不快乐，但有时会认为他小题大做，并嗤之以鼻。这种情况下对方往往会因得不到你的理解而伤心，彼此之间的关系也就会受到影响。因此，要学会理解。有相同经历或体验的人，更可能理解他人，但我们不可能总与别人有这种共同点，故而要学会角色换位，也就是站在他人的立场上将心比心，设身处地从他人的角度想想。只有这样，才能更好地理解他人的喜怒哀乐。

（四）学会调节自己的情绪

对不良情绪的调节和控制是情绪智力的重要组成部分，因此如果能学会很好地调节自己的情绪，保持良好的情绪状态，就会成为一个高情商的人。不善于调节自己情绪的人，是不可能对他人情绪产生积极影响的。所以可以这么说，对情绪的自我调节是培养和提高情商水平的

关键。

第三节　大学生主要的不良情绪

健康正常的情绪，能保证大学生整个身心处于积极向上的状态，心理平衡而协调，精力旺盛，朝气蓬勃，思维敏捷，充满热情，能保持平静的心境、清醒的头脑和控制行动的自觉性。而异常情绪轻则影响大学生的正常学习、生活，重则构成心理障碍，造成思维迟钝，情绪消沉，社会适应能力低下，极易罹患各种疾病，损害身体健康。因此，大学生的异常情绪应引起高度重视。

案例导入

一、大学生不良情绪的表现

（一）焦虑

焦虑是一种预料到威胁性刺激而又无能为力去应付的痛苦反应，是面对冲突和挫折而产生的不愉快的情绪体验。大学生焦虑的表现是怀疑自己的能力，夸大自己的失败，经常疑惑忧虑、惶惶不安、怨天尤人、自忧自怜、闷闷不乐、脾气古怪，经常处于一种无缘由的紧张恐惧状态。外部特征主要是面部紧绷、愁眉深锁、行动刻板、无法安静，两手常做无意识的小动作等。大学生的焦虑有各种各样的表现，引起焦虑的原因也各不相同，主要原因是在学习、工作、人际交往方面遇到挫折。

1. 适应困难产生的焦虑

这种焦虑在大学生中比较常见。首先是对新环境的不适应产生的焦虑。很多大学生在入学以前，生活上的事都由父母包办，自己的生活自理能力很差，上大学后一切都得自己做又不知该如何去做，整日因考虑生活琐事而焦虑。许多大学生习惯了高中那种被动的学习方式，对于把大量时间留给自己主动自学的方式感到茫然，不得要领，成绩下降，因此忧心忡忡。

2. 考试焦虑

这是学生中一种特殊焦虑，即由于担心考试失败或渴望获得更好的分数而产生的焦虑。考试焦虑在大学生身上都有不同程度的表现。中等程度的考试焦虑会促进和提高考试成绩，无不良影响。严重的考试焦虑会影响正常的学习。

3. 对身体的过分专注而产生的焦虑

这种焦虑在大学生中亦较常见。一方面是对自己健康状况过分担心而产生的焦虑。另一方面是对遗精和手淫会损伤身体的焦虑。许多大学生认为遗精、手淫会耗散元气、有损健康，且不道德，但又难以克制，造成很大的心理压力，从而陷入焦虑之中。

4. 选择性焦虑

大学生活中有各种选择冲突。例如，自己的兴趣与所学专业的冲突，选择朋友和恋人的冲突，选择毕业去向的冲突等。在很多情况下"鱼和熊掌不可兼得"，当要求大学生做出非此即彼的选择时，他们常为做出理想选择而思虑万千、顾虑重重。

一般而言，适度的焦虑在现实生活中是正常的、自然的、有益的，能激励人们克服困难，战胜挫折，危险来临时有较充分的心理准备，能提高工作效率和积极性。但过度焦虑和时间持续过久的焦虑则可能导致焦虑症，由于情绪高度紧张，注意力无法集中，使正常的学习活动几乎不能进行。

（二）忧郁

忧郁是一种失望、无助、痛苦、悲伤的情绪体验。大学生忧郁的主要表现是情绪低落、意志消沉、兴趣丧失、反应迟钝、多愁善感、自寻烦恼，干什么事都无精打采，郁郁寡欢，对于不幸的遭遇过度敏感，对于可喜的事物却麻木不仁，经常处于苦闷和孤独状态。从心理学上分析，产生忧郁情绪的大学生大多数具有抑郁性气质的特征，一般表现为情绪低落、自卑懦弱、多疑孤僻、缺乏毅力，在性格上属于内倾型。这种人一般适应环境困难，不善交际，感情冷淡内向，富于幻想而缺少实际行动。此外，长期努力得不到补偿而感到失望，或几经挫折屡遭劫难而缺乏思想准备和心理准备，也是造成大学生忧郁情绪的原因。忧郁情绪在大学生中以轻度表现为多，若及时调节，一般能够转化。但若连续受挫且强度过大，而又没有及时调节，则可能失去战胜苦难的勇气，没有控制悲观情绪的能力，缺乏弥补缺失的条件和机会，长年累月感到悲观绝望、内疚懊丧、孤寂自卑、消极怕事、思维杂乱，从自卑自责走向自暴自弃，以致失去生活的勇气，甚至走上自我毁灭的道路。这是应该引起高度警觉的。

（三）嫉妒

嫉妒是一种主体感到不如别人而又不愿承认、不能容忍，导致猜疑、焦虑、憎恶、敌意、怨恨的情绪体验。大学生嫉妒情绪的主要表现是无法容忍他人的优点和进步，对人品好、学习棒、能力强的同学不承认也不服气，非要与其比高低、分上下、争输赢，难以如愿时就多方诋毁别人的名誉和成绩，以发现别人的缺陷、看到别人的失败为快慰；对要求进步或有可能超过自己的同学冷嘲热讽，有的则公开他人的隐私；有时为了压倒别人，还会为一点小事寻衅滋事等。引起大学生嫉妒情绪产生的主要原因是当事人不自信、缺乏自知之明，既看不到自身的不足，又不愿承认别人比自己强，同时又没有把握赶上别人。这种心理矛盾反映在情绪上，就容易产生嫉妒。此外，那些自尊心和优越感比较强的大学生，在他们认为被别人"不公正"地低估、评价时，在他们感到属于自己的东西（人或物）存在被别人夺去的可能时，往往也会产生强烈的嫉妒心。大学生的嫉妒情绪是可以转化的。若正视自己的弱点，承认别人的长处而自我升华，则可以奋起直追、赶超他人；若任由嫉妒情绪发展蔓延，则可能消极沉沦、一蹶不振，或铤而走险、恶意报复，给自己和他人带来伤害。

（四）骄傲

骄傲是一种认为自己了不起，什么都比别人强，因而看不起别人的情绪体验。大学生的骄傲情绪不像中小学生那样外露明显、趾高气扬，而是一种内在的排斥他人的心理状态，常常表现为：对他人的言谈或举止等不屑一顾或熟视无睹；沾沾自喜，恃才傲物，居高临下；对他人轻慢无礼多加指斥，极少首肯；对需要帮助的同学爱理不理，颇不耐烦；自己的一举一动都带有明显的傲气和睥睨一切的轻狂。有骄傲情绪的大学生一般都有一些值得"骄傲"的资本，诸如聪敏机灵、成绩优异等。但并非有这些特点的大学生都有骄傲情绪。产生骄傲情绪的主要原因是当事人自视过高、盲目乐观，优越感太强，看不到别人的优点和自己的不足，不能全面、理智、清醒地看待自己和评价他人，过于放纵自己也过于苛求他人。大学生骄傲的直接后果是上进心削弱，人际关系冷淡，失去他人的尊重和信任，严重的会助长自私自利及极端个人主义的恶性膨胀。

（五）冷漠

冷漠是一种对周围的人或事无动于衷、漠不关心、置之不理的情绪体验，是个体对挫折的一种退缩式反应。一般而言，青年大学生血气方刚，情感丰富，富于激情。但也有少数大学生情绪冷漠,具体表现是:不关心国家大事,不关心他人痛痒,对自己的进步、人生的价值、国家的前途等漠然置之;意志衰退,看破红尘,丧失了生活的乐趣;对周围所发生的一切无动于衷,安于现状,心灰意冷,缺乏进取精神,得过且过,终日随波逐流混日子;等等。引起大学生情绪冷漠的主要原因是当事人对战胜挫折、克服困难自感无能为力,因而失去信心和勇气,对原先追求的目标逐渐失去兴趣以至无动于衷、甘心退让,表现出漠不关心的麻木冷漠。此外,缺乏家庭温暖、缺乏安全、信任、受尊重的社会环境,也会造成部分大学生性格孤僻,情绪冷漠麻木,行为粗野无礼。

时代的前进和社会的发展,使许多传统观念发生了巨大变化,对大学生造成了强大的压力和冲击,造成他们的心理不平衡和诸多矛盾。出现种种异常情绪是不足为奇的,这也正是大学生的情绪趋于成熟稳定的必然过程。问题不在于出现了多少种异常情绪,而在于对这些异常情绪的自觉控制和积极调节。情绪控制和调节得当,将能促进大学生的心理健康协调发展。

二、不良情绪对大学生的影响

(一)情绪影响人的健康

良好的情绪,如快乐愉悦、乐观向上等可以使人体内环境保持平衡,一方面内分泌适度,另一方面神经系统活动协调,各内脏器官功能正常,给人带来健康的体魄,有利于预防和治疗疾病。当情绪处于消极状态时,伴随出现的心理态势是不安、恐惧、焦虑、害怕、痛苦等,此时身体内部各器官功能紊乱,引起消化系统、循环系统、内分泌系统和神经系统等不能协调工作,会威胁人的健康,甚至会罹患严重疾病。比如,长期情绪激动、焦虑或愤怒,会使胃酸分泌持续升高,使充血的胃黏膜发生糜烂,而由此发展为胃溃疡。

(二)情绪影响智力活动和智力发展

人们在知觉和记忆中进行着对信息的选择和加工,情绪就像是一种侦察机构,监视着信息的流动。它能促成或阻止记忆、推理操作和解决问题。这是因为情绪既是一种客观表现,又是一种主观体验。情感体验所构成的恒常心理背景或一时的心理状态,都对当前进行的信息加工起组织与协调的作用。按情绪的适应而言,它帮助人选择信息环境,并驾驭行为改变环境。我们经常会遇到,在情绪良好的状态下工作会思路开阔,思维敏捷,解决问题迅速;而在心情低落或郁闷时则思路阻塞,操作迟缓,无创造性可言。突然出现的强烈情绪则能激发无限的能量去完成活动。情绪是我们工作是否顺利、生活是否适宜的信号,我们应当像关注天气预报一样,注意我们的情绪和心境的变化,以自己的人格力量去预测它的影响并努力去改变环境因素。

(三)情绪影响人格的全面发展

情绪的倾向、强度对一个人人格的影响是明显存在的,尤其是对一个人的思想观念、自我意识、世界观、人生观的影响,更是不能忽视的。悲观者多厌世,乐观者热爱生活。一个在工作学习中刻苦钻研、奋发努力并取得优良成绩的人,其求知欲、责任感、义务感一般都较强烈。相反,经常沮丧、孤独、怨天尤人、心灰意冷的人,则会碌碌无为、一事无成。

(四)情绪影响社会交往和人际关系

情绪是人类社会活动和人际交往中不可缺少的一个重要因素。人类社会的存在和维持,从心理学的角度而言,首先是语言交际的存在。情绪的作用一点不亚于语言,它们相辅相成、缺一不可。情绪通过语言、表情的渠道使人们互相了解、彼此共鸣,它是人们建立相互依恋关系的纽带,能培植友谊,并以十分微妙的表情动作传递着交际信息。

第四节　大学生情绪心理辅导

大学生的情绪调节不仅是必要的，而且也是可能的。因为情绪是受意志制约的，所以人有调节和控制自己情绪的能力。与中学生相比，大学生对情绪的调节和控制手段相对要高得多，他们已经能够根据自己对理想、前途的认识，依靠知识、智慧和部分经验的力量，考虑到时间、地点、对象、效果等因素来调节控制自己的情绪。随着年龄的增长，这种

案例导入

能力呈现出逐步递增的发展趋势。从心理学的角度看，大学生情绪调节控制的主要方法有以下几种。

一、合理宣泄法

心理学研究表明，情绪的产生能刺激体内产生能量，如极度愤怒可以使之处于应激状态，消化活动被抑制，糖从肝脏中释放出来，肾上腺素分泌增多，使血压升高，体内能量处于高度激活状态。这种聚集在体内的能量如果不能被及时疏泄，长期积压会形成"情结"。精神分析学家认为，情结是一种被压抑在潜意识中的愿望或不快的念头。在抑制控制薄弱时会以莫名其妙的不安感或症状表现出来，形成一种情绪障碍或变态心理。因此，为了降低精神上的过度紧张，避免产生因心理因素而出现的疾病，很有必要将受到较大挫折后积压在心头的痛苦、愤怒、悲伤、烦恼等紧张情绪发泄出来。当然，这种发泄不能毫无顾忌、不择手段、为所欲为，必须合理地控制在既能降低自己的紧张情绪，又不至于使他人受到伤害的范围内。我们称这种有节制的发泄为合理宣泄。合理宣泄情绪的途径有以下几种。

（一）诉说

将自己的情绪用恰当的语言坦率地表达出来，把闷在心里的苦恼倾诉出来，把所受的委屈全摆出来，这样有助于当事人双方增进了解，冰释误会，减少矛盾和冲突；对自己所信赖的人表达情绪，既可得到同情和理解，又能求得疏导和指导，即所谓"一份快乐由两个人分享，就变成了两份快乐；一份痛苦由两个人分担，就变成了半份痛苦"。这有利于情绪的调节。

（二）哭

当遇到意外打击，产生悲伤、愤怒、委屈等情绪时，也可以用痛哭的办法宣泄自己的情绪。生理学家经过化学测定发现：人因情绪冲动流出的眼泪，能把体内精神受到沉重压力而产生的有关化合物发散出来并排出体外。因此，人们在痛哭流泪之后总会感到舒适轻松一些。另外，情绪本身有一种自我调节的机制，情绪表现的过程也就是情绪缓解的过程，表现越激烈，缓解越充分。一旦情绪缓解之后，因情绪紧张而带来的感觉、记忆和思维障碍也就自行消退了。这样便可以较客观地感知外界事物，恢复有关的记忆，冷静思考，寻找挫折的原因和解决问题的方法。

（三）行动

在无对象诉说或不便于痛哭的情况下，可以面对着沙包狠揍一通，或找个体力活猛干一阵，或到空旷无人的旷野引吭高歌或大声长啸，同样能借此释放聚集的能量，降低、缓解情绪，达到宣泄的目的。

二、提高升华法

提高升华是指当个人欲望或需求因各种原因或条件限制不能实现时，将其原有的内部动机转化为社会性动机，以社会可以承认、接受、允许的方式，去追求更高的目标，获得新的更高级的精神满足。也就是说，将情绪激起的能量投射到战胜挫折，或者有利、有益于社会和个人成长的活动中去，使其具有建设性和创造性。这是一种最为积极的情绪自我调节控制方法，是最有效的情绪宣泄方式。司马迁受辱后发愤写《史记》，孙膑受打击后著述兵书，歌德因失恋创作《少年维特之烦恼》等，都是情绪升华的生动事例。在我们的现实生活中，一个犯有错误的同学用洗刷污点、勤奋学习的形式来创造美好未来；一个在学习、生活、恋爱上受过挫折的人，把痛苦转化为对事业的执着追求；因失误带来内疚，用高尚行为来弥补；具有严重进攻性特征的人，将其精力转向热爱各种体育项目；等等。这些都是有意义的升华。

三、转移注意法

当某种情绪影响自己或将要影响自己，而自己又难以进行控制时，对这种情绪不予理睬，并将自己的注意力转移到其他有益的方面去，这种情绪调节方法称为转移注意法。按照条件反射学说，在发生情绪反应时，会在大脑皮层上出现一个强烈的兴奋灶（中心），此时如果另外建立一个或几个新的兴奋中心，便可以抵消或冲淡原有的兴奋中心。也就是说，当我们注意某一事件时，这一事件对我们才会产生影响。当我们把注意力放在其他事情上时，原来的事件对我们的影响就会降低或消失。如旅游观光和欣赏优秀的文学作品便是一种调节情绪的有效方式。登高望远，极目长空，可以使人心旷神怡、荣辱皆忘；游历风景名胜，凭吊历史先贤，可以使人心胸豁达、忘却个人得失；听《黄河颂》："我站在高山之巅，望黄河滚滚……惊涛澎湃，掀起万丈狂澜……"，会激起我们热爱中华的壮烈情怀，置个人忧伤于度外。

四、压抑遗忘法

压抑遗忘是指对一些既无法升华，又不能转移的不良情绪，用意志的力量将他们排出自己的记忆予以遗忘，来保持心理的平衡。如由于误会遭到他人无端的猜疑、打骂或侮辱，既不能报复，又无法补偿；因为过错受到自己心仪爱慕的异性同学的耻笑，既不便解释，又无法转移。这些人为因素造成的挫折会使人的情绪更加愤怒、沮丧。若老是郁积于心，挥之不去，这种情绪会不断蔓延，日益加重，在这种情况下，压抑遗忘就不失为一种缓解情绪的有效方法了。挫折被暂时遗忘，便暂时达到了心理平衡；挫折被永远遗忘，因这种挫折而产生的不愉快的情绪体验便会消失。在发生重大挫折时，人们往往力图变换环境，离开或改变产生挫折的情境，有利于遗忘所受的挫折，或者随着时间的推移，所受挫折产生的情绪逐渐减弱以至消失。不过，压抑不是消失，受挫后的痛苦体验只是在一时的管辖下暂时潜伏着，或者说，由意识的境界转入潜意识的境界，只是在意识之下，而不是在意识之外，一旦被重新认识，仍可能重新唤起力图遗忘的记忆。从心理健康的角度分析，压抑是必要的，一定的压抑可以免受各种挫折和痛苦，维持心理平衡。但压抑也有一个限度，压抑过久或过度，又会引起各种心理疾病。因此，对于无法压抑的情绪要以符合社会行为规范的适当方式宣泄出来，如无端受辱可以去法庭起诉，使犯罪者受到法律的制裁等，以此达到心理平衡。

五、语言暗示法

一个人被不良情绪所困扰的时候，可以通过言语的暗示作用来调节和放松情绪。如一些容易冲动的同学要经常提醒自己不要遇事激动。林则徐写张"制怒"的条幅挂在墙上，就是为了自我警戒。还有同学陷入忧愁时，提醒自己"忧愁没有用，于事无益"。当有较大的内心冲突和烦恼时，可以用"不要怕，不着急，安下心来，会好的"等语言，给自己鼓励和安慰，只要在松弛平静、排出杂念、专心致志的情况下进行这种自我暗示，往往对情绪的好转有明显的作用。

六、幽默缓冲法

高级的幽默是情绪的缓冲剂，是有助于个人适应社会的工具。当个体发现某种不和谐的或于己不利的现象时，为了不使自己陷入激动状态，最好的办法是以超然洒脱的态度及寓意深长的语言、表情或动作，用诙谐的手法机智、巧妙地表达自己的情绪。这样做，往往能使紧张的精神放松，解放被压抑的情绪，避免刺激或干扰，摆脱难堪窘迫的场面，消除身心的某些痛苦，调节和保持身心健康。研究表明，幽默可以冰释误会，活跃气氛，缓和难堪，减轻焦躁；可以使陌生者相识，怀疑者释疑，戒备者去戒；可以使人心情开朗舒畅，精神愉快振奋，驱除疲劳，排出忧虑，解除烦恼，充满信心。

七、理智消解法

不良情绪的理智消解，通常有三个步骤。第一步，首先要承认不良情绪的存在。有的人产生了不良情绪还不承认，比如，一个人因失恋而痛苦，别人劝慰他从不良情绪中解脱出来，可他却不承认自己的情绪是不良的。有的人为芝麻小事动怒，别人劝他何必动气，他马上反驳："谁生气了！"有了不良情绪，就要承认。认为不良情绪确实存在后，第二步就要分析产生的原因，弄清自己所苦恼、忧愁、愤怒的事物是否可恼、可忧、可怒。通过理智分析，就会发现多数情况下并不需要这样苦恼，不良情绪也会得到消解。第三步，有时确实有可恼、可忧、可怒的理由，那么就要寻求适当的方法和途径来解决它。

八、转换视角法

换个角度看问题，常可使人从负性情绪中解脱出来，保持心情舒畅。比如，有的学生拼命用功，却没考上大学，便心灰意冷，觉得前途渺茫，如果就这样继续想下去，就会越想越悲观失望。如果换个角度去想就会心情舒畅：吃点苦，受些挫折对自己有好处，何况自己还年轻，可以从零开始，一切从头来，年轻就是一笔巨大的财富。

九、音乐疗法

音乐作为一种艺术，是人的情绪、情感的一种表现方式，曲调和节奏不同的音乐可以使人产生不同的情绪体验。古希腊人认为，不同的曲调代表不同的情绪：A调高扬，B调哀怨，C调和蔼，D调热情奔放，E调安静优雅，F调魅惑，G调躁动。音乐调节已应用到了外科手术及精神病、抑郁症、焦虑症等的治疗上，如忧郁烦闷时可以听《蓝色多瑙河》《卡门序曲》《渔舟唱晚》等意境广阔、充满活力、轻松愉快的音乐；失眠时可以听莫扎特的优雅宁静的《摇篮曲》、门德尔松的《仲夏夜之梦》等乐曲；情绪浮躁时可以听《小夜曲》等宁静清爽的乐曲。每个人都可以选择适合的音乐来调节自己的情绪状况。表5-1列出了一些不同功能的音乐曲目。

表5-1　不同功能的音乐曲目

序号	曲　　名	乐曲类型	适于治疗的情绪
1	《梅花三弄》	民乐·古筝	焦虑、不安
2	《春江花月夜》	民乐合奏	焦虑、不安
3	《蓝色多瑙河》	管弦乐(约翰·施特劳斯)	焦虑、不安
4	《阿依达序曲》	歌剧(威尔第)	焦虑、不安
5	《光明行》	民乐·二胡	抑郁、压抑

序号	曲 名	乐曲类型	适于治疗的情绪
6	《步步高》	民乐合奏	抑郁、压抑
7	《卡门序曲》	歌剧(比才)	抑郁、压抑
8	《蓝色狂想曲》	管弦乐(格什文)	抑郁、压抑
9	《阳关三叠》	民乐·古筝	愤怒、生气
10	《走西口》	民乐(歌曲或轻音乐)	愤怒、生气
11	《月光奏鸣曲》	钢琴(贝多芬)	愤怒、生气
12	《动物狂欢节》	交响乐	愤怒、生气

测试与训练

一、阅读资料

阅读资料

二、心理测试

情绪测试

【测试说明】 下面的每个问题都有 3 种答案供你选择,选出一个与你实际情况最相近的答案。若测试题中出现与自己生活、身份不相符合的情况,可以不予选择。

1. 看到你最近一次拍摄的照片有何想法?( )

A. 不称心　　　　　　　B. 很好　　　　　　　C. 可以

2. 你是否想到若干年后有什么使自己极为不安的事?( )

A. 常有　　　　　　　　B. 没有　　　　　　　C. 偶尔

3. 你被朋友、同学起过绰号、挖苦过吗?( )

A. 常有　　　　　　　　B. 没有　　　　　　　C. 偶尔

4. 你上床以后,是否经常再起来一次,看看门窗是否关好,炉子是否封好,以及诸如此类的事情?( )

A. 常有　　　　　　　　B. 没有　　　　　　　C. 偶尔

5. 你是否满意与你关系最密切的人?( )

A. 不满意　　　　　　　B. 非常满意　　　　　C. 还算满意

6. 你在半夜的时候,经常觉得有什么让你害怕的事情吗?( )

A. 经常　　　　　　　　B. 没有　　　　　　　C. 偶尔

7. 你梦见什么可怕的事而惊醒吗?( )

A. 常有发生　　　　　　B. 没有　　　　　　　C. 偶尔

8. 你有一个梦，曾经做过许多次吗？（　　　）

A. 有　　　　　　　　　　B. 没有　　　　　　　　　C. 记不清

9. 有没有一种食物，使你吃后要呕吐？（　　　）

A. 有　　　　　　　　　　B. 没有　　　　　　　　　C. 不清楚

10. 除去看到的世界外，你心中有没有另外一种世界呢？（　　　）

A. 有　　　　　　　　　　B. 没有　　　　　　　　　C. 不清楚

11. 你心中是否时常觉得你不是现在父母所生的呢？（　　　）

A. 时常　　　　　　　　　B. 没有　　　　　　　　　C. 偶尔

12. 你曾经觉得有一个人爱你或尊重你吗？（　　　）

A. 是的　　　　　　　　　B. 不曾　　　　　　　　　C. 说不清

13. 你是否常常觉得你的家庭对你不好，但是你又确知他们的确对你好呢？（　　　）

A. 是的　　　　　　　　　B. 不是　　　　　　　　　C. 偶尔

14. 你觉得没有人十分了解你吗？（　　　）

A. 是的　　　　　　　　　B. 不是　　　　　　　　　C. 讲不清楚

15. 你在早晨起来的时候，最常有的感觉是什么？（　　　）

A. 忧郁　　　　　　　　　B. 快乐　　　　　　　　　C. 讲不清楚

16. 每到秋天，你常有的感受是什么？（　　　）

A. 秋雨霏霏或枯叶遍地　　B. 秋高气爽或艳阳天　　　C. 不清楚

17. 你在高处的时候，觉得站不稳当吗？（　　　）

A. 是的　　　　　　　　　B. 不是　　　　　　　　　C. 有时

18. 你平常觉得自己强健吗？（　　　）

A. 不　　　　　　　　　　B. 是的　　　　　　　　　C. 不清楚

19. 你一回家就立刻把房门关上吗？（　　　）

A. 是的　　　　　　　　　B. 不是　　　　　　　　　C. 不清楚

20. 你坐在房间里把门关上后，觉得心里不安吗？（　　　）

A. 是的　　　　　　　　　B. 不是　　　　　　　　　C. 偶尔

21. 你要决定一件事情的时候，觉得很难决定吗？（　　　）

A. 是的　　　　　　　　　B. 不是　　　　　　　　　C. 偶尔

22. 你常常用抛硬币、抽签这类游戏来测吉凶吗？（　　　）

A. 常常　　　　　　　　　B. 没有　　　　　　　　　C. 偶尔

23. 你常常因为碰到东西而跌倒吗？（　　　）

A. 常常　　　　　　　　　B. 没有　　　　　　　　　C. 偶尔

24. 你是否要一个多小时才能入睡，或醒得比你希望的要早一个小时？（　　　）

A. 经常　　　　　　　　　B. 从不　　　　　　　　　C. 偶尔

25. 你是否看到、听到或感觉到别人察觉不到的东西？（　　　）

A. 经常　　　　　　　　　B. 从不　　　　　　　　　C. 偶尔

26. 你是否认为自己有超越常人的能力？（　　　）

A. 是的　　　　　　　　　B. 没有　　　　　　　　　C. 在某些方面

27. 你是否觉得有人跟着你走，因而心里不安？（　　　）

A. 是的　　　　　　　　　B. 没有　　　　　　　　　C. 不清楚

28. 你是否觉得有人在注意你的言行？（　　　）

A. 是的　　　　　　　　B. 没有　　　　　　　　C. 不清楚

29. 当你一个人走夜路时，你是否觉得前面潜藏着危险？（　　　）

A. 是的　　　　　　　　B. 没有　　　　　　　　C. 偶尔

30. 你对别人自杀的想法是怎样的？（　　　）

A. 可以体验到　　　　　B. 不可思议　　　　　　C. 不清楚

【计分方法】　选择 A 得 2 分；选择 B 得 0 分；选择 C 得 1 分，将 30 道题相加得总分。

【测试结果】　若你的总分少于 20 分，表明你目前的情绪稳定饱满，自信心强；你有一定的社会活动能力，能理解周围人的心情，顾全大局；你一定是性情爽朗、受人欢迎的人。

若你的总分在 20～40 分之间，表明你情绪基本稳定，但较为低落，对事情的考虑过于冷静，处事淡漠消极，丧失发挥人格的良机；你的自信心受到压抑，做事的热情忽高忽低、瞻前顾后。

若你的总分在 40 分以上，表明你的情绪不稳定，日常烦恼太多，自己的心情处于紧张和矛盾之中。

若你的总分在 50 分以上，则是一种危险的信号，你需要寻求心理医生的帮助。

三、心理训练

（一）闭上眼睛做三四次深呼吸，然后就情绪问题完成下面语句并与同学讨论

1. 我生活中最快乐的时刻是：_____

2. 发笑使我感到：_____

3. 当……时，我感到悲伤：_____

4. 当他人哭的时候，我通常是：_____

5. 我最后一次哭的时候是：_____

6. 当我想生气的时候，我通常：_____

7. 在家里，令我生气的是：_____

8. 当他人生气的时候，我：_____

（二）讨论情绪宣泄的作用以及社会对情绪宣泄的态度

将一些情绪（如高兴、悲伤、生气）列在黑板上并逐一加以讨论，这些情绪的表达在什么时候有利于加深人际关系，什么时候会疏远人际关系。与其压抑愤怒情绪或怒不可遏，不如感受这种情绪，承认这种感受，并且不轻易指责，而是加强沟通，确切表达自我情绪体验，如"当你……的时候，我感到很生气"，这样做有助于心理健康。

（三）找出情绪节律周期

人一个月总有几天会感到情绪低落或者情绪高涨，请记录每一个情绪高涨或低落的日子，并看看这两个时期的情绪表现有什么不同。连续记录三个月，找出自己的情绪节律周期。

（四）逐日记录一周的情绪变化

每天晚上回顾一下你当天发生了哪些情绪变化（包括喜、怒、哀、乐、爱、恶、恨等），是什么原因引起的，然后在一周结束时加以综合分析，了解自己情绪的发生有些什么特点。比如：

1. 在一周时间中哪种情绪发生得最多？是积极的情绪还是消极的情绪？

_____

2. 你的情绪发生合理吗？应该还是不应该？

_____

3. 你产生这些情绪是无意识的还是有意识的？你当时是否曾有意对某种情绪进行控制？

（五）自我放松训练

无论是哪种克服负性情绪的方法，最终的目的都是使身心放松，使生理和心理活动趋于平衡。

放松的方法很多，有深度呼吸训练、静坐与冥想、自我暗示、意象训练、肌肉放松训练等。下面逐一介绍每一种放松训练的实施方法。

1. 深度呼吸训练

这种训练方法简便易行，不受场所、时间等条件的限制，行、坐、站、卧都可以进行，其目的是通过深度呼吸，使身体各组织器官与呼吸节律发生共振，进而达到放松的效果。下面不妨做一次，看效果如何。

好！现在请你放下手中正在做的事情。如果你身边有椅子，请你全身放松坐在椅子上，调整你的坐姿，直到感觉最舒服为止。如果你是在寝室，请你全身放松，仰卧在床上。如果你身边什么也没有，就请你全身放松，站在你认为最方便的地方。准备好了吗？现在我们就要做放松训练了。

好，现在请深呼吸，全身放松，观察自己的呼吸和身体各部位的活动状况，注意体会自己的肺部在一张一合、一张一合地呼吸，呼吸频率在逐渐减慢，呼吸的深度在逐渐加深，紧张的部位在逐渐放松。用感觉去体察你身体的部位，持续一段时间，当你感觉到身体的各部位不那么紧了，请把注意力再转移到呼吸上。你似乎在观察自己的呼吸，似乎又没有观察，感觉在有无之间。

请用鼻子深吸一口气，再慢慢地、均匀地呼出。呼气的时候平和而舒畅。继续呼吸，慢慢地、均匀地、深长地、平和地、舒畅地呼吸。

现在让我们数一下呼吸的次数，一、二、三……十；再重新开始从一数到十。你可以重复十遍、二十遍。注意一下你身体各部位的感觉，各部位的感觉在渐渐地、渐渐地与呼吸的节律趋于一致。全身的毛孔在随着肺的一张一合，有规律地开合，开合，开合……

现在你不仅仅是在用肺呼吸，而是用身体来进行呼吸，吸进清新空气，呼出污浊空气，一次、两次、三次……渐渐地，你会感觉到身体的各个部位很放松，很通畅，仿佛整个身体融入大自然之中。

好了，我们的放松训练就要结束了，请慢慢闭上你的眼睛（如果做呼吸前没有闭上的话），静静地，不去想任何事情，过一两分钟就可以做你该做的事情了。

2. 静坐与冥想

有时，你可能觉得自己的思维很混乱，一会儿想到家里，一会儿又想到吃饭，一会儿又想到刚才发生过的事情。每个念头之间似乎没有什么联系，心情却因此而很烦躁，不能专心地做自己想做的事情。这是大脑在提醒你，该平心静气地休息一下了。此时，你可以收心，做下面的训练（最好是闭上眼睛）。

先静下心来，反观一下现在自己在想什么。注意出现在你头脑中的每一个想法。一个想法出现了，不要去理它，看它到哪里去。这时，你会发现，你不理它时，它自己就悄悄地溜掉了。一瞬间，你就感觉到头脑中很空、很静，这些也不要去管它，随它去来。瞬间一过，又一个念头出现了，这时，你还是似注意似不注意地对待它，自然而然地，它也会像前一个念头一样，一闪即逝了。你就这样去注意每一个念头，但不能有意去捕捉它们。慢慢地，你就会发现，这些念头像行云流水一样，从面前一闪而过，不知道飘到哪里去了。这样随想几十分钟，慢慢地睁开眼睛，你会感觉到眼睛比以前明亮多了，思路也清晰多了，思维更敏捷了。这时，你就可以再去做你想做而没有做完的事情了。

3. 自我暗示

自我暗示方法可以用来调节局部紧张，也可以用来调节全身各部位紧张。它不仅对紧张起作用，对其他的情绪问题也同样起作用，并对生理疾病有一定的疗效。采用自我暗示方法要注意以下几个方面：

（1）语言要简洁，不多于5个字。

（2）暗示的语言要积极、肯定，千万不要采用消极、否定的暗示语言。

（3）暗示时，运用的意识要温和，不要带强制性。

（4）暗示后，就不要再去想暗示语了，过一段时间以后再重新进行自我暗示。

（5）每次暗示时，暗示语重复3～5次为最佳。

（6）在一段时间内，最好只用一种暗示语或某一个特定暗示语。

下面就具体介绍一下暗示的自我调节方法。首先，发现你紧张或不舒服的部位，确定紧张或不舒服的症状反应。然后，针对症状反应，发出良好的信息，如"放松""清静"等，每次重复3～5遍。

如果经过一段时间，还感觉到紧张或不舒服，就再重复此过程。

4. 意象训练

意象训练的基本原理就是通过想象轻松、愉快的情境（如大海、山水、瀑布、蓝天、白云等），达到放松身心、舒畅情绪的目的。意象训练的效果取决于想象的生动性和逼真性，想象越清晰、生动，放松的效果就越明显。意象训练法不仅能消除疲劳，恢复精力，长时间坚持意象训练，还可以达到开发智能的效果。在进行意象训练时，你可以想象某一个特定的情境，也可以像旅游一样，从一个地方到另一个地方逐一想象。采取何种方式要看哪种情况更适合你。下面就通过语言引导来进行一次意象训练。

现在请你全身放松，闭上眼睛，静静地、静静地观察你头脑中闪过的每一个念头，不要去理它，任它去来。

好，我们想象秋天的天空……

站在高山云巅，仰望湛蓝的天空，显得那么高远，那么幽深……

天空中，行云如流水，又仿佛是一片片棉絮，从天际涌出，悠悠然从头顶飘过，又消失在无尽的远处……

你可以重复想象上面描述的情境，渐渐地，一闭上眼睛，你的头脑中便会显现出秋天的景色，是一幅幅动态的、有序的画面。如果你感觉到想象动态画面很吃力的话，也可以想象你所喜欢的静态画面，或是蓝天白云，或是青山绿水等。如果你的想象能力很好，则可以做下一步的训练，把想象从外界转移向体内。想象自己站在或是坐在一朵金色的莲花上，周身金光四射，就像刚刚升起的太阳，照耀万物。这种训练方法你可以做几分钟、几十分钟或更长时间，如果能坚持不懈地进行训练，经过一段时间你就会发现自己的身体素质、学习效率都会发生很大的变化。

5. 肌肉放松训练

肌肉放松训练通过从头到脚的一步一步放松，并结合自我暗示，达到消除紧张、调节精神状态的目的。

现在请你按下面的指导语，从头到尾做一次肌肉放松训练。

请你将全身松弛下来（自己平时训练时最好闭上眼睛），全身肌肉、组织器官松而不散，以默念的方式暗示自己"放松"，重复 3～5 次，再做几次深呼吸（次数不限）。先把注意力转到头部，头顶的肌肉放松，头后部的肌肉放松，颈椎放松；再把注意力转移到胸部，前胸的肌肉放松，胸椎放松，内脏器官（心脏、肝脏、肺、脾等）放松；背部肌肉放松，肩部肌肉放松，肩胛骨放松，大臂的肌肉放松，肘关节的肌肉放松，小臂的肌肉放松，手掌放松，手背肌肉放松，手指各关节放松；现在把注意力转移到腰部和腹部，腹部肌肉放松，腰部两侧的肌肉放松，腰椎放松，肾脏、胃、肠放松，小腹部放松；现在把注意力转向下肢，臀部的肌肉放松，大腿内侧的肌肉放松，小腿外侧的肌肉放松，踝关节放松，脚背的肌肉和骨骼放松，脚掌放松，脚趾各关节放松。

好，现在全身都放松，放松……

这个过程你可以重复做几次、几十次甚至更多，具体要看自己方便与否。如果你感到很疲劳或难以入睡，不妨用上述方法试一试，或许会收到良好的效果。

四、思考题

1. 什么是情绪？情绪通过哪些状态表现出来？
2. 大学生的情绪具有哪些特点？
3. 情商具有哪些功能？如何提高大学生的情商？
4. 大学生有哪些常见的不良情绪？对大学生有何影响？
5. 结合自己的实际，谈谈如何调控不良情绪。

第六章　大学生人格心理

心灵导读

　　大学生正处于人格形成和定型的重要时期，健康的人格心理是成才的必备条件。每个大学生都应该了解人格知识，积极主动地塑造良好的人格，使自己的人格不断完善，为走向成功奠定坚实的基础。

教学目标

　　通过对本章的学习，应了解人格的含义、人格心理结构和良好人格的标准，理解人格心理特征和不良人格的表现，掌握人格心理的优化方法，从而了解自己的能力、气质和性格，并能结合自身的人格从事各种活动。

第一节　人格概述

"人格"（personality）一词源于拉丁语"persona"，意指古希腊、罗马时代戏剧演员在舞台上戴的面具，用来表现剧中人物的身份和性格。心理学沿用其含义，把一个人在人生舞台上扮演角色时表现出来的种种行为和心理活动都看作人格的再现。"人心不同，各如其面"这句话，说明了人格差异的普遍存在。

案例导入

人格又称个性，是指一个人整体的精神面貌，即一个人在一定社会条件下形成的具有一定倾向的、比较稳定的独特心理特征的总和。

一、人格的特征

（一）整体性

人格的整体性是指构成人格的各种心理成分不是相互独立，而是相互联系的，构成了一个完整的功能系统。人格的整体性首先表现为各种心理成分的一致性。一个正常的人总是能及时地调整人格中的各种矛盾，使人的心理和行为保持一致。人格的整体性还表现在构成个体人格的各种成分中，有的是主要的，起主导作用；有的是次要的，起辅助作用。起主导作用的成分决定个体人格的基本特征。

（二）独特性和共同性

人格的独特性是指人与人之间的心理和行为是各不相同的。人格结构组合的多样性，使每个人的人格都有其自己的特点。人格还具有共同性，由于共同的社会文化影响，同一民族、同一地区、同一阶层、同一群体的个体之间具有很多相似的人格特征。因此，人格是独特性和共同性相统一的整体。

（三）稳定性和可塑性

人格不是指一时表现的心理现象，而是指人在较长时期的社会实践中，由于适应或改变客观世界而经常表现出来的人格心理，因而人格都是比较稳定的。但这种稳定是相对的，在具有决定意义的环境因素和机体因素发生改变时，不论是如何稳定的人格，都会发生一定的变化，具有不同程度的可塑性。

（四）生物性和社会性

人格的生物性是指人格是在人的自然生物特性的基础上发展起来的，人的生物特性影响着人格发展的道路和方式，也决定了人格特点形成的难易。不过，人的生物特性并不能决定人格的发展方向，对人格发展起决定作用的是个体的社会历史文化背景，这就是人格的社会性。

二、人格心理结构

人格心理结构主要包括人格倾向性和人格心理特征两个方面。

（一）人格倾向性

人格倾向性是人格结构中最活跃的因素，它是一个人进行活动的基本动力，决定着人对现实的态度，决定着人对认识活动对象的趋向和选择。人格倾向性主要包括需要、动机、兴趣、理想、信念和世界观等。各个成分并不是孤立的，而是相互联系、相互影响的。

（二）人格心理特征

人格心理特征是一个人经常表现出来的、稳定的心理特点，集中反映了人的心理面貌的独特性。人格心理特征在心理过程中形成而后又反过来影响心理过程。每个人的心理特征是不同的，因此人格表现也是千差万别的。人格心理特征包括能力、气质和性格。这些特征可以通过心理测验来了解和认识。

第二节　大学生人格心理特征

人格是伴随着人的一生不断成长的心理品质。人格的成熟意味着个体心理的成熟，人格的魅力展示着个体心灵的完善。人格受能力、气质和性格的影响，不同的能力、气质和性格所表现出的人格特征也会不同。

案例导入

一、能力

（一）能力的含义

能力是直接影响活动效率，保证活动顺利完成的人格心理特征。能力和活动联系紧密，两者的关系主要有两方面：一方面，能力在活动中发展并表现在活动之中，即能力存在于活动之中，离开了活动也就无所谓能力；另一方面，从事某种活动必须以某种能力为前提，能力是完成某一活动的必备的、最基本的条件。

（二）能力的类型

1. 一般能力和特殊能力

按能力所表现的活动领域的不同，可把能力分为一般能力和特殊能力。一般能力是指在各种活动中必须具备的基本能力，即认识能力，又称为智力。它保证人们有效地认识世界。智力包括观察力、记忆力、思维能力、想象力和注意力等成分。特殊能力是指完成某种专业活动必须具备的能力。如音乐能力包括区别旋律曲调特点的能力、节奏感和音色辨别能力等。

2. 认知能力、操作能力和社会交往能力

按能力所涉及的领域的不同，可把能力分为认知能力、操作能力和社会交往能力。认知能力是获取知识的能力，即智力；操作能力是支配肢体完成某种活动的能力，如体育运动、艺术表演、手工操作的能力；社交能力是从事社会交往的能力，如与人沟通的言语交往和言语感染力、组织管理能力、协调人际关系的能力等。

3. 模仿能力、再造能力和创造能力

按活动中能力的创造性大小的不同，可把能力分为模仿能力、再造能力和创造能力。模仿能力是指仿效他人的言谈举止而做出与之相似的行为的能力；再造能力是指在活动中顺利地掌握别人所积累的知识和技能，并按现成的模式进行活动的能力。创造能力是指在活动中创造出独特的、新型的、有社会价值的产品的能力，如科学发明、小说创作等。

二、气质

（一）气质的含义

气质是指人生来就有的，典型的，表现在心理活动的强度、速度、稳定性和指向性等方面的稳定的心理特征。这里讲的心理活动的强度是指情绪的强弱及意志努力的程度。心理活动的

速度和稳定性是指知觉的速度、思维灵活的程度、注意力集中时间的长短。心理活动的指向性是指有的人倾向于外部事物，从外界获得新印象；有的人倾向于内部，经常体验自己的情绪，分析自己的思想。

（二）气质的类型

在公元前五世纪，古希腊医生希波克拉底和罗马医生盖伦就曾提出气质学说。他们认为，人体内有四种体液：黄胆汁、血液、黏液、黑胆汁。黄胆汁生于肝脏，血液生于心脏，黏液生于脑髓，黑胆汁生于胃部，根据这四种体液各自在体内的比例优势，可以把人的气质划分为四种类型，即胆汁质、多血质、黏液质、抑郁质。

气质学说后来被俄国生理学家和心理学家巴甫洛夫所证实。根据巴甫洛夫高级神经活动的类型学说，气质是由人的高级神经活动类型决定的：人的高级神经活动类型是气质的生理基础，气质是高级神经活动类型的外在表现，四种神经活动类型分别与胆汁质、多血质、黏液质、抑郁质相对应。表6-1说明了气质类型及其表现和神经系统类型及其特征的关系。

表6-1 气质类型及其表现和神经系统类型及其特征对照表

神经系统的特性及其类型				气质	
强度	平衡性	灵活性	特性组合的类型	气质类型	主要心理特征
强	平衡性（兴奋占优势）	灵活	不可遏制型（兴奋型）	胆汁质	精力充沛、情绪发生快而强、言语动作急速而难以自制、内心外露、直率、热情、易怒、急躁、果断
	平衡		活泼型	多血质	活泼好动、富于生气、情绪发生快而多变、表情丰富、思维言语动作敏捷、乐观、亲切、浮躁、轻率
弱		不灵活	安静型	黏液质	沉着冷静、情绪发生慢而弱、思维言语动作迟缓、内心少外露、坚毅、执拗、淡漠
	不平衡（抑制占优势）		弱型（抑制型）	抑郁质	柔弱易倦、情绪发生慢而强、易感而富于自我体验、言语动作细小无力、胆小、忸怩、孤僻

（三）气质类型的特点

1. 胆汁质

胆汁质气质类型的人精力旺盛，直率，热情，行动敏捷，情绪易于激动，心境变换剧烈。这类人有理想，有抱负，有独立见解，反应迅速，行为果断，表里如一；不愿受人指挥，而喜欢指挥别人；一旦认准目标就希望尽快实现，遇到困难也百折不挠，但往往比较粗心，学习和工作带有明显的周期性特点，能以极大的热情和旺盛的精力投入学习和工作中，一旦精力消耗殆尽，便会失去信心，情绪顿时转为沮丧而心灰意冷。

2. 多血质

多血质气质类型的人喜怒都在展现中，可塑性强。多血质的人具有活泼好动，反应迅速，情绪发生快而多变，兴趣容易转移等特征。这类大学生易于适应环境的变化，性情活泼、热情，善于交际，在群体中精神愉快，相处自然，常能机智地摆脱困境；他们在学习和工作上肯动脑、主意多，不安于机械、刻板、循规蹈矩，常表现出较强的工作能力和较高的办事效率；对外界事物兴趣广泛，但容易失于浮躁，见异思迁。

3. 黏液质

黏液质类型的人安静、稳重，反应缓慢，沉默寡言，情绪不轻易外露，注意力稳定且不轻易转移，善于忍耐。这类大学生反应较为迟缓，但无论环境如何变化，基本都能保持心理平衡；凡事深思熟虑，力求稳妥；在各种情况下都表现出较强的自我克制能力；他们外柔内刚，沉静多思，不愿流露内心的真情实感；与人交往时，态度适度，不卑不亢，不爱抛头露面和做空泛的清谈；学习、工作有板有眼，踏实肯干，严格恪守既定的生活秩序和制度。但他们过于拘谨，不善于随机应变，固定性有余而灵活性不足，有墨守成规、因循守旧的表现。

4. 抑郁质

抑郁质类型的人孤僻，行动迟缓，情感体验深刻，善于觉察别人不易觉察到的细小事物。这类大学生在生理上难以忍受或大或小的神经紧张，厌恶那些强烈的刺激；他们的感情细腻而脆弱，常为区区小事引起情绪波动；自己心里有话，宁愿自己品味，不愿向别人倾诉；喜欢独处，与人交往时显得腼腆、忸怩，善于领会别人的意图，在团结友爱的集体中，很可能是一个容易相处的人；遇事三思而行，求稳不求快，对力所能及的工作能认真负责地完成。在学习、工作一段时间后，常比别人更容易感到疲倦；在困难面前常怯懦、自卑和优柔寡断。

（四）正确认识气质

1. 气质类型没有绝对的好坏之分

任何一种气质类型都有积极的一面，也有消极的一面。某一气质特征在一些事情上可以起积极作用，但在另一些事情上则可能会起消极作用。因此，在日常生活中，应该尽可能地发挥自己气质中积极的一面，克服消极的一面。

（1）胆汁质的人，应保持自己有抱负、自信、热情、主动的长处，在生活、工作和学习中尽量发挥自己擅长独立思维的特点，用自己的坦诚、表里如一去结交朋友，成为一个受人欢迎的人。但要注意克服粗心大意、简单化的毛病，平时在日常生活中可有意"三思而后行"。对自己的信任应该建立在实事求是的基础上，否则就成了刚愎自用。对自己奔放的情感要有所控制，并使其维持长久，而不是灿烂一瞬。

（2）多血质的人，可充分发挥机智活泼、善于适应环境的特长，在集体活动中出谋划策，以自己的朝气、生动的言语、丰富的表情为整个活动增色。但要注意保持情绪稳定，不要养成忽冷忽热的习惯。反应灵敏、兴趣广泛并不意味着在学习上就可以要小聪明，避免一知半解。要改正做事只求速度，不讲质量的缺点。

（3）黏液质的人，学习踏实，工作起来有条不紊。情绪稳定，善于自我控制，这些都是要发扬的积极面。但稳定并非死板固执，尤其对新生事物应从新的角度、以新的方法来对待，不能墨守成规。在人际交往中冷静之外如能加上一些热情，相信会更受人欢迎。平时可有意多参加一些群体活动，在群体活动中逐渐形成活泼机敏的习惯，与黏液质的良好特征相得益彰。

（4）抑郁质的人，能体察到一般人不易察觉之处，感情细腻深沉，应保持"细致"的特色，从而认真地完成工作学习任务。但要防止细致过了头变成多疑。对生活中碰到的不愉快不必长时间地耿耿于怀，因为挫折是免不了的。应多与人交往，学会正常的交流感情的方法，这样生活会变得轻松、美丽许多。

2. 气质不能决定人的社会价值和成就的高低

在现实生活中我们不必为自己属于哪种气质而沾沾自喜或忐忑不安，历史和现实中，各种气质都有名人辈出。据有关资料介绍，俄国四位著名的文学家分别属于四种气质类型。普希金有明显的胆汁质特征，赫尔岑具有多血质的特征，克雷洛夫具有黏液质特征，而果戈理具有抑郁质的特征。可见气质所能影响的只是人的智力活动方式，并不能决定人的社会价值和成就的高低。

3. 气质虽具有很强的稳定性，但并非一成不变

人的神经活动类型是先天的，也就是说人的气质的主要特征来自先天。但是，在环境和教育的影响下，先天的特征也可以被加强或减弱，发展或抑制，甚至还可能被人的性格等特征所掩饰。因此说，气质既有稳定性的一面，又有可塑造性的一面，是稳定性和可塑性的统一。

三、性格

（一）性格的含义

性格一词来源于希腊文，原意为"雕刻的痕迹"或"戳记的痕迹"，后来转意为印刻、标记、特性。现代心理学家把性格定义为：一个人对现实的态度和习惯化了的行为方式中表现出来的较稳定的具有核心意义的人格心理特征。在这一定义中，一方面表现为性格具有直接的社会意义，不同性格特点的社会价值是不同的；另一方面表现为性格对能力、气质的影响，性格决定了气质、能力的发展方向，影响到气质和能力的表现。

（二）性格的特征

1. 性格的态度特征

态度的对象多种多样，包括个人的、集体的、社会的、思想的以及个人的内心世界等。对这些对象的性格特征主要有谦虚或自负、自信或自满、自豪或自卑、自尊或羞怯、同情或冷漠。

2. 性格的意志特征

意志特征指人们对自己的自觉调节方式和水平方面的特征，如目的性或盲目性、独立性或依赖性、自制或放纵、勇敢或怯懦、果断或犹豫、坚韧或软弱。

3. 性格的情绪特征

情绪特征指情绪活动的强度、稳定性、持久性和主导心情方面表现的个人特点，如乐观或悲观、热情或低沉、高涨或消沉。

4. 性格的理智特征

人在认识活动中表现出个别差异，这些个别差异即性格的理智特征，如主动观察或被动观察、主动记忆或被动记忆、想象大胆或想象受阻、理想型或空想型等。

（三）性格的类型

性格分类方法很多，而且可以从不同角度来反映一个人性格的某一侧面。以下是常见的三种划分方法。

1. 内向型与外向型

按人格倾向性分类，可把性格分为内向型与外向型。

（1）内向型的人心理活动倾向于内部，感情较内蕴、含蓄，处事谨慎，自制力较强，善于忍耐，富有想象，情绪体验深刻，但不善社交，应变能力较弱，反应缓慢，易优柔寡断，显得有些沉郁、孤僻、拘谨、胆怯等。

（2）外向型的人心理活动倾向于外部，活泼开朗，善交际，感情易外露，关心外部事物，处事不拘小节，独立性强，能适应环境，但易轻信，自制力和坚持性不足，有时表现出粗心、不谨慎、情感动荡多变等。

2. 理智型与情绪型

按情绪的控制程度可把性格划分为理智型与情绪型。

（1）理智型的人常以理智的尺度衡量一切。这种人善于控制自己的情绪，使自己的行为具有明显的理智导向，自制力强、处事谨慎，但容易畏前缩后，缺少应有的冲劲。如果理智型不被健康的意识控制，就可能表现出虚伪、自私、见风使舵、冷漠等。

（2）情绪型性格指情绪体验深刻，举止言行易受情绪左右。这种人待人热情，做事大胆，情绪反应敏感，但情绪易起伏，有时冲动，注意力不够集中，兴趣易转移。

3. 独立型与顺从型

按个体独立程度可把性格划分为独立型与顺从型。

（1）独立型的人倾向于利用自身内在的参照标志，独立性强，受暗示性较少，对他人不感兴趣，社会敏感性差，不善交际，对抽象的内容特别关注，解决问题不易受定式影响，比较有创造性。

（2）顺从型的人倾向于利用外在参照标志，独立性较弱，受暗示性较强，对他人感兴趣，社会敏感性强，善于交际，抗应激能力差。

第三节　大学生不良人格表现

在人格发展过程中，各种主客观因素的影响会不同程度地影响大学生人格的健康发展，出现一些不良的表现，从而导致人格发展缺陷，严重的还会引起人格障碍。人格缺陷是介于正常人格和人格障碍间的不良倾向，或是指某种轻度的人格障碍。

案例导入

一、大学生不良人格表现

（一）以自我为中心

以自我为中心是指以自己的意志为主导，将自我作为思考问题的出发点与归宿，过分关注自我，不顾及他人利益和思想，从而在行动上和观念上表现出自私自利、我行我素的特征和处事态度。以自我为中心的人过多考虑自己的需要，忽视他人的需要和存在，对别人缺少关心和谅解，绝对不允许他人对自己的利益构成伤害和威胁。这种心理和行为带到大学的集体生活中时，矛盾和冲突就会出现，对大学生健康成长和成才有害。

（二）无聊

无聊心理的主要特点是空虚、幻想、被动，感觉不到自我存在的意义与人生的价值，其核心在于没有确立合适的人生目标。空虚是因为没有目标或目标太低，人一旦失去目标的指引，生活就没有动力；幻想是由于目标定位不准确或者目标太多而导致的心理负担，实质是对责任的恐惧；被动是由于目标不是自己内心的渴望，未获得内心的自觉与认同，从而缺乏主动性和创造性。克服无聊心理的根本方法是确立恰当的人生目标，并由人生目标牵引着实现自己的人生价值。

（三）悲观

有的大学生常从消极的角度去看问题，眼睛总是盯着伤口、弱点和困难处，常常"一叶障目，不见泰山"，这种悲观心理的发展，会使人毫无生气，甚至厌世轻生。

（四）不良意志品质

不良意志品质是指意志发展的不良倾向，主要表现为：生活缺乏目标，随波逐流，无所事事，懒散倦怠，醉生梦死。还有意志发展不成熟，曲解意志品质，把刚愎自用、轻率当作果断，把犹豫、彷徨当作沉着冷静，把固执己见当作顽强等。不良意志品质一经形成，会带来很多性格缺陷，最后发展为人格缺陷。

（五）拖拉

拖拉是指可以在某时完成的事而不及时完成，今天推明天，明天推后天。一方面拖拉耽误学习、工作，到头来匆匆忙忙去做，影响质量；另一方面，拖拉并没有使人因此而轻松些，相反会导致心理压力过大，引起焦虑，并且会阻碍别的重要活动的进行。拖拉一旦成为习惯，危害很大。正如《明日歌》所言："明日复明日，明日何其多，我生待明日，万事成蹉跎。"

（六）急躁

急躁表现为碰到不称心的事情时马上激动不安；做事缺乏充分准备，没准备好就盲目行动，急于达到目的；缺乏耐心、细心、恒心。性情急躁之人说话办事快、竞争意识强、容易冲动，心情常常处于紧张状态。日常生活中急躁者常会忙中生乱，祸及自己与他人。

（七）羞怯

羞怯表现为不敢在大众场合发表意见，害怕与陌生人打交道，路上见到异性同学会手足无措，见到老师便难为情，说话感到紧张等。羞怯是一个人自我防御心理过度的结果，他们常常过于胆小被动，过于谨小慎微，过于关注自己，自信心不足。一般而言，害羞之心人皆有之，但过分害羞就不正常了。它会阻碍人际交往，影响一个人正常地发挥才能，还会导致压抑、孤独、焦虑等不良心态。

（八）虚荣

大学生大都有较强的自尊心，希望得到赞赏和尊重，这是正常的需要。但如果过分注重外在的荣誉、名望和赞美，不考虑自身的现实情况和能力局限，甚至以不适当的手段去满足自尊心，就成了虚荣。虚荣心与名誉心是很难区分的，虚荣心主要表现在为他人而生活，名誉心则主要表现在为自我完善和自我认识而生存。虚荣心强的大学生一般表现为将自己的名誉看得比自己的生命更重要，经常取悦于他人，以获得他人对自己的肯定和积极的评价。

（九）猜疑

所谓猜疑，一猜二疑，疑建立在猜的基础上，因而往往缺乏事实根据，有时也缺乏合理的思维逻辑。猜疑会导致人际关系紧张、伤害他人感情，自己则会陷入庸人自扰、苦闷、不良心境中。

（十）嫉妒

嫉妒是看见别人某些方面(才华、成就、品质、相貌等)高于自己而产生的一种羡慕，又不甘心自己落后于别人而恼怒的情感，以及由此所导致的相应行为。嫉妒者往往采用种种办法不择手段地打击其所嫉妒的对象，因而会对他人造成伤害，对嫉妒者本人的身心健康也会产生不良影响。

二、影响人格发展的因素

塑造和培养良好的人格是个体成长与发展的关键。人格的塑造是先天、后天因素共同作用的结果。

（一）生物遗传因素

遗传因素对人格的作用程度因人格特征的不同而不同。通常在智力、气质这些与生物因素相关较大的特征上，遗传因素较为重要；而在价值观、信念、性格等与社会因素关系紧密的特征上，后天环境因素更重要。人格发展过程是遗传与环境交互作用的结果，遗传因素影响人格发展的方向及其形成过程的难易。

（二）社会文化因素

人一出生，便置身于社会文化之中并受社会文化的熏陶与影响，文化对人格的影响伴随着人的终身。社会文化塑造了社会成员的人格特征，使其人格结构朝着相似性的方向发展，因此，不同文化的民族有其固有的民族性格，不同的地域有着不同的文化传统，不同的文化发展时期有着不同的文化认同。而这种相似性又具有维系社会稳定的功能。这种共同的人格特征又使得个人正好稳稳地"嵌入"整个文化形态里。

（三）家庭环境因素

家庭常被视为人格的加工厂，它对人格的培育起到了至关重要的作用。家庭作为社会的细胞，它不仅具有自然的遗传因素，也有着社会的遗传因素。这种社会遗传因素主要表现为家庭对子女的教育作用，俗话说"有其父必有其子"，其中不无道理。父母按照自己的意愿和方式教育孩子，使他们逐渐形成了某些人格特征。

强调人格的家庭成因，重点在于探讨家庭间的差异对人格发展的影响，探讨不同的教养方式对人格差异所构成的影响。家庭教养方式一般可以分为三类：第一类是权威型教养方式，这类父母在对子女的教育中，表现得过于支配，孩子的一切由父母来控制。成长在这种教育环境下的孩子容易形成消极、被动、依赖、服从、懦弱，做事缺乏主动性，甚至会形成不诚实的人格特征。第二类是放纵型教养方式，这类父母对孩子过于溺爱，孩子多表现为任性、幼稚、自私、野蛮、无礼、独立性差、唯我独尊、蛮横胡闹等。第三类是民主型教养方式，父母与孩子在家庭中处于一个平等和谐的氛围中，父母尊重孩子，给孩子一定的自主权，并给予孩子积极正确的指导，使孩子形成了一些积极的人格品质，如活泼、快乐、直爽、自立、彬彬有礼、善于交往、富于合作、思想活跃等。孩子在批评中长大，学会了责难；在敌意中长大，学会了争斗；在虐待中长大，学会了伤害；在支配中长大，学会了依赖；在干涉中长大，学会了被动与胆怯；在娇宠中长大，学会了任性；在否定中长大，学会了拒绝；在鼓励中长大，学会了自信；在公平中长大，学会了正义；在宽容中长大，学会了耐心；在赞赏中长大，学会了欣赏；在爱中成长，学会了爱人。这样的说法不无道理。

由此可见，家庭是社会文化的媒介，它对人格具有强大的塑造力。其中，父母教养方式的恰当性直接决定孩子人格特征的形成。父母在养育孩子的过程中，表现出了自己的人格，并有意无意地影响和塑造着孩子的人格，形成家庭中的"社会遗传性"。

（四）早期经验因素

"早期的亲子关系定出了行为模式，塑成一切日后的行为。"这是有关早期经验对人格影响力的一个总结。中国也有句俗话："三岁看大，七岁看老。"人生早期所发生的事情对人格的影响，历来为人格心理学家所重视。

早期经验的问题引发了许多的争论，如早期经验对人格产生何种影响？这种影响是否为永久性的？我们认为，人格发展的确受到童年经验的影响，幸福的童年有利于儿童向健康人格发展，不幸的童年也会引发儿童不良人格的形成。但两者不存在一一对应的关系，溺爱也可使孩子形成不良人格特点，逆境也可磨炼出孩子坚强的性格。早期经验不能单独对人格起决定作用，它与其他因素共同决定人格。早期经验是否对人格造成永久性影响因人而异，对于正常人来说，随着年龄的增长、心理的成熟，童年的影响会逐渐减弱，其效果不会永久不衰。

（五）学校教育因素

学校是一种有目的、有计划地向学生施加影响的教育场所。教师、班集体、同学与同伴等都是学校教育的元素。

教师对学生人格的发展具有指导定向作用。教师的人格特征、行为模式与思维方式对学生会产生巨大影响。每个教师都有自己独特的风格，这种风格为学生设定了一个"气氛区"，在教师的不同气氛区中，学生具有不同的行为表现。每个学生都需要教师的关爱，在教师的关注下，他们会朝着教师期望的方向发展。如果教师把自己的热情与期望投放在学生身上，学生会体察出教师的希望，并努力奋斗。很多学生都有受教师鼓励开始发愤图强，受教师批评而导致学习兴趣变化的人生体验。

学校是同龄群体聚集的场所，同龄群体对学生人格具有巨大的影响。班集体是学校的基本组成单位，班集体的特点、要求、舆论和评价对于学生人格的发展具有"弃恶扬善"的作用。

总之，学校对人格形成与发展的影响是不可忽视的，学校是人格社会化的主要场所。教师对学生人格发展具有导向作用，班集体对人格发展具有"弃恶扬善"的作用。

（六）自然物理因素

生态环境、气候条件、空间拥挤程度等这些物理因素都会影响人格。一个著名的跨文化心理学研究实例——关于对阿拉斯加州的因纽特人和非洲的特姆尼人的比较研究，这个研究说明了生态环境对人格的影响作用。

因纽特人以渔猎为生，社会结构比较松散，父母对孩子的教养原则是使之具备成人的独立生存能力。男孩由父亲在外面教打猎，女孩由母亲在家里教家务。儿女教育比较宽松、自由，使孩子逐渐形成了坚定、独立、冒险的人格特征。而特姆尼人生活在杂草灌木丛生地带，以农业为主，种田为生。居住环境固定，社会结构紧固，有比较分化的社会阶层，建立了比较完整的部落规则。在哺乳期时，父母对孩子很疼爱，孩子断奶后就要接受严格管教，使孩子形成了依赖、服从、保守的人格特点。由此可见，不同的生存环境影响了人格的形成。

另外，气温也会导致人的某些人格特征出现的频率提高，如热天会使人烦躁不安，对他人采取负面反应，甚至进攻，发生反社会行为。世界上炎热的地方，也是攻击行为较多的地方。

自然环境对人格不起决定性影响作用，更多地表现为一时性影响，而且多体现在行为层面上。自然物理环境对特定行为具有一定的解释作用。在不同的物理环境中，人可以表现出不同的行为特点。

（七）自我调控因素

上述各因素体现的是人格培养的外因，而外因是通过内因起作用的。人格的自我调控系统就是人格发展的内部因素，它是以自我意识为核心的。自我意识是人对自身以及对自己同客观世界的关系的意识，具有自我认知、自我体验、自我控制三个子系统。自我调控系统的主要作用是对人格的各个成分进行调控，保证人格的完整、统一、和谐。它属于人格中的内控系统或自控系统。

自我认知是对自己的洞察和理解，包括自我观察和自我评价，其中自我评价是自我调节的重要条件。自我评价是对自己的感知、期望、行为以及人格特征的评价和评估。当一个人不能正确地认识自我，只看到自己的不足，觉得处处不如人，就会自卑，丧失信心，做事畏缩不前，甚至失败。相反，过高地评价自己，盲目乐观，也会导致出现失误。因此准确地认识自我，实事求是地评价自己，是自我调节和人格完善的重要途径之一。

自我体验是自我意识在情感上的表现，是伴随自我认知而产生的内心体验。当一个人对自己做正向的评价时，就会产生自尊感；做负向的评价时，便会产生自卑感。自我体验的调节作用体现在它可以使自我认知转化为信念，进而指导其言行。同时，自我体验还能够伴随自我评价激励积极向上的行为或抑制不当行为。在一个人看到自己不当行为的后果时，会产生内疚、羞愧的情绪，从而收敛并制止自己不当行为再次发生。

自我控制是自我意识在行为上的表现，是实现自我意识调节作用的最终环节。当个体认识到社会要求后，会力求使自己的行为符合社会准则，从而激发起自我控制的动机，并付诸行动。当一个学生意识到学习对于自己的发展具有重要意义时，会激发起他努力学习的动力，从而在行为上表现为刻苦学习、不怕困难、持之以恒、积极进取。自我控制包括自我监控、自我激励、自我教育等成分。

自我意识是通过自我认知、自我体验和自我控制三个方面来对个体进行调控的，使个体心理的各个方面和谐统一，使人格达到统一与完善。

第四节　大学生人格心理辅导

大学生良好人格的塑造与培养既要服从人格健康发展的需要，又要服从社会进步的需要，这是基本原则和指导思想，也是鉴别大学生人格塑造效果的标准。

案例导入

一、大学生良好人格的标准

从总体上看，具有良好人格的人应该是在推动社会进步的实践中充分发挥自己的才干，为人类、为社会做出自己的贡献，同时使自己的人格在各个方面得到充分协调发展的人。

从具体特征上讲，大学生良好人格应包括以下几个方面：

（一）远大而稳定的奋斗目标

有坚定的社会主义信念和远大的共产主义理想，有科学的世界观和人生观。

（二）强烈的道德责任感

能以社会主义、集体主义道德观为核心，正确处理生活和工作中的各种关系，具有正直诚实、谦虚谨慎、尊老爱幼等良好品质。

（三）积极的自我意识

自我意识是个体对自己，对自己与他人、与周围世界关系的认识。具有健全人格的大学生对自己有恰如其分的、全面客观的评价，充满自信、扬长避短，愉悦地接纳自己，并在日常生活中能有效地调节自己的行为，与生活环境保持平衡。缺乏正确自我意识的人常常表现出自我冲突、自我矛盾，或者自视清高、盲目自信，做力所不能及的事情，或者自我否定、妄自菲薄，轻易放弃一切可能的机遇。

（四）良好的情绪调控能力

情绪标志着人格的成熟程度。人格健全的大学生情绪反应适度，具有调节和控制情绪的能力；经常保持愉快、满意、开朗的心境，对生活充满热情，善于自得其乐，并富有幽默感；当消极情绪出现时能合情合理地宣泄、排解、转移和升华。

（五）和谐的人际关系

人际关系最能体现一个人人格健全的程度。人格健全的大学生乐于与他人交往，并与他人建立良好的关系；与人相处时，尊重、信任、接纳等积极态度多于嫉妒、怀疑、冷漠等消极态度。人格健全的大学生常常以真诚、平等、谦虚、理解、宽容、关爱的态度对待他人，同时也受到他人的尊重与接纳。

（六）良好的社会适应能力

社会适应能力反映了人与社会的协调程度。人格健全的大学生能够和社会保持良好密切的接触，以一种开放的态度，主动关心社会、了解社会；在认识社会的同时，使自己的思想和行为跟上时代发展的步伐，与社会的要求相符合，表现出能很快适应新环境的能力，包括学习环境、生活环境和人际环境等。

（七）乐观的生活态度

积极乐观的人生态度是人类在社会实践中获得的本质力量的表现。乐观的大学生常常能看到生活中的阳光，对前途充满信心和希望，对自己所做的事情抱有浓厚的兴趣，并在其中努力发挥自身的智慧和能力。即使在遇到困难和挫折时，也能不畏艰险，勇于拼搏。在学习上，人格健全的学生对学习怀有浓厚的兴趣，表现出观察敏锐、注意力集中、想象力丰富、充满信心、勇于克服困难，通过刻苦、严谨的学习过程，获得学习的满足感和成就感。我们很难想象，对学习和生活缺乏兴趣，整天精神低落、萎靡不振的学生的人格是健全的。

（八）健康、崇高的审美情趣

有正确的审美理想、审美态度和对美的正确追求；抵制低级趣味的各种腐朽思想的侵蚀。

二、大学生人格优化的途径与方法

（一）人格优化的方法：择优汰劣

人格塑造是为了实现人格优化，以达到人格健全。人格优化包括人格品质的优化和人格结构的优化。择优即选择某些良好的人格品质作为自己努力的目标，如自信、开朗、勇敢、热情、勤奋、坚毅、诚恳、善良、正直等。汰劣即针对自己人格上的缺点、弱点予以纠正，如自卑、胆怯、冷漠、懒散、任性、急躁等。对于那些期望改善性格的学生，建议在充分了解自己人格特征的基础上提出优化方案。

（二）人格优化的基础：丰富知识

人的知识愈广，人的本身也愈完善。正如培根所言："历史使人明智，诗歌使人灵秀，数学使人周密，博物使人深刻，伦理之学使人庄重，逻辑修辞使人善辩，凡有所学，皆成性格。"学习知识、增长智慧的过程也是人格优化的过程。现实生活中，不少人的人格缺陷源于知识贫乏。如无知容易导致粗鲁、自卑，而丰富的知识则容易使人自信、坚强、理智、谦恭等。可见知识的积累与人格的完善是同步的。大学生不能只局限于自己的专业知识学习，还应该扩大自己的人文社会科学知识面，加强人文修养，用丰富的知识充实自己。

（三）人格优化的途径：从小事做起

"不积跬步，无以至千里；不积小流，无以成江海"。人格优化就是要从身边的小事做起。一个人的言行往往是其人格的外化，反过来一个人日常言行的积淀成为习惯就是人格。许多人所具有的坚韧、正直、细致、开朗等优良的人格特征其实都是长期锻炼的结果，是一点一滴形成的。从我做起，从小事做起，是每一个大学生努力的起点。同时，可以从以下几个方面努力：一是对自己和生活的世界有积极的看法；二是和别人有亲密的关系和对人信任；三是有时间冷静地独处和反省；四是在社会性、智力以及职业的各种技能方面取得成功；五是接触新思想、新哲学以及和独特见解的人交往；六是找出能充分表达自己情绪的方法，有兴趣爱好；七是经常提高独立程度，减少对他人的依赖；八是具有灵活性和创造性；九是关爱他人，支持扶助他人。

（四）人格优化的土壤：融入集体

集体是人格塑造的土壤，也是人格表现的舞台。人格发展、塑造的过程，正是人格社会化的过程，是个体与他人、集体、社会相互作用的过程。人格在集体中形成，在集体中展现。正如马克思所说，只有在集体中，人格才能获得全面发展其才能的手段。通过与他人交流，可以看到别人的长处、自己的不足，从他人那里获得理解、肯定的欢悦，并及时调整人格发展的方向。

（五）人格优化的关键：把握适度

人格发展和表现的"度"是十分重要的，否则就会"过犹不及"。列宁曾指出，一个人的缺点仿佛是他的优点的继续，如果优点的继续超过了应有的限度，表现得不是时候，不是地方，那就会变成缺点。因此，在人格塑造的过程中把握好度很重要，具体地说应该做到以下几方面：坚定而不固执；勇敢而不鲁莽；豪放而不粗鲁；好强而不逞强；活泼而不轻浮；机敏而不多疑；稳重而不寡断；谨慎而不胆怯；忠厚而不愚蠢；老练而不世故；谦让而不软弱；自信而不自负；自谦而不自卑；自珍而不自娇；自爱而不自恋。把握人格优化的"度"还体现在人格优化的目标要立足于自己已有的人格基础，实事求是地确立合理的、切合实际的人格发展目标。也就是说目标要适当，不能脱离自己的人格基础而设计优化目标。

人人都想追求健康的人格。但不同的人由于客观条件和具体环境不同，人格层次也不同。人格目标过高会增加挫折压力；目标过低，人格发展就缺乏内在动力。健全人格培养和塑造既是大学生成长发展的要求，也是时代的呼唤。只有坚持不懈的努力，才可以使我们的人格趋于健康、完善。

测试与训练

一、阅读资料

阅读资料

二、心理测试

气质类型测试

【测试说明】通过对下面 60 道题的回答，可以帮助你确定自己的气质类型，在回答这些问题时，你认为很符合自己情况的，记 2 分；比较符合自己情况的，记 1 分；介于符合与不符合之间的，记 0 分；比较不符合自己情况的，记－1 分；完全不符合自己情况的，记－2 分。

1. 做事力求稳妥，一般不做无把握的事。

2. 遇到可气的事就怒不可遏，想把心里话全说出来才痛快。

3. 宁可一人干事，不愿很多人在一起。

4. 到一个新环境很快就能适应。

5. 厌恶那些强烈的刺激，如尖叫、噪声、危险镜头等。

6. 和人争吵时，总是先发制人，喜欢挑剔别人。

7. 喜欢安静的环境。

8. 善于和人交往。

9. 羡慕那种善于克制自己感情的人。

10. 生活有规律，很少违反作息制度。

11. 在多数情况下情绪是乐观的。

12. 碰到陌生人觉得很拘束。

13. 遇到令人气愤的事，能很好地自我克制。

14. 做事总是有旺盛的精力。

15. 遇到问题总是举棋不定，优柔寡断。

16. 在人群中从不觉得过分拘束。

17. 情绪高昂时，觉得干什么都有趣，情绪低落时，又觉得做什么都没意思。

18. 当注意力集中于一事物时，别的事很难使我分心。

19. 理解问题总比别人快。

20. 碰到危险情景，常有一种极度恐怖感。

21. 对学习、工作怀有很高的热情。

22. 能够长时间做枯燥、单调的工作。

23. 符合兴趣的事情干起来劲头十足，否则就不想干。

24. 一点小事就能引起情绪波动。

25. 讨厌做那种需要耐心、细致的工作。

26. 与人交往不卑不亢。

27. 喜欢参加热烈的活动。

28. 爱看感情细腻、描写人物内心活动的文学作品。

29. 工作、学习时间长了，常感到厌倦。

30. 不喜欢长时间谈论一个问题，愿意实际动手干。

31. 宁愿侃侃而谈，不愿窃窃私语。

32. 别人总是说我闷闷不乐。

33. 理解问题常比别人慢些。

34. 疲倦时只要短暂的休息就能精神抖擞，重新投入工作。

35. 心里有话宁愿自己想，不愿说出来。

36. 认准一个目标就希望尽快实现，不达目的，誓不罢休。

37. 学习、工作同样一段时间后，常比别人更疲倦。

38. 做事有些莽撞，常常不考虑后果。

39. 老师讲授新知识、技术时，总希望他讲得慢些，多重复几遍。

40. 能够很快地忘记那些不愉快的事情。

41. 做作业或完成一件工作总比别人花的时间多。

42. 喜欢运动量大的剧烈体育运动。

43. 不能很快地把注意力从一件事转移到另一件事上去。

44. 接受一个任务后，就希望把它迅速解决。

45. 认为墨守成规比冒风险强些。

46. 能够同时注意几件事物。

47. 当我烦闷的时候，别人很难使我高兴起来。

48. 爱看情节起伏跌宕、激动人心的小说。

49. 对工作认真严谨。

50. 和周围人的关系总是相处不好。

51. 喜欢复习学过的知识，重复做能熟练做的工作。

52. 希望做变化大、花样多的工作。

53. 小时候会背的诗歌，我似乎比别人记得清楚。

54. 别人说我"出语伤人"，可我并不觉得是这样。

55. 在体育活动中，常因反应慢而落后。

56. 反应敏捷、头脑机智。

57. 喜欢有条理而不甚麻烦的工作。

58. 兴奋的事常使我失眠。

59. 常常听不懂老师讲的新知识，但是弄懂以后就很难忘记。

60. 假如工作枯燥无味，马上就会情绪低落。

【计分方法】

1. 将各题的得分填入表 6-2 中。

表 6-2　气质类型记分表

胆汁质	题号	2	6	9	14	17	21	27	31	36	38	42	48	50	54	58	总分
	得分																
多血质	题号	4	8	11	16	19	23	25	29	34	40	44	46	52	56	60	总分
	得分																
黏液质	题号	1	7	10	13	18	22	26	30	33	39	43	45	49	55	57	总分
	得分																
抑郁质	题号	3	5	12	15	20	24	28	32	35	37	41	47	51	53	59	总分
	得分																

2. 将每一种气质类型所包含的 15 道题的得分相加得出这种气质类型的总分。

【测试结果】　如果某一种气质类型的总分在 20 分以上，同时其他三种气质的得分都很低，即为某种典型气质类型。如：多血质气质类型的总分为 23 分，胆汁质气质类型的总分为 8 分，黏液质气质类型的总分为 3 分；抑郁质气质类型的总分为 -10 分，那么结论就是典型的多血质气质类型的人。

如果某一种气质类型的总分在 10 分以上、20 分以下，其他三种气质类型的总分都很低，则为某种一般气质类型。

如果某两种气质类型或三种气质类型的总分很接近（相差 5 分以内），其他两种或一种气质的总分与之相差很大，则为某两种或三种混合气质类型的人。

一般来说，分值越高，表明越具有该种气质类型特征；反之，分值越低，表明越不具备该种气质类型特征。

三、心理训练

（一）自尊心训练

1. 训练目的

通过此训练，希望每人能正视自己的自尊心，它是你迈向成功的根基。

（1）有关资料表明，90％的人对自己的外貌不满意。那么，又有多少人对自己的言行很满意和不满意呢？心理"指挥"言行，言行就是"形象"，"形象"导致成败。

（2）设计自己的新人格、新形象是一个战胜自我的过程，需要有持之以恒的决心、信心、强制训练和顽强的意志品质。只要你想取得成功，没有干不成的事（想入非非除外）。

（3）希望通过本训练，能激发你关注自己的自尊心。

2. 具体操作

（1）检查自己的自尊心。从言谈、习惯、礼貌、待人接物等行为看看自己在自爱、廉耻、自律、自强、独立等方面的表现，你树立了一个什么样的形象？比如，出言不逊，说脏话、粗话；不拘小节，有荣誉感，有责任感。

（2）请从以下几方面，描述一下你的自尊心。

① 是否愿意表现自己的才华：_____

② 是否关注自己的形象：_____

③ 是否看重别人对你的评价：_____

④ 是否能自觉遵守社会公德和纪律：_____

⑤ 是否尊重他人，有无随意指责和辱骂他人的言行：_____

（3）在自愿的基础上，可以进行交流，相互评价，看看你与实际表现的差距。

（二）自主意识训练

1. 做一把自己的戒尺

（1）请你拿出纸来，写下自己的人生计划。

你在一生中要完成哪些重要的目标？

_____

在这些事中，哪些是你自己打心眼儿里喜欢的？

_____

哪些是别人（如父母、老师）要求你去做的？

_____

别人要求你做的事中哪些是你确实缺乏兴趣，做起来又很吃力的？

_____

（2）从现在起，运用自己手里的戒尺，做出自己的选择，书写自己的人生。

2. 我的大学我做主

相信每个同学都希望自己在大学里得到真正的成长，获得人格的真正独立。通过这次训练，你对人格独立有了怎样的理解？写一篇心得体会，鼓励自己在未来的人生道路上更加勇敢与坚强。

（三）性格训练

有的人活泼开朗，有的人沉默寡言；有的人豁达大度，有的人心胸狭隘。每个人的性格都不一样，既有自己的性格优势，也有这样或那样的性格弱点。你了解自己的性格吗？

1. 色彩与性格

众所周知，颜色对人的心理和生理影响很大，就像我们选择的食物会对身体健康产生不容忽视的影响一样。颜色对精神和生命活力起到非常重要的作用，同时也会刺激人的心理。

你喜欢的颜色：_____

对照表 6-3 中所列性格与色彩的关系，看看你自己的性格如何。

表 6-3   性格与色彩的关系

颜色	象 征	性 格 描 述
紫	权威、声望、深刻和精神	喜欢紫色的人总在努力地超越自我，无论是在信仰还是情感方面，喜欢紫色的人总是能交到很多朋友，因为他们总是替别人考虑
橙	繁荣与骄傲的象征，是自然的颜色	喜欢橙色的人通常都非常热爱大自然，并且渴望与自然浑然一体，他们喜欢户外活动。由于有同情弱者的情结，他们总会很热心地去帮助那些值得帮助的人，而他们"礼贤下士"的这一点也常受到旁人的赞扬
绿	由蓝色和黄色对半混合而成，因此绿色也被认为是一种和谐的颜色。它象征着生命、平衡、和平和生命力	喜欢绿色的人乐于去帮助每一个人。他们喜欢隐藏自己的思想，也不过分关注别人的事，所以他们往往是很好的聆听者。他们希望每个人都能过上和谐的生活。由于上述特点，喜欢绿色的人很容易成为别人最好的朋友
蓝	令人想到孤独、沉思、独立和平静，它是真理与和谐的颜色	喜欢蓝色的人往往爱沉浸在个人世界里并且对别人存在戒备心理。他们非常感性化，情绪时起时落，在人生的过程中他们不断地体验着各种感受。他们十分愿意和别人交往，但同时他们也很容易受别人的影响。环境对蓝色性格的人影响很大
黄	反光最强的颜色。它有激励，增强活力的作用，能够增加清晰度，便于交流，并以机智而著称	喜爱黄色的人喜爱权力和控制他人，他们不想改变，很有科学性、分析性、判断性、独立性、专业性，很顽固、不坦率，经常担心、焦虑。有黄色性格的人很有生意头脑。他们通常封闭自我，不会让很多人走进他们的生活，一般只有一两个好朋友
黑	一种否定和决断的颜色	喜爱黑色的人总希望所有事情即使在细枝末节上都很细致。他们具有很强的统计能力。找别人的错误，解决难题应该说是他们非常擅长的事，这也反映了他们执着的性格。黑色性格的人很情绪化，尽管可能处于重压之下，他们也会表现得特别自然。他们通常会给人一种强有力的感觉

颜	象　　征	性 格 描 述
棕	代表稳定和中立的棕色，是地球母亲的颜色，体现着广泛存在于自然界的真实与和谐	喜欢棕色的人非常热爱生活中美好的事物，他们富有感情，喜欢美食、美酒和有人陪伴。他们很可能会因过分抑制自己的感情而生活在个人世界里，惧怕外面的世界
白	纯洁和神圣	白色是雪的颜色，或代表来自上天的灵光。喜欢白色的人带着好奇心观察周围的人，他们也与周围融为一体。喜欢白色的人看上去很害羞，但实际上他们是非常外向活泼的。喜欢白色的人会用一种很挑剔的眼光看待别人，尽管对方可能一点儿也感觉不到
红	热量，活力，意志力，火焰，力量	喜欢红色的人通常激情四射，精力充沛，而且很会赚钱。他们往往认为自己是无敌的，其他人也往往会这样想。他们的思维非常敏捷，很聪明。他们是情绪型的人，他们可能在你面前突然像活火山一样不时地爆发一次，然后很快就会平静下来

2. 性格评价

（1）熟人印象。随意找四个你熟悉的人，询问他们对你的印象如何，确定你是否喜欢他们对你的评价，说一说你为什么喜欢或不喜欢留给别人的那种印象。

熟人甲对你的印象：＿＿＿＿＿＿＿＿＿＿＿＿＿＿＿＿＿＿＿＿＿＿＿＿＿＿＿＿＿

熟人乙对你的印象：＿＿＿＿＿＿＿＿＿＿＿＿＿＿＿＿＿＿＿＿＿＿＿＿＿＿＿＿＿

熟人丙对你的印象：＿＿＿＿＿＿＿＿＿＿＿＿＿＿＿＿＿＿＿＿＿＿＿＿＿＿＿＿＿

熟人丁对你的印象：＿＿＿＿＿＿＿＿＿＿＿＿＿＿＿＿＿＿＿＿＿＿＿＿＿＿＿＿＿

你喜欢这种评价吗：＿＿＿＿＿＿＿＿＿＿＿＿＿＿＿＿＿＿＿＿＿＿＿＿＿＿＿＿＿

你觉得对你的评价准确吗：＿＿＿＿＿＿＿＿＿＿＿＿＿＿＿＿＿＿＿＿＿＿＿＿＿＿

（2）期待角色。如果你是一名演员的话，愿意扮演什么角色，以及你为什么喜欢这个角色。

你想扮演的角色是：＿＿＿＿＿＿＿＿＿＿＿＿＿＿＿＿＿＿＿＿＿＿＿＿＿＿＿＿＿

理由是：＿＿＿＿＿＿＿＿＿＿＿＿＿＿＿＿＿＿＿＿＿＿＿＿＿＿＿＿＿＿＿＿＿＿＿

（3）崇拜角色。选择任何一个你所崇拜的人，列出他身上那些使你崇拜的特征和品质。

你所崇拜的人是：＿＿＿＿＿＿＿＿＿＿＿＿＿＿＿＿＿＿＿＿＿＿＿＿＿＿＿＿＿＿

理由是：＿＿＿＿＿＿＿＿＿＿＿＿＿＿＿＿＿＿＿＿＿＿＿＿＿＿＿＿＿＿＿＿＿＿＿

（4）找差距。总结别人眼中自己的性格和自己想成为的人的性格，查找两者的差距。

相同点：＿＿＿＿＿＿＿＿＿＿＿＿＿＿＿＿＿＿＿＿＿＿＿＿＿＿＿＿＿＿＿＿＿＿＿

不同点：＿＿＿＿＿＿＿＿＿＿＿＿＿＿＿＿＿＿＿＿＿＿＿＿＿＿＿＿＿＿＿＿＿＿＿

生活中有很多人因为性格上的缺陷影响了他们的身心健康，但只要正确对待，积极地找到有效的方法进行治疗，克服性格缺陷，就会使生活更健康、更快乐。

四、思考题

1. 什么是人格？人格具有哪些特征？

2. 什么是气质？四种气质类型的典型特征是什么？如何正确认识人的气质？

3. 大学生有哪些常见的不良人格？

4. 影响人格发展的因素有哪些？

5. 结合实际，谈谈如何优化自己的人格。

第七章 大学生学习心理

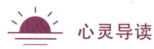

心灵导读

学习是人类发展和进步的基础，学习也是我们每个人通向成功的必由之路。对于大学生而言，学习仍然是其生活的重心和活动的主要内容。

教学目标

通过对本章的学习，应了解学习的含义和大学学习的特点，理解大学生常见的学习心理问题和影响学习的非智力因素，掌握培养大学生学习心理的方法，能够通过积极有效的途径和方法适应大学的学习，养成良好的学习行为习惯，培养优秀的学习品质。

第一节　学习概述

　　大学学习有着很强的目的性、自主性与选择性，它不单纯是为了学习而学习，也是为了兴趣而学习，为了未来而学习，为了成长而学习。更为重要的是，大学时期是每位学子记忆力、动作反应速度最佳的黄金时期。学习，不仅是大学生未来事业的基础，更是其成长历程的关键。

案例导入

一、学习的含义

　　学习一词，我国古代文献中早就有之。孔子说："学而时习之，不亦说乎？"又说："学而不思则罔，思而不学则殆。"孔子的这一观点，在一定程度上揭示了学习与练习、学习与情感、学习与思维的关系。但长期以来，人们对学习并没有一个统一的概念。

　　许多心理学家、教育学家和哲学家从不同的角度提出了学习的定义。桑代克说："人类的学习就是人类本性和行为的改变，本性的改变只有在行为的变化上表现出来。"加涅说："学习是人类倾向或才能的一种变化，这种变化要持续一段时间，而且不能把这种变化简单地归之为成长过程。"联合国教科文组织在 1987 年所作的《学习，财富蕴藏其中》报告中指出：学习是指个体发展终身教育的理念。

　　从广义上讲，学习是人和动物在生活过程中通过实践训练而获得的由经验引起的相对持久的适应性的心理变化，即有机体以经验方式引起的对环境相对持久的适应性的心理变化。在这个定义中，体现了四个论点：一是学习是动物和人共有的心理现象，虽然人的学习是相当复杂的，与动物的学习有本质区别，但不能否认动物也是有学习的；二是学习不是本能活动，而是后天习得的；三是任何水平的学习都将引起适应性的行为变化，不仅是外显行为的变化（有时并不显著），也有内隐行为或内部过程的变化，即个体内部经验的改组和重建，这种变化不是短暂的，而是长久的；四是不能把个体的一切变化都归为学习（如由于疲劳、生长、机体损伤以及其他生理变化所产生的变化都不是学习），只有通过学习活动产生的变化才是学习。

　　综上所述，我们把学习定义为：学习是一种非常复杂的心理活动过程，是人在生活过程中获取个人经验的过程，是信息的输入、输出与反馈调节的动态过程。老师讲析、阅读书本、同学交流以及联系实际等，都是知识的输入；而运用输入的知识做练习、做作业以及解决生活中的具体问题，则是知识的输出；筛选入出过程中的优劣、不断调节改进、提高入和出的质量，使学习动态结构得以优化，则是学习的反馈调节。学习过程中的三个环节缺一不可，如果学习结构不完整，只知不停地输入、输出，没有学会及时地对入和出进行调节，就难以取得良好的学习效果。学会对学习进行调节，实际上就是学会如何学习、如何掌握学习策略。

　　所谓大学生的学习，则是指在教师有目的、有计划的指导下，个体积极主动地掌握知识、技能和形成高尚品德的过程。

二、大学学习的特点

　　人需要学习，只有通过学习才能达到自我完善与自我发展的目标。《三字经》上"玉不琢，不成器；人不学，不知义"，就从一个侧面说明了学习的重要性。大学学习较之中学阶段有着明显的不同，主要表现在以下四个方面。

（一）大学学习的自主性

自觉、积极、主动地学习是大学学习活动的核心，这种自主性体现为整个大学学习的多层面、多角度。

1. 大学教学指导性多，指令性少

大学生的学习不能完全依赖教师的计划安排，不能单纯接受教师授课内容。中学时期那种被动听课、盲目随从、无从取舍、缺乏质疑等方式已远不适应了。

2. 大学课程的门类明显增多，课堂教学时间相对减少

对于大学生来说，课余可自由安排的时间相对宽裕，这就要学会安排自修时间，制订切合自己的学习计划。

3. 大学教师讲课是提纲挈领的，对于教材有自己的取舍和补充

大学老师课堂上所讲的往往可能是自己在专业领域中最有心得的部分或关键的重点部分，其余部分往往由学生自己去读、去学、去理解。教师在讲课中还可能引进与教材观点不同的观点，这与中学那种是非界定简单的教学模式完全不同。

4. 选择什么样的学习方法、什么时候记笔记、怎样记等都是由大学生自主决定的

大学教师一般不会规定该用什么方法记忆、怎样阅读，往往只是提出学习的目标和要求，用什么样的方法达到要求则是各显神通。

通过以上的分析，我们说大学学习的自主性特点体现在整个大学学习过程的始终，并反映在大学学习的各个方面。大学生要想在大学里学习好，就必须培养自己的自学能力。

（二）大学学习的广泛性

广泛性是指大学生在学习过程中可以通过各种不同的途径和渠道吸收知识，也可以靠广泛的兴趣去探索，获得课程以外的知识。首先，大学学习活动的安排反映了广泛性的特点。如学术报告、知识讲座、专题讨论、社会调查、专业实习、查阅资料等众多形式为大学生多层面、多角度涉猎知识提供了条件。大学生只有广泛地学习，才能形成合理的知识结构，成为"通才"，锻炼能力，增长才干。其次，在学习活动中可以广泛发展自己的兴趣，可以按照自己的意志和兴趣有选择地学习一些知识，可以选修一些适合自己的课程，也可以跨学科学习。

（三）大学学习的专业性

大学的学习实际上是一种专业定向学习，学习的内容都是围绕着专业方向进行的，而且这种围绕又有很大的不确定性。而大学教育又是一种专业基础教育，教育目标紧紧盯住未来社会的需要，尽可能地照顾到具体职业的特殊要求。因此，大学所传授的既有基础知识，又有专业知识，为了增强学生在未来社会的适应性，又开设了专业选修课和公共选修课，增设边缘学科；为了增强学生的竞争力，各学科都十分重视本学科最新成果和最新研究动态。这种动态性和灵活性就具有不确定性。而这种不确定性是必要的，因为社会是不断发展的，只有不断跟踪社会发展变化、跟踪学科前沿动态，不断调整课程结构和内容，才能保证培养的人才与社会的需要相适应。

（四）大学学习的探索性和创新性

探索性表现在学习过程中的创新意识和初步的创造性活动。大学生的学习能力主要是思维能力，在学习专业知识的基础上，许多大学生已经不能满足对现有结论的简单接受，还包括对书本结论之外新观点的寻求。学术上的新观点、新理论必然会触动大学生的创造性思维。大学生可以把自己以往学到的知识进行重新组合，并从新的角度去分析和认识问题，去积极探索未知领域。不少学生在校期间就能够参加教师组织的科研课题，并能发表一些论文，更有佼佼者还承揽了社会上的科研项目。

目前，高等学校普遍加强大学生创新能力的培养，在课程设置、课程安排、课程衔接上突出学生的主体地位，体现创新，加大了学生实践环节的培养，旨在提高大学生的创新能力。

上述特征使我们不难看出，大学生的学习活动较中学时期更复杂、更紧张，需要花费大量的心智能量，需要良好的心理素质和多方面的能力来保障其顺利进行。进入大学后，确实有一部分大学生存在学习上的不适应，但这种不适应只是暂时的，只要我们善于在学习中思考，在实践中摸索，就会很快地掌握大学的学习规律，寻找到适合自己的学习方法，成为学习生活的主人。

第二节 大学生常见的学习心理问题

大学的学习对大学生的学习心理素质要求较高，大学生的心理发展水平和心理健康状况又对大学生的学习产生很大的作用，直接影响学习效率和学习成绩。大学生在学习过程中产生的心理问题，严重困扰着自己。

一、学习适应不良

学习适应不良是大学一年级学生普遍存在的一种心理困惑。学习成绩不理想跟学习适应不良有直接的关系，若得不到有效克服，可能会给整个的大学学习投下浓重的阴影。

（一）表现

（1）不了解大学学习的规律，不适应大学的学习方法，不知道如何有效地开展学习活动。

（2）对本专业的知识、技能、要求认识不足，不知道怎样建构专业知识结构、培养专业技能，学习活动比较盲目。

（3）对本专业的学习缺乏应有的兴趣和动力，学习精力投入不足。

（4）对大学学习缺乏应有的紧迫感和自觉性，对大学学习的重要性、复杂性、艰巨性在心理和思想上准备不足。

（5）学习活动中缺乏独立性，对教师的依赖性强，习惯于由老师来安排自身的学习内容、学习计划和学习时间，否则便茫然不知所措。

（二）原因分析

1. 客观原因

大学的学习相对于中学来讲，在教学特点、方式和内容上有着很大的不同。大学老师上课来，下课就走，一堂课讲授的内容很多，而且有时会与教材有出入，注重教学的内在逻辑严谨，而不太注意学生的反应。另外，中学时无论是在家还是在学校，家长和老师都精心呵护、无微不至，而上大学后一切都要靠自己，这种巨大的变化对心理尚未成熟的大学生来说，必然会带来情绪上的波动和不安，从而影响了学习的正常进行。

2. 主观原因

由于大多数同学都是从中学直接升入大学的，生活阅历浅、经验少，加上在高考竞争的压力下，无论是学校还是家庭，甚至我们个人都只重视知识的学习，强调分数，因而忽视了能力的培养。在客观条件发生变

案例导入

化时，明显地暴露出适应能力差的问题，不能尽快地随着环境的变化而及时调整自己，在学习上，还希望教师日日在侧、父母天天督促，因而在现实的学习中感到很不适应，产生了消极甚至厌烦的情绪，妨碍了学习。

二、学习动力缺乏

学习动力缺乏是指学习没有内在驱动力量，没有明确的学习方向，缺乏学习兴趣，甚至厌倦学习、逃避学习。用很多同学的话来说，大学学习不像中学那样有劲头了。这种状况在大学校园比较普遍，如不及时调整，会形成厌学的风气，严重影响大学生的学习效果。

（一）表现

（1）尽力逃避学习，不愿上课，或上课无精打采、不积极思维、上课睡觉、看课外书，课后基本不学习，沉浸于各种各样的娱乐活动、上网、恋爱等。

（2）焦虑过低，缺乏学习的自尊心和自信心，学习不好也不感到丢面子，缺乏动力，懒于学习。

（3）学习中注意力不集中，容易受内外各种因素的干扰，学习满足于一知半解。

（4）对学习厌倦、冷漠，畏惧心理严重。

（5）缺乏正确的学习策略和方法，不能主动地去寻找适合自己的学习策略和方法，学习能力较弱，学习成绩不好。

（二）原因分析

1. 外部原因

首先是来自社会的影响。社会生活是影响学习动机的重要因素。社会对人们的价值观有巨大的影响，正确的价值观可以对学习动机产生积极的影响，而错误的价值观则对学习动机产生消极的影响。在当前社会生活中，存在着知识贬值的现象，很多学生认为，现在学好学坏没有什么大的区别，毕业以后还不知道干什么呢，另外，现在找工作，看的也不是单一的学习成绩，主要看你有没有关系、有没有背景。

其次是来自学校的影响。学校是学生生活学习的场所。学校的校园环境、教学设备、课程设置、教学计划以及教师的素质等，都会对学生的学习动机产生影响。就目前而言，学校的教育体制改革还不够深入，从教学内容到方式基本上还是传统的一套，教师讲课内容陈旧，跟不上社会的发展，从而影响了大学生的学习热情。

再次是来自家庭的影响。家庭是社会的细胞，是人类最基本的社会生活单位，是最重要的校外教育力量之一。家庭对学生学习动机的影响，主要是通过家庭环境潜移默化地进行的。家庭的经济条件、家长的文化程度和家庭规模是构成家庭环境的客观因素；家长的教育方式、期望程度和家庭气氛是构成家庭环境的主观因素。家庭环境的主观因素对学生学习动机的影响较大，其中尤以家长的教育期望和教育方式最为突出。

2. 内部原因

首先是心理上的自然松懈。经过高考激烈的竞争，终于被大学录取了，所以大学新生心里便长长地松了一口气，加之进入大学后，学习又不那么紧张，新的目标还没有明确形成，松懈心理便产生了。

其次是没有学习动机。近几年来，大学生受社会上不良思潮的影响，价值观越来越趋于实惠，表现在需求上就是越来越偏重"自我""实际"，甚至有的同学认为考取大学，就可以出人头地了，奋斗也就到此为止了。

三、学习动机过强

有些大学生由于对自己的能力缺乏正确的认识，过高地估计自己，对自己的期望远远超出实际水平，而实际上又很难达到，因而造成心理上的不平衡和压力。心理压力过大，最后多半导致失败，而失败的体验往往会挫伤自信心，最终可能会使抱负和期望变得很低，从而使自己变得不求上进。

学习动机过强对大学生最大的影响是使大学生心理压力增大，从而难以专注学习。虽然说学习动机对学习活动起着推进、维持的作用，但这并不意味着学习动机越强效果就越好。学习动机作用于学习活动，有一个最佳水平的控制问题。动机之所以促进学习，是因为它能唤起、集中并保持学生的注意力，使他们专注于学习。动机缺乏，学生则不能专注于学习，学习行为不会发生，即使发生了也不能维持。而动机过强（这种过强可能是内部的抱负和期望过高，也可能是外部的奖惩诱因过强）会使学生只专注于自己的内部抱负和外部奖惩，而不能专注于学习，从而阻碍了学习。

四、学习过度焦虑

在大学生中，学习过度焦虑是比较常见的。这主要是由于一些大学生在环境的影响下，形成了不恰当的学习目标和抱负，如把学习的好坏与自己的尊严、形象联系得过于紧密，千方百计地想通过学习来保护自己的自尊心不受伤害。但自信心又不足，学习方法不当，心理压力很大，就会产生学习过度焦虑。例如，一名高考时以超出重点线很多分被录取的女同学，入学后感到学习内容多，进度快，学习很吃力，特别是高等数学，上课时老师不停地讲，前面的内容还没完全听懂，后面的又接踵而来。她非常担心期末会考不及格，从小学到高中毕业还从来没有这样的困境，要是考不及格，怎么面对父母？所以她感到压力很大。这是一个比较典型的学习过度焦虑的例子。由于过度焦虑，一些学生在学习中不能正常发挥心理效能，注意力难以有效集中，在问题面前显得呆板固执，尽管花费了大量的时间和精力，但学习效率很低。有些同学为了减轻学习焦虑，对学习采取回避、退缩的态度和方式，逃避、害怕、厌烦学习和考试。

五、学习心理疲劳

学习心理疲劳表现为注意力不集中，思维迟钝，情绪躁动，记忆力下降，学习效率不高，并出现失眠症状。学习心理疲劳在大学生中并不少见，在心理调查中，很多同学反映的记忆力下降、注意力不集中、急躁等都与心理疲劳有很大的关系。造成学习心理疲劳的原因是多方面的，主要包括：

（1）在学习活动中不注意用眼卫生，学习时间过长或生活中缺乏劳逸结合。

（2）学习内容难度较大，学习过于紧张，使大脑神经持续处于高度紧张状态。

（3）对学习活动缺乏兴趣，有厌烦、畏难情绪。

（4）由于某些因素的干扰，学习中情绪低落，从而导致大脑神经活动处于抑制状态。

六、应试心理偏差

（一）考试焦虑和怯场

在生活中，我们常常见到这样的同学，在即将考试或考试过程中，紧张、恐惧、思维迟钝、记忆力下降，甚至会引起生理上的不适，像腹泻、失眠、恶心等，严重的甚至突然晕倒在考场上，这都是考试焦虑和怯场的表现。造成考试焦虑和怯场的原因主要有以下几个方面。

1. 动机超强

对考试成绩要求很高，把分数看得很重，在这种强烈的动机促使下，精神极度紧张，过分担忧自己考试的成败，而进入考场后，一旦真的遇到难题，便联想万千，从而影响了考试的正常进行。

2. 缺乏自信

有些同学因为种种原因曾经历过考试失败的打击，在心理上形成了失败的定势，总是怀疑自己的能力，担心考不好，于是打破了心理的稳定性，分散了精力，从而影响了考试的发挥。

3. 身心过度疲劳

一方面，正常的考试已使自身体能上有所消耗，另一方面，人为的紧张因素，这就造成了身心过度疲劳。为了能考得好，拿高分，有的同学打乱了以往的生活规律，夜以继日地学习，使得身心极度疲劳，因而产生负诱导。在考试中，由于紧张，负诱导的作用便出现了，明显感到记忆力下降，本来已经背过的或做过的题就是想不起来了，心理非常焦急，越焦急就越加强了负诱导，从而影响了正常水平的发挥。

（二）作弊心理

作弊行为在高校的考场上是比较常见的，每一次考试都会有人不惜以身试法。每一次考试前，学校附近的复印店生意总是异常兴隆；每一次考完试，从考场一直到宿舍遍地是纸条。据调查，在考试中有作弊行为或作弊心理的同学约占考试人数的 50％以上。作弊者一般有以下几种类型。

1. 由于学习动力缺乏而"混日子"的学生

有的大学生平时不学习，把主要的精力放在从事各种活动或上网、看小说上，考前又不想费功夫，所以就把心思全部放在作弊上。

2. 平时学习比较用功，把分数看得很重的学生

有的大学生非常好面子，唯恐自己的分数比别人低，拿不到奖学金，不惜铤而走险。

3. 心存侥幸的学生

有考试焦虑和怯场的同学，本来准备得很充分，却因过度紧张而想不起来，怕影响成绩，再加上看到有些同学作弊而没有被抓住，所以想着豁出去了，就这一回，下不为例。

总之，无论出于什么心态，何种原因，作弊者的目的是一致的，就是得到自己所期望的分数。在这个目标的驱动和侥幸心理的支配下，选择了一种错误的行为方式。

七、习惯性自暴自弃

习惯性自暴自弃是指个体连续经受失败，体验到行为后果与行为无关而产生的一种无助心理和从此放弃努力的行为缺陷。

大学生习惯性自暴自弃产生的原因主要有两个方面：一是所经历的失败次数较多。如果在生活中经受的失败太多，或长期的努力没有结果，就容易使人自暴自弃。二是对影响自己命运的看法不正确，认为自己主要受命运、机遇和别人的控制，认为行为的结果是自己不能控制的，在经历几次失败后，就会变得自暴自弃。

大学生的自暴自弃现象，有可能局限于某一具体课程领域，也可能扩大到较大的学习范围和较多的科目。习惯性自暴自弃的大学生在面对问题时，往往反应性降低，甚至会自动放弃，同时还极易产生动机、认知情绪障碍，妨碍新的学习，影响成绩的提高。

第三节　影响大学生学习的非智力因素

心理学研究表明，非智力因素对大学生学习成绩有显著的影响。学习中的非智力因素主要包括兴趣、情感、意志、性格、态度等。

案例导入

一、兴趣与学习

学习兴趣历来被教育工作者所重视。"兴趣是最好的老师"，充分说明了兴趣与学习的关系。浓厚的兴趣能推动个体进行探索性的学习，对某一学科有着强烈而稳定兴趣的大学生，会以此学科作为自己的主攻方向，在学习中主动克服困难，排除干扰。

（一）大学生学习兴趣的发展规律

兴趣的发展一般要经过有趣、乐趣、志趣三个阶段。

有趣是兴趣发展的低级水平，它往往是被某些外在的新奇现象所吸引而产生的直接兴趣，其特点是随性而来，为时短暂；乐趣是兴趣发展的中级水平，它是在有趣的基础上逐步定向而形成的，其特点是基本定向，持续时间较长；志趣则是兴趣发展的高级水平，是在乐趣的基础上发展起来的，其特点是积极自学，持续时间长，具有崇高的理想和远大的目标。兴趣只有上升到了志趣阶段，才会使学生全身心地投入到学习活动中去。

经历中学阶段的学习，大学生进入了专业学习领域阶段，面临着学习兴趣再确认的任务。因为大学生对学习的理解已脱离了有趣，而向着乐趣与志趣发展，从对专业的不了解到了解，再发展到喜爱专业，这需要培养专业兴趣。

（二）中心兴趣与广阔兴趣相互促进

根据兴趣的广度可把兴趣分为中心兴趣和广阔兴趣。中心兴趣是对某一方面的事物或活动有着极浓厚而又稳定的兴趣；广阔兴趣是对多方面的事物或活动具有的兴趣。信息时代要求大学生具有广阔的兴趣，知识广博，并在此基础上对某一专业进行深入钻研，培养起中心兴趣。现代社会需要的 T 形人才，就是指在广博基础之上的专业型人才。目前倡导的复合型人才需要坚实深厚的计算机与外语基础和精深的专业知识。这两者的结合，实际上也就是学习中博与专的结合。

（三）好奇心、求知欲、兴趣密切联系，逐步发展

好奇心是人们对新奇事物积极探求的一种心理倾向，它可以说是一种本能。好奇心人皆有之，在儿童期最为强烈，它主要表现在好问、好动方面。求知欲是人们积极探求新知识的一种欲望，它带有一定的情感色彩。青少年时期是求知欲望最旺盛的时期。某一方面的求知欲如果反复地表现出来，就形成了一个人对某一事物或活动的兴趣。兴趣是人们积极认识某种事物或关心某种活动的心理倾向。从横的方面看，好奇心、求知欲、兴趣是互相促进、彼此强化的；从纵的方面看，三者又是沿着好奇心、求知欲、兴趣的方向发展的。在学习活动中，好奇心不仅可以成为学生学习的动力，甚至会导致具有重大意义的发明或发现；而求知欲不仅是学生走上科学之路的诱因，而且是促使学生进行创造性活动的主要动机。因此，我们一方面要促使好奇心尽快地向求知欲发展，最终培养良好的学习兴趣；另一方面也要珍惜好奇心，增强求知欲，提高兴趣水平，使这三种心理因素都得到培养和发展。

（四）兴趣与努力不可分割

兴趣与努力是大学生成才的两个重要方面。大学生可能对自己所学的专业不感兴趣，但经过刻苦学习后在专业学习上取得了一定的成绩，也会激发学生的专业兴趣。大学生有学习兴趣后，可以促使他们刻苦钻研，向着更高目标迈进。因此，大学生的学习活动既离不开学习兴趣，又离不开勤奋努力，兴趣与努力不断地互相促进，才能获得预期的学业成就。

二、情感与学习

我国古代著名的教育家孔子将学习分为三个不同层次：知之者不如好之者，好之者不如乐之者。三个层次呈递进状态，"乐学"是最高层次的学习。现代的教育实践也表明，与学习相联系的情感活动主要有以下几个特点。

（一）情绪逐步向情操发展

情绪是比较低级的情感形式，它一般与人的生理需要相联系，与社会需要也有联系。其主要表现形式有激情、心境和热情，统称为情绪状态。而情操则是习得的、比较高级、比较复杂的情感，它主要与人的社会需要相联系。其主要表现形式有理智感、道德感和审美感，统称为高级社会情感。在学习活动中，适当的激情、良好的心境、饱满的热情是学习的重要心理品质；而情操则是推动学习的强大动力，是一个人取得学业成就的先决条件。人是自己情感的主人，在学习过程中，学生既要通过学习活动形成和发展自己的情操，又要保持和激发积极的情绪状态，满腔热情地投入到学习中去。

（二）情感与认识相互促进，相互干扰

人的情感越丰富、越深刻，则认识也就同样丰富与深刻。同时，人的情感又可以反作用于人的认识活动。心理学有关研究表明，人们回忆那些愉快的经历比回忆那些痛苦的经历要容易得多，也深刻得多。一般来说，学生在学业上取得较大的成就，是与他对学习活动的满腔热情分不开的。但是，情感与认识又是互相干扰的。对某一事物的认识不当，就会使人对该事物产生不适当的情感，进而妨碍对该事物进行深入的认识，甚至产生不正确的认识。学生的学习热情是在学习过程中培养起来的，丰富的知识可以使之产生丰富的情感。我们要学会用理智支配情感，做情感的主人，以克服消极的情感，防止它们对学习活动产生阻抑作用。

（三）情感与需要相互制约

一方面，情感是在需要的基础上产生与发展起来的；另一方面，情感又可以调节一个人的需要。只有当客观事物与人的主观需要处在一定的关系之中时，才能使情感产生。一般而言，凡是与主观需要相符合，并能使之得到满足的事物，就会产生肯定的、积极的情感，反之就会产生否定的、消极的情感。学生将学习活动、求知欲望当作自己的优势需要，就会产生热爱学习、立志成才的需要；反之，一个厌恶学习的学生会将学习当作负担。在学习活动中，大学生必须明确学习目的，培养合理正当的需要，以利于自己形成高尚的情操；同时，又必须使自己的较为低级的情绪服从较为高级的情操，从而使自己的需要受到这种高尚情操的支配和调节。

三、意志与学习

对于意志在学习中的作用，古今中外的学者都有深刻认识。荀子提出"骐骥一跃，不能十步；驽马十驾，功在不舍；锲而舍之，朽木不折；锲而不舍，金石可镂"；苏轼也说"古之成大事者，不惟有超世之才，亦必有坚忍不拔之志"。陶行知先生将育才学校的创业宗旨总结为十句话："一个大脑，二只壮手，三圈连环，四把钥匙，五路探讨，六组学习，七体创造，八位顾问，九九难关，十必克服。"有人曾对大学生的学习做了这样的描述：大学生差别最小的是智力，

差别最大的是毅力。因此，意志在大学生的学习中起着重要作用。

四、性格与学习

陶行知先生从教育实践中得出，良好的性格特征主要有以下四个方面：一是努力奋斗，"奋斗是成功之父"；二是实事求是，"知之为知之，不知为不知"；三是独立意识，即"独立的意志，独立的思想，独立的生计与耐劳的筋骨"；四是创造精神。一个具有优良性格特征的大学生，可以保证其具有正确的学习动机、稳定的学习情绪、持久的学习举动和顽强的学习意志，从而提高心智活动的水平，获得大学学业的成功。

五、态度与学习

态度是指一个人对人、事、物和某种活动所持有的一种接近或背离、拥护或反对的稳定的心理倾向性。它包括认识、情感与意向三种成分。学生的学习态度是指学生在学习情境中表现出来的比较稳定的心理倾向。大学生的学习态度直接影响其学习行为和学习成绩。影响大学生学习态度的因素主要有以下两点。

1. 教师的讲课、教师的人格魅力与教学水平

教师的讲课、教师的人格魅力与教学水平直接影响大学生的学习兴趣。在很多情况下，大学生会有意无意地吸取或模仿教师的某些行为，把教师作为自己心目中的楷模。优秀的教师会使大学生产生积极的学习态度，对学习产生浓厚的兴趣。

2. 教学过程

教学过程中所涉及的学科内容、组织方式、授课艺术和讲课策略都会影响大学生的学习态度。许多研究表明：在不同教学形式与各种课堂活动情境下呈现出严谨而不失趣味的教学内容，易使大学生产生积极的学习体验，从而形成或改变其学习态度；而枯燥的学习内容、呆板的教学形式和沉闷的课堂情境，则易使大学生产生消极的学习态度。

第四节　大学生学习心理辅导

表面上看，大学生进入大学学习阶段以后，没有了升学的压力，学习的自由度也提高了，因此由学习而带来的心理压力比高中阶段有所降低。但实际上，一方面大学阶段的学习任务的难度、高度、深度和数量都增加了，另一方面大学阶段进入专业学习阶段，客观上要求每个学生从学习策略和学习方法等各方面都要有一种转型和改变，再加上大学阶

案例导入

段对大学生综合素质和学习能力的要求以及考试、考研、就业等竞争压力，使得大学阶段的学习压力有所增加。

一、适应大学生活

（一）调整自己的定位

每个人在现实生活中，随着外界环境的变化，都要不断地调整自己的位置，使自身的需求和发展与社会的需求和发展相一致，这就需要我们尽快地调整自己，寻找自己在大学生活中的最佳位置。首先，要平定情绪，不要被一时的不适应吓倒。其次，尽快从高考后的失落、成功的陶醉和入学后的新奇中摆脱出来。最后，努力去探索大学学习的特点和规律，做学习的主人。

（二）培养自信心

大学是人才云集之处，自己过去的某些优势已不再那么明显，甚至不复存在，许多大学生因此而产生自卑感，对自身的智力产生了疑问，甚至失去了学习的信心，所以培养和树立他们的自信心，增强他们的学习动力，是至关重要的。

（三）寻找最佳的学习方法

寻找最佳的学习方法，是保证学习顺利进行并取得良好效果的一个重要前提条件。大学学习的一个突出特点就是以自学为主。所以围绕这个问题，大学生寻找最佳学习方法应从以下几个方面入手。

1. 阅读

阅读是获取知识的必由之路，当今知识的更新与发展越来越迅速，以个人的精力一切从头做起是不可能的。因此，掌握阅读的方法，特别是学习书本知识是十分重要的。牛顿曾有句名言："如果说我看得远，那是因为我站在巨人的肩膀上。"阅读是至关重要的。但是，能阅读不等于会阅读，凡识字的人都能阅读，但是大多数人不会阅读，区别就在于"能"阅读的人只是视读书为一个过程，把自己的头脑变成了名家名著的复印机和保存室，而"会"阅读的人能在书中找到有利于自身发展的智慧，并以此为基础去发挥自己的潜能。正所谓"活读运心智，不为书奴仆"。

2. 积累文献资料

大学的学习既然以自学为主，那么，我们有一位非常好的帮手——图书馆。作为知识的宝库，图书馆是一位无声的老师，每一位大学生都要与它多接触，成为它的朋友和学生。如何充分有效地利用好图书馆呢？

（1）要提高我们的检索能力。前人云："凡读书最切要者，目录之学，目录明，方可读书，目录不明，终是乱读。"

（2）做好索引和卡片。把有用的资料按自己的方式做成索引或制成卡片，一旦需要，就可以及时准确地查找到，这样既可以节省时间，又提高了学习效率。

（3）记好笔记。俗语说"好记性不如烂笔头"，在记笔记的过程中，可以随时记录下自己当时的灵感和想法。有人说，好的读书笔记就是论文的雏形。因此，我们在阅读的时候要做到"手勤、脑勤"，养成良好的习惯。

3. 科学运筹时间

"时间最不偏私，给任何人都是 24 小时；时间也最偏私，给任何人都不是 24 小时"，其差异就在于能否合理和充分地利用时间。时间在学习中的价值谁都明白，但是，一下子从紧张的中学学习进入宽松的大学学习，一个明显的感觉就是时间特别宽裕，于是很多同学不知道如何利用课余时间，加之目标不明确，干什么事情总会说"等明天再说"。那么，如何安排好时间呢？

（1）养成珍惜时间的好习惯。有人说，人的一生有三分之一的时间是在睡觉、吃饭和娱乐中度过的，而真正用在学习和工作上的也只有三分之一。因此，前人才会感叹"一寸光阴一寸金，寸金难买寸光阴"。

（2）要善于安排时间。要充分利用有限的时间多去学习和工作，要巧用零碎时间，积少成多。

（3）丰富充实自己的生活。大学有形的学习只是生活的一部分，我们还要善于从无形的学习中获取更多、更直接的知识和能力。要充分利用好休息日、节假日、寒暑假，到社会实践中去发现自身的不足，努力提高自己。

二、提高心理效能

（一）增强学习动力

增强学习动力需要内外部环境共同来调节。从外部环境而言，需要有一种重视教育、重视知识、尊重人才的良好社会氛围以及学校浓厚的学习、学术风气。这都有赖于社会的发展、教育改革的深入，并不是一朝一夕就可以达到的。因此，增强学习动力更需要自身的调节能力。

1. 确立明确的奋斗目标

要根据大学学习的规律并结合自身的特点，确立新的奋斗目标。目标的确立要注意使个人目标与社会责任联系起来，要把近期目标与长远目标结合起来，这样的目标才有生命力，由此产生的动力才会强大。

2. 培养学习兴趣

爱因斯坦曾说过："兴趣是最好的老师。"兴趣是人们将注意力集中于某一对象，并伴有喜欢、愉悦的感情体验的心理状态。大家知道，如果一个人对一件事有兴趣，那么他就会深入持久地去做。兴趣不是天生就有的，而是随着年龄和实践培养和发展起来的。兴趣是求知的动力、热情的凝聚、行为的指向、成功的起点，所以，这就要求我们在学习中要善于发现和激发自己感兴趣的方面，并由此深入其中，逐步地从中体会奋斗与创造的乐趣。培养学习兴趣应从以下几个方面入手：

（1）培养明确而强有力的学习动机。学习动机对学习兴趣的形成起着积极的促进作用，只有具备了明确而强有力的学习动机，有对知识的渴求和对成才的强烈愿望，才会对学习产生浓厚的兴趣。

（2）扩大知识掌握的深度和广度。知识的巩固和加深是导致兴趣产生的重要条件。大学生对某门课程的知识掌握得越多、越牢固，产生兴趣的可能性就越大。对专业不感兴趣往往造成对学习不感兴趣，而对专业前景有所了解，掌握丰富的专业相关知识，就有可能逐步培养起对专业学习的兴趣。

3. 增强克服困难的毅力

有这样一则古代寓言故事。有一个人肚子很饿，于是他来到一家饼店，他吃完一张饼没有吃饱，再吃一张还是不饱，直到吃完第十张后，他打起了饱嗝。此时他非常后悔，说："既然吃第十张饼能饱，为什么一开始不吃这一张呢？白白浪费了那么多钱。"这个故事告诉我们这样一个道理，那就是没有积累就没有提高和飞跃，只有不断地进行量的积累，才能达到质的飞跃。因此，在学习中要调动自身的积极性去克服各种困难，顺利地完成大学的学业。

4. 培养良好的注意力

注意力是知识的窗户，没有它，知识的阳光就射不进来。法国生物学家乔治·居维叶曾说过："天才，首先就是注意力。"那么，如何有效地控制注意力呢？

（1）提高对注意力作用的认识。俄国著名的教育家乌申斯基曾把注意力比喻为"获取知识的门户"，这就是说要想获得大量的知识，进行创造性思维，就必须最大限度地开放"注意"这一门户，高度集中注意力。

（2）要有不倦的好奇心。巴甫洛夫说："好奇是专注的第一要素。"要保持不倦，首先就要对所学内容不断地回顾和不断地发问，这样才能永葆好奇和新鲜感。

（3）要有顽强的意志。注意力说到底是个人意志的一种表现，学习中的挫折往往是集中注意力的劲敌。因此，我们要有败不馁的精神，在遇到困难时要冷静观察和思考，最后做出可行的探索。

（4）要有健康的人格。注意力在学习中起着重要作用，其他心理活动依靠注意力才能逐渐完善起来。如果没有健康的人格，就很难控制注意力。爱因斯坦说："我的所为，就是想给我存在的祖国留一点属于我个人的东西。"显然，没有崇高的心志，就没有爱因斯坦相对论的创建。

（5）建立有效的学习规律。这里包括规划固定的学习时间，选择合适的学习地点，学习要劳逸结合、有张有弛。每天必须规定出一段时间来全神贯注地学习。在这段时间里，抱着坚定的意愿把注意力集中在一项学习任务上，肯定能明显地促进学习的进度。在选择学习地点时，无论是在学校还是在家里，学习的地点必须舒适、安静、光线好、通风好、无干扰。要想使头脑保持清醒、精力充沛，生活就要有规律，不要搞疲劳战术。

（6）学会运用思维阻断法。人在注意力不集中时，常常会胡思乱想，及时阻断这种纷乱的思维，对于提高学习效率大有必要。当纷乱思想出现时，把眼睛闭上，反复握拳、松开，使肌肉收缩，并同时对自己说"停止"，如此反复若干次，有助于集中注意力。

5. 掌握记忆方法

记忆力是智慧的仓库。优秀人才的较高智能，与他们具有很强的记忆力分不开。在日常生活中，有的大学生常常因记忆力不佳而忧虑，有的同学在考试来临之前感到记忆力不够用，有的同学在考试时忽然忘了考前已经记住的东西。针对这些记忆障碍，我们要积极地进行化解。

德国心理学家艾宾浩斯的记忆实验证明，记忆与遗忘总是相对出现的，在记忆的同时，遗忘就开始发生。要保持最佳记忆，就必须克服遗忘。识记后的一个小时内遗忘速度最快，遗忘量最大，而后逐渐变慢。学习过的材料过了一个小时之后，记住的材料仅剩下40%左右，再过一天，会忘掉全部材料的2/3，六天之后只剩下25%左右。遗忘规律告诉我们，必须重视及时复习，从而提高学习效率。最好的办法就是趁热打铁，当天的功课当天消化。在复习时间上，对新学到的知识开始复习时的时间要长一些，间隔时间短一些。

有些大学生认为记忆力好坏是天生的，因而不注意寻求记忆规律和技巧，致使学习效率不高，知识基础不牢。事实上，每个普通人都有强大的记忆力。现代心理学研究证明，目前，人的记忆力一般只发挥了全部脑机能的几十分之一或几百分之一。如果重视记忆，经常锻炼记忆力，掌握记忆规律和科学的记忆方法，人的记忆就会放射出奇异的光彩。下面介绍几种主要的记忆方法。

（1）目的记忆法。心理学研究表明，在所有条件相同的情况下，有意识记的效果比无意识记的效果好得多。因为记忆目的明确，大脑细胞处于高度活动状态，大脑皮层形成兴奋中心而注意力格外集中，接受外来信息显得主动，大脑皮层留下的痕迹也更清晰、深刻。比如第二天要考试，当天晚上记忆效率就特别高，因为此时的记忆目的性很明确。所以首先要加强记忆的目的性。

（2）选择记忆法。为了记忆有效，大学生还应对记忆材料有一定的选择，去粗取精，有重点有选择地记忆，这样才能扩大自己大脑的记忆容量。

（3）过度记忆法。现代记忆理论认为，进入脑中的信息开始时是一种神经冲动的回路活动，经过一段时间以后，记忆痕迹才得以固定。在此过程中需要多次强化才能记忆牢固，所以要反复记忆。有实验证实，识记50个外语单词，反复次数在4次以内记忆效果一般，超过4次，记忆量就有一个突增，到7次时，差不多可以全部记住。可见，适当的过度记忆，多反复几次，记忆效果就大不一样。

（4）联想记忆法。联想记忆就是通过事物在时间、空间、性质、因果等方面的联系来帮助记忆。它利用事物之间的接近性、类似性、对立性、因果性等关系从一事物去回忆另一事物。如学习外语时，可以把同义词、近义词、反义词放在一起学，这样容易记住这些词。

（5）歌诀记忆法。歌诀记忆就是将有些记忆材料编成顺口溜，这样朗朗上口，易读易记。如把圆周率3.14159编成"山巅一寺一壶酒"等。

（二）保持适度紧张

心理学研究表明，适度的心理紧张是心理活动所需要的，它能有效地发挥智力水平，调动心理潜能，提高学习效率。

1. 提高学习的紧张度

要有意识地脱离沉浸娱乐、混日子的人际环境，加入学习刻苦、学业优良的人际群体，多到图书馆、自修室、实验室等学习气氛浓厚的地方学习；制订内容具体、分量适当的学习计划，并保质保量地完成；利用对学习活动结果正、反两方面的想象产生奖惩的心理感受，增加学习压力，提高心理紧迫感。

2. 克服学习过度焦虑

要正确认识和评价自己的能力，调整抱负水平和期望目标，增强自信和毅力，要重视努力过程，淡化结果、价值，保持愉悦稳定的情绪；探索、掌握切合自己特点的学习方法；把握大学学习规律，增进学习效率。

（三）预防、消除心理疲劳

1. 善于科学用脑

人的大脑左右两个半球有着不同的分工。一般来说，左半球主要负责语言、逻辑、数学、符号、线性分析等抽象思维活动；右半球主要负责想象、图形、色彩、音乐、情感等形象思维活动。而且人脑左右两个半球对身体进行交叉控制，即左半球控制身体的右半部活动，右半球控制身体的左半部活动。此外，大脑活动还有一种"优势现象"，即当大脑某一功能区的活动占优势时，可使其他功能区的活动相对处于休息状态。所以，根据大脑的活动特点，我们应该不同学科交替进行学习，这样就能有效地预防学习心理疲劳，提高学习效率。

2. 注意劳逸结合

大脑工作时，神经细胞处于兴奋状态，根据神经活动兴奋与抑制过程相互诱导的规律，可以知道长时间兴奋就会转入抑制状态。当我们长时间看书学习，觉得头晕脑涨、注意力不集中时，如果不加以适当休息，就会使兴奋与抑制失去平衡，并有可能导致神经衰弱。因此，在学习之余应该多休息，或参加一些文体活动，使身心都得到放松和调节，保证充足的睡眠时间，培养广泛的业余爱好，使生活内容丰富多彩。

三、培养应试能力

（一）养成良好的学习习惯

学习是持之以恒的事情，正所谓"冰冻三尺，非一日之寒"。因此，我们在平时就应该养成良好的学习习惯，考试时才能得心应手。

（二）正确对待考试

考试只是衡量学习成绩的手段之一，是学校教育中的一个重要环节。但是，考试成绩并不能完全准确地反映一个人的知识水平，特别对能力的反映更欠准确。因此，我们既要重视考试，又不要把分数看得过于重要，不要为分数所累。许多研究表明，一个人的成就跟学习成绩并没有太大的关系。在人类历史上，许多著名的科学家、发明家曾经也都是考试失败者。如物理学家、诺贝尔奖获得者爱因斯坦，中小学学习成绩不好，第一次考大学时名落孙山，法文、植物学、动物学三门课不及格；大发明家爱迪生，上小学时智商测试被认为智商很差，被退学回家；第一艘蒸汽轮船的发明者富尔顿，上小学一年级时只爱画画，别的课程都不行，因此被留了级。可见，一两次考试的失败并不能定终身，不必因此而灰心丧气。

（三）提高应试技巧

1. 做好考前准备

首先，在考试前4～6周就要进行"强化复习"，将一学期所学的内容做系统的整理，边整理，边思考，边回忆。从面到点、从点到面不断深化，使学的知识形成一个清晰、完整、有逻辑联系的整体，加深印象。其次，列个时间表，合理分配好各门课程的复习时间，并把相似学科的复习时间错开，以免各科间相互干扰。再次，临考试前一天晚上，再用两个小时做最后一次强化来加深记忆。

2. 合理安排作息时间

不要使大脑过度疲劳，以免影响发挥，尤其是临考前几天应保持充足的睡眠，这样才能保证自己头脑清醒、精力充沛。

3. 应付怯场的方法

（1）考试时，先做有把握的或较简单的题，这样可以缓解紧张情绪，还可以增强自信心。

（2）积极的自我暗示。如果因考题太难而紧张，可暗示自己"考题对大家都一样，我觉得难，别人可能觉得更难，因此不必过分担忧"。

（3）深呼吸。闭上眼睛做几次深呼吸，要做得深而缓，这样可以有效地缓解紧张、放松身心。

（4）转移注意力。当我们感到紧张时，可向窗外看一看或上趟厕所；也可以提前带些含化片、口香糖等进行咀嚼，以转移对紧张情绪的注意力，迅速稳定情绪。

（5）寻求心理咨询。对考试焦虑或怯场的同学，必要时应寻求心理咨询师的帮助，通过有针对性的科学训练和心理调适来改变这种状态，顺利完成考试。

测试与训练

一、阅读资料

阅读资料

二、心理测试

学习动力测试

【测试说明】　请你根据自己的实际情况，对每个问题做出"是"或"否"的回答。为了保证测验的准确性，请认真作答。

1. 如果别人不督促你，你极少主动地学习。

2. 你一读书就觉得疲劳与厌烦，只想睡觉。

3. 当你读书时，需要很长的时间才能提起精神。

4. 除老师指定的作业外，你不想再多看书。

5. 在学习中遇到不懂的知识，你根本不想设法弄懂它。

6. 你常想：自己不用花太多的时间，成绩也会超过别人。

7. 你迫切希望自己在短时间内就能大幅度提高自己的学习成绩。

8. 你常为短时间内成绩没能提高而烦恼不已。

9. 为了及时完成某项作业，你宁愿废寝忘食、通宵达旦。

10. 为了把功课学好，你放弃了许多感兴趣的活动，如体育锻炼、看电影与郊游等。

11. 你觉得读书没意思，想去找个工作做。

12. 你常认为课本上的基础知识没啥好学的，只有看高深的理论、读经典作品才带劲儿。

13. 你平时只在喜欢的科目上狠下功夫，对不喜欢的科目则放任自流。

14. 你花在课外读物上的时间比花在教科书上的时间要多得多。

15. 你把自己的时间平均分配在各科上。

16. 你给自己定下的学习目标，多数因做不到而不得不放弃。

17. 你几乎毫不费力就实现了你的学习目标。

18. 你总是同时为实现好几个学习目标而忙得焦头烂额。

19. 为了应付每天的学习任务，你已经感到力不从心。

20. 为了实现一个大目标，你不再给自己制订循序渐进的小目标。

【计分方法】上述 20 道题目可分成 4 组，它们分别测查你在四个方面的困扰程度：

1～5 题测查你的学习动机是不是太弱；6～10 题测查你的学习动机是不是太强；11～15 题测查你在学习兴趣方面是否存在困扰；16～20 题测查你在学习目标上是否存在困扰。

若你对某组题中大多数题目持认同的态度，则一般说明你在相应的学习欲望上存在一些不够正确的认识，或存在一定程度的困扰。

从总体上讲，选"是"记 1 分，选"否"记 0 分，将各题得分相加，算出总分。

【测试结果】0～5 分，说明你在学习动机上有少许问题，必要的时候可做适当调整；6～13 分，说明你在学习动机上有一定的问题和困扰，有必要进行调整；14 分以上，说明你在学习动机上有严重的问题和困扰，必须要进行调整。

三、心理训练

(一) 学会管理时间

1. 体验时间

首先根据你的回忆，将你一天中的 24 小时的每个活动占据的时间按比例画在一个圆中，然后准备一个小本子，记录你每天所做的事情，以及做这些事情所花费的时间，坚持一个星期，最后将你的记录与你最初画的"时间馅饼"进行对照，看看差别有多大。

写下你的感受：_____

_____

2. 按重要性安排事情(填写表 7－1)

表 7－1 工作安排

(1) 写下所有你需要在今天完成的工作，不用考虑次序。　　　　日期：_____
①_____　　②_____　　③_____
④_____　　⑤_____　　⑥_____
(2) ABCD 等级次序方法。
将你写下的事情分成 ABCD 四类，按照你的责任和事情的重要性将它们排序。
A 重要又紧急的事情：_____
B 重要不紧急的事情：_____
C 紧急不重要的事情：_____
D 不重要不紧急的事情：_____
正确的时间管理观念是先做 A 类事情，然后做 B 类事情，少做 C 类事情，不做 D 类事情。

(二) 学会设置目标

1. 建立课程学习目标

为每门准备学习的课程建立一个目标，可以使学习的目的性更明确，从而产生学习的主动意识。

2. 学习时间的安排与控制

通过每天的自我监督，不断提高自己对学习时间的安排和控制能力，以培养良好的学习习惯，提高学习效率。

3. 具体操作

（1）在纸上画出含有以下栏目的表格。

表7-2　课程与学习目标

课程名称	
课程性质	
学时（或学分）	
主要内容	
知识学习的目标	
技巧方法的目标	
能力培养的目标	

（2）在表7-2中填入课程名称、课程性质（包括必修或选修、专业课或基础课等）、学时或学分。通过向老师询问或查阅有关资料，了解并填写该课程的主要内容，要求简明扼要。

（3）根据课程的要求及自己的情况和意愿，从知识学习、技巧方法和能力培养三个方面写出自己的学习目标。

在确立目标时要注意结合自己的特色，目标越具体越详细越好。这里提供一些基本样式供参考。

关于"知识学习"类的目标：学习有关的基础知识；了解这一学科的基本结构；熟悉该领域的最新动向；搜集某问题的理论依据。

关于"技巧方法"类的目标：学习解决有关问题的方法；掌握对未来工作有用的技术；了解该学科的思维方法。

关于"能力培养"类的目标：提高用事实说明各种问题的能力；培养综合考虑问题的能力；提高文字表达能力。

（4）平时复习和做作业时读一遍此表，考试前和上课前也应读一遍此表，以使自己明确努力的方向，增强学习的目的性和针对性。

（5）在纸上画出如下坐标：横轴以天为刻度单位（如星期一至星期六），纵轴以小时为刻度单位。在纵轴适当的地方，画上一条横向的虚线，表示希望达到学习时间的平均水平（此学习时间为课堂学习时间之外的可以由自己独立支配的时间），如要求每天完成3小时的学习，就从刻度"3"作一条虚线。

（6）每晚临睡前，在表上记录下当天学习的情况，即在对应日期和时间的坐标上画一个圆点。时间的计算，可以是直接用于学习的小时数，也可以把用于学习的小时数再乘上时间的利用效率。

(7) 隔几个星期(大约一个月)分析一次。可能出现以下几种情况：

① 所有的点都在虚线以上。这表明你已很好地完成了计划用时。如果经常出现这种情况而不觉得紧张和吃力，说明你还有很大的潜力，你的用时指标还可以适当地加以提高。

② 有的点在虚线之上，有的点在虚线之下。这表明你还不能较好地控制自己，学习的自律性还要加强。也可能是出现了一些特殊情况，但要注明原因。

③ 所有点均在虚线以下。这表明你未能达到目标的要求，需要加倍努力，尤其要加强自我约束，以克服自我惰性和外界干扰。如果连续几次出现这种情况，就应该分析一下，是没有严格执行时间计划，还是目标过高，应当加以调整。

四、思考题

1. 大学学习具有哪些特点？
2. 大学学习与中学学习有何不同？如何适应大学的学习生活？
3. 大学生常见的学习心理问题有哪些？
4. 为促进学习，应该保持一种什么样的动机状况？
5. 为了更好地适应大学的学习生活，应有意识地培养哪些学习心理品质？

第八章　大学生人际交往心理

 心灵导读

从踏入大学的那一刻起，我们就开始离开家庭，住宿学校，迈出我们独立生活的第一步。处在生活的转变时期，最重要和最紧迫的问题莫过于如何在新环境中建立好人际关系。可以说，交往已成为人们生活中一项重要的内容，也成为衡量一个人生活能力的一项重要指标。

 教学目标

通过对本章的学习，应了解人际交往的含义和功能，理解大学生人际交往的特点以及影响交往的因素，掌握大学生人际交往的技巧和方法，从而能够通过积极有效的途径和方法提高自身的人际交往能力。

第一节 人际交往概述

人类心理的适应最主要的就是对人际关系的适应，人们的心理健康水平则有赖于正常的人际交往和社会生活。我们每个人的人生都是在与别人的交往中度过的，甚至可以说，我们每个人都是交往的产物，从我们出生后的第一声啼哭开始，我们便落入到一个巨大而又复杂的人际关系网中，不管你愿意与否、自觉与否，你都必须与别人进行各种各样的

案例导入

交往。友爱、和谐的人际关系可以使人感到温暖、安全、愉快，从而激发人的积极性和创造性；相反，冷漠、排斥、充满敌意的人际关系则使人时时不快、事事不乐，甚至产生焦虑、强迫等神经症状，极大地限制人的发展。

一、人际交往的含义

人际意为人与人之间；交往是指人们运用语言或非语言符号交换意见、传递思想、表达感情和需要的交流过程；人际交往是指人们在社会实践中形成的人与人之间相互发生的关系，即在一定社会关系制约下，人与人之间在交流、联系、活动中形成的心理距离和心理关系。

人际交往表现在认知、情感和行为三个方面，可以说人际交往是由这三种心理因素构成的。认知是人际交往的前提条件。人际交往首先通过彼此相互感知、认识、理解而建立一定的心理关系。情感是人际交往的主要调节因素。没有情感因素的参与和调节，其关系是不可想象的。行为是人际交往的主要手段。在人际交往中，不论是认知因素，还是情感因素都通过行为，即言语举止、表情、手势等外部动作表现出来并达到相互交往的目的。认知、情感和行为是人际关系中三个相互联系、相互促进的有机体。在交往中，人们相互间认知一致、情感相容、行为配合，就形成良好、和谐的人际关系，反之就会产生不和谐、排斥的人际关系。这些不同性质的人际关系交织在一起，就构成一张动态的、多维的、错综复杂的"人际关系网"。

二、人际交往的功能

凡是有人群生活的地方就存在着人际关系，每一个人的成长和发展都依存于一定的人际关系，人际关系的好坏往往是一个人心理健康水平、社会适应能力的综合体现。对于正处于学习、成长之中的大学生来说，培养良好的人际交往能力、融洽的人际关系，显得尤为重要。人际交往的功能主要体现在以下几个方面。

（一）实现信息交流

信息交流功能是人际交往的基本功能。人们在共同的交往活动中，彼此交流思想、知识、经验、情感等，这一切都是信息交流，人际交往就是一个不断输出信息和接收信息的过程。有研究表明，人们在一天中除睡眠外的时间中，大约有70%的时间都在进行着相互间的交往与信息的交流。很多有识之士都十分重视人际交往中的信息传递。

（二）提高学习、工作效率

人际关系是在群体里、在交往过程中实现的。群体内人际关系的好坏对学习、工作效率有很大的影响。人际关系通过对劳动、学习态度的调节而间接影响人们的学习、工作效率。社会心理学家研究表明，人们在学习和生产劳动中约有15%的时间用于人际关系冲突后的体验上。群体内各个成员之间如果能够相互沟通、理解、体谅、信任、支持，就会形成一种相容的心理

气氛，使各个成员不但会产生满意、愉快的情绪体验，而且会以最小的能量消耗产生最大的成绩，更多地发挥各个成员的聪明才智，达到事半功倍的效果。相反，人际关系紧张、冲突，既消耗了人们宝贵的时间，又使人精神不愉快，处于苦恼之中，影响人们的学习、工作和生活。

（三）促进人的身心健康

我国医学心理学家丁瓒说过："人类心理的适应，最主要的就是对人际关系的适应，所以人类心理的病态主要是由人与人之间关系的失调而来。"人际关系良好的人，能为别人所接受、理解，也能用信任、友爱、宽容的态度与他人相处。他们不为一时的冲动所驱使，不为暂时的困难而焦虑；虽怒而不失态，虽悲而不自毁，他们的心境始终是豁达、开朗、稳定和乐观的，促进了身心的健康。相反一个人如果缺少人际交往或人际关系紧张，喜怒哀乐等情感无处交流，日久天长，必然会造成心理上的障碍，影响身心健康，导致心理失调，甚至危害身体。心理学的感觉剥夺实验就能证明这一点：20世纪50年代初期，加拿大心理学家贝克斯顿、赫伦、斯科特，以把外界的空气、阳光、声音全部隔绝为实验条件，一天支付25美元，吸引了许多大学生参加实验。结果证明，人们忍受不了没有任何刺激的环境。有的大学生仅仅几个小时就忍受不了了，凡忍受下来的都出现了幻觉，失去了常态，甚至出现了精神障碍。因此，改善人际关系是身心两方面健康的基本保证。

（四）促进良好个性的形成

人际关系对人的个性改变有很大作用。一个人的个性除了受先天遗传因素的影响，更重要的是后天环境的影响。人们的交往不仅是认知上的相互沟通、情感的相互交流，而且也是性格和个性相互影响的过程。在交往中，一方的行为会对另一方起着很大的暗示作用，使个体获得进行全面比较的参照系数，全面了解到自己的为人，并可产生追求理想人格的强烈渴望。一个人长期生活在友好、信任、相容的人际气氛中，其个性会在他人和环境的影响下，在其自身的努力下，变得勇敢、热情、开朗、豁达、积极、主动。相反，一个人长期生活在不良的人际关系中，则会变得冷漠、粗暴、自私、悲观、脆弱，这反过来又导致人际关系更加不和谐。

（五）获得知识

在与人交往的过程中，人们通过与他人交流而获取对自己的学习、工作和生活有意义、有价值的知识经验，以他人的长处填补自己的短处，发展和更新已有的知识体系。此外，在交往过程中，人们会不断增强竞争能力、提高交际能力、开发创造能力，使自己的素质得到不断发展和完善。

第二节　大学生人际交往的特点和类型

正确处理人际关系，与周围的人和睦相处是青年人成长中的一个重要课题。因为人的一生都要不断地与周围人相处，难免会产生这样那样的问题，埋怨是不能解决问题的，应该学会处理人际关系。这不仅是一个方法问题，更能反映一个人的处事态度和精神境界。

案例导入

一、大学生人际交往的特点

大学生人际关系的特点是由大学生自身条件决定的。大学生文化层次比较高，生理和心理都趋于成熟，重感情、爱幻想，在人际关系上表现为迫切希望交往、追求平等、注重精神、情感性强等特点。

（一）迫切性

青年时期是人一生中在交往方面较独特的阶段，有迫切的交友愿望。某大学组织的一次新生问卷调查有一题为"你现在最迫切的需要是什么？"在知识、友谊、金钱、时间、爱情、能力等多项选择中，选择友谊的占40％，仅次于对知识的需要。这说明大学生社会参与感强，他们迫切地希望与他人交往，让他人了解并承认自己，得到他人的理解、关心和尊重，并在交往中锻炼自己各方面的能力，为以后进入社会打下基础。

（二）平等性

大学生由于生理和心理上的日趋成熟，其自我意识也处于逐渐成熟的过程中，产生了"成人感"，希望在各个方面努力体现其独立的人格。加之大学生知识水平较高，民主思想较浓，平等观念强，因此大学生在人际交往中表现出强烈的平等性追求。

（三）多样性

大学生文化水平高，兴趣爱好广泛，知识丰富，热情开朗，朝气蓬勃，思想活跃。这些决定了大学生的交往内容十分广泛，交往形式丰富多彩，内容涉及政治、经济、文学、艺术、体育、学习、娱乐、个人情感等广泛领域。他们可以通过组织社团、举办篝火晚会、搞联谊活动、爬山、游泳、旅游、散步、郊游等形式进行交往。

（四）易变性

大学生由于心理发展不完善，情绪容易产生波动，做事容易冲动，加之生活领域不断拓宽，因而在选择交往对象上也相应地表现出易变性。

（五）精神交往性

大学生思想活跃，有着丰富的精神世界。大学生人际关系一般重义轻利，不以物质关系为前提，更多的是精神领域内的交流，如交流思想、切磋学问、探索人生、抚慰鼓励等。我国社会心理学工作者对435名三年级大学生做抽样调查，以了解他们的交往目的，其结果是：有利于学习提高的占46.9％，有利于工作的占15.2％，便于娱乐的占16.8％，共同探索人生的占11.1％，生活上互相照顾的占10％。这说明大学生交往的主要目的是满足精神需要，丰富自己的精神世界，即便是相互馈赠或物质上的援助，也只是精神交往的一种辅助行为。

（六）情感性

大学生的人际交往，不管是学习上的互相帮助、生活上的互相照顾，还是娱乐上的合作都表现出较强的感情联系。而且由于大学生心理发育还没有完全成熟，情感很不稳定，好恶易显于表，好友之间朝亲夕分的事常有发生，因而其人际关系受情感影响而引起的变化也不小，这种情感的波动导致大学生人际关系的不稳定性。有的大学生，特别是女大学生因情感变化太快，很难交上知心朋友。极少数大学生在与异性的交往中只注重感情，超越现实，不顾后果，铸成终身的遗憾。

二、大学生人际交往的类型

大学生人际交往的类型是建立在特定的外部环境和心理环境的基础上的。按照交往的范围可分为三类。第一类个体与个体之间的关系，如同学关系、朋友关系、师生关系和亲子关系。第二类是个体与群体之间的关系，如个体与家庭、学生与班级、群体与群体等。第三类是血缘关系、地缘关系与业缘关系。

血缘关系指父母与子女的关系，兄弟姐妹之间的关系及由此衍生出的亲戚关系。目前家庭教养方式与大学生的相关研究得到充分重视，家庭中的人际关系显得相当重要。

地缘关系指居住在共同的地区而产生的人际关系，如同乡关系、邻里关系等。这种关系因共同的乡土观念、相似的生活方式、相同的语言文化而带来更多的心理相容性。特别是大学新生初次离家求学，老乡在一定程度上起着心理稳定剂的作用，非正式群体中的老乡始终活跃于校园。

业缘关系是指共同的事业、爱好而结成的关系，如师生关系、师徒关系等。大学里的师生关系也有别于中学，师生关系是平等的身份，是以学术为纽带而建立的，看似疏淡实则志同道合。

这里着重介绍大学生之间的交往关系，即同学关系（含异性关系、地缘关系、趣缘关系），大学生同教师的交往关系即师生关系，大学生与父母的关系即亲子关系。

（一）同学关系

同学关系是学校人际关系的基础内容之一，是大学生人际交往中最普遍的关系，它在大学生的整个人际交往中占有重要位置。学生群体之间和学生个体之间人际关系的好坏，会对学生的身心产生重要影响。

从心理和生理上分析，这一时期青年的自我意识得到发展并逐渐成熟，他们希望摆脱大人而独立，需要得到他人的尊重和承认。然而，他们又往往体会到一种与青春期以前阶段不同的种种激动与烦恼，产生青春期特有的孤独感、急躁感。随着性的成熟，还会产生不安感和不适感。加之高校特定的环境、人际关系和学习方式，对大学生活心理准备不足，在突变的环境面前大学生显得很难适应，心理产生许多矛盾和困惑。因此，这个时期的大学生往往迫切希望与他人交往，以期得到他人的承认、尊重和理解；互相关心、互诉衷肠，获得信息并借助他人提供的经验解除心理障碍，达到精神上的满足与愉悦，实现心理平衡、扩展知识、充实生活。

青年期知心朋友的亲密程度往往超过与父母、老师的关系。大学生在几年同窗生活中能结成浓厚的情谊。这种同学交往不仅存在于学生时代，而且可延伸到毕业以后，成为步入社会交往的纽带。同学交往的内容包括学习知识、获得信息、加强友谊、充实生活和恋爱等。同学交往的范围越来越广。过去，大学生的社交活动大多习惯和局限于同班、同乡的小圈子里。现在，随着第二课堂的开辟等原因，大学生交往不再局限于同班、同乡，只要对学业有帮助、对思想有启发、能丰富情感生活的，他们都乐于交往。文、理科间的学生加强了往来，跨系、跨院校的活动增多了。大学生交往的形式不拘一格。大学生之间的交往在新条件下采取新的交往形式，如学术研讨会、各种沙龙、舞会联欢、寒暑假的社会调查等。这些形式的交往丰富了学生的知识，充实了课余生活，增强了大学生对社会和国情的了解，为大学生以后走上社会打下了基础。

同学交往的作用可分积极作用和消极作用两方面。从积极方面看，大学生通过同学间的交往活动产生了积极的心理品质，增强了自信心、自尊心和责任感，促进了专业知识的学习，起到积极作用。从消极方面来看，同学交往不当也容易产生消极的群体行为和从众行为，也有大学生只热衷于人际交往而影响了专业知识的学习，导致交往行为的消极性。大学生应努力发扬人际交往的积极作用，避免消极作用的产生。

（二）师生关系

师生关系是大学生人际交往的主要关系之一，是学校人际关系的中心。研究表明，良好的师生关系能提高教师的教育效果，有利于学生身心的健康发展；不良的师生关系则易导致教育上的失败。据调查，大学生喜欢的教师具有知识渊博、业务能力强、对问题敢于发表独到见解、热情、平易近人、严格要求并关心学生、办事公正等个性特征。大学生期待教师的教育和帮助、关怀和喜爱，并希望在此基础上建立起师生间纯真的感情。但是，大学阶段的师生关系与中、小学不同，大学教师着重培养学生的系统学习能力、自立能力和独立思考能力，双方交往主要发生在课堂上，课下也多与专业学习有关。相对于同学交往来说，师生交往显得比较淡薄，相互沟通少，学生除生活、学习上需要依靠教师的帮助和指导外，在人际关系上没有更迫切的交往动机。因此，尽管师生关系比较重要，但其在大学生的人际关系中并不占很突出的位置。

（三）亲子关系

大学生和父母的交往是一种最亲密、最可靠的交往关系。亲子之间的交往带有浓厚的感情色彩。大学生离开父母独自生活后，在感情生活方面渴望不断得到家庭的温暖，而且目前作为独生子女的大学生日渐增多，他们生活和思想上的独立性很弱，对父母的依赖性强，并把父母的付出看成理所当然，往往只讲索取不讲回报。大学生正处于成才的过程中，更需要父母在政治思想、道德品质、人生观及学习等方面的关心和指导。每一个父母都有"望子成龙"的迫切愿望，他们也希望在给予子女物质帮助的同时能够给予子女思想和精神上的帮助。作为子女的大学生，应敞开心扉，主动向父母坦露思想，接受亲人情理交融的指导，并学会一种对父母的感恩，把亲子关系升华到一个新的境界。

第三节　大学生人际交往心理障碍

每个大学生都期望拥有良好的人际关系，进而有特定的归属群体，交到志同道合的朋友，并且在帮助他人和与人相处中获得心理上的幸福和满足。然而在现实的学习和生活中，大学生的人际交往会受到多方面因素的影响，也存在各种各样的问题。因此了解大学生人际交往的心理障碍和影响因素，可以帮助大学生更全面地认识交往、理解交往，更有针对性地把握和提升交往能力。

案例导入

一、大学生人际交往心理障碍

人际认知反映的是个人对自己及自己的人际关系状况的了解程度，它是人际知觉的结果，是人际关系得以形成的理性条件。个体通过知觉了解他人与他人的关系，他人与自己的关系以及他人对自己的反应。个人只有客观、正确地了解自己的人际关系，才能更好地认识自己，更好地调节自己与他人的人际关系。在现实生活中，大学生常见的人际交往心理障碍主要有以下几个方面的表现。

（一）过于理想化

大学生生活经历一般不足，缺乏对事物本质的把握能力，故他们对人际关系的认知过于理想化，易把理想和可能性当作现实，即对人际交往的期望值较高，用理想化的尺度来衡量现实。大学生在进入大学之前，充满了对自己心中理想大学的憧憬，当然也包括对大学里温馨、和谐的人际关系的憧憬。他们赋予大学人际关系以理想、完美的色彩。这使得他们对校园里人际关系的复杂性和多样性缺乏足够的心理准备。许多大学生认为朋友间应无话不谈，一旦发现对方有什么事没告诉自己，就觉得不够朋友，甚至有被欺骗、受伤害之感。有资料显示，有大约70％的大学生不同程度地对自己的人际关系感到不满意，而从具体分析来看，主要是理想与现实不相吻合而产生的失望。

（二）归因偏差

大学生在认识自己的人际关系，处理自己人际关系中相关的一些事情时，容易呈现出一定的归因偏差甚至错误。有调查发现，一些女生不敢与异性同学打招呼，归因于自己来自农村，长得不漂亮等；而一些学生将自己交往范围小归因为对方考虑地位、家庭背景、利益等因素过多，而不是归因为自己没有主动与人交流，自己的兴趣爱好不够广泛等。另一项调查发现，大学生对自己人际关系总体归因偏向于内控性，但对人际关系失败的归因表现出外控倾向；文科学生较理科学生对人际关系的归因更为外控；大四学生在人际交往失败方面的归因与大一、大二的学生存在显著差异，更为外控。对自己的认知偏见和对他人的消极认识、评价，使许多大学生在自己的人际交往中产生嫉妒、自卑、猜疑、报复等不良心理，极大程度地局限了他们的人际交往，阻碍了人际关系的发展，也严重影响着他们的心理健康。

（三）以自我为中心

现在的大学生多数是独生子女，他们在中小学时期往往是表现出色的好学生，已习惯接受别人的表扬和肯定。许多人进入大学后仍主观固执，自我意识强，自理能力差，想问题、处理事情往往以自我为中心。他们常常认为自己就是"恒星"，别人是"行星"，都应该围着他转，关心他，为他着想。他们往往会过分关注自我，过分注重自我需要的满足，却忽略或否认他人的需要，并以自我需要展开人际活动，进而以此作为判断和评价人际关系的标准。他们不大注意了解他人的性格、爱好、生活习惯、思维方式等，对差异缺乏宽容精神；认为好朋友就是和自己观点一致的人、处处维护自己利益的人，只要别人的思想和自己产生分歧，就把这些人视为"异己"，排斥在交际圈之外。调查结果显示，有26.2％的大学生要求自己的朋友要百分之百地对自己好。如果朋友达不到这一要求，往往会由最初的亲密走到后来的各奔东西。

（四）过分苛求

由于大学生的生理、心理还不够成熟，情绪化色彩重，生活经验也不丰富，他们在认知方面往往还存在着绝对化、概括化的误区，即过分苛求自己和他人，追求完美；经常以一时一事评判自己或他人乃至整个人生，缺乏辩证的弹性思维。在交往过程中，这种不全面的认知能力首先表现为从自己的心理出发认识和理解问题，缺乏对对方性格和心理的客观了解，从而很容易产生误解和矛盾。

二、大学生人际交往的心理效应

社会心理学研究表明，在人际交往中，对交往对象的认知、印象、态度以及情感等，都直接影响到交往的正常进行。然而，由于种种原因，交往过程中的人际认知往往会出现这样或那样的心理偏差。

（一）首因效应

首因，即最先的印象，或称第一印象。在人际交往中，人们往往注意开始接触到的细节，如对方的表情、身材、容貌等，而对后来接触到的细节不太注意。这种由先前的信息而形成的最初的印象及其对后来信息的影响，就是首因效应。

首因效应是大学生在交往活动中一种比较常见的现象。客观地说，首因效应的"先入为主"，影响着今后交往活动的深入进行。当然，第一印象也不是不可改变的。虽然第一印象产生的信息是有限的，但由于人的认知具有综合性，完全可以把这些不完全的信息贯穿起来，用思维填补空缺，形成一定程度的整体印象。

（二）近因效应

近因，即最后的印象。近因效应，指的是最后的印象对人们认知具有的影响。最后留下的印象往往是最深刻的印象，这也就是心理学上所阐释的倒摄作用。首因效应与近因效应不是对立的，而是一个问题的两个方面。在大学生的人际交往中，第一印象固然重要，最后的印象也是不可忽视的。一般而论，在对陌生人的认知中，首因效应比较明显；而对熟识的人的认知中，近因效应比较明显。这就告诉我们，在与他人进行交往时，既要注意平时给对方留下的印象，又要注意给对方留下的最近印象。

（三）光环效应

光环效应又称晕轮效应，指的是在人际交往中，人们常从对方所具有的某个特性而泛化到其他有关的一系列特性上，从局部信息形成一个完整的印象，即根据最少量的情况对别人做出全面的结论。所谓"情人眼里出西施"，说的就是这种光环效应。光环效应实际上是个人主观推断泛化和扩张的结果。在光环效应状态下，一个人的优点或缺点一旦变为光圈被扩大，其他优点或缺点也就隐退到光的背后被视而不见了。在大学生的人际交往中，光环效应也是一种常见的现象。例如，男女大学生会对外表吸引人的同学赋予较多的理想人格特征，常常为那些长相比较动人的同学设计美好的未来。

（四）投射效应

投射效应是指在人际交往中，认知者形成对别人的印象时总是假设他人与自己有相同的倾向，即把自己的特性投射到其他人身上。所谓"以小人之心，度君子之腹"，反映的就是这种投射效应的一个侧面。

一般来说，投射可分为两种类型：一种是指个人没有意识到自己具有某些特性，而把这些特性加到了他人身上。例如，一个对他人有敌意的同学，总感觉到对方对自己怀有仇恨，似乎对方的一举一动都有挑衅的色彩。另一种是指个人意识到自己的某些不称心的特性，而把这些特性加到他人身上。例如，在考场上，想作弊的同学总感觉别的同学也在作弊，倘若自己不作弊就吃亏了。值得注意的是，后一种投射往往会把自己某些不称心的特性，投射到自己尊敬、崇拜的人身上。其逻辑是：他们有这些特性照样有着光辉的形象，我有这些特性又有何妨。目的是通过这种投射重新估价自己不称心的特性，以求得心理上的暂时平衡。

（五）定势效应

定势效应是指由于人们头脑中存在着某种想法，而影响到对他人的认知和评价。在人际交往活动中，当我们认知他人时，常常会不自觉地产生一种有准备的心理状态（出现原有的某种想法），并从这种心理状态出发，按照事物的一定的外部联系进行认知和评价，于是也就产生了定势效应。定势效应在某种条件下有助于我们对他人做概括的了解，但往往会产生认知的偏差。例如，农村来的同学认为城市来的同学见多识广，但狡猾、小气；城市来的同学则认为农村来的同学孤陋寡闻，但忠厚、老实。

（六）刻板印象

刻板印象是社会上对于某一类事物或人物的一种比较固定、概括而笼统的看法。它主要表现为在人际交往过程中机械地将交往对象归于某一类人，不管他是否呈现出该类人的特征，都认为他是该类人的代表，进而把对该类人的评价强加于他。刻板印象作为一种固定化认识，虽然有利于对某一群体做出概括性的评价，但也容易产生偏差，造成"先入为主"的成见，阻碍人与人之间深入细致地认知。例如，男生往往认为女生心细、胆小、娇气；女生则往往认为男生心粗、胆大、傲气。

三、影响大学生人际交往心理的因素

（一）时空邻近性

俗话说"远亲不如近邻"，这说明时空距离是形成密切的人际关系的一个重要条件。邻近性是指如果其他条件相同，人们在时空上越接近，双方交往和接触的机会就越多，彼此间就越易形成密切的人际关系。大学生们由于同时入学，或年龄相当，或住在同一个寝室，或经常在一个教室和图书馆一起学习，或是同乡等原因，经常接触，相互交往的次数多，容易具有共同的经验、共同的话题、共同的体会，从而建立起较密切的人际关系。

美国心理学家费斯廷格等人调查研究了一个区域里的友谊模式，他们向 17 座独立的二层楼房里的住户提出询问："在该区社交活动中你最亲近的是哪三个人?"其结果发现：居民与住得最近的人更亲近，最容易建立密切的友谊关系。其中有 41％的人选择了隔壁的邻居为朋友，22％的人选择了隔一个门的邻居为朋友。由此可见，时空邻近性是密切人际关系的一个非常重要的条件。

（二）态度相似性

俗话说"物以类聚，人以群分"。人与人若具有相类似的认知与价值观，不但容易获得对方的支持与共鸣，同时也容易预测对方的感情与反应倾向，在交往过程中彼此容易适应，从而建立良好的人际关系。所谓相似性，包括年龄、学历、兴趣、爱好、态度、信仰、容貌等方面的类似性或者共同性，具有上述某方面相似性的人容易成为朋友，建立亲密关系，其中特别是态度的相似性。

相似性有助于交往，这是因为：首先，各种相似的因素使人具有较多的共同参与社会活动的机会，因而人们接触较多，容易熟悉和相悦；其次，相似性可使交往双方产生一种社会增强作用，能满足双方共同的需要；最后，相似性可使人与人之间的意见容易沟通，由于较少有沟通上的障碍，因而可减少误会、曲解和冲突，从而有利于维持良好的人际关系。大学生在评价自己的这种友谊时说："我们性格相近志趣相投谈得拢。"又说："我们有共同的语言，在情感和信仰上没有隔阂和矛盾。"

（三）需求互补性

需求互补性也是密切人际关系的重要因素之一。所谓互补是指人的个性表面的差异，由内在的共同观点或看法来弥补。如果相似性是客观因素，那么互补性可视为主观因素。互补实际上是一种主观的需要或动机。有时两个性格很不相同的人相处很好，并成为好朋友，这就是由于双方都知道自己的长处和短处，都想利用对方的长处来弥补自己的短处，这是一种心理上的需要，基于这种需要，双方可以和睦相处。特别是异性之间，根据互补性原则结为姻缘的相当普遍。常言道，男刚女柔，刚柔结合，既相冲又相容。

当交往的双方能彼此满足对方的心理需求，彼此将产生强烈的吸引力，从而使相互之间的关系更加密切。大学生们长期在一起生活、学习和工作，虽然不可避免地会产生这样或那样的矛盾。但是，如果一方所表现出来的行为，正好能满足另一方的心理需求，则彼此间将产生强烈的吸引力，从而使他们之间的人际关系更密切。大学生们的心理需求很多，归纳起来主要有：安全需求、归属需求、自尊自信需求、成才成就需求。大学生们在评价他们之间的友谊时，也往往说："他成绩好，知识面广，可以帮助我、带动我。""他人缘好，我们常在一起，能够在思想上、学习上等方面获得他的帮助。"这也说明需求互补性是密切人际关系的重要条件。

（四）个性特征

大学生的个体能力、性格、品德等个性特征，是构成人际吸引的重要因素。心理学家奥尔波特经过研究发现，人际吸引力最重要的成分是人的内在属性，如涵养、幽默、礼貌等；其次是形体的特点，如体魄、服装、仪表等；再次是个人表现出的特殊行为，比如新奇和令人喜欢的动作等；最后是个人的角色地位而引起他人的爱慕与尊敬。曾有学者对三千多名大学生的"择友标准"进行过调查，结果表明，多数大学生把"诚实、坦率""品德高尚"和"聪明有才华和富于创造精神"作为择友的首要标准，其他受到重视的品质为：尊重别人、看重友谊、兴趣广泛、助人为乐和风趣幽默等。

（五）外表特征

爱美之心，人皆有之。一个人的长相、穿着、仪表、容貌、体态，往往是构成人际吸引力的重要因素，特别是在初次交往和第一印象中。亚里士多德曾经说过：外表包括人的外貌、身高、风度等。这些因素也会影响人与人之间的关系。美丽比介绍信更具有推荐力。由于首因效应，外表特征在人际吸引力中占有重要地位，尽管我们都懂得"以貌取人，失之于人"的道理，但是，在人们交往活动中，外表特征往往也会在无形中影响着人与人之间关系的建立与发展。

大学生在评价异性时，通常是把一个人的外表美与心灵美结合起来加以考虑。对北京大学200多名大学生（含研究生）的调查表明，相当多的男大学生认为"女性美最主要的是自然美加上健美"，"不要浓妆艳抹，应着重心灵美，外表是次要的"。他们认为女性应具有的特征是善良、温柔、热爱生活、爱学习、热情、娴静、活泼而不轻浮，富有青春活力等。一般情况下，开始的时候人们往往把对方的个人仪表、外貌、特征视为最重要的。但是，随着双方交往的深入，吸引力将会从外在的仪表美逐渐转向人内在的心灵美，把心理品质视为最重要的因素。

（六）才能与专长

大学生比较崇拜和羡慕有真才实学的人。一般说来，一个人的才能出众或有某方面的专长，对别人就有一种吸引力。当然，有时候过于精明强干的人也不一定都受人喜欢。社会心理学家阿伦森的研究结果显示：十全十美的人（实际上不存在），使人感到高不可攀，敬而远之，人们往往不敢与之交往。相反，有小缺点而才能超群者往往更受人们喜爱。大学生们经常说："没有缺点本身就是最大的缺点。"所以，个人的才能与专长是指个人某方面的出类拔萃、超群脱凡之处，而不是指十全十美。这也是一个人吸引他人的重要组成部分，是构成人际吸引力的重要因素。

第四节　大学生人际交往心理辅导

大学生来自五湖四海，各地的风俗习惯、风土人情千差万别，家庭环境和成长的经历不尽一致，生活习惯、兴趣、爱好、个性有较大的差别，再加上不了解人际交往的心理原则、技巧和艺术，从而导致了与他人交往中经常碰壁。有些大学生因此对人际交往失去了信心，从而在心理上封闭自己，独来独往，最终给自己带来精神上的压抑和痛苦。因此，大学生要建立良好的人际关系，就必须掌握一些交往的原则、规范、技巧和艺术，才能达到事半功倍的效果。

案例导入

一、培养大学生良好的人际交往原则

（一）平等原则

在人际交往中，平等待人是建立良好的人际交往的前提。如果没有平等待人的观念，就不可能与人建立密切的人际关系。交往要平等指的是人与人之间的相互交往应该平等，做到一视同仁。同学之间不要因为家庭、经历、特长、经济等方面的不同而对人"另眼相看"，也不要因为学习成绩、社交能力等方面存在差异而看不起别人，更不要因为自己获得了荣誉和拥有良好的社会背景而傲视别人。只有把每个人都看成和自己同等的人，像求助于别人一样帮助别人，才能与他人形成真正平等互助的正常交往。

（二）互利原则

互利原则要求人们在交往过程中，交往双方都得到好处和利益，心理上获得满足。互利包括三个方面：物质互利、精神互利和物质与精神兼利。大学生交友中的互利虽然也有一定的物质互利，但主要还是精神互利。大学生的生理和心理特点决定了他们最希望能得到别人的理解和支持，喜欢引人注目，渴望出类拔萃。大学生精神互利，与他们本身需求系统中精神需求所占比重较大有关。

大学生在同他人交往的时候，要想从他人那里获得关心、注意和爱护，就必须考虑到他人也有这种需要。这也是互利原则所要求的。因此，建立良好的人际关系要互相关心、互相爱护、互相帮助、互相理解、互相尊重，不能只让别人对你贡献，而你对别人只讲索取。

（三）信用原则

所谓信用，是指在人与人的交往中，要说真话而不要说假话，要遵守诺言，兑现诺言。信用是忠诚的外在表现，讲信用是相对于他人而言的，没有交往便无所谓信用问题，单独的个人就不存在信用问题。但是，人是离不开交往的，而交往离不开信用。在大学生的人际交往中，取信于人是非常重要的。由于大学生群体的特殊性，他们的信用一般不像社会政治与经济交往中那样受到法律的约束，而主要是依靠道德力量来约束。因此，大学生在人际交往过程中，只有真诚待人，才有可能谈得上与别人建立和保持良好的人际关系。社会经验证明，为人与交友最重要、最根本的就是要诚实，诚实才能使人放心，才能取得他人的信任，别人也才能同你推心置腹地交心。信用是大学生结交知己良朋必不可少的前提。大学生们也都喜欢同诚实正派的人交往，这样的交往有一种安全感，不用担心什么。

常言道"言必信，行必果"。取信于人的主要方法概括为守信、信任、不轻诺、诚实、树立自信心。无信不立，守信是第一步。树立自信心，就是为了获取信用，自信被视为成功的第一要诀。一位研究人际关系的学者说得好："人际关系不好的人大都缺乏自信心。想保持良好的人际关系，必先找回个人的自信心。"大学生在交往过程中，既要自信，又要信人，做到互相之间以信相待，以诚相待。

（四）兼容原则

兼容原则是指人们在交往过程中出现矛盾、遇到冲突时要有耐心，能够宽容他人，做到包容并蓄，包括容忍对方的个性和缺点。大学生在人际交往过程中应该学会宽以待人，不计较他人的细枝末节，如物质利益的损失，某些性格上的差异，甚至一些言辞方面的冒犯等，这样才能在学习、生活和工作中保持融洽的人际关系。

大学生主要过集体生活，他们来自全国各地，每个人的个性、习性、兴趣爱好各不相同。有人外向，有人内向；有人热情，有人深沉；有人大方，有人小气；有人学习成绩优秀，有人文体特长较多。因此，要想关系融洽，需要每一个大学生能够尊重他人的习惯、爱好，不把自己的主观意志强加给别人。同时还要充分理解对方的心理，谅解别人的过失，对别人不求全责备。只有这样，同学之间才能避免和消除猜忌、纠纷、傲慢和自卑，形成协调的、融洽的、和睦的人际关系，使大学生的集体成为一个温暖的集体。

和谐的集体需要兼容。兼容不仅表现在对非原则的问题上不斤斤计较，而且表现在当别人明显亏待了自己的时候也能做到以德报怨；兼容不仅表现在容忍别人的短处，也要欣赏别人的长处。当别人不如自己的时候不轻视怠慢，当别人优于自己的时候不嫉贤妒能。当然，兼容也不是软弱无力；恰恰相反，不以牙还牙，抑制狭隘的报复心理本身就是力量和勇气的表现。大学生有文化，知书识礼，应该达到"有理也让人"这样的心理境界，严于律己，宽以待人，兼容并蓄。

（五）尊重原则

尊重是由"人人平等"的社会伦理规范所规定的人际交往原则。它包括自尊与尊重他人两个方面。自尊就是在各种场合都要自重、自爱，不做有损于人格尊严的事。尊重他人就是重视他人的人格和价值，承认他人在人际交往中的平等地位。一个不尊重他人，经常损害别人，或把别人当工具使唤的人，人们是不愿与之交往的。人都有友爱和受人尊重的需要，大学生的自尊心都比较强，他们希望在社会中有一定的地位，受到人们的信赖与尊重，使自己成为社会中平等的一员。

二、大学生人际交往心理的调适

（一）克服交往的心理障碍

1. 摆脱孤独感

孤独感在青年期有其心理上的独特性。随着心理的成熟，他们越来越发现自我与其他同龄人之间的心理差异，意识到自己与众不同的特点，产生了与他人交往、了解别人内心世界并被其他同龄人接受的需要。如果这种需要得不到满足，就容易感到空虚，产生孤独感。大学生们常常产生这样的矛盾心理：一方面觉得自己心中有许多不愿轻易告诉人的秘密，有一种闭锁心理；另一方面又渴望别人能真正了解自己，能与自己以心换心地沟通思想。当寻觅不到这样的"知音"时，便会陷入惆怅和苦恼之中，孤独感加重。

摆脱孤独感的基本途径就在于改变不适当的处事态度和生活方式，拓展生活空间，在积极的交往活动中通过沟通建立与他人的心灵联系。一个人在紧张和充实的生活中，是无暇顾及孤独的。只有在无所事事的时候才会感到寂寞和空虚。因此，在闲暇时间积极从事各种有兴趣的活动，积极参加各种社交活动，可使人觉得生活充实而富有乐趣。当感到自己被人所理解、所接纳，并与别人心理相容的时候，便会抛弃自我封闭的孤独感。

2. 正确对待生活

一个人对人生的看法及其处事态度，会在很大程度上影响他的交往态度和方式。人生总是充满着顺利与挫折、成功与失败、幸运与不幸、获得与失去的交织。生活中，许多人由于种种心灵的创伤而把自己关闭起来。事实上，这种自我压抑的方式只能使自己承受痛苦的煎熬，而不能从根本上得到解脱。最好的办法就是通过多结交些良朋知己，开放自己的心扉。也有人是以清高绝俗的态度来对待人生的，他们不屑与周围的"芸芸众生"为伍，而只期望结交没有缺点的"完人"，实际上是戴着有色眼镜待人接物。当然，"个人奋斗"本身并非坏事，但是，如果鄙视周围的人，离开社会交际，那只能成为孤家寡人，在精神上不可能愉快，在事业上也很难成功。

正确地对待人生，就意味着以平等的态度同他人往来，学会正确地评价别人的优缺点。对大学生来说，关键是要放下自己的架子，去掉清高之感，牢牢记得"三人行必有我师"的古训，与任何人真诚交往都会有所收获的。要善于发现别人身上的闪光点，这样就能找到理想的朋友，建立良好的人际关系。

3. 战胜自卑和羞怯

自卑与羞怯，常常使人不敢大方地与人平等交往。虽然个人主观上很想同别人交往，但又不敢大胆地进入社交圈子，唯恐受到别人的拒绝和耻笑，当与他人来往时，容易出现无法抑制的脸红心跳、惶恐失措，严重者会患上"社交恐惧症"。

战胜自卑和羞怯，尤其是"社交恐惧症"，关键在于树立起成功交往的信心。充满自信才能在精神上和躯体上都有所放松，从而使人显得坦然自若，沉着镇定。第一次成功的社交经验，将会极大地破除社交的神秘感和增强对社交能力的自信，从而逐步走上人际交往的良性循环。

4. 克服嫉妒心理

嫉妒心理是当个体的私欲得不到满足时，对造成这种不满足的原因和周围已经得到满足的人产生的一种不服气、不愉快的情绪体验。在嫉妒心理的支配下，会产生嫉妒行为。对于嫉妒，有的人能够克制自己不采取攻击性言行，使之逐渐淡化，甚至能够将它转化为积极的竞争行为。而有的人则不能把握这种情感，并向消极一面转化，产生痛苦、忧伤、攻击性言行，导致人际冲突和交往障碍。

大学生中嫉妒心理是比较普遍的，因此，很有必要克服、解决好人际交往中的嫉妒情绪，促使其向积极方面转化。这就要求做到：认清嫉妒的危害性是打击别人，贻误自己；正确认识自己，摆正自己与别人的位置，任何人都既有缺点又有优点，重要的是如何取长补短；克服私心，加强个人修养。

5. 克服猜疑心理

人际关系中的猜疑心理，是由于对人际关系不正确的认识而引起的。有这种心理的人对别人总是抱有不信任的态度，认为人人都是自私的、虚伪的。他们总是以一种怀疑的眼光看他人，对他人存有戒心，自己不肯讲真话，戴着假面具与人交往。猜疑是交往的大敌，消除疑心最根本的是去掉私心杂念，"心底无私天地宽"。当产生猜疑心的时候，应立刻提醒自己，暗示自己："我不能这么想，这样会把事情弄糟，无助于问题的解决。""我应该相信别人，不能以己之心度他人之腹。"同时，不妨来个角色互换，即站在对方的立场上处理和思考这个问题，可谓"将心比心"。

(二) 培养良好的交往风度

良好的交往风度是成功交往的基本条件，因为它制约着你在交往对象心目中形成的印象，也制约着对方以何种方式做出反应。人的社交风度是其各种心理素质和修养的外部体现，它能反映出你的道德品质、思想感情、性格气质、学识教养、处事态度乃至交往的诚意。

1. 精神状态饱满

与人交往，神采奕奕，精力充沛，显得坦荡自信，就能激发对方的交往动机，活跃交往气氛。相反，如果萎靡不振、无精打采，便显得是在敷衍对方，即使你有交往的诚意，对方也会感到兴味索然乃至不快。大学生正值青春时期，体力充沛，精力旺盛，思维灵活，反应敏捷，是发展人际交往的良好年华。

2. 待人态度诚恳

不管对待什么交往对象，都应该以平等的态度待人，显得诚恳而坦率，做到一视同仁、不卑不亢。作为大学生，要讲究端庄而不过于矜持，谦逊而不矫饰作伪，在待人接物过程中，充分显示出自己的诚挚之心。

3. 仪表礼节洒脱

根据人际吸引原则，一个人风仪秀气，英俊逸洒，能增加个人的交往风度。大学生应该注意自己的衣着服饰与自己的气质、体型、年龄、身份、场合相符，讲究基本的称呼、问候、告辞、致谢、致歉、寒暄、婉拒等礼节以及交往时的身体姿态。

4. 行为神态得体

人的神态和表情，是沟通人际间思想感情的非语言交往手段，是交往风度的具体表现方式。面部肌肉放松，稍带笑容，是一种轻松友好的表示；而若面部苦若冰霜，则旁人不敢亲近。朴素大方，温文尔雅的行为，能正确表达自己的良好愿望；粗俗不雅的动作则使人生厌。分寸得当的交往距离能使彼此心理上都感到舒适坦然，过度亲热和冷淡则容易引起对方误会。

5. 言辞谈吐高雅

大学生都是有较高文化修养的人，说话时应注意用词准确通俗，语音语调恰当，说笑话掌握分寸，言语不要拖泥带水，不要喋喋不休。幽默的谈吐使人轻松愉快，增添活跃气氛，但要注意场合和分寸。会说更要会听，常言道"会说的不如会听的""用一秒钟的时间说，用十分钟的时间听"。听人说话也是一门学问，需要讲究艺术，不仅要耳朵聆听，还要做到眼睛注视对方，并用心用脑思考每一个问题。

人的交往风度和能力是在交际实践过程中逐渐培养和发展起来的。大学生们只要勇于在社交中锻炼，个人交际能力就必定会不断地得到提高，从而建立良好的人际关系。

（三）加强个人修养

个人修养，主要包括道德品质和文化知识方面的修养，这两者是相辅相成的。加强道德修养，也要提高文化科学知识水平。大学生在加强个人的道德和文化知识修养的同时，还要注意培养豁达大度的胸襟。有意识地培养自己宽阔的胸怀，这也是医治嫉妒的良方。大学生要有气量，不要让私心膨胀。

加强大学生个人修养十分重要，方法也多种多样。例如，学习先进榜样；阅读进步书籍；继承优秀民族传统文化；参加实践锻炼，深入生活，了解国情社情民情。总的来说，大学生要建立良好的人际关系，应该做到严于律己，宽以待人，善于沟通，乐于助人。

（四）调适交往的尺度

任何事物都有一个度，超过或破坏了这个度，就会改变事物的性质，带来不良的后果。因此，在人际交往中要把握好交往的方向、广度、深度、距离、频率等。

1. 交往的方向要正确

大学生的思想相对来说比较单纯，不够成熟，因此，在交往中同哪些人交往、交往的目的是什么、如何把握方向，就显得尤为重要。俗语说"近朱者赤、近墨者黑"，交什么样的朋友对我们今后的发展影响是非常大的，很多大学生就是因为交友不慎而误入歧途，毁了自己大好的前途。因此，我们在交往中的目的、方向一定要明确。

2. 交往的广度要适当

我们每个人都有自己能够密切交往的交际圈，但如果仅限于自己的交际圈，就会陷入狭小的人际圈子不能自拔，形成排他性而失去了许多可交的益友，这是非常遗憾的。因此，我们应该走出原有的交际圈，与更多的人进行交往。但是，我们的交往范围也不是越大越好，如果人数太多、范围太大，就必然会分散自己的精力，影响学习，结果得不偿失。因此，我们交往的广度要适当。

3. 交往的深度要适当

我们在人际交往过程中，如何对待他人、如何选择交往对象、如何确定交往层次，是一个复杂的问题，应该认真加以选择。谁该深交、谁该浅交、谁该拒交要做到心中有数，不能混淆。古人云：益者三友，损者三友。友直，友谅，友多闻，益矣。友便辟，友善柔，友便佞，损矣。这就是说，和正直、讲信用、有学问的人交往，会得益匪浅，与那种献媚奉承、心术不正、华而不实的人交往，则会带来坏处。

4. 交往的频率、距离要适度

在人际交往中，心理距离因素和频率因素起着十分重要的作用。一般来说，心理距离越近，表明相互之间的感情越深，交往的频率越高；心理距离越远，则表明相互之间的感情越浅，交往的频率越低。但是，接触的次数过多，有时容易发生摩擦和冲突，也可能产生腻烦现象，使好感度下降，因此在人际交往中，我们要适当把握交往的心理距离，即使是再要好的朋友，交往也不是越近越亲密就越好，如果两个人每天都形影不离，那么相互之间就会缺乏各自应有的一片天空，久而久之便会产生厌烦心理，影响彼此的感情和友谊。

(五) 学会交往技巧

1. 给人留下良好的第一印象

良好的第一印象的建立，首先靠的是外部特征，如长相、面部表情、身体姿态、言语、行为表现、衣着服饰等。首次相见，双方的注意力要特别集中，将眼睛和耳朵都朝向对方，捕捉对方身上发出的信息，并依此形成第一印象。因此，在人际交往中，应尽量使自己的仪表符合当时所扮演的角色，即在不同的场合、针对不同的人，伴以不同的表情、姿态、语调，该严肃时严肃，该放松时放松，衣着要干净整洁，这是获得对方好感、留下良好第一印象的有效方法。

2. 交谈的技巧

俗语说："一样话，十样说，一句话让人笑，一句话让人跳。"可见，交往中的同一句话由于语气、语调、面部表情和当时的情景不同而出现不同的含义。交谈成功与否不仅取决于交谈的内容，而且取决于交谈的方式方法。我们在与别人交谈时应掌握以下技巧。

(1) 谈话时尽量让对方先说，一来可以显示自己谦逊，二来借此机会来观察对方。

(2) 谈话的过程中，尽可能不要谈论对方的隐私和忌讳的话题。

(3) 在有几个人一起交谈时，不要把注意力集中在一个人身上，要注意平衡。不要目光长时间盯着对方或审视对方，让对方感到不舒服。

(4) 不要经常打断对方的谈话或抢接对方的话题。

(5) 不要口若悬河、滔滔不绝、忽视对方的反应。也不要注意力不集中，经常让对方重复谈过的话题，或对对方的谈话表现出不耐烦。

(6) 不要单方面突然结束交谈或强行把话题转移到自己感兴趣的方面去；也不要随便解释某种现象、妄下断语或不懂装懂，借以表现自己。

3. 倾听的技巧

学会倾听是一项重要的交往艺术，越是善于倾听他人意见的人，人际关系就越融洽，因为，倾听本身就等于告诉对方，你是一个值得我倾听你讲话的人。表现出对别人的尊重，无形中就会提高对方的自尊心，加深彼此的感情。在倾听对方讲话时应掌握以下技巧。

(1) 精神要集中，表情要专注，经常与对方进行目光交流。

（2）要不停地赞许性地点头、微笑、做手势，或不时用"对""是这样"以及重复一些你认为重要的话，这表示你在注意倾听，鼓励对方把话继续讲下去。

（3）在交谈中如有疑问，可以提出一些富有启发性或针对性的问题，对方会感到你对他的话很重视，有知己的感觉。

4. 非语言交往技巧

美国心理学家梅拉比安曾提出了这样一个公式：信息的全部表达＝7％的语调＋38％的声音＋55％的表情。这充分说明了非语言行为的状态作用。为了增进自己的人际关系，应注意以下非语言交往技巧。

（1）服饰技巧。服饰展示着一个人的形象和风度，因此，在人际交往中，必须注意自己的服饰要整洁、得体，要体现出自己的个性，与自己的身份相符合，形成自己的人格风度。

（2）目光技巧。我们说"眼睛是心灵的窗口"，显示着心灵深处的信息。目光是人际交往中重要的信息来源，心理学家发现，在一般文化背景中，人们相互之间频频的目光对视是一种亲切交往，但其对象大多限于情侣和亲人之间。如果一般关系的异性敢于长时间地对视，则意味着彼此感情和关系的升级；在相互不太亲密的交往对象之间，直愣愣地盯着对方，往往是一种失礼的行为；而上下打量对方则是一种轻蔑和挑衅的表示；躲避别人的目光表示自卑；在对方瞪视之下垂下视线，则表示退让和服从。

（3）体态技巧。体态是一种无声的语言，它通过人的手势、身体的姿态、面部表情等来传递信息，既体现了人的精神魅力，又体现了人的外在魅力，是人的思想感情与文化修养的外在体现。一个人的姿势、眼神和动作，能从多方面反映他的内心世界。在日常生活中，如果表现出热情和兴趣，往往身体略微倾向交谈的对方，并伴有微笑、注视等；微微欠身，表示谦虚有礼；身体后仰，表示傲慢；侧转身表示厌恶和轻蔑；背朝人家表示不屑一顾；慌慌张张地走路，表示有压力或感到不安；动作不自然，表明有心事；交往中两手揪衣襟、抓后脑勺，表示缺乏自信；等等。另外，人的面部表情是人的内心状态的晴雨表，它是一个人情绪、态度和人格的外在表现。

在社交场合有些体态应避免出现，如拉拉扯扯、指手画脚、将身体靠在别人身上或物体上、当众伸懒腰、挖鼻孔、掏耳朵、打哈欠、大声说笑、点头哈腰、歪头斜视等。这些都是对人不尊重的表现，会直接影响人际交往。

（4）距离技巧。心理学家通过观察和实验发现，人都有一个把自己围住的心理上的空间，一旦这个空间被人触犯，就会感到不舒服或不安全，甚至愤怒。在人际交往中，人与人之间的距离表达特定的意思。

① 亲密带（0～0.5米）。在这种距离内，人们不仅靠语言，还通过视觉、听觉、触觉、嗅觉来传递信息，每个人都能感到对方呼吸的快慢，皮肤的气味。这样的距离往往限于贴心朋友、夫妻和情人之间，其他人如果插足这个空间，就会引起十分敏感的反应和冲突。

② 个人距离带（0.5～1.25米）。一般的亲密朋友是在0.5～0.8的距离带交往，而普通朋友则在0.8～1.25米的距离交往。

③ 社会带（1.25～3.5米）。在这种距离内的交往，彼此的关系不再是私人性质的，而是公开的社会交往，如在办公室里一起工作的同事总是保持这种距离进行交往。

④ 公共带（3.5～7.5米）。这种距离常常用于非正式交往，人们之间极为生硬的谈话适合于这个距离。如上课、开会等。

在实际交往中，需要我们根据相互之间的关系、亲疏、远近以及类型来调整与人交往的最佳空间距离，从而有助于增进人际关系。

测试与训练

一、阅读材料

阅读资料

二、心理测试

交往类型测试

【测试说明】 以下四对八种交往类型，符合自己实际情况的打"√"，不符合自己实际情况的打"×"，介于符合与不符合之间的打"△"。

1. 主动型/被动型

（1）在路上碰到熟人你主动打招呼。

（2）你经常主动写信或打电话与外地亲友联系。

（3）在课堂上你会主动发言。

（4）在你有困难时，你会毫不犹豫地请求别人帮助。

（5）在车船上，你会主动与别人交谈。

（6）在人们各行其是的环境中生活，你感到不自在。

（7）你喜欢串门。

（8）有同学来拜访你，你非常热情和高兴。

2. 领导型/随从型

（1）你喜欢在大庭广众之下侃侃而谈。

（2）在集体中你常坚持己见。

（3）别人批评你时，你很难接受。

（4）你喜欢考虑影响全局的宏观问题胜于喜欢考虑具体的微观问题。

（5）在同学意见有分歧时，你愿意当仲裁。

（6）你很同情弱者。

（7）当与你有关的人做错事时，你感到自己也有责任。

（8）在有几个人的情况下，有人提出问题你会率先回答。

3. 严谨型/随便型

（1）和老朋友渐渐疏远了，你感到心里不安。

（2）在新环境中，你不会结交一些朋友。

（3）班级活动时，有人替你垫了公共汽车票、门票钱，事后你一定如数归还。

（4）与人约会，因意外情况迟到了，你会再三解释。

（5）你很少同异性同学交往。

（6）在集体活动中，你不会爽朗大笑。

（7）你从无忘记自己诺言的情况。

（8）根据情况取消既定计划，你很不自在。

4. 开放型/闭锁型

（1）在信中或电话中，你经常谈论自己。

（2）心中有事，你总是憋不住要找同学倾吐。

（3）与志趣不同、性格相异的人交往，感到愉快。

（4）同学们愿意找你交流不同的见解。

（5）在集体中，你会发表没有完全成熟的意见。

（6）你喜欢不断结交新朋友。

（7）你喜欢不断接受新思想、新观念、新信息。

（8）经常有同学来拜访你。

【**计分方法**】 打"√"的每题得 3 分，打"×"的每题得 1 分，打"△"的每题得 2 分。将四对八种交往类型分别加出总分。

【**测试结果**】 如果你的每对得分在 16 分以上，说明你属于每对交往类型的前一种；得分在 12 分以下，说明你属于每对交往类型的后一种；得分在 12～16 分之间，说明你属于中间型。

三、心理训练

训练主题：融洽的宿舍关系

大学生的宿舍关系是大学生人际关系的重要组成部分，小小的宿舍是大学生最直接参与的人际交往场所，也是衡量大学生人际交往能力、心理健康和为人处世的一杆小标尺。大学生寝室是学生最为集中，滞留时间最长的社区，是学生生活休息、思想交流、信息沟通、情感传递的主要场所，是大学生人际关系建构的重要阵地，但也是人际关系紧张的高危地带和主要矛盾的集散地。

1. 了解你的宿舍关系

（1）你和你室友是根据怎样的原则分到同一宿舍的？

（2）若可以重新调整宿舍，你会重新选择新的室友与你同住吗？

（3）每间宿舍都会有一名室长，那么，你们是如何推选室长的？

（4）你认为当一名室长，最重要的条件是什么？

（5）假如你是室长，你会采取怎样的方式增进室友之间的感情？

（6）当室友之间发生矛盾冲突，若你是一室之长，你会如何处理？

（7）宿舍的清洁卫生是怎样解决的？

（8）可曾为宿舍某成员庆祝过生日？或全体宿舍成员一起过节日？是以什么样的方式进行的？

（9）若学校或学院举办一个活动，参加的条件之一是全体宿舍成员都参与，那么你们宿舍是如何决定参加不参加这个活动的？

（10）在宿舍成员中，可有分帮结派的情况？若有，它是以怎样的方式形成的？你会扮演什么角色？

（11）关于水电费支付问题，你们宿舍是如何处理的？

（12）在节约水电问题上，你们宿舍是否采取措施？如果有，采取了什么措施？

（13）若你们宿舍设立了室规，那么它都涉及哪些方面？

（14）宿舍成员之间是否经常聊天？是在什么时间？一般的话题涉及哪些方面？

（15）若宿舍成员中有你不喜欢的类型，你会如何与其相处？

2. 宿舍主要问题

（1）"猫头鹰"和"百灵鸟"。你的寝室有没有"猫头鹰"型（晚睡晚起）和"百灵鸟"型（早睡早起)的同学？比如夜里打游戏，语音聊天，点蜡烛看书、打电话等；或者每天早上起得很早，影响大家早上的睡眠。

遇到这样的室友，你协调的方法是：_____

与室友协商制定一份寝室作息制度：

① _____

② _____

③ _____

（2）"邋遢大王"和"栗原太郎"。你的寝室有没有"邋遢大王"（不讲卫生者）和"栗原太郎"（洁癖者）？比如乱扔东西，从来不叠被子，床上又脏又乱，袜子穿完也不洗，踢了球一身臭汗也不洗，上厕所常常忘记冲水，从不打扫寝室卫生，反而是垃圾制造者；或者不允许任何人碰自己的东西，每天要洗很多次手，每天都要洗衣服，觉得到处都是细菌。

遇到这样的室友，你与其相处的方法是：_____

寝室卫生需要大家共同尽义务，请你制作一份值日表，并写出如果不履行规定应受到怎样的惩罚。

（3）"万人迷"和"无人理"。有一些同学是班级里的"爱情宠儿""老师宠儿""学习宠儿"，是学生中的焦点人物，有众多追求者；但是也有一些同学长相平平、成绩平平，得不到大家的关注，从来没有人追求。这就造成了室友之间的心理失衡，容易产生嫉妒、反感情绪。如果你的寝室存在这样两种类型的人，你会怎么调节相互的关系？如果你是"万人迷"或者"无人理"，你想对自己说些什么？

我（万人迷）想对自己说：_____

我（无人理）想对自己说：_____

（4）"富二代"和"草根族"。大学生来自不同的地区，地域的差异可能带来贫富差距，这种"经济的不平等"导致的矛盾在大学生中也很普遍。有的学生家庭条件好，经常请客吃饭，买名牌衣服和化妆品，用高级电子产品；但是有的学生家境贫寒，节衣缩食，自己打工补贴生活费，可能还要申请助学贷款，如果处理不好他们之间的关系，则可能造成互相敌视。

你觉得经济条件差距较大的同学之间能有长久的友谊吗？为什么？

_____

他们之间应该从以下方面互相理解和包容：

_____

（5）"胶布人"和"独行侠"。有的同学无论室友是否愿意，都要拉上室友一起锻炼、上课、吃饭、娱乐等，过于亲密的交往使得室友失去了和别人交流的时间和空间，狭隘的人际交往让室友觉得空虚而对此人的"友好"烦恼不堪。还有的同学什么事都独来独往，万事不求人，很难与他人建立亲密关系。

如果你的宿舍有这两类人，你处理与他们的关系的方法是：_____

_____

四、思考题

1. 什么是人际交往？大学生人际交往有哪些功能？
2. 大学生人际交往具有哪些特点和类型？
3. 大学生在人际交往中容易出现哪些心理障碍？
4. 影响大学生人际交往的因素有哪些？
5. 结合你自己的实际谈谈怎样对常见的人际关系问题进行调适。

第九章　大学生恋爱心理

心灵导读

随着身心发育的日渐成熟，大学生对爱情的渴望和追求自然萌发。什么是真正的爱情，如何对待恋爱、追求爱情，怎样处理好恋爱中出现的各种问题，如何协调恋爱中的各种关系等，将是每个大学生所面临的问题。

教学目标

通过对本章的学习，应了解爱情的含义、特点和恋爱类型，理解大学生恋爱心态以及影响因素，掌握大学生良好恋爱心理的培养方法，从而能够通过积极有效的途径培养正确的恋爱观，调节不良恋爱心态。

第一节 爱情概述

爱情是人类永恒的主题。随着时代的发展、生活方式与人们观念的改变，男女青年对待爱情的观念与态度也在发展和变化。面对时代的发展和自身的成长，大学生应如何理解和对待恋爱与爱情，这是关系他们健康成长的大问题。

案例导入

一、爱情的含义

什么是爱情，如果让 100 个人来回答这个问题，肯定就会有 100 种甚至多于 100 种的答案。

马克思说："真正的爱情是表现在恋人对他的偶像采取含蓄、谦恭甚至羞涩的态度，而绝不是表现在随意流露热情的过早的亲昵。如果你以人就是人以及人同世界的关系是一种充满人性的关系为先决条件，那你只能以爱去换取爱，以信任换取信任；如果你想欣赏艺术，你必须是一个有艺术修养的人；如果你想对他人施加影响，你必须是一个能促进和鼓舞他人的人。你同人及自然的每一种关系必须是你真正的个人生活的一种特定的、符合你的意志对象的体现。如果你在爱别人，但却没唤起他人的爱，也就是你的爱作为一种爱情并不能使对方产生爱情；如果作为一个正在爱的人你不能把自己变成一个被人爱的人，那么你的爱情是软弱无力的，是一种不幸。"

瓦西列夫在《情爱论》中说："爱情是作为男女关系上的一种特殊的审美感而发展起来的，爱情创造了美，使人对美的领悟能力敏锐起来，促进对世界的艺术化认识。""爱情把人的自然本性和社会本质联结在一起，它是生物关系和社会关系、生理因素和心理因素的综合体，是物质和意识多方面的、深刻的、有生命的辩证体。"

苏霍姆林斯基说："真正的爱情，这意味着不仅是欣赏美，而且要培植美，创造美。""在生活中还有别的事情的时候，爱情才会是美好的，如果没有崇高的社会目标将人们联结在一起，爱情就会变成地狱。"

别林斯基说："爱情是生活中的诗歌和太阳，但是在我们这个时代，如果想把幸福大厦仅仅建立在爱情之上，并在内心指望自己的一切意愿都得到充分满足，他将是不幸的。"

车尔尼雪夫斯基说："爱情的意义就在于帮助对方提高，同时也提高自己，唯有那因为爱而变得思想明澈、双手矫健的人才算爱着。"

罗兰说："爱情可能是恒久的，那是一份坚贞和执着，但也可能是很脆弱的，那是当你存有太多幻想而又不肯忍受现实的缺点的时候，能维持长远的感情，其中定有很多的宽容与原谅。"

弗洛姆说："爱是我们对所爱者的生命与成长的主动关切，没有这种关切就没有爱。"

柏杨说："爱情是不按逻辑发展的，所以必须时时注意它的变化，爱情更不是永恒的，所以必须不断地追求。"

邓颖超说："真正持久的爱情不是一见倾心，因为相互的全面的理解、思想观点的协和，不是短时间就能达到的，必须经过相当时期才能真正了解，才能实际地衡量双方的感情。"

通过以上名人对爱情的描述，我们可以定义：真正的爱情是指男女双方在相互交往与了解的基础上形成的彼此爱慕和依恋的情感。

二、爱情的发展

现代人的爱情一般是经过恋爱而形成的。恋爱是男女双方由相互吸引开始，进而相互爱慕和相互依恋、相互知心的过程，一般可以分为三个阶段。

（一）互相爱慕和吸引的阶段

恋爱首先产生于相互吸引。这种相互吸引可能是由于双方的魅力而"一见倾心"，也可能开始时并无好感，接触多了才产生好感。但不论以哪种方式开始，双方总是能互相吸引，不见面时就想念他（她），并产生种种关于对方的想象。这往往是"单相思"的阶段。

（二）互相了解和加深情感的阶段

互相了解和加深情感是恋爱发展的关键阶段。在一般的情况下，当双方基于互相吸引而进行交往以后，总是朝着情感升温的方向发展，双方都在对方面前表现自己的优点，去做一些使对方满意和高兴的事情，甚至尽量去美化对方。但是，这种情感的升温过程也可能由于主客观的原因而中途发生挫折。如发现对方不忠诚、对方恋爱的动机不纯或者家庭反对、某些客观情况发生变化等其他问题，都可能使恋爱关系中断或者破裂。

（三）建立爱情的阶段

所谓建立爱情，就是双方经过一段时间的交往与了解后达成了进一步发展情感的默契，或者彼此明确表态向着缔结婚姻的方向发展。总之，这是正式肯定彼此之间的恋爱关系的阶段。双方开始从共同的关系来考虑问题，情感更加亲密，下一步的发展就是缔结婚姻。

三、影响大学生恋爱的因素

大学期间，性生理的发育成熟是大学生恋爱的最根本的生理动因；生理发展所引发的心理巨变是大学生恋爱的心理动因；而宽松的校园环境、大学浪漫的人文氛围，以及社会开放的文化渗透和道德伦理规范的约束是大学生恋爱的环境动因。

（一）生理因素

一个身心健康的人迟早都会对异性产生倾慕爱恋之情，生理动因是大学生恋爱心理产生、发展的自然因素。我国当代大学生的年龄一般在 18～23 岁，正值青春发育成熟期，即性萌发到成熟的时期，不仅生殖系统即性器官和内分泌在发育成熟，而且大脑中的性控制中枢与情绪中枢也正逐步成熟。这个时期大学生性本能欲求具有很强大的推动力，男女同学之间相容相悦，对异性产生好奇、好感、亲近的心理需要，出现了想与异性交往的欲望，引发其强烈的恋爱冲动，他们通过恋爱来满足这种欲求。

在这种过程中，当生理上的变化以及发育不适，如第二性征发育不良引起的外形缺憾，引发对身体形象、性器官功能发育的不满、不适，觉得不如己意，希望改变但又很难改变时，就会产生心理挫折感，引起诸如自卑、焦虑、忧郁等情绪障碍。同时由于缺乏完备的性知识，以及保守的传统性教育，大学生将一些正常的性意识表现，如想一些性问题、出现性幻想、做性梦等看作一种犯罪，出现性意识困扰，引发其不同程度的心理冲突，表现出焦虑、烦躁、忧郁、厌恶、内心痛苦不安、恐惧以及道德自责等，部分在此方面困扰严重的学生，甚至出现失眠、注意力分散、害怕与异性交往并常陷入一种苦闷之中，从而影响其学习、生活等，甚至阻碍自我的正常发展。

这些情绪障碍、心理反应都对大学生恋爱心理的确定造成了影响，可见生理基础是大学生恋爱心理发生发展的根本原因，也协调着大学生恋爱心理的变化以及表现程度，进而影响着大学生恋爱心理的健康发展。

(二) 环境因素

大学校园里，少了父母、长辈的"束缚"和"监控"，大学生觉得自己有了更大的自由与自主，对自己的恋爱问题持有较大的主见；同时同学中的恋爱相互影响，使得恋爱心理相互感染，活跃了大学生的恋爱气氛；而大学浓厚的文化氛围，使学生可以从各种渠道，如报纸、杂志、影视、网络中获得有关爱情的各种信息，这些又诱导、刺激着大学生恋爱心理活动的发生、发展，并时时刻刻影响、调适着大学生的恋爱心理。

而传统的伦理道德规则也时时牵制影响着大学生的恋爱心理。传统道德严肃又神秘压抑的两面性，在外来"性解放"文化的影响渗透下，冲击着大学生的恋爱心理，使部分学生的恋爱观发生了错位，贬斥传统文化所推崇的贞操观、性与婚姻结合，漠视婚恋、家庭的责任与义务。加之地位、财富、权力等社会功利意识在大学生恋爱心理中的分量渐增，容易使他们陷入婚恋的认识误区，流入"性与道德、法律无关""性与婚姻分离"的思想误区，这些给当事人心理造成或多或少的不良影响。出现婚前性行为的大学生，大多在心理上出现严重不安、自我否定、恐惧焦虑等心理反应。

这些不良的文化风气使大学生情感多于理智，为欠缺理性的恋爱找到了理论根据，并将这些谬论付之于实践，使得他们在恋爱心理上显得既茫然、迷乱而又开放，所有这些都加剧了恋爱期大学生心理的不安、烦恼和焦虑。因此，可以说环境，特别是校园环境，是引导与制约大学生恋爱心理健康发展的一个因素。

(三) 心理因素

作为整个心理系统的一部分，大学生的恋爱心理和整个心理系统以及其他部分有着必然的联系。认知活动是大学生恋爱的感性基础，它对大学生恋爱心理起着感应、唤起和导向作用。而情绪则对大学生恋爱心理体验起着活跃和扩展的作用。情感是造成大学生恋爱心理不稳定的主要因素。大学生可塑性强，情绪波动大，面对情感问题的两难抉择，在理想与现实的天平上，他们不知如何做才能使两者保持平衡，从而顾虑重重，思虑万千，诱发情感冲突。大学生的恋爱心理形成过程中，担心害怕产生激情行为，悲哀带来失望与伤心，愤怒则引发了嫉妒与冷酷等，这常使大学生在建立健康恋爱心理的过程中失去心理平衡，诱发了空虚、无助、寂寞的心绪，引发一些诸如抑郁、消沉、自卑、不安等情绪障碍，可以说情绪调节着大学生恋爱心理的起伏。至于意志方面，则把恋爱的建立与社会义务、责任、权利联系起来，制约着大学生恋爱心理的发展。对众多有关越轨性行为的分析，以及恋爱受挫后的过激行为的调查显示，在缺乏主观意志力作用、自制力薄弱情况下，大学生很难调整自己的恋爱认知与情绪，破坏了恋爱本身的美，严重的还引发恋爱心理障碍。此外，人格特质、自我概念等也都是大学生恋爱心理的重要因素。不同气质类型影响着大学生恋爱的表达方式与程度，以及恋爱心理的发展。性格倾向不同的大学生在恋爱情感体验中的表现也大相径庭。性格外倾者在恋爱过程中往往冲动、狂热、乐观、主动，而性格内倾者则往往谨慎、被动、冷静、悲观。而大学生自我概念在这时也正处于发展成熟阶段，自我评价不当易使之形成自傲、自负等心理。恋爱中的大学生出现的负性情绪，诸如自卑主要是自我评价不当引起的。据调查，许多大学生因自己的外形特征、经济状况、家庭地位等不尽如人意，将恋爱挫折错误归因，怀疑自己的能力，从而造成情爱评价过低，形成消极的恋爱心理，诱发心理障碍，严重影响恋爱心理健康的发展。

第二节 大学生恋爱心理的特点

大学是青年人密集的小社会，大学生产生恋爱要求是很自然的，也是合乎情理的。据调查，恋爱是大学校园里除毕业、工作外，大学生最关心的问题，大学生恋爱已成为大学校园中不可回避、不容忽视的普遍现象。但是，由于大学生身心发育还不成熟，一部分同学还不能很好地驾驭自己的感情，在恋爱中也就不可避免地出现了很多问题。这跟我们恋爱的心态有必然的联系。

案例导入

一、大学生恋爱心态

恋爱是大学校园最热门的话题，也是校园文化的重要组成部分，更是寝室卧谈最多的话题。从某种意义上讲，爱情是人类永恒的主题，也是踏上人生之路的一门必修课。爱情是一把双刃剑，它可以造就一个人，也可以毁灭一个人，因此，如何正确对待和处理恋爱问题，对促进大学生的生活和学习、保证身心健康成长都具有十分重要的意义。

（一）摆脱孤独，寻求慰藉

许多大学生远离家乡、父母、朋友，又不能很快适应大学生活，因而常常有被抛弃、被遗忘的感觉，在节假日里这种感觉尤为明显，孤寂之感随时袭来；加上大学业余生活较为单调，人际关系复杂，这使得处于青春期特殊阶段的大学生常有一种莫名的惆怅和孤独感。当无法从周围获得这种心理需求的满足时，就谈恋爱，借助爱情来补偿心中的空虚寂寞，或摆脱人际孤独，或用之来代替父母的关爱。

（二）跟着感觉走，入乡从众

应该说，有相当一部分大学生对"黑色六月"是刻骨铭心的，都想好好珍惜这来之不易的大学时光，并没有想过早地涉足恋爱。但是，随着大学校园中恋爱现象越来越普遍，一些同学经受不了诱惑和刺激，也纷纷卷了进去，他们往往强调"跟着感觉走，不求天长地久，只求曾经拥有"。可以说，恋爱是一股风气，这股风气引起了男女大学生对异性间如何建立恋爱关系的重视，同时也给许多大学生带来了压力，这股压力迫使一部分人盲目地加入恋爱的行列。例如，一名同学在课桌上写道"窗前明月光，人影一双双。唯我独徘徊，心里闷得慌。"这样的同学就仅仅是为了虚荣心和自尊心而加入恋爱的行列。心想"你们能找，为什么我就不能找呢？我各方面也不比你们差，我要不找岂不被你们笑话？"有的同学认为出出入入有女朋友相伴多潇洒，有男朋友陪伴多安全。

（三）错失机缘，把握机会

有些大学生特别是部分女大学生，担心自己步入社会后已是"大龄青年"，会成为被爱情遗忘的角色，因而把校园作为爱情最后的殿堂，在大学里加紧步伐，抓住机会加入恋爱洪流；还有人认为大学生人才济济，大家经历类似，交往单纯，选择范围大，并且有较长时间互相了解，找一个称心如意的伴侣相对容易，而到了社会上则交往复杂，功利性强，不易找到志同道合的伴侣，所以需要把握住大学恋爱的好时机。

（四）渴望了解，满足好奇

这正是大学生恋爱的生理因素的表现，同时也由于大学生正处在喜欢探寻自我与世界的阶段，而未知的事物总是那么的神秘与充满诱惑，这对于没有恋爱经历的他们来讲，谈恋爱具有很强的吸引力。加上许多爱情故事、诗歌的影响，不少大学生对爱情充满了向往和好奇，渴望亲身体验，所以当机会来到时，即使可能不爱对方，也会去尝试，以满足自己的需要与好奇心。

（五）多方考虑，寻找出路

近年来，一向被认为是"象牙塔"的大学校园也受到社会上一些功利思想的影响，不少大学生的恋爱动机也不免沾染上利益思想。他们把恋爱作为达到自己某种目的的途径，精于为自己的利益打算，刻意与那些家庭经济状况好、社会地位高、有海外关系等条件的学生或校外的人谈恋爱；谁能为自己将来找个好的单位就与谁谈；谁能为自己吃、喝、玩、穿提供优惠条件就主动找谁谈恋爱，不再考虑其他就匆匆地加入恋爱大军中去的现象在如今的大学生中比比皆是。

（六）情感波动，放纵欲念

有少数大学生把谈恋爱作为一种时尚，一种感情消费，觉得大学阶段不谈朋友太亏待自己，认为谈恋爱追求的是一种感官刺激，可以满足与异性交往的欲望，更有甚者认为在大学里谈恋爱可以为以后的恋爱获得经验，并由此发生婚前性行为，把玩弄异性作为一种乐趣，把大学作为自己的一个驿站，通过谈恋爱，从异性朋友身上实现自己的人生享乐。还有的大学生自觉潇洒、漂亮、有魅力，搞三角恋爱、多角恋爱，甚至第三者插足等。著名的教育家陶行知写了这样的一首诗来告诫那些放纵欲念的人："爱之酒，甜而苦，两人喝是甘露，三人喝是酸醋，随便喝要中毒。"

（七）纯洁高尚，为爱而爱

部分大学生在男女长期共同学习、交往过程中，相互吸引，彼此了解，通过双方的选择，以情感为基础，由相知到相爱，由友谊发展到恋爱。这种动机促成的恋爱双方在恋爱中注重心灵的沟通，把和谐的精神生活和共同的事业成功作为目标，以婚姻关系为恋爱目的。

（八）相信感觉，一见钟情

一项调查表明，有 36.66% 的大学生认可一见钟情，两个人一下子就产生了"感觉"，没有理由，没有原因。这当中有"一见钟情"的生理基础——大学生发育基本成熟，也由于其所接触的古今中外艺术经典所熏陶的文化背景中不乏"一见钟情"的故事；在这类大学生心目中本身有一个理想爱人的形象，一旦现实生活中有一个与之符合，那么他（她）就会采取行动；同时大学文化氛围中带有较多理想主义色彩，"一见钟情"正体现了大学生对浪漫主义的追求，因此，有许多大学生在这种情形下将自己抛入恋爱大潮中。

二、大学生恋爱中的心理差异

男女大学生不仅在生理上有相异之处，在心理上也不尽相同。大学生在了解了两性恋爱心理上的差异后，可以在谈情说爱中减少不必要的麻烦。

（一）男同学比女同学更容易一见钟情

人们之间的了解总要从相识开始。爱情萌生于好感，而人们之间的好感，也离不开最初的一见。有的初见没有什么，但是日久生情；而有的则只要见上一面，就会顿生情愫。通常状况下，男同学更注重女生的外貌长相等外部特征，而女同学更注重男生的内心世界，选择对象一般较为慎重。

（二）男同学往往通过展露才华来博得心仪女同学的青睐

男同学为了博得心仪女生的欢心，往往会卖力地展现自己的才华。他们开始注重自己的仪表，学会了在自己心爱的女孩儿面前如何尽情地展示自己的长处，掩盖自己的短处。在有心仪女生在场的情况下，男同学干活会特别卖力，而危急关头也会表现得特别勇敢、机智，不畏强暴。而此时女同学的性格则会变得有些矜持、腼腆，深藏自己的感情。

（三）男同学求爱时积极主动，女同学则偏爱"爱情马拉松"

在恋爱过程中，男同学往往敢于率先表白自己的感情，喜欢"速战速决"，与对方接触不久，就展开大胆的追求，希望在短期内就能取得成功。而女同学则不然，她们喜欢采取迂回、间接的方式，含蓄地表露自己的感情，喜欢将爱情的种子珍藏在心灵深处。

（四）男同学在恋爱中的自尊心没有女同学的强

在恋爱中，男同学一般并不过分计较求爱时遭到对方拒绝所带来的尴尬。如果求爱受挫，他们会用"阿Q精神"来安慰自己，以求得自身心理上的平衡。而女同学则不然，她们在恋爱中极其敏感，自尊心强，并想方设法满足这种需要。

（五）男同学的戒备心理没有女同学的强

一般来说，男同学在恋爱中的戒备心理要比女同学少一些。尽管他们在恋爱初期也十分警惕那些对爱情不忠诚的女子，但不少男同学在与女同学开始接触后，几乎没有什么怀疑对方的心理，爱占据了他们的整个心灵。女同学则不然，她们在恋爱初期抱有较重的戒备心理，显得冷静，常常以审视的态度来观察对方是否出自真心实意，考察对方的个人和家庭详情，唯恐上当受骗。

第三节　大学生恋爱心理障碍与误区

爱情的神圣与庄严、神秘与美好吸引着无数大学生为之折腰。但是，恋爱通常不是一帆风顺的。对于大学生而言，如果在恋爱问题上处理不当，就容易引发恋爱挫折，如失恋、单恋、恋爱纠葛等，将会使当事人精神上受到不同程度的刺激，进而产生不良的心理甚至诱发心理疾病，危及身心健康。

案例导入

一、大学生恋爱心理障碍

（一）失恋

大学生在校期间，其重要的人际关系除师生关系、同伴关系外，还有两性之间的恋爱关系，它对大学生的意义已不仅是恋爱本身，而且是大学生自我价值感和自我评价的重要来源和基础。可想而知，失恋会给当事人带来剧烈的心理创伤，使人处于抑郁、焦虑、自卑、悲愤甚至绝望的消极情绪中。失恋对于大学生心理健康的影响肯定是其人生中最为严重的心理挫折之一。不少学生在失恋后出现失控和反常的心理，会产生极度的孤独感、绝望感和虚无感。大学生失恋后一般有以下四种较为常见的不良心理。

1. 自卑心理

大学生虽然在他人面前显得自信心十足，但同时表现出对他人关于自己的评价以及自我评价的敏感。失恋使大学生对自己的人际吸引力产生极大的怀疑，怀疑自己不会再被人爱，怀疑自己没有能力再去爱别人，表现出对自己建立亲密关系能力的评价急剧降低。有的学生因为失恋觉得自己没有面子，在同学、亲友面前无地自容，特别是在异性面前没了自信，抬不起头来；有的学生觉得自己一无是处，认为自己各方面都很差。这表现出失恋大学生对自己各方面的评价出现偏差，引发过度自责行为，产生强烈的自卑心理，感到羞愧难当、心灰意冷。如果当事人性格内向，更易产生这种心理，长期这样下去，可能因此走上绝路。

2. 绝望心理

绝望心理是失恋所带来的一种极端心理反应，尤其当处于热恋中，其中一方被另一方拒绝而分手时，这种心理表现得格外强烈。当事人很难心理平静，觉得自尊和情感受到严重的伤害。这时他们可能将自己与外界隔离开，以保护自己免受更多的伤害和自尊心的毁损，甚至可能发誓"以后不再恋爱"，对恋爱绝望，从一次失恋中否定对方所属的性别、职业、出生地，乃至爱情本身。这种绝望心理，甚至会影响当事人对学习、生活的信心和兴趣，很可能引发对人生感到无望，出现自暴自弃行为。

3. 报复心理

报复心理是大学生激情犯罪的一个常见起因。失恋后，有的学生失去理智，把自己的痛苦全部归因于对方的抛弃，认为对方对不起自己，因而产生报复心理，认为自己不好过也不让对方好过。特别是由于对方不道德而失恋或恋爱进程明显受他人阻挠时，当事人觉得自己更有理，也就更容易出现报复心理。在这种心理基础上引发的行为常常带有破坏性，引发校园冲突事件，伤害自己和他人。这也是大学生恋爱中极度的占有欲受到挫折后而唤起的心理行为反应。

4. 悲愤、消沉心理

有人将爱情视为生命中最重要的东西，一旦失恋了，就学业、前途也不顾了，终日沉浸在极度的痛苦中，反复咀嚼失恋后的痛苦，变得性格古怪，使人难以接近；有的选择对自己的行为不加约束，放纵自己，或借酒消愁，或沉迷网络，严重的甚至导致精神分裂症。

（二）单恋

单恋也是大学生恋爱中常见的一种恋爱挫折。恋爱应该是两人之间的感情交流，但如果只是一方投入感情，而另一方毫无感情，或是根本不想与之进行这种交流，这就形成了单恋。单恋通常包括两种形式：一种是内心爱慕对方但无法表示出来或已被对方拒绝仍痴情不改的单恋；另一种是把与对方的交往和友谊认为是"有意"或"暗示"而产生的"爱情错觉"。无论是哪种单恋形式都是一种畸形的恋爱，一种臆想型恋爱情结。这部分大学生常常沉湎于自我幻想或想象的虚幻情境中难以自拔。在心理上表现出由于痴情而对单恋对象产生强烈关注、幻想、焦躁和冲动。然而这一切都是在对方毫无觉察或者得不到对方认可和接受的情况下产生的，由此引起单恋大学生内心的痛苦和强烈的冲突；部分大学生碍于周围环境和心理压力，对自己内心深处的情感和暗恋感到难以启齿，不敢向对方诉说。这种闭锁心理更加深了他们的苦恼，很容易产生心理障碍和心态失衡，引发情感失控、精神萎靡、注意力分散、思维迟钝、消沉等现象，给学习、生活、身心健康造成很大的影响，严重的还会导致失去理智、精神异常。特别是低年级学生，长期将这种情感压抑而不解决，那么当事人就很容易出现一系列心理障碍，如沉默、抑郁、消极厌世、喜怒无常、激动不安，有的甚至走向极端，失去自我控制而做出伤害他人的蠢事；少数学生在共同的学习、生活中爱上某位同学，就不顾一切付诸行动，不管对方是否接受就苦苦追求，完全不顾及对方的感受，甚至做出干扰对方正常学习、生活的行为，丧失人格、自尊去表达自己所谓的爱；还有的学生当现实（对方已有恋人）无情地击碎了爱的梦幻之后，就会陷入空虚、烦躁，甚至失落、绝望的巨大痛苦之中，承受感情的煎熬。这样的爱情是一种有害甚至危险的感情波澜，不仅会因为不思茶饭、夜不成眠而影响身体健康，更会因情绪一落千丈、反复无常而损害心理健康。

（三）恋爱纠葛

恋爱纠葛是大学生恋爱的又一种恋爱挫折，主要是指恋爱时因某些主观因素或客观因素引发的欲罢不忍、欲爱不能的感情冲突与内心强烈的矛盾，它给恋爱中的大学生带来一系列的情感危机，引发极度紧张、不安、忧郁、焦躁、恐惧等不良情绪。如有的学生因恋爱遭到家庭反对或周围人的非议，显得心烦意乱、坐立不安、焦虑、抑郁；有的因恋人之间出现矛盾、误解或猜疑而忧心忡忡；有的因陷入"三角恋"或"多角恋"的旋涡中而焦躁不安、恐惧；有的在热恋时由于"第三者"闯入而感到不安、痛苦等。这些恋爱纠葛、情感危机使大学生心理上遭受严重挫折，有的会无法控制自己的行为以及情感，不能正常地学习、生活，甚至会精神崩溃，诱发精神病及导致自杀等恶性事件。

（四）网恋

网恋到底是虚拟的伊甸园，还是潘多拉的盒子？网恋究竟在多大程度上改变了大学生的恋爱方式？种种网恋现象折射出的又是怎样的深层心态？大多数大学生泰然面对网恋，相信在这个网络膨胀的社会中网恋是十分正常的事情。很多学生之所以喜欢上网聊天以及网恋，就是因为网络给了大学生一个毫无阻隔的、无比宽广的交流空间，大家不用彼此掩饰，因为本来就看不到真实的对方。此外感情本来就不是一个看得到摸得着的东西，在现实生活中如此，在网上也是这样。

但是我们应当看到，网络世界假的太多，和现实有很大区别，甜言蜜语往往是信口开河，因此不该将虚拟生活与现实搅在一起。在大学生网恋中，有些人是抱着游戏的态度，不停地在QQ、微信等社交软件中搜索异性，热聊三四天就迅速发展到网恋，失去兴趣后继续搜索。还有一些人，沉溺于网恋无法自拔，造成身心的伤害，甚至荒废了学业。当大家从虚幻的网络世界里走出来的时候，却发现他（她）和网上的他（她）有着很大的差异而无法接受。在网上交流往往会将彼此理想化，希望越大，失望越大，身边网恋失败的例子比比皆是，造成很多大学生较为严重的心理压力。而且更可怕的是一些不法分子开始利用"网恋"从事违法活动，这严重危害到社会的安定。

二、大学生恋爱中的误区

尽管大学生恋爱的心态各异，但大多数人还是能够理性地对待爱情的，只有少数大学生的恋爱是盲目的，甚至是畸形的，他们往往还没有弄清楚爱情的含义就匆匆涉足爱河，演奏出一首首恋爱的变奏曲。仔细分析恋爱心态就不难发现，在青年学生的恋爱中存在着一些误区。

（一）重视现在而轻视未来

当代青年大学生在对待爱情问题上存在着重视现在而轻视未来的趋势，与社会青年的恋爱相比往往侧重感觉，较少考虑对方的家庭地位、经济条件、现实因素，因此大学生的恋爱也更加浪漫、纯情。在校学生的经济收入和毕业后的去向都存在着未知和不确定性，他们也不可能过多地考虑将来的问题，但他们不愿意因为将来的不可知而放弃享受爱情和青春，于是就出现了重现在轻未来的心理误区。不少大学生恋爱，往往只看重当时的感受和过程，而不看重恋爱的结果，只要彼此合适就走到一起，充分享受美好和甜蜜，至于爱情的种子能否结出婚姻的果实，则很少考虑或没有考虑，因此"只在乎曾经拥有，不在乎天长地久"自然有一定的市场。大学生中重视现在轻视未来的恋爱观，从表面上看来似乎存在着它的合理性，但却反映了他们功利主义、享乐主义的人生观、价值观。应当看到，恋爱的最终目的是结婚，但大多数青年学生的恋爱只是享受爱情，而很少考虑将来能否组建家庭，甚至明知道将来不能组建家庭还要谈恋爱，由于不考虑将来，因此也就可以不为对方的将来负责，这是极其有害的。

（二）重视感情而轻视理智

大学生的年龄特征决定了其轻率冲动、易感情用事的心理特点，反映在恋爱问题上，则存在着重视感情轻视理智的误区。据有关资料统计，谈恋爱的大学生的性行为发生率正呈逐年上升的趋势，这一方面说明大学生受到现在开放思想的影响，另一方面也说明相当一部分同学谈恋爱时往往会在一时的感情冲动之下发生性行为。有些同学错误地认为只要双方彼此相爱就可以发生性行为，不需要过多地考虑将来，但他们尤其是女孩子没有考虑到在中国这样一个传统的国度中，人们还是普遍看重贞操的，一旦将来双方不能结合在一起，那么婚前发生两性关系只能既害了自己，又害了对方。

（三）重视外表而轻视内涵

大学校园里恋爱的风气之所以盛行，根本的原因就是大学生很容易被对方漂亮的外表、雄辩的口才等外在因素所吸引。大学生恋爱容易出现一见钟情的情况，谈恋爱的大学生一开始是被对方的外表所吸引，大学生中那些相貌出众的男生女生就容易成为被追求的对象，而相貌不出众的男生女生就不那么引人注目。这反映了大学生在择偶方面的幼稚和片面，他们没有意识到外在的美是一时的，只有内在的美、丰富的内涵才是永恒的、更重要的。

（四）重视享乐而轻视理想追求

在大学校园里虽然流传着不少大学生恋人双方互相促进、最后双双考上研究生、获得爱情事业双丰收的佳话，但大多数大学生谈恋爱后却未能实现学业上齐头并进，为将来的幸福生活打下坚实的基础，而是把时间消磨在花前月下。两人世界的甜蜜使他们淡化了对知识的追求，对理想的渴望，放松了对未来理想生活的不懈追求。

（五）重视爱情而轻视友情

从广义上说，恋爱只是异性交往的一种形式，友情才是异性交往的最主要的形式。在一个人的成长过程中，与同龄人的交往是非常重要的，但恋爱时，两个人整天缠在一起而忽略了与他人的交往。过早地进入二人世界就失去了许多参加集体活动锻炼的机会，也失去了许多重新审视自我的机会，最后导致人际交往发生问题。

第四节　大学生恋爱心理辅导

爱是人类所特有的并经过后天学习而获得的一种情感体验，爱情是其中最美好、最令人陶醉的一种。两颗心在某个瞬间碰撞在一起，但这只是漫漫历程动人而闪光的起点，在生活的激流中经历了种种考验之后，我们才能收获爱情的成熟果实。那么，为了明天的收获，我们必须在今天学习和实践爱的知识。

案例导入

一、以审慎的态度对待爱情与恋爱

爱情与恋爱都是实现婚姻的基础和前提，是关系个人终身的大事，必须审慎对待。人活一生，在世界上相伴时间最长的是夫妻。如果婚姻美满，双方可以度过幸福的一生；如果婚姻不如意，就可能烦恼、痛苦一生。因此，大学生在学习期间切不可以用轻率、游戏的态度对待恋爱和爱情。否则，将会自食苦果，后悔莫及。

如何以审慎的态度对待爱情与恋爱呢？就是要坚持在相互交往、相互了解的基础上建立恋爱关系。"人不可貌相"，不能根据外表来了解一个人，也不能凭借心理测验，而要通过共同的生活实践来进行考察。考察一个人，就是看他如何对待学习，如何对待工作，如何对待他人，如何对待有关国家和人民利益的大事。仅仅根据对方对你好不好，不足以判断对方的人品，因为人在恋爱的时候总是表现得好，总是互相关心、互相爱护、互相帮助，结婚以后能否这样就不得而知了。如果我们了解一个人在各方面都表现得比较好，就比仅仅了解他对你好要可靠得多。

二、坚持理性的抉择，调控恋爱的动机

男女恋爱的动机是一种复杂的系统，有满足眼前短时需要的动机，有满足终身婚姻需要的动机，有追求物质需要的动机，也有发展事业需要的动机。恋爱双方必须根据主客观的条件和长远的需要进行明智的抉择。

人都有爱美的天性。男性喜欢女性美丽、苗条；女性喜欢男性高大、英俊；男性喜欢女性温柔、体贴、善于持家；女性喜欢男性聪明、能干、对家庭负责、有事业心。然而，在这些相互喜欢和期望的人品中，有些是长期起作用的，有些只是暂时起作用的。爱美之心，人皆有之。在恋爱之初，美是起重要作用的因素。然而，外表的美是随着年龄的增长而变化的，年龄大了，面貌和身材就不再美了。如果人们以外貌的美作为维系爱情的主要因素，那么，随着年龄的增长，婚姻就会产生危机。维持婚姻长期稳定的主要因素是志趣相投、互相关心和体贴。除此之外，还要有对家庭的责任感和道德感。这样，当家庭面临意外事件的冲击、遭遇不幸时，才能迎风搏击，渡过难关。

卢梭说："道德的美必然增添爱情的美。"因此，大学生在选择恋爱对象时，要善于识别和把握那些对婚姻稳定长期起作用的因素，并把对这些长期因素的追求作为恋爱的主导动机。外表的美要能体现心灵的美，爱情必须有道德感维系，这样才能消除婚姻中隐藏的危机。

三、区别友情与爱情

异性大学生间的友情与爱情，有时会交织在一起，犹如孪生的姐妹、并蒂花那样，很难辨别清楚。但是它们之间既有相似之处，又有不同点。总的来看，异性青年的友情是爱情的最初表现形式，但是友情并不等于爱情；爱情是友情发展的一种结果，而友情并不必然发展为爱情；爱情是友情的延伸和继续，而不是友情的结果；获得爱情的人同时会享受到友情的芬芳，而获得友谊的人则并不都能体验到爱情的韵味。

爱情是一种专一的感情，具有封闭性、排他性；而友情则产生在普遍的人际关系中，是开放、广泛和可以传递的。爱情具有"隐秘性"，不愿在众目睽睽之下谈恋爱，也不愿把自己爱情的言行公开在他人面前；但友情则是公开的，不仅是友情的对象，表达和交往的方式也同样如此。友情与爱情的不同还表现在交往不同：友谊最重要的交往是彼此的相互了解，而爱情是依靠感情而对对方的美化，人往往很难像分析好朋友一样分析爱人的优缺点。地位不同：朋友之

间立场相同，地位平等，既有人格的共鸣，亦有剧烈的冲突；而爱情则有一体感，两者不是互相碰击，而是互相融合的。责任不同：友谊关系主要承担道德义务，朋友之间要做到忠诚热忱、友爱互助，要讲原则明是非；而爱情关系的双方不仅要承担道德义务，结为婚姻关系后还要承担法律义务。

大学生活中，友情是大学生人际交往的重要方面，它为大学生活提供了和谐、理解的气氛，使朋友和同龄人的意见更易于吸收，为大学生个性心理发展创造了良好的环境。同时，同学之间的友好交往会使大家感到集体的温暖，有利于解除个人的孤独感，有利于培养大学生良好的心理素质。友情的存在，给了在集体中生活的同学以感情上的慰藉、生活上的帮助、学习上的指导和同龄人之间的理解。因此，大学生更需要友情，同时更应注意正确区别友情与爱情，认为男女之间只有爱情没有友情，或者错把友情当爱情，都不可能获得真正的友谊和爱情。只有正确地区别了友情与爱情，才能去大胆地建立友谊，才能实现对爱情的向往和追求。

四、把握感情之舵

在恋爱过程中，强烈的情绪体验，使爱情强烈、奔放、焕发，使生活五彩缤纷，使恋爱过程甜酸苦辣俱全，从而大大地丰富了爱情的浪漫和吸引力。爱情还能提供巨大的动力，青年想念心爱的人会彻夜不眠；中意理想的异性后，可以花几天时间写一封有生以来最费脑筋的长信；约会时，宁愿跑得大汗淋漓，也不迟到一分钟。爱情还具有一定的评价作用，青年在恋爱时，产生的情绪反应和情绪体验，会使自己知道最喜欢的是什么，自己爱上了对方哪些方面。但是，在爱情的影响下，青年的某些心理过程也会产生特异的改变，出现一些和平常不同的特点。比如，热恋中的男女，相恋情感高涨而使理智有所蒙蔽，"情人眼里出西施"，这似乎是爱情领域中一种规律性的现象。在这种现象的作用下，他们感到对方完美无缺，只看到对方的优点，看不到对方的缺点，甚至把缺点看成是优点。如果别人指出恋人的缺点，就会觉得别人多事。他们总夸大自己与恋人之间的相似性，抹杀其间的差别，感到对方非常理想，将对方偶像化，用自己的想象去补充美化自己爱慕的人。

爱情的这种现象是由于爱的炽热"熔化"了自我，并且具有如下特点：失去独立意识，完全与恋人保持一致；盲目崇拜或听信恋人，因此变得朴实谦虚起来；舍弃自己的个人利益，积极主动地迎合恋人的愿望；为对方做自己能够做的任何事情，只讲贡献不求索取；还会宽容对方的某些缺点和不足。

进入青年中后期的大学生，其生理成熟的速度高于心理发展的速度，更高于道德认识的速度。阅历浅，人生观和性格还不定型，对恋爱婚姻问题缺乏全面的认识。因此，极易感情放纵造成不应有的失误。

大学生对爱情要慎重，要把握好情感之舵。如果一个人失去个性，就会变得脆弱，使对方感到失去了爱慕的对象和客体，也会失去魅力。如果过分地迎合对方，还可能使自己个性特点逐步消失或者畸形发展，甚至为对方干出一些不正当的事情。爱情的发展和增强也有强大的推动作用，使恋人的形象在头脑中理想化，剔除了其中引起不良体验的部分，爱情会由此而变得更加纯洁、强烈、更令人向往。然而爱情也能使当事人产生错觉，甚至对恋人的某些本质性缺点视而不见，把友人的好心忠告当作耳旁风，一意孤行，酿成大错。一旦冷静下来，理想的光环失去，才发现对方并无光彩。因此青年在恋爱时，客观的评价是非常必要的。

热恋中的双方情感专注热烈，指向性很强，他们心中只记挂着对方，恨不得时时刻刻在一起，而对两人感情活动以外的其他活动兴趣不大。大学生要控制这股如火的热烈情感，并使之成为学业追求的动力。

五、纯真、自然交往

男女之间的爱情是一种纯真而美好的感情。这种纯真的爱情生活，是人类的一种高尚的精神生活。只有在这种爱情基础上发展起来的恋爱和婚姻关系，才是美满和幸福的。在恋爱过程中要做到以下事项。

（一）真诚相待

帮助对方了解自己，吸引对方的回报，两人在相互的展示中，能够找到更多的共性，产生较强的共鸣。

（二）互相尊重，讲求礼貌，平等相待

恋爱中双方是平等的，每个人都应该尊重对方的看法，尊重对方的选择和行动自由，不应以"主人"或"支配者"的地位自居。

（三）互相谅解，尊重人格，互相帮助

帮助对方解决各种困难和问题，是感情培养的重要方向。

每个青年人都需要爱情，但每个人也都需要理想、事业、前途等。如果一方在建立爱情的同时企图取得这些东西，另一方要支持恋人的追求，这样两人的心会贴得更紧。

爱情是男女两性交往和精神交流的产物，尽管离别助长爱慕，但在恋爱中有一定的交往频度还是必要的，特别是在感情建立初期更是如此。不过，交往不应过于频繁，有的人一爱上对方，恨不得一天见一次或者整天待在一起才好，这不但浪费时间，也不利于感情培养。接触过频，发展过快，不能冷静考虑，有时也会因过于熟悉，慢慢失去激情和新鲜感，使人觉得爱情生活过于平淡枯燥，缺少令人兴奋的内容，感到对方身上的理想和色彩慢慢消退，失去吸引力。恋爱不等于结婚，所以必须保持一定的距离，善于用恰当的形式表达自己的爱情，就像俗语所说：真正爱情的表达不是用嘴，而是通过全部生活来体现的；真正爱情的接受不是用耳朵，而是用心灵来体验的。

爱情的甜蜜和幸福并非只表现在相互的亲昵，它还包括在事业上的相助，学习上的互帮，生活上的互相体贴，患难之中的互相照顾。工作学习是无止境的，亲昵则应当适可而止，应主动参加一些有益的集体活动，到朋友中去，到大自然中去。

六、践行爱情道德

自古以来，人们都赞美坚贞的爱情，真正的爱情是经得起人生道路上的种种曲折、磨难的考验的。爱情使人们在艰苦的生活和工作面前能够互相激励，增强信心和勇气，所以说它是一种特殊的情感。这种情感应该是强烈而持久的，绝不是一时的感情冲动；应当是纯洁而又高尚的，绝不允许存在别有用心和虚伪；应当是面向生活并有明确的责任和义务的，绝不能脱离生活和实际困难而空想。美好的爱情应当是单一的、强烈的、持久的。这样，才能使生活更加美满幸福。

诚实专一是恋爱道德的核心。只有诚实专一的阳光雨露，才能培育出艳丽的爱情之花。当然，在一个青年即将进入恋爱生活的时候，他有权进行选择，一个人在几个人中选择自己的对象，看看与谁建立恋爱关系更合适，这是允许的，也是必要的。但是，这种选择更多地应该在友谊的基础上进行。然而我们都知道，友情没有数量和性别的限制，爱情则除了友爱之外还有性爱的因素等，因此，一个人不能同时与一个以上的人发生爱情。搞三角恋爱，不管是因为认

识上的不足还是出于其他动机，都是作弄人、伤害他人感情的行为，只会给别人带来痛苦。总之，交友可以广泛，爱情只能专一，一心一意者高尚，心猿意马者糊涂，来者不拒者虚荣，左右逢源者轻薄，游龙戏凤者堕落，门当户对者封建。

恋爱婚姻的实质，就是经过慎重选择，由两个人参加、结成生活道路上共同战斗的忠诚伴侣，组成一个家庭生活单位，成为社会中的一个细胞。因此，践行爱情的道德要求是十分重要的，因为它不是纯粹个人的私事，而是要对双方负责，要对后代负责，要对社会负责。真正的爱情必须是忠实的，既然在爱情上做了慎重的选择，就要对彼此间的爱情负责，承担道德上的责任和义务。一个人爱另一个人或接受另一个人的爱，那么他对其便承担着严肃的社会和心理责任。有人说这是做感情的奴役，但是列宁说："克己自律绝不是奴役，它们即使在恋爱方面也是必要的。"

七、走出失恋困境

恋爱不可能总是成功的，因为存在着不利于恋爱的种种社会和个人的因素。失恋对任何人来说都不是甜的滋味，但是对一个有明确生活目的、有理智、能控制自己感情的人来说，它是可以解脱的。爱情是两相情愿的结合，只可追求而不可强求，既要尊重自己的选择，又要尊重别人的选择。做到失恋不失智、不失德。

（一）改变对失恋的错误认知

面对失恋的打击，不同的人会出现不同的反应，原因首先在于不同的人看待问题的方式不同。要减少失恋对一个人的负面影响，最主要的是排除一些对恋爱不合理的观念，比如"爱情是人生的全部""再也不会遇到比他更好的人了"等。失恋者应换个角度看问题，爱情在人生中占有重要地位，没有爱情的人生是不完美的，但爱情不是生命意义的全部，只为爱情而活着是苍白的；应看到爱情的脆弱性一面，恋爱可能成功，也可能遭遇失败；一次失恋不等于整个爱情生命的结束，人还会再恋爱，时过境迁，又是柳暗花明；失恋只是一种选择的结果，每个人的欣赏角度不同，不同的人对于恋爱对象的心理需求各有侧重，对方不选择自己并不等于自己一无是处。

（二）了解"失恋过激反应"的心理机制

人们对现实的感受，往往并不等同于现实，最多只能接近现实。心理学家契可尼通过实验证明，一个人的记忆有这样一个奇特的方面，它对已完成的事情极易忘却，而对中断了的、未完成的事情却总是记忆犹新，这被称为"契可尼效应"。没有结果的恋情让人刻骨铭心，回味无穷，从心理学上解释，也许正因为它是未完成的、不成功的。如果你懂得这一心理学常识，也许对于没有结果的爱就不会那么执着和念念不忘了。

（三）多为对方着想

一个人对伤害自己的人会本能地产生仇恨，这也是失恋者不能从痛苦中走出来的重要原因。我们应失恋不失态，失恋后不要穷追不舍、纠缠对方，甚至产生报复心理。谁都有选择爱的权利和拒绝爱的权利，既然是你所爱，就应设身处地为对方着想，让对方做选择，告诉对方，尽管你很痛苦，但如果对方觉得这样更幸福，那你就尊重他（她）的决定，并祝他（她）幸福。仇恨和报复并不能挽回失去的爱情，只能使自己的心态更加失衡，只有宽容才能让人释怀。

（四）适当运用心理保护机制，消除爱情固着心理

因为爱一个人，会觉得对方是最适合自己的，失去了倍感珍贵，甚至明知道对方不爱自己

了，但依然深深地爱着对方而不能自拔。针对这种心理，应当运用"酸葡萄"效应，多想想对方的缺点，打破把对方过于理想化的倾向，以修补心灵的创伤。常言说得好，"塞翁失马，焉知非福"，失恋虽然让你失去了一次机会，但是却让你进入了一个充满新机会的世界。人有一种在感情上进行自我恢复和再次示爱的能力，当你平静地接受现实，重新寻觅，你就会惊奇地发现，生活中还有更适合自己的人。许多重新获得幸福的人都有这样的体会。

（五）转移自己的注意力

失恋之后之所以难以摆脱恋情的困扰，是因为你还把自己放在昔日与恋人的美好回忆情境中，因此要学会将自己的情感与注意力适当地转移到失恋对象以外的人或事上。如清理掉与其相关的物品，避开你们以前常去的地方。同时，扩大人际交往，积极参加学校的各种娱乐活动，投身于大自然，在自然的怀抱中得到慰藉。

（六）适当地发泄情绪

不要把失恋的痛苦压抑在内心深处，一个人慢慢品味，而要寻找合适的途径把痛苦、难堪和绝望的情绪发泄出来，以减轻心理的负荷。如找个没人的地方痛哭一场；或找朋友或亲人倾诉你的痛苦，得到他们的理解、关心和支持；或通过心理辅导老师的帮助，宣泄苦闷，重新建立起心理平衡。

八、培养爱的能力

爱是一种情感，也是一种艺术、一种能力。青年大学生要重视培养发展爱的能力，从而不仅祈求爱、渴望爱，更善于爱。

（一）迎接爱的能力

迎接爱的能力包括给予爱和接受爱的能力。前者是心中有了爱，在理智分析后，敢于表达，善于表达的能力；后者是面对别人的求爱，能及时、准确地做出判断，并做出接受、谢绝或再观察的选择。

要具备迎接爱的能力，就应懂得爱的深刻内涵，有健康的恋爱价值观；就应了解自己，知道自己喜欢什么、需要什么、适合什么；就应对自己、对他人保持热情；关心他人、热爱他人，博爱是爱情的基础和养料，正如马卡连柯所说"一个青年人如果不爱他的父母、同志和朋友，他就永远不会爱他所选来作为妻子的那个女人"。应在生活的所有领域里都能保持创造性和主动性，倘若在其他领域消极无能，他在爱的领域也必将重蹈覆辙；应有一种健康的心理，能坦然地表达爱或接受爱，能承受求爱被拒绝或拒绝求爱所引起的心理扰乱。

（二）拒绝爱的能力

拒绝爱的能力就是对不愿或不值得接受的爱加以谢绝的能力。它包括两个方面：一是敢于理智地拒绝不希望得到的爱情，学会勇敢地说"不"；二是要掌握恰当的拒绝方式，即运用一种充满关切、尊重和机智的方式，维护自己也维护他人的利益。

（三）承受失恋的能力

承受失恋的能力是一种善于运用理智的力量驾驭痛苦的情绪，善于通过积极有效的途径和方式引导情感的挫折，以积极的姿态走出失恋的困境，恢复心理平衡的能力。

（四）发展爱的能力

发展爱的能力是在爱情生活中，维护、增进、深化爱的能力。在恋爱乃至婚姻生活中，会遇到许多矛盾、挫折、纠纷，发展爱的能力体现在能妥善处理这些可能对爱造成破坏的障碍，体现在相爱和共同生活的过程中，能使爱情不断更新、不断发展，保持永久的魅力。

测试与训练

一、阅读资料

阅读资料

二、心理测试

恋爱观测试

【测试说明】 恋爱观测试由 17 道题组成，从答案中选择一个符合自己的实际情况的。

1. 你想象中的爱情是（　　）。

A. 具有令人神往的浪漫色彩　　　　　B. 能满足自己的情欲

C. 使人振奋向上　　　　　　　　　　D. 没想过

2. 你希望同恋人的结识是（　　）。

A. 在工作或学习中逐渐产生爱情　　　B. 青梅竹马

C. 一见钟情　　　　　　　　　　　　D. 随便

3. 你对未来妻子的主要要求是（　　）。

A. 别人都称赞她的美貌　　　　　　　B. 善于理家

C. 顺从你的意见　　　　　　　　　　D. 能在多方面帮助自己

4. 你对未来丈夫的主要要求是（　　）。

A. 有钱或有地位　　　　　　　　　　B. 为人正直有事业心

C. 不嗜烟酒，体贴自己　　　　　　　D. 英俊有风度

5. 你认为完美的结合是（　　）。

A. 门当户对　　　　　　　　　　　　B. 郎才女貌

C. 心心相印　　　　　　　　　　　　D. 情趣相投

6. 你认为巩固爱情的最好途径是（　　）。

A. 满足对方的物质要求　　　　　　　B. 柔情蜜意

C. 对恋人言听计从　　　　　　　　　D. 让自己变得更完美

7. 在下列格言中，你最喜欢的是（　　）。

A. 生命诚可贵，爱情价更高　　　　　B. 爱情的意义在于帮助对方，同时也提高自己

C. 有福同享，有难同当　　　　　　　D. 为了爱，我什么都愿意做

8. 你希望恋人同你在兴趣爱好上（　　）。

A. 完全一致　　　　　　　　　　　　B. 虽不一致，但能相互照应

C. 服从自己的兴趣　　　　　　　　　D. 互不干涉

9. 当你发现爱人的缺点时，你会（　　）。

A. 无所谓　　　　　　　　　　　　　B. 嫌弃对方

C. 内心十分痛苦   D. 帮他(她)改进

10. 你对恋爱中的曲折的看法是( )。

A. 最好不要出现   B. 自认倒霉

C. 想办法分手   D. 把它作为对爱情的考验

11. 你对家庭的向往是( )。

A. 能同爱人天天在一起   B. 人生归宿

C. 能享天伦之乐   D. 激励对生活的新追求

12. 自己有一位异性朋友时,你会( )。

A. 告诉恋人,在同意下继续交往   B. 让恋人知道,但不准干涉

C. 不告诉   D. 告诉与否看恋人的气量态度而定

13. 另一位异性比恋人条件更好,且对自己有好感,你会( )。

A. 讨好对方,想法接近   B. 保持友谊,说明情况

C. 持冷淡态度   D. 听之任之

14. 当你迟迟找不到理想的恋人时,你会( )。

A. 反省自己的择偶标准是否实际   B. 一如既往

C. 心灰意冷,甚至绝望   D. 随便找一个

15. 当你所爱的人不爱你时,你会( )。

A. 愉快地同他(她)分手   B. 毁坏对方的名誉

C. 千方百计缠住对方   D. 不知所措

16. 你的恋人对你采取不道德的方式变心时,你会( )。

A. 报复   B. 散布对方的缺点

C. 只当自己没有看准   D. 吸取教训

17. 当发现恋人另有所爱时,你会( )。

A. 更加热烈地求爱   B. 想法拆散他(她)们

C. 若他(她)们尚未确定关系就竞争   D. 主动退出

【计分方法】 在表 9-1 中,找出你所选题的分值,将所有题目的得分相加。

【测试结果】 总分在 46 分以上,恋爱观正确;42～45 分,恋爱观基本正确;42 分以下,恋爱观需要调整。

表 9-1 分 值 表

选项	1	2	3	4	5	6	7	8	9	10	11	12	13	14	15	16	17
A	2	3	1	0	1	1	2	1	1	1	2	3	0	3	3	0	1
B	1	2	2	3	1	0	3	2	0	2	1	2	3	1	0	1	0
C	3	1	1	2	3	2	2	0	2	0	1	1	2	0	1	2	2
D	0	1	3	1	2	3	1	3	3	3	3	1	1	1	1	3	3

三、心理训练

(一)主题:情感世界

1. 准备

将全体同学分成四组,要求男女生分配比例适当。

2. 要求

扮演角色要认真投入,用心体会在角色扮演中的情感反应,认真观察别人的表演,倾听别

人的感受，在课后将自己的感受写出来。

3. 训练过程

第一组题目：大学恋爱三部曲

A. 先讨论确定大学生恋爱分哪三步，然后男女生自由配对进行简单的表演，要求每一对的表演具体形象、有代表性。一对同学表演时其他同学认真观察、评分。

B. 小组在部分成员表演后，展开讨论，交流表演的感受和观察的感受。

第二组题目：异性间正常适度的情感交流

A. 小组先讨论异性间正常适度的情感交流中应注意什么问题，然后自由组合，各自设计情感交流的方式，依次表演。一对同学表演时，其他同学认真观察、记录、评分。

B. 小组在部分成员表演后，展开讨论，交流表演的感受和观察的感受。

第三组题目：失恋状态

A. 每个小组成员根据自己的观察、体验、想象，独自设计表现失恋状态的方式，依次表演，其他同学观察、记录、评分。

B. 小组在部分成员表演后，展开讨论，交流表演的感受和观察的感受。

评分：按照商议的评分规则，分成自评与他评的方式给各组打分，选出最佳表演奖获得者，并将各组的体会整理出来，大家分享，同时选出最深刻感悟奖获得者。

（二）给正在恋爱的同学出谋划策

就如何正确处理恋爱与学习、恋爱与活动、友情与爱情等的关系，先配对讨论，接着小组讨论，最后各小组交流和汇报讨论结果。

（三）分组讨论

（1）男女同学交往应当怎样把握友谊与爱情的界限？年龄相当的男女之间是否会存在纯洁的友情？很多人认为年龄相当的男女如果有深厚的友情的话，要么发展成为情人关系，要么就倒退为很一般的朋友甚至会变成陌路人，这种看法对不对？

（2）高中时，我和一个男孩子情投意合，但双方因学习压力大始终没有捅破恋爱这层纸。上大学后他给我写了封火辣辣的求爱信，可此时我和他相隔遥遥千里，我没有信心开始这段恋情，我该怎么办？

（3）青春期的大学生没有产生对恋爱的渴求，甚至认为自己将来不会谈恋爱或结婚，这种心理是否有点不正常？有人认为爱情往往不能给人以安全感，有些人宁愿终身不结婚，应当如何看待这种现象？

（四）讨论"罗密欧与朱丽叶"现象

让一位爱好外国文学的同学查阅有关莎士比亚的作品《罗密欧与朱丽叶》，在课堂上给其他同学介绍"罗密欧与朱丽叶"现象，并请其他同学提问和讨论。

四、思考题

1. 什么是爱情？大学生的爱情是如何发展的？
2. 大学生的恋爱具有哪些心理特点？
3. 男女同学在恋爱中有哪些心理差异？影响大学生恋爱的心态有哪些？
4. 大学生常见的恋爱障碍和误区有哪些？
5. 结合实际谈谈如何培养爱的能力。

第十章　大学生性心理

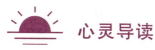

心灵导读

性是人性的表现，大学生处于性生理发育基本成熟，性心理发展正趋激烈的阶段，与性有关的许多问题，如性意识、性吸引、性冲动、性压抑等直接影响着大学生的学习、生活和心理健康。

教学目标

通过对本章的学习，应了解性心理的含义和大学生性心理发展的状况，理解大学生健康与不健康性心理的表现以及影响因素，掌握大学生健康性心理的培养方法，从而能够了解在性心理方面存在的问题，能通过积极有效的途径和方法对性心理困惑进行自我控制和调节。

第一节　性心理概述

案例导入

性是在生物进化过程中融贯个体的全部素质，以性器官和性特征为主要标志，以繁衍后代为原始意义的一种客观现象。人类的性是一种多维价值系统，如果没有性的生物学基础，也就谈不上它的心理成分，但人类的性心理不仅仅是一个单纯的神经精神活动及其伴随的生理和生化过程，更是一种生命感受并受意识形态、道德、伦理等加工和控制，这些文化沉淀的参与和注入使性心理更为复杂化，成为当今人们隐蔽很深的心理现象。

一、性与性心理

（一）性的含义

人类文明的发展，已逐渐把性从纯生殖的功能中分离出来。我们认为，应从生理、心理和社会三种存在方式来认识、理解性的概念。

从生理的角度说，性是人类最基本的生物学特征之一，性的需要，就如人需要呼吸、饮食一样，都是人的一种自然本能。孟子所云"食色，性也"，《礼记》所云"饮食男女，人之大欲存焉"，均表明人生来就有食欲和性欲两大欲望。

从心理的角度说，性的基本意思是指与"性"有关的一切心理现象，它不仅包括性交、性爱抚等所有直接的性活动，还包括人们对于性的情感、态度、价值观和性方面的喜好等心理方面的表现。

从社会的角度说，性是人类得以繁衍、进化之本，性活动则是人类社会生活的基本内容之一。无论何时何地，人类的性观念和性行为都受制于一定的社会意识形态和道德规范，而不是"两个人的私事"。

（二）性心理的含义

所谓性心理是指在个体性心理成熟的基础上所形成的与性征、性欲、性行为有关的心理状况和心理过程，包括异性交往、恋爱、婚姻等与异性有关的心理问题。简而言之，就是与性生理、性行为有关的心理现象。大学生由于其生活环境和成长背景与其他同龄人不同，性心理有明显的校园色彩。

从本质上看，性心理是人的生物性与社会性的统一。生物性是指男女在生理结构上的差异和人生来就有的性的欲望和本能，它是人类生存和繁衍后代的必要基础条件。从这个方面来说，人类的性与一般动物的具有相同之处。但是，性心理的本质是它的社会性。如人的择偶标准、恋爱、性行为等都体现出个体性的社会需求。因此，个体性心理既要受到人发展的生物规律的支配，又要受到人类社会文化发展条件和各种社会需要的制约，两者是密不可分的有机统一体。

（三）性心理的内容

人的性心理活动是围绕性征、性欲和性行为而展开的一个动态的过程，主要包括以下内容。

1. 性感情

性感情是指因性而生的两性之间微妙的感情关系，正是这种性感情促成两性之间具有充分的吸引力。

2. 性意识

性意识是对性的言语水平的觉知，主要包括男女的性别意识和青春期后萌发的性欲意识。

3. 性知识

性知识是经耳闻目睹获得的有关性问题的知识内容。

4. 性经验

性经验是经身体力行获得的关于性的实际感受和体验。

5. 性观念

性观念是指对有关性问题的较为稳定的看法和持有的态度评价。

（四）性行为的方式

性行为，一般而言是受到性欲的驱使而出现的动作与活动。性行为在人们的日常生活和社会活动中是普遍存在的，而对这种行为的认同要依行为人之间的相互关系和所处的不同文化群体而定。如在西方社会可能属于一般性礼仪的拥抱和接吻，在我国通常是男女相爱的一种表达方式。性行为的表现形式十分多样，可以做多角度的划分。

1. 按照性行为发生的对象划分

（1）在异性之间发生的性行为，这也是通常意义上的性行为。

（2）在同性之间发生的性行为，比较典型的就是同性恋。

（3）无须他人参与，而是靠自己通过手淫等方式发生的性行为。

2. 按照性体验的程度划分

（1）性感，通常仅是在视觉意义上的性兴奋。

（2）边缘性行为，泛指除性交外的一切亲昵行为，如拥抱、接吻、性爱抚等。

（3）性交，也就是狭义的性行为。

3. 按性质划分

（1）正常的或一般的性行为，通常指发生在男女两性之间的符合当地社会习俗的性行为。

（2）异常的或变态的性行为，如恋物癖、窥阴癖、暴露癖、异装癖、性虐待等。世界各国性教育工作者和性科学工作者普遍认为，同性恋不是变态，而是"性少数"。

二、健康与不健康的性心理

（一）健康的性心理

健康的性心理不仅表现为个体身心的健康，也表现为在健康性心理作用下的性行为的健康，从而构建整个社会性心理的健康。大学生要培养自己健康的性心理。

健康的性心理有以下表现。

1. 正确认识自我

愉快地接纳自己的性别，能够正视自己性生理的发育和性心理的变化，客观地评价自己和他人，并乐于承担相应的性别角色。

2. 正常的性欲望

性欲望是能够获得性爱和性生活的前提条件。一个人如果没有性欲望，就不会有性爱与和谐的性生活，性心理健康也就无从谈起。

3. 性心理特点和性行为符合相应的性心理发展年龄特征

在生命发展的不同年龄阶段，人的心理发展表现出不同的特征，性心理发展也同样呈现阶段性的特点。如果一个人的性心理与大多数同龄人格格不入，就不是健康的性心理。

4. 较强的性适应能力

性适应能力就是个体的性活动与外界形成和谐关系的能力，即性生理、性心理、性社会三要素在性生活过程中交互作用而显示出的一种协调状态，是个体的性活动与外界形成的一种和谐关系。

5. 和异性保持和谐的人际关系

性心理健康的个体，能够在日常的学习、生活中与异性进行自然的、符合社会规范要求的交往；在彼此交往的过程中，保持独立而完整的人格；有自知之明，不卑不亢，做到相互尊重、相互信任、自然有礼。

6. 性行为符合社会文明规范

性心理健康的人具有一定的性知识和性道德修养，能自觉分辨文化的精华与糟粕、淫秽与纯洁、庸俗与高雅、谬误与真理，自觉抵制腐朽没落的性文化的侵蚀。

(二) 不健康的性心理

1. 将性作为消除疑虑的手段

从男性的角度看，性行为是男子气的最简单的证明，因而一个男人可能寻求许多性经验来向他人和自己证明他的本领。如果有某种因素阻止他继续保持一定水平的性活动，他就容易产生抑郁、自卑、焦虑等情绪。从女性的角度看，则可能因极度怀疑她对男性的魅力和她的"女性气质"，而表现在性生活方面放荡不羁，以此证明她是魅力十足的。在这些情况下，性被用作消除疑虑的手段，这是不健康的，因为这并未解决促使他们产生疑虑的根源。

2. 将性作为心理"麻醉剂"

性满足是一种基本的快感。对于许多人来说，日常生活是灰色的，没有什么快乐可言。在这种情况下，人就可能用频繁的性关系或手淫来弥补其生活的空虚。把性行为当作麻醉剂也是不健康的，因为它也没有从根本上解决问题。相反，性快感使人如此"镇静"，以至于使他丧失了为改变其环境而进行努力的动力。

3. 将性作为可以交换的商品

有人把性行为当作一种手段，用以获得他(她)认为用其他方法无法或难以获得的东西。卖淫是把性当作可以交换的商品的最明显的例子。现实社会中，还有不少变相的或抱着类似心态的例子，虽然有时候这种交换的性质并不明显。这些人也在不断地为自己寻求各种开脱的"理由"，但重要的是，"卖主"把自己当作一件商品，这对于"买主"和"卖主"来说都是卑劣的、不人道的。

三、影响性的因素

性受自然的生物因素限制，具有生物属性；也受心理过程和个性品质的制约，具有心理属性；同时还要受社会文化习俗、伦理道德、法律规定等各种社会生活环境的制约，具有社会属性。

(一) 生物因素

影响性的生物因素是指对性发育和发展产生影响的生物遗传物质和生理条件，如决定男女第一特征的性染色体，决定第二性征的性激素以及对性欲有影响的性腺发育。生物因素决定了性就如人的呼吸、饮食一样，都是人的一种自然本能，是健康成熟男女的正常生理机能和正当合理要求，也是生物有机体生存和种族繁衍的必要原动力。性的生物因素也决定了人类的性与其他生物的性机能一样，极具盲目性和冲动性，甚至包含着放纵性和野蛮性，具有自发、自然、无意识的特征。

（二）心理因素

影响性的心理因素是指影响性的活动和存在状况的心理过程和人格特征。不同的心理过程和人格特征使得人们有不同的性欲表达方式、不同的交往欲求、不同的性心理感受、不同的性审美观点。一般来说，健康成熟的心理和人格，如自尊、自控、责任感、男女平等意识等有利于性生理和性心理的正常发展，也有利于合乎社会规范的性行为的形成；而不健康的心理和人格，如自恋、自卑、人格分裂、大男子主义或大女子主义等不但会破坏性生理和性心理的正常发展，还会导致畸形性行为的产生。丰富多彩的人类心理活动使人类的性关系早已脱离了动物界变成了人的一种高级复杂的情感和心理活动。

（三）社会因素

1. 社会性环境

社会性环境对个体来说是一种既定的、先天的、不可超越的客观存在，因此性一开始就是由政治经济制度、社会文化习俗、伦理道德、法律规定决定的，具有强烈的社会必然性和制约性。社会性环境分为主流性环境和非主流性环境。主流性环境以社会责任、社会义务等他律形式和官方价值导向存在于整个社会生活中，通过学校教育、新闻媒体、社会舆论广为传播，从而对每个社会成员性道德的形成起到正面的引导、教育、约束和限定作用，维护着婚姻家庭关系的秩序和稳定。而非主流性环境一旦作为主流环境的对立面而存在，对婚姻家庭具有破坏性，对社会成员的主流性道德具有瓦解性。当前非主流性环境主要体现为享乐主义、拜金主义、个人主义和以性保守、性愚昧为核心的腐朽性观念。

2. 家庭性环境

父母的性道德、性观念以及行为举止、生活作风等作用于子女的感官和心灵，影响着子女性观念的形成。家庭性环境对子女性观念和性道德的特殊作用在于：一方面对子女的性角色意识、性心理、性的是非、荣辱观念的初始定势起着重要的作用；另一方面，它是在日常生活中，在潜移默化中，在无意识的示范和模拟中进行的，具有持续深入、渗透性强、示范性强等特点。

3. 同龄群体的性氛围

同龄群体由于年龄和发育阶段的同步或相仿，性问题、性关系成为他们共同关注的重要问题，从而形成了小群体内部特有的性道德价值取向和舆论氛围。群体中的性观念和性规范并非代表了每个人的意愿，但是个人对群体在心理上的依附和从属，常常使他们服从小群体的性道德舆论，认同其性道德价值，长此以往，小群体的性道德价值标准就内化为每个成员的内在性道德观。

第二节　大学生性心理发展状况

大学生性生理发育基本成熟，性心理发展却正趋激烈，而他们又处于文化冲突的风口浪尖，因此性问题对大学生而言是一个不能回避的问题。如何看待、处理自身的性问题？如何与异性相处？这些问题不但直接关系到大学生的心理健康，而且与其一生的生活质量休戚相关。

一、大学生性心理的发展

（一）大学生性心理发展的一般特征

1. 性心理的本能性和朦胧性

案例导入

大学生的性心理，尤其是低年级大学生的性心理，通常缺乏深刻的社会内容，主要还是生理发育成熟带来的本能作用，好像情不自禁地对异性产生兴趣、好感和爱慕。加上不少大学生不了解性的基本知识，对性有较浓厚的神秘感，使得这种萌动又罩上了一层朦胧的色彩。

2. 性意识的强烈性和表现上的文饰性

大学生十分看重来自异性的评价，但表现上却可能显得拘谨和羞涩。例如，心里对某一异性很感兴趣，表面上却有意无意地表现得无动于衷，甚至不屑一顾，或做出回避的样子；表面上很讨厌男女间的亲昵动作，可内心里可能很希望体验等。

3. 性心理的动荡性和压抑性

青年期是一生中性欲最旺盛的时期。大学生心理还不够成熟，尚未形成稳固的道德观和恋爱观，自控和自制的能力有限，他们的性心理易受外界各种因素的影响而显得动荡不安。与此同时，大学生并不具有通常意义上满足性冲动的配偶条件，易导致过分焦虑和压抑。

4. 性别差异性

大学生的性心理因性别不同存在明显差异。比如，在对异性感情的流露上，男生显得较为外显和热烈，女生往往表现得含蓄而冷静；在内心体验上，男生更多是新奇、神秘和喜悦，女生则常常是惊慌、羞涩和不知所措；在表达方式上，男生比较主动和直接，女生往往采取暗示的方式等。不过，这种差异近年来有缩小的趋势，如在表达方式上，女生变得较为主动的情况已越来越常见。当然，由于个人的生理、心理条件的不同，家庭环境、地区及文化背景的差异，大学生性心理发展的各种特征呈现出参差不齐的复杂局面。

（二）大学生性心理的发展状况

1. 对性知识的关注

对性知识的关注早在人有男女两种性别之分的朦朦胧胧的认识时就出现了。但由于长期以来受封建思想的影响，性问题一直被笼罩着一层神秘的面纱。这使得人们在孩提时就缺少获得性知识的正常渠道。中国应试教育体制的制约，又使他们对性知识无暇顾及或不可能顾及。进入大学后，高考压力缓解，学校、家长管理放松，加之大学阶段的生理发育更趋成熟，性意识不断增强，更加引发了大学生对异性的关注，对性知识的渴求。

2. 对异性的爱慕

大学是年轻人的世界，年轻人在一起学习、生活，自然会有意无意对异性产生好感与爱慕，甚至是深深的思念。

3. 对性的欲求

当人的生理发育基本成熟以后会产生正常的性欲。但在校大学生学习任务繁重，社会对在校大学生的婚姻行为通常持否定态度，使得大学生在校学习期间没有正常的、合法的满足性欲的条件。那么，大学生是通过什么方式来实现自己的性需求并满足好奇心呢？调查表明：部分大学生通过谈论有关性方面的话题，看描写性的书刊、影视、网页，或与恋人相处时拥抱、接吻或相互触摸身体，或者以手淫或同居等方式来得到暂时的满足。在这些获得性欲满足的方式中，有不少是不利于大学生成长的。

（三）大学生性心理的矛盾冲突

1. 生理成熟与心理不适的矛盾

男性以初次遗精（一般在 14～15 岁）为标志，女性以月经初潮（一般在 12～13 岁）为标志，伴随着第二性征的出现，个体进入青春期后，性器官开始迅速发展，一般到了 16 岁左右，在身体发育上具备了性交的能力。在这以后的数年里，性激素成分分泌使性器官不仅在形态而且在机能上进一步发展，最终获得生殖能力。刚跨入大学的学生，在生理上已接近或基本成熟，然而，大学生的心理及社会成熟常常滞后于其生理上的迅猛变化。加上这些年来性生理成熟及身体发育的前倾现象，更加剧了这种生理与心理之间的矛盾冲突。一些学生对月经、遗精等正常生理现象感到紧张恐惧，因为对手淫的误解而造成身心问题，由对性的好奇和无知导致性罪错行为及易受性侵害等，都与这种矛盾有关。

2. 生理需求与社会规范的矛盾

青少年从性成熟到以合法婚姻形式开始过正常的性生活，一般要经历十年以上。这一时期被称为"性饥饿期"。大学生也处于这种情况，一方面有着强烈的性生理感受和性心理体验，且伴有性冲动；另一方面，社会规范、校规校纪等对大学生的性行为有严格的约束。这种矛盾使不少学生感到不安和压抑。由于个体的性欲望有其隐蔽性的特点，这种性压抑往往以多种形式宣泄出来，如谈论有关性的话题，"桌面文学"中表现性的内容，有时以非理智、非文明的方式宣泄，甚至有时毫无目的地胡闹，声嘶力竭地喊叫等，都可能与性压抑有关。

3. 传统性观念与开放性观念的矛盾

中国传统的性观念中，封建色彩浓厚。"男女授受不亲""存天理，灭人欲"，对性强调"非礼勿视、勿听、勿言、勿动"，把性看作是肮脏、丑陋的，甚至是"万恶之源"。性教育崇尚伦理学的说教和奉行"无师自通"的原则，把对性的关注看作是下流和可耻的，不能公开涉及有关性的知识，采取不敢正视的回避态度。改革开放以来，西方的"性解放""性自由"等思想大量涌入，身为时代先锋的大学生最先接受这种影响。传统的性观念与开放的性观念之间的巨大反差使得不少大学生要么受缚于封建传统观念的桎梏之中，要么徘徊于传统与开放的性观念的矛盾冲突之中，要么受缚于"性解放""性自由"的冲击之下。

二、影响大学生性心理健康的因素

文化层次较高的大学生比同龄群体敏感，更有意识地发展健全的自我与人格，这使得他们的性活动更多地受到社会文化与心理特征的制约。在以下几方面因素的作用下，容易引起大学生性心理失调。

（一）性冲动

性冲动本身是正常的，性冲动与限制其宣泄的社会规范之间有冲突也是正常的，性冲动可能引起性心理失调的真正原因还在于其与社会道德规范内化而成的"性罪恶""性淫秽"等观念之间的冲突。这种冲突可以是在意识层面的，也可能是在潜意识中。所以说，即使你能认识到性罪恶的观点是不正确的，但在骨子里却不一定能真正消除它的影响。据调查，大学生中平时有性冲动表现的约为 87%（男女生分别为 96.3% 和 68.7%），其中对自身的性冲动感到羞愧的约占 36%，自责的 33%，苦恼的 26%，困惑的 22%，厌恶的 17%，恐慌的 12%。可见，因性冲动引起的各种消极情绪在大学生中还相当普遍。

（二）性态度

当今大学生的性态度已有了很大的变化，禁欲主义显然已没了市场。到大学高年级，大多能把性作为一种正常的人生经历来看待。不过，性态度的开放也伴随着婚前性行为的增加。婚前性行为本身并不会造成身心方面的损害，但对于许多心理还不够成熟的大学生而言，引起各种矛盾冲突、危害心理健康则是必然的结果。另外，不少大学生虽然表面上也持开放的性态度，个别的甚至宣扬性解放，其实可能只是以此来表现自己的独立性、独特性或叛逆精神等，内心则是矛盾重重。

（三）性的统合

性的统合是自我统合的重要成分，也是青年期性发展的基本任务。性的统合的发展有三个层次：一是觉察到生理发育在身体上引起的性别差异。这对大学生来说，通常不成问题。二是在生理差异的基础上表现出与性别角色相符的气质和魅力。这可能使部分大学生感到紧张和焦虑，他们担心自己缺乏男性或女性气质，不能吸引异性。三是通过与异性的亲密关系确立起性的统合。几乎所有的大学生都会产生这方面的困惑，并经历这方面的挫折，这些困惑与挫折本身是真正达成性的统合所必需的。而且，虽然大学环境提供了宽松的异性交往的机会，但仍有不少学生存在片面的认识，或者缺乏自信，在与异性的交往过程中过于主观和盲目，从而产生各种各样的心理问题。

（四）情感需求

大学生远离家乡，没有了来自亲朋好友的情感支持的氛围，在情感需求方面要经历一个明显的"断档"，这对一些性格内向、不善交际的学生更是如此。在这种情况下，他（她）可能急切地寄希望于与异性建立亲密的关系，以此来摆脱情感需求"断档"所致的焦虑。然而，这样做的后果难免产生另外的焦虑，因为健康的异性交往应该是一个自然的过程。

（五）校园环境

校园并非"象牙塔"，一方面是校园对各种社会流毒缺乏抵御能力，另一方面是学校的性教育仍然处在相当落后的局面，结果使得大学在"性"的问题上处境尴尬，表现颇为"虚伪"。所以，从引发性心理失调这个意义上讲，大学比起一般的社会环境，可能更是一个高发区。

第三节 大学生常见的性心理困扰

大学生因为性的成熟，面临着许多性心理卫生问题。性困扰是大学生心理卫生中与学业、人际关系并列的三大问题之一。虽然大学生的性问题大多只是过渡性、发展性问题，随着时间的推移能够自然解决，但有些问题不会消失，如果这些矛盾和冲突得不到解决，就会导致心理健康问题。

案例导入

一、性认知方面的偏差

近年来，人们对性的认识发生了变化，但几千年封建社会愚昧、保守的性观念的影响还远未肃清，仍把性看成是下流、肮脏的东西。这种性认知往往导致大学生性情感、性态度的过敏、矛盾，进而影响他们的自我评价，表现为焦虑、烦躁、恐惧、自责等，从而影响其学习、社会活动，甚至会干扰自我的正常发展。也有些大学生过于强调性的生物性，信奉"性自由""性解放"，在行为上放纵自己，违背性道德，不择手段甚至丧失人格地去获得性的满足。这样一种性认知、性情感、性态度的偏差是一种不健康性心理的表现，也是引起一系列性心理障碍的重要因素。

二、遗精恐惧与月经期烦恼

（一）遗精恐惧

遗精是男性生殖腺开始成熟的标志，是一种生理现象。男孩子首次遗精的年龄一般在 14～16 岁，到 18～20 岁精子制造达到高峰，"精满则自溢"。

有些大学生对遗精有不正确的认知和心理反应。由于受传统观念的影响，不少人认为遗精会失去身体的精华，伤了"元气"，产生"肾亏"。因而一有遗精，便感到不安、恐惧。这种不良心态和情绪，严重影响大学生的正常学习、生活和身体健康，易产生不良后果。

大学生应该正确认识遗精现象，顺其自然。当代医学认为，遗精在某种程度上可以解除人体内的紧张，造成一种生理上的平衡。遗精没有规律，也没有绝对的标准。一般来讲，年轻健康的未婚男子一个月遗精 4～5 次是常有的事，有些人在一段时间内几个月都不发生遗精，也很正常。为保持健康的生理状况，应注意睡前不看色情的书刊、视频，避免穿太紧的内裤，盖太重的被子；最重要的是应多参加文体活动，丰富自己的兴趣，减少或转移性的刺激。如果遗精过于频繁，一夜数次或一有性冲动甚至无性冲动就精液外流，就应去医院检查。

（二）月经期烦恼

月经的来潮是女子进入青春期的标志，是一种正常的生理现象。有的女大学生受错误观念的影响，认为"月经不干净""见不得人"，对来月经有一种厌恶排斥心理，把来月经称"倒霉"就是一种不良的心理暗示。

月经虽是正常生理现象，但是因为经期大脑皮层的兴奋性下降，全身及生殖器官局部的防御机能均会发生暂时性的减退，所以月经期间人体容易疲劳，容易受凉感冒。同时，部分女同学对月经本身产生的厌恶、恐慌的情绪，以及外界环境的不良刺激所引起的紧张、烦躁、抑郁等都可能不同程度地引起月经紊乱、恶性情绪甚至会引起痛经、闭经。因此女大学生经期的生理和心理卫生是一个不容忽视的问题。

（1）要了解自己经期的规律和特征，同时对自己情绪上的不稳定有心理上的准备，有意识控制自己的消极情绪。

（2）注意心情愉快。经期不要参加过于激烈和容易疲劳的活动。

（3）避免不良暗示。有的女生每每在来月经之前，就担心有严重的身心反应，这种期待性焦虑不安会导致或加重不舒服的感觉。例如，有的女生担心自己经期睡不好，结果果真如此，这都是心理因素的影响。如果能给自己积极的暗示，就可有效地改善经期的情绪。

三、性自卑

大学生都关注与自己性别相关的体形特征，希望自己美丽或者潇洒，如果认为自己长相平凡，就会感到苦恼。个别大学生过于在意自己的外形特征，一旦遇到被拒绝、被歧视或恋爱挫折，就容易引起性心理严重适应不良，极个别甚至会走上自杀轻生道路。

四、性嫉妒

性嫉妒是指对现实或想象中优于自己的性爱竞争者所持的怨恨的情感。当同性别的人出现，而自己的性爱对象有被占有或被夺取的可能时，就会产生各种复杂的情感体验和行为。一般先是注视、疑虑、担心或跟踪，继而转为憎恨、敌视，甚至采取暴力或自虐、自残行为。女大学生的性嫉妒心理比男大学生强烈得多。

五、性幻想

性幻想是指在某种特定因素的诱导下，自编、自导、自演与性交往内容有关的心理活动过程，又称爱欲性白日梦。它是青春期常见的一种自慰行为，是一种正常的、普遍的性心理反应。性心理的成熟和性能力的发展使得大学生有着强烈的与异性交往的愿望，但由于社会环境的约束，不可能满足这方面的欲望。于是，便把自己在影视作品及生活中看到、听到的恋爱故事，经过大脑的重新组合而编成自己的性故事。通过这种自编自演的、不受时空限制的幻想来满足自己对性的心理欲求。性幻想是一种正常的心理现象，它一般在入睡前及睡醒后卧床的这段时间以及闲暇时出现较多。一般来说，性幻想的发生率女性高于男性。青春期的性幻想是性冲动的一种发泄方式，适当的性幻想有利于释放压抑的性行为，但如果性幻想过于频繁且沉溺其中，以致影响正常的学习和休息，甚至把幻想当成现实，那就会成为病态，则属于不健康状态，应加以调节和克服。

六、性梦

性梦是指在睡眠状态中所做的以性内容为主的与异性交合的梦境，又称爱欲性睡梦。这是一种无意识或潜意识的性心理活动。女性多发生于青春期后期或成年期。

多数心理学家认为，性梦是自慰行为的一种形式。一个人有了性的欲望和冲动，如果客观现实不允许其实现这种欲望，就必须加以克制。这种欲望和冲动虽在意识层中被压抑了下去，却可能在潜意识中显露出来。于是，便可在梦境中得到实现。因此，性梦是正常的生理、心理现象，是一种不由行为人自控的潜意识的性行为，故又称为非意志性的性行为。性梦是伴随着性心理活动的增多而产生的。性梦的内容十分广泛，性对象多为相识的，甚至是自己的亲人。梦境凌乱、模糊，所体验到的情绪大多是愉快的，少数为忧虑、恐惧等情绪。性梦的结局常以达到性高潮而破梦。女性在醒后一般能回忆出梦的内容，并可影响自己的情绪和行为。如有些人会想："我都梦见他了，还有亲密的行为，这不是爱上他了吗？"也有人反过来想："我这么爱他，可怎么就梦不见他呢？"有些人错把性梦当成了自己的愿望，认为"既然他能来到我的梦中，那么意味着他一定是对我有意的"，于是执着地开始寻找性梦中的他。具有癔症的女性往往把梦境当成实境。

性梦给大学生带来一定程度的心理压力，有的人认为这是一种淫欲，是不道德的，其实适当的性梦有利于缓解性压力，只有严重者才会对自身的生理、心理健康带来负面影响，对他们与异性的正常交往带来障碍。

七、性焦虑

广义地说，性心理矛盾、冲突以及各种性适应不良都会引起性焦虑，这里主要指对自己形体、性角色和性功能的焦虑。第二性征变化不仅将发育成熟者和未发育成熟者区分开来，而且将成熟男子和成熟女子区别开来，它不仅是区分不同性别的标志，而且是显示生殖系统开始运转的信号，同时又是两性相互吸引的一个重要根源。

当对自己的第二性征形态不满意，而且很难改变它时，就会出现烦恼和焦虑。有人对1260名女大学生做过调查，对自己乳房等性征发育问题感到焦虑的有856人，占回答该问题人数的67.9%。这足以说明女大学生在性体征方面具有普遍的焦虑。除了对形体不满带来的不安，女大学生还为自己的心理行为是否与性角色相吻合而忧虑，如一些女生觉得自己温柔不够、细心不足。有些人还怀疑自己的性功能有问题。从调查来看，13.3%的大学生怀疑过自己的性功能有问题。这种焦虑并没有科学依据，因为他们中的多数人并没有生活的实践，也没有经过这方面的检查，只是看到书上讲到一些性功能方面的问题就胡思乱想，杞人忧天。因此，这实际是一种自扰行为，是在对性问题似懂非懂的情况下出现的思想混乱。由此可见，对他们进行性教育是非常必要的。

八、性自慰

性自慰是指性欲冲动时，用手或其他物品摩擦、玩弄生殖器等性器官以引起快感，获得性满足的行为，是与青年性生理发育相适应的一种自娱自慰式的自限性性行为，是人到了青春期后产生了性要求和一时不能满足此要求的矛盾的产物。只要自然的性活动受到限制，自慰就很容易出现。研究表明，性自慰时所产生的生理变化相当于性交时的生理变化，它是消除性饥渴和性烦恼的一种手段。通过性自慰，可获得性欲的满足，缓解性的冲动和张力，在大学生中是比较普遍的现象。

因性自慰而产生心理压力的大学生也占有一定比例。据调查，产生心理压力的主要原因在于对自慰的错误认识，这使他们在每次自慰前后总是伴随高度的精神紧张、恐惧甚至罪恶感。为了获得快感，在自慰时假想或再现记忆中性爱的情节，事后感觉自己低级、庸俗，从而背上沉重的思想包袱。当然，长期频繁的自慰，会引起大脑高级神经功能和性神经反射的紊乱，自然会影响人的身心健康。对待性自慰应按照我国著名医学家吴阶平教授所说的那样："不以好奇去开始，不以发生而烦恼，已成为习惯要有克服的决心，克服之后就不再担心。"如果大学生能以平静的心理去对待性自慰，既不上瘾成癖，又不内疚懊悔，就不会引起性心理的异常。

九、性倒错

性倒错即人们平时所说的性变态。性变态是指有性行为异常的性心理障碍，其共同特征是对常人不易引起性兴奋的某些物体或情境有强烈的性兴奋作用，或者采用与常人不同的异常性行为方法满足性欲或有变换自身性别的强烈欲望，以及存在其他与性有关的常人不能理解的性行为和性欲、性心理异常。性倒错的表现形式多种多样，包括恋物癖、异装恋、虐待狂、露阴癖、窥淫癖、易性癖等。

导致性倒错的原因目前尚不明确，它们包括生物遗传方面、心理学方面、环境和社会等方面因素的影响。性变态患者对于正常的性活动通常没有要求，甚至心怀恐惧，他们的变态性行为常具有强迫性和反复性，他们的自我控制和自我保护能力往往较差，但并非时时发作。他们只是在歪曲的性冲动支配下，在特定的情景和处境下突然付诸行动，当时怎么也控制不了自己，他们在事前并无周密准备，事后常常感到痛心疾首，无限悔恨。有些人强烈要求医治，希望摆脱这种令人痛苦的状况，但也有些人不认为这是病。

性变态的异常性行为使其本人体验到极端的矛盾和痛苦，这种痛苦来源于性欲和社会道德标准之间的冲突，或本人认识到给他人带来了侵害而出现的心理上的自责和内疚。由于性变态的异常性行为可能使性对象遭受侵害，常常被视为危害社会性道德的行为，引起法律问题。当事人对性变态的异常性行为所造成的他人侵害应承担相应的社会责任。

第四节　大学生性心理辅导

健康的性心理，应该具有系统的性生理、性心理和性社会知识，能以开放的心态面对自己性生理和性心理的变化，消除在性发育过程中的恐惧和担心，在男女两性的关系上有正确的态度和责任感。

一、学习性知识，接受性教育

一方面，通过性知识传授，使得大学生懂得必要的性知识，正确对

案例导入

待青春期出现的性生理、心理现象，对性欲冲动保持理智的态度，使他们学会保护自己，调节自己，爱护自己，发展和完善自己，更好地防止在成长发育期间产生性生理疾病和性心理障碍，同时为今后的婚姻生活提供必要的知识储备。另一方面，让大学生通过公开、健康、科学的方式和途径获取有关性的知识，以满足他们对性知识渴求的心理，避免被黄色书刊、盗版光碟、网络上的淫秽的性信息刺激、误导和毒害。

性教育是一门综合教育，其内容十分广泛，作为在校大学生首先应该学习性知识、接受性教育。

1. 性生理教育

性生理教育应涉及如男女性器官的生理解剖知识、青春期发育的知识、生育过程知识、性生活、计划生育与优生优育的知识、性病的防治知识等方面。

2. 性心理教育

性心理教育包括如性心理发展的特点、性心理卫生、性的美学等方面的知识。

3. 性道德与性法制教育

性道德与性法制教育包括如树立正确的恋爱观、婚姻观，批判"性解放""性自由"，防止性罪错的发生，等等。

性教育毋庸置疑是学校教育、家庭教育、社会教育的重要内容。不但学校、家庭、社会要给予高度的重视，大学生本人也应该自觉地重视起来。只有掌握了科学的性知识，才能走出性的"误区"，改变不良情感，减少性焦虑，健全人格，大学生的交往及爱情才能沿着健康的轨道向前发展。

二、培养健全的人格

对于大学生而言，性心理问题的核心就是自尊、自制和责任心的问题。因此，性心理成熟的过程也是自我完善的过程。培养健全的人格正是解决各种性问题的根本途径。人格健全的人才知道自己该干什么，能通过合理的方式表达自己的情感，也能严格地将自己的欲望控制下来，使自己的行为符合外界环境和社会文化背景的要求。在面对性问题时，人格健全的人会自觉抵制各种不良刺激的影响，克制自己的欲望，尊重自己，尊重他人，使其能够以负责的态度来面对"性"这件事。把性心理健康教育上升到健全人格培养的高度，就是要结合大学生性心理发展的规律，对其进行社会价值观、个人意志品质、心理调节能力和社会适应能力等多方面素质的综合培养教育，以协调性心理发展与人格发展之间的关系，缩小性成熟与人格成熟之间的差距。

三、树立正确的爱情观

通过培养大学生成熟的爱情观和男女平等意识，达到理顺性心理与恋爱心理之间关系的目的，进而带动个体性心理的健康发展。大学生已进入正常的恋爱季节，其性心理活动常常与恋爱心理联系在一起。爱情不都是柏拉图式的精神恋情，但需要这样一个精神交往过程。爱情对欲望有一种自然抑制力。当一个人意识到爱情的神圣和责任时，他就会以审慎的态度去对待自己的欲望，用理性去护卫纯洁的感情。对大学生而言，纯洁的感情是真爱与淫乱的分水岭。如果缺乏真正的爱情，恋爱就容易被性欲冲动所主宰，从而影响双方感情的正常发展。

四、加强道德伦理教育

性的社会属性决定了性从来就不是个人私事，特别是发生在校园中的性行为。因此，大学生必须按照社会的规则来适当约束自己的性行为。用道德控制人的性欲望和性行为，也是人与动物相区别的标志。第一，在性问题上，应当旗帜鲜明地给学生指出什么是正确的，什么是不提倡的，唯有旗帜鲜明地反对不正确的价值观，性教育才能产生有效的力量。第二，强化两性关系中的尊严和名誉心理，促使人们形成自珍、自爱、自尊、自重的道德心理，激励人们无论在任何环境和条件下都能抵御诱惑，坚守节操。第三，注意性道德教育方法的灵活多样性，尽量做到以理服人，以情感人。在教育的方法手段上，运用广播、电视、报刊、网络等媒介，把抽象的道理通过直观的形象表现出来，以增强性道德教育的生动性和趣味性。

五、端正性态度

大学生应该科学地理解性，正确地认识性的自然属性和社会属性，既不能把它看成是一种罪恶，把性欲看成是一种不纯洁、不道德的可耻、下流的冲动，也要坚决反对把性凌驾于道德和理智之上的纵欲主义。科学的性态度应该是承认性欲望、性冲动是一种正常的生理和心理现象，同时对性欲望应该有所节制。性冲动的满足只能以符合社会规范的途径和方式来获得，讲求性行为的科学、道德与文明。

六、正常与异性交往

实践证明，大学生异性之间的正常交往，不仅可以满足男女大学生彼此的心理需要，消除对异性的神秘心理，而且是转移"性兴奋灶"、调节性冲动的有效方法。

男女大学生之间怎样才是正常的交往呢？首先，既要破除"男女授受不亲"的封建意识，又要反对无界限的过分亲密。其次，防止自卑和自傲两种不恰当的交往方式。再次，切忌超越异性群体交际，直接进入个别交往。恰当的个别交往，应该在群体交往活动中获得与异性交往的一般经验的基础上进行。最后，注意内容健康、情趣文明、格调高雅。在交往中把彼此的兴趣和注意力集中到交流知识、交流思想、互相帮助、取长补短、共同提高上来，从而真正实现"性兴奋灶"的转移和性欲望的升华。

七、避免性挑逗

性冲动既有生理的原因，又与外界的性刺激有着密切的关系。据调查显示，大学生的自我性行为，大多是由看富有挑逗性的东西，如色情书刊、异性裸图等引起的。因此，避免性刺激，防止性挑逗，对处在"性欲望延缓满足过程"中自我控制能力尚显不足的青年大学生来说是十分重要的。

八、制定严格的生活作息制度

大学生的生活作息要有规律，特别注意要按时就寝、按时起床。睡觉前不看对性欲有刺激的书刊，同学间的话题要避免涉及两性关系及低级无聊甚至淫秽的内容，不要躺在床上胡思乱想。早晨按时起床，不贪恋床褥，这对青年大学生减少性刺激、控制性欲起着一定的积极作用。

九、踊跃参加积极健康的活动

踊跃参加积极健康的活动是一种通过参加丰富多彩、健康有益的活动达到性冲动的转移、宣泄、代偿和升华的调节方法。其主要途径如下。

1. 积极参加学习、创造活动

学习、创造活动是复杂、紧张的智力活动，能使人的精神处于高度紧张状态，精力、体力集中于学习和创造活动中，抑制了其他欲望的干扰，并能得到精神的满足和创造的欢愉。

2. 培养广泛的兴趣爱好，参加丰富多彩的校园文化活动

丰富多彩的活动符合青年的心理特点，它可以转移性兴奋，缓解性紧张。实践证明，体育、文艺等各项活动可以使学生旺盛的精力得到释放，避免性刺激的诱惑，降低性的敏感度。此外，各种文化活动对男女大学生的交往能起到很好的引导作用，使之情感升华，兴趣转移。

测试与训练

一、阅读资料

阅读资料

二、心理测试

性成熟程度测试

【测试说明】 请按实际情况回答下列问题，结果将使你认识到自己在性方面成熟与否的程度，它将有助于你扩大眼界，提高社交技巧。以下问题分为两大部分，第一部分由女性回答，第二部分由男性回答。由于两大部分都几乎包括了相等的问题，因此伴侣之间可以相互比较自己性成熟的程度。

女性回答的部分

1. 你认为男人最理想的优点是（　　　）。
A. 宽裕的银行存款　　　　　　B. 健壮的体魄　　C. 发挥其最大潜力的雄心
2. 如果你感觉你有性方面的问题，你将（　　　）。
A. 写信向你喜欢的妇女杂志求教　B. 向最好的朋友倾诉
C. 直接告诉你的伴侣
3. 你认为给男人印象最深的是（　　　）。
A. 容貌、身材、性感，如高耸的乳房等
B. 持家有道　　　　　　　　　C. 聪明，富幽默感
4. 最能使男人迷恋你的是（　　　）。
A. 能做美味可口的饭菜　　　　B. 穿三点式
C. 懂得如何表现自己的特点
5. 假如有男人向你献殷勤，你会（　　　）。
A. 打发他离开，说自己会照顾好自己　B. 不知所措地笑笑
C. 享受作为女人的自豪
6. 如你的伴侣与别的女人暧昧，你会（　　　）。
A. 给他难堪　　　　　　　　　B. 当面斥责他，然后回家
C. 放心地由他去，毕竟他爱的还是你
7. 你是否赞赏你伴侣的外貌？（　　　）
A. 从来不，他已经够自赏了　　B. 仅仅作为回报，只有当他赞赏了你时
C. 常以赞赏的态度对待他打扮自己的方式
8. 当你的伴侣性冷漠时，你会（　　　）。
A. 告诉他，你认为他真没用　　B. 夸耀一个男电视明星，使他嫉妒

C. 使用你的技巧，使他在精神上和肉体上感到松弛，直到不能抗拒

9. 你喜欢年龄大的男人吗？（　　　）

A. 喜欢，尤其是特别有钱的　　　　B. 如果没有年轻些的话

C. 重要的不是年龄，而是人本身

10. 在什么情况下你最有可能对爱人说谎？（　　　）

A. 如果他对你说谎的话　　　　B. 如果肯定他发现不了的话

C. 如果你刚与一个你极向往的男人在一起的话

11. 如果你皮肤不美，怎么办？（　　　）

A. 你不在乎，既然他爱你，他就得接受上帝造就的你

B. 夏季注意保护皮肤　　　　C. 小心地保护皮肤的光洁与健美

12. 你所爱的男人想与你同居或试婚，你会（　　　）。

A. 明确地拒绝　　　　B. 同意，但感到委屈

C. 做好分手的准备，你也不能肯定与他是否长期合得来

13. 如果你不慎怀孕，你会（　　　）。

A. 要求他立即与你结婚　　　　B. 继续怀孕，并对此感到自豪与幸福

C. 做人工流产，直至恰当时再结婚

14. 在何种情况下你为丈夫做他最喜欢的菜？（　　　）

A. 你对他有所求时　　　　B. 你要向他坦白某件事时

C. 你想特别使他高兴时

15. 你认为爱情与性关系是直接相连的吗？（　　　）

A. 我宁愿只有单纯的爱情　　　　B. 只有爱情发展到一定程度时，才有性关系

C. 如果你爱他，你觉得这两者难以区分

16. 如果你已过了几年的婚姻生活，对性生活你会采取何种态度？（　　　）

A. 再也不在性生活上费脑筋　　　　B. 如果他要的话，由他决定方式

C. 你将尽量保持生活的愉快与丰富

17. 如果一个陌生人在公共汽车上调戏侮辱你，你会（　　　）。

A. 叫警察　　　　B. 假装没注意

C. 指责他的行为是不道德的，如果他不能自制，告诉他应找有关医生看看

18. 如果你爱人很快达到性高潮，而你没有满足，你会（　　　）。

A. 下次不再理睬他　　　　B. 寻求治疗，学习技巧

C. 使他很快又冲动起来，使你满足

男性回答的部分

1. 你认为女人最理想的优点是（　　　）。

A. 贞操　　　　B. 性欲强　　　　C. 大方

2. 如果你有性方面的问题，你将首先与（　　　）谈论此事。

A. 好朋友　　　　B. 医生　　　　C. 你的爱人

3. 你认为能给女人最深印象的是（　　　）。

A. 英勇　　　　B. 性技巧　　　　C. 体贴入微

4. 最能使女人感到温馨刺激的是（　　　）。

A. 关上灯后抚摸她　　　　B. 亲吻她并轻声呼唤她

C. 放弃嬉戏，注意她的情感

5. 你认为当代女人的特点是（　　　）。

A. 女人还是喜欢男人在性方面粗俗地对待她

B. 今天的女人在所有方面都要求平等

C. 女人仍喜欢男人把自己作为贵妇人对待

6. 如果你的伴侣花很多时间与别的男人在一起，你会（　　　）。

A. 禁止她再与他们接触　　　　　　　B. 尽可能地跟着她

C. 因为她普遍受人喜爱，但你为她最爱的是你而感到高兴

7. 你常赞赏爱人的外貌吗？（　　　）

A. 极少正眼看她　　　　　　　　　　B. 当你特别喜欢或不喜欢她某一点时

C. 常找她的优点并加以赞赏

8. 当你有性欲而她表示冷漠时，你会（　　　）。

A. 发脾气，指责她的冷漠　　　　　　B. 走开去看色情书刊

C. 耐心而温柔地爱抚她

9. 你对年龄较大的女人持何态度？（　　　）

A. 在性方面不与他们发生任何关系　　B. 她们在性方面仅次于年轻姑娘

C. 她们有丰富的性经验

10. 如果你瞒着妻子的事被发现，你会（　　　）。

A. 找出她的一个过错，为你的过错开脱

B. 避免提及此事，以防伤害感情　　　C. 使她相信你对那件事根本没在意

11. 你对个人卫生有何特别的注意？（　　　）

A. 你认为女人喜欢自然的、男子的气味

B. 在约会前你都洗脸并喷上香水　　　C. 在约会和做爱前都洗澡

12. 你爱的女人认为婚姻是过时的东西，你会（　　　）。

A. 认为她缺乏道德并不能容忍她的这种观点

B. 不结婚但与她共度时光　　　　　　C. 高兴地与她自由同居

13. 你对避孕持何态度？（　　　）

A. 男人不会怀孕，这是女人的事　　　B. 你会每次都戴避孕套

C. 在谈好双方的共同责任以前，不与她同房

14. 你何时送花给伴侣？（　　　）

A. 在你觉得有事对不起她想和好时　　B. 在生日或节假日

C. 当你想特别使她高兴时

15. 你愿带一个成熟的女人看以下哪一种电影？（　　　）

A. 喜剧片　　　　　　　　B. 惊险片　　　　　　　　C. 爱情片

16. 如果你爱人因病或其他原因丧失了进行正常性生活的能力，你会（　　　）。

A. 对她表示同情，但尽早离开她　　　B. 感觉受了骗并为自己感到不幸

C. 寻找相互满足的新方式

17. 如果一个未成年的女孩对你提出性要求，你会（　　　）。

A. 答应她，但完事后迅速离开她　　　B. 告诉她父母，并建议多加教育

C. 友善地告诉她你不答应她的理由

18. 刚做完爱后，你会（　　　）。

A. 抽支烟　　　　　　　　B. 很快入睡　　　　　　　C. 继续爱抚你的伴侣

【计分方法】 男性和女性部分的计分均为：选 A 得 0 分；选 B 得 1 分；选 C 得 2 分。将每题分数相加，所得的总分按以下评价。

【测试结果】 30～36 分：你是一个对异性了如指掌，非常成熟的人。你在爱情生活方面不需要什么指教，只要你愿意，你周围不会缺乏爱你的异性。

20～29 分：你在爱情生活中对异性的把握上有相当的能力，但如果你想在这方面继续取得进展，你的情感方式的某些方面还需改进。通过回答本测验中的问题，你能够找到自己的弱点。

10～19 分：你在与异性交往方面不是太年轻就是太天真，大多数人会把你看作爱情方面尚未成熟、不能令人满意的情人，虽然也有少数人会喜欢你那幼稚的恋爱方式。

0～9 分：你的态度明显表明你在性方面还处在朦胧的萌芽状态，没有一个头脑清醒的人会与你再次约会，更不会考虑与你共度终生了。如果你做这个测验时是诚实的，你应该向有关方面寻求指导和帮助。

三、心理训练

（一）放松训练

无论是在生理上或情绪上，松弛都是与焦虑相对立的，因此，运用松弛训练可以有效地调节性生理、性心理紧张和焦虑，使内心得到平静，精力更易集中，生活充满活力。松弛训练的步骤和方法如下。

1. 预备阶段

在条件许可的情况下，选择一个尽可能安静、舒适的室内环境，去除那些刺激肌肉紧张的触觉物理刺激物（如放宽紧身的衣裤，摘下手表、眼镜、领带等）；选择一个尽可能舒适的位置躺下或坐下，选择的标准是你的肌肉不必支撑身体（如取坐姿时，头部可以靠在椅背上）。

2. 深呼吸练习

深呼吸练习是松弛训练中的基本环节。在练习松弛之前，首先必须学会深呼吸（又叫横膈膜深呼吸），它是通过横膈膜肌肉组织的运动引起的呼吸，这种呼吸的外部特征是腹部出现鼓凹运动，所以又称腹式呼吸。它比胸腔呼吸更能充分地扩张肺部，吸入更多氧气。

3. 深部肌肉松弛

通常有两种方法，即紧张—松弛训练和循序渐进松弛训练。前者的机理是先将身体某一部分的肌肉紧张起来，然后松弛下来，比较紧张和松弛两种状态的区别，并记住这种感受，从而达到学会松弛的目的；后者则是依照一定的顺序和步骤（如从头部开始逐步到脚）系统地缓缓放松。在实际训练中，尤其对初学者来说，将这两种方法结合起来使用效果更佳。现将深部肌肉松弛训练示范如下：

（1）用力捏紧拳头，使前臂紧张保持一会儿，放松，体会你的身体感受……（重复）；

（2）用力弯曲双臂，收紧并保持一会儿，放松，体会你的身体感受……（重复）；

（3）紧张双脚，脚趾用力内收，保持一会儿，放松，体会你的身体感受……（重复）；

（4）将脚趾用力向上翘，脚跟向下压，保持一会儿，放松，体会你的身体感受……（重复）；

（5）皱紧前额，紧张额部，保持一会儿，放松，体会你的身体感受……（重复）；

（6）紧闭双眼，保持一会儿，放松，体会你的身体感受……（重复）；

（7）先按顺时针方向转动眼球，加速，然后按逆时针方向转动眼球，加速，停下，体会你的身体感受……（重复）；

（8）皱紧鼻子、脸部肌肉，紧闭双唇（绷紧或皱起双唇），保持一会儿，放松，体会你的身

体感受……(重复);

(9) 咬紧牙齿,收紧下腭部肌肉,保持一会儿,放松,体会你的身体感受……(重复);

(10) 舌头抵住上腭,保持一会儿,放松,体会你的身体感受……(重复);

(11) 头部向后用力抵紧枕头或沙发,保持一会儿,放松,体会你的身体感受……(重复);

(12) 向后扩展双肩,收紧背部肌肉,保持一会儿,放松,体会你的身体感受……(重复);

(13) 向前吸紧双肩,用力含胸,保持一会儿,放松,体会你的身体感受……(重复);

(14) 收紧背部肌肉,上提会阴,保持一会儿,放松,体会你的身体感受……(重复)。

4. 恢复兴奋状态

每次松弛训练时间通常在 20 分钟左右。完成练习之后,可以直接转入睡眠状态,也可恢复兴奋状态。恢复时,先让手脚和头部做一些轻缓活动,然后睁开双眼,坐起,行走一下。

松弛训练是一项长期的保健练习,应坚持做下去,每天至少一次,只有这样才能体会到它的奇异功效。

(二) 调查讨论

以"男生眼中的女生/女生眼中的男生"为题,进行课堂调查,并当场统计结果,组织讨论。

1. 男生眼中的女生(男生填写)

(1) 选择你认为女生最吸引你的三项特质。(   )

A. 温柔　　B. 漂亮　　　C. 贤惠　　　　D. 热情　　　E. 真诚　　　F. 稳重　G. 聪明

H. 勤奋　I. 身材好　　J. 有修养　　K. 好运动　　L. 有主见　　M. 活泼、外向

N. 内向沉稳　　O. 善于打扮　　P. 穿着大方　　　Q. 爱好相近　　　R. 家庭背景好

S. 其他(列出上面未说明而你认为重要的特质):_____

(2) 简单描述你讨厌什么样的女生。

_____

2. 女生眼中的男生(女生填写)

(1) 选择你认为男生最吸引你的三项特质。(   )

A. 高大　　B. 英俊　　　C. 幽默　　　　D. 真诚　　　E. 稳重　　　F. 热情　G. 聪明

H. 勤奋　I. 讲义气　　J. 出手大方　　K. 好运动　　L. 有主见　　M. 有修养

N. 乐观外向　　O. 穿着潇洒　　P. 乐于助人　　Q. 爱好相近　　R. 家庭背景好

S. 其他(列出上面未说明而你认为重要的特质):_____

(2) 简单描述你讨厌什么样的男生。

_____

3. 统计并公布调查结果,并由此展开讨论

(1) 女生为什么看重男生的这些特质?对男生有何启示?

(2) 男生为什么看重女生的这些特质?对女生有何启示?

四、思考题

1. 怎样认识性心理?不健康的性心理有什么样的表现?

2. 影响大学生性心理健康的因素有哪些?

3. 如何正确地看待男女之间的性爱?

4. 你认为婚前性行为有哪些害处?

5. 你的性心理和性行为有没有异常问题?若有,应通过什么样的方法加以调整?

第十一章　大学生择业心理

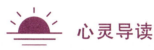

心灵导读

选择适合自己的职业，充分发挥自己的潜能，是每一个有进取心的大学生梦寐以求的事。但是，面对选择与被选择，以及就业市场日益激烈的竞争，大学生难免会出现相应的心理问题。

教学目标

通过对本章的学习，应了解职业的含义以及大学生择业心理特点，理解影响大学生择业心理的因素，掌握大学生心理发展的特点和影响大学生心理健康的因素，从而能够制订科学合理的职业生涯规划，确立正确的择业心态。

第一节　职业概述

职业选择对于我们每个人来说都是非常重要的。尤其对于大学生来说，选择能发挥自己特长、适合自己的职业是事业成功的关键。而正确的择业必须建立在理性的思考和正确的理论指导基础上。因此，需要深刻把握职业的内涵，掌握职业的发展趋势。

案例导入

一、职业的含义

对于职业的确切含义，不同人有不同的看法和认识。

美国社会学家塞尔兹认为：职业是一个人为了不断取得收入而连续从事的具有市场价值的特殊活动，这种活动决定着从事它的那个人的社会地位。职业范畴的三个要点是技术性、经济性和社会性。

日本职业问题专家保谷六郎认为：职业是有劳动能力的人为了生活所得而发挥个人能力，向社会作贡献而连续从事的活动。职业具有五个特征，即经济性（从中取得收入）、技术性（可以发挥才能和专长）、社会性（承担社会生产任务，履行公民义务）、伦理性（符合社会需要，为社会提供有用的服务）和连续性（所从事的劳动相对稳定）。

我国有些学者从"职业"一词的词义上进行了分析，认为"职"指职业、职责，包含着权利和义务的意思；"业"指行业、事业，包含着独立工作、从事业务的意思。这种观点认为职业的内涵即"职责和业务"；职业的外延包括三方面的内容：有工作、有收入、有工作时间限度。

综上所述，我们认为，职业是人们通过专门技术劳动而取得个人收入、履行社会义务并取得社会地位的一种重要的社会现象。

二、热门职业

改革开放以来，我国经济得到了长足的发展，职业作为经济社会发展的产物，也发生了很大的变化。一批新兴的热门行业不断涌现，为大学生创造了大量的就业机会。由于人们对热门职业的看法不同，根据不同的标准，就形成了不同的热门职业。

（一）以人才紧缺程度来定位热门职业

在经济发展过程中，产业结构的调整或重大经济发展契机的出现，往往会使某些行业出现人才紧缺，从而带动相关职业的发展，使其成为热门职业。国家人力资源和社会保障部根据有关统计预测，我国今后几年急需的人才主要有八大类：以电子技术、生物工程、航天技术、海洋利用、新能源材料为代表的高新技术人才；信息技术人才；机电一体化专业人才；农业科技人才；环境保护技术人才；生物工程研究与开发人才；国际经贸人才；律师人才。

（二）以社会不同领域对人才的需求来确定热门职业

据国家有关部门统计，在不同领域内，以下专业的毕业生更受欢迎：

（1）流向国家机关的前十名专业：法学、经济学、侦查学、国际经济法学、英语、会计学、国际贸易、行政管理学、行政法学、临床医学。

（2）流向高校任教的前十名专业：英语、体育、教育、临床医学、计算机及其应用、计算机科学与技术、通信工程、建筑学、法学、经济学。

（3）流向国家科研部门的前十名专业：建筑学、通信工程、建筑工程、机械工程、自动电子工程、计算机科学与技术、计算机应用、计算机自动化、电气工程及自动化、工业自动化。

（4）流向国有企业的前十名专业：会计学、计算机、通信工程、建筑工程、光电信息工程、机械设计及制造、工业自动化、电气工程及自动化、电力系统自动化、机械电子工程。

（5）流向金融单位的前十名专业：国际金融学、货币银行学、会计学、统计学、计算机及应用、投资经济、经济学、信息管理、保险学、国际贸易学。

（6）流向"三资"企业的前十名专业：会计学、计算机科学与技术、机械工程自动化、通信工程、英语、计算机应用、国际金融、电气工程、市场营销、机械设计与制造。

（7）出国最受欢迎的前十名专业：化学、计算机科学与技术、英语、国际金融、生物化学、应用物理、国际经济、无线电技术、信息学、医疗健康类。

（三）以收入高低来定位热门职业

收入水平高是热门职业的重要特征之一，人们在选择职业的时候，往往很重视收入的高低。据有关部门统计，当前，平均月收入在 10 000 元以上的职业有私营企业经营者、股份制企业负责人、国有企业负责人、三资企业中方高级职员、法律专业人员、导游、演员、职业股民、个体经营者、影视制作人员、事业单位负责人、证券业务人员、IT 行业从业者、卫生专业人员、购销人员、大学教师、新闻出版文化工作者、其他专业技术人员、自由撰稿人。

（四）根据招聘广告和人才市场的供需状况来看热门职业

人才需求与供应之间存在着引导与趋从的关系，因此，人才需求多的专业通常也是求职人才数量多的专业。据有关部门统计，当前人才需求量最大的十个专业依次为营销、计算机、电子通信、管理、机械、文秘、财会、建筑、广告、医药。而人才供应即求职人才数量最多的十个专业依次是管理、财会、电子通信、营销、计算机、机械、文秘、建筑、贸易、中外文。

三、发展前景较好的职业预测

任何行业都要经历从产生、发展、成熟到衰退的生命周期。发展前景好的职业是指那些生机勃勃的朝阳行业，在发展中有新突破，呈现出诱人前途的职业。对于哪些职业将在未来走俏，国内外的学者和职业研究专家有许多的预测，这里从我国经济发展情况出发，集中分析一些发展前景较好的职业，希望能为大学生在选择职业方向上提供帮助。

（一）计算机及软件职业

未来社会是信息化、网络化的时代，社会经济的各个方面都离不开计算机。而随着大数据、人工智能和云计算的兴起与高速发展，计算机及软件开发产业也将进一步扩大，需要大批高素质的专业软件人员投身相关行业。

（二）电子通信职业

未来社会是信息社会，通信行业将得到极大发展，通信服务将向数字化、综合化、宽带化以及个人化的电信网过渡，通信服务行业的发展必将带动这一行业就业人数的急剧增长。我国非常重视电子信息产业的发展，已将其列为国家支柱产业和经济结构转型时期的新的增长点。

（三）生物工程技术研究和开发

生物工程技术是以生物科学为基础，向人类提供商品或提供社会服务的综合性科学技术。随着生物技术的迅猛发展，越来越多的生物技术成果应用于人们的生产和生活，带来了巨大的经济效益和社会效益。我国非常重视生物技术的研究和开发工作，已把生物工程建设列为我国国民经济的支柱行业之一。

我国的生物工程技术研究虽然取得了一些成就，但生物工程技术的开发应用还不够普遍，生物技术产业化格局尚未形成，与世界发达国家相比还有一定的差距。例如，在我国从事生物技术研究和经营的人数仅是美国生物技术产业人数的1/4，无论是生物技术研究人员还是生物技术产品的开发人员，都存在严重不足的状况。随着生物技术的不断发展，生物工程技术研究和开发将成为21世纪最受欢迎的职业之一。

（四）建筑工程职业

"安居乐业"是中国的古训，建筑作为经济建设和人民生活的基础设施，对国民经济的发展起着非常重要的作用。一方面，我国经济的不断升温以及房改政策的逐步推行，西部大开发的基础设施增加，农村城镇化的基础设施建设等都将是建筑业发展的良好契机。另一方面，随着经济的发展和人民生活水平的提高，人们已不再仅仅满足于安居的要求，房地产作为保值和增值较好的商品，已越来越被认为是最好的投资途径之一。基础设施的增多和房地产市场的逐渐升温，势必需要大量的建筑人员，这其中包括各种各样的建筑工程人员、建筑施工人员、建筑管理人员等。特别是随着建筑材料和建筑艺术的不断发展以及房地产市场的不断完善，被誉为"城市美容师"的建筑设计师以及工程监理技术人员将越来越受到欢迎，成为市场上最紧俏的人才之一。另外，随着人们居住条件的提高，高素质的物业管理人员也将大受欢迎。

（五）律师职业

21世纪是知识经济的社会，法律是社会和经济的"守护神"，法制健全和执法严明将是未来社会的重要保证。律师作为法律的化身，在未来社会中将继续扮演重要的角色。随着我国法制建设的进一步加强，法制观念在人民群众头脑中的不断深入，对法律方面人才的需求量将进一步提高。虽然律师行业近几年在我国发展很快，但无论是在数量上还是在质量上，都与我国发展市场经济、依法治国目标还有很大的差距。

我国律师行业发展迅猛，从业人员越来越多，是我国服务行业人数需求较多的行业。随着我国经济体制改革的逐步深入和国际交往的进一步增多，将需要大量的高素质、熟悉国内外法律法规的国际型法律人才。

（六）国际贸易职业

随着世界经济全球化的进一步发展，势必需要大批熟悉国际贸易规则和国际经济法律、精通国际外贸知识的综合性国际经贸人才。高度发展的信息化将使全球形成一个"地球商业村"，贸易方式将发生很大的改变，贸易智能化将取代传统的交易方式，这对国际贸易人才提出了更高的要求。总之，随着我国经济实力的增长，我国对外贸易正在发展成为世界贸易的重要组成部分，国际贸易职业将是一个充满挑战和诱惑的职业。

（七）教师职业

21世纪的竞争是人才的竞争，这必然会导致以培养人才为目标的教育事业的竞争。我国把"科教兴国"作为基本国策，搞好教育工作是我国迅速增强综合国力和发展经济的重要途径，更是我国社会主义现代化建设的重要战略目标。随着我国教育事业的不断发展，教师的政治地位、社会地位在不断提高，经济待遇也在不断改善，教师职业正成为越来越多的人在选择职业时的首选对象。

（八）财会类职业

财会是一个传统的职业，根据各种招聘及人才市场的统计，财会是出现频率最高、供需量较大的职业之一。目前，财会人员基本上处于饱和状态，甚至供大于求。但是，我们也应该看到，目前我国财会人员的结构存在着很大的不平衡；一方面，财会人员的素质普遍偏低，求职较难；另一方面，社会又需要大量的高素质的财会人员。经济的发展对财会人员提出了新的挑战，通晓国际会计规则、熟悉经济税务法规、懂得财务管理的高级财会人员，有"经济警察"美誉的注册会计师、注册税务师等将受到市场的青睐。

（九）医疗保健职业

随着经济的不断发展和人民生活水平的不断提高，医学将不只是维护健康，而是越来越关注如何进一步改善人们的体质，提高人们的智能。在今后 20 年中，我国从事医疗保健业的人员将持续增加，人类医学将步入保健医学的时代，医学所涉及的领域将越来越宽，营养学、生态学、心理学、生物学、优生学等都会得到进一步的发展，医疗保健人才将越来越走俏。

（十）旅游业

随着人们生活水平的提高，旅游将成为休闲的主要方式，该行业的优势也将逐渐显露出来。据预测，世界旅游大国的名次将更换为中国、美国、西班牙、意大利、法国、俄罗斯、瑞士。每年到中国旅游的人数将达到 2 亿人次，在今后 20 年中，我国旅游从业人员将达到 3000 万人，旅游业将成为服务业就业人数较大的行业之一。

此外，农业科技类相关职业、策划类相关职业、环保相关职业对人才的需求量将越来越大。

第二节　大学生择业心理的特点

大学生思想理念新，观念更新快，市场认同度高，经济意识强。他们在市场经济大潮的强烈冲击和荡涤下，愿墨守成规，也不愿听人摆布，更不愿讲空洞的大道理。他们更加重实际、讲实干、求效益。在他们身上反映出知识经济时代的鲜明特征，体现了 21 世纪文化新生代朝气蓬勃和积极进取的精神风貌。

案例导入

一、大学生择业价值心理冲突

市场经济的突飞猛进，使 21 世纪大学生的择业前景愈加开阔，人生发展的道路愈加宽广，可谓是"海阔凭鱼跃，天高任鸟飞"。知识经济时代择业的竞争令大学生们跃跃欲试，然而，有竞争就有压力，有选择就有取舍，有机遇就有挑战。在诱惑和压力的双重作用下，在多种目标的选择中，许多大学生不免感到困惑和不安，难以决断，心理矛盾和冲突油然而生。

（一）择业价值的多种选择

21 世纪大学生立志成才，渴望成功。他们逐步意识到，要取得成功必须选择适合自己的成功目标，为此，他们有着多种不同的设计和选择。

1. 继续深造，走专家学者型道路

知识经济时代的到来使得越来越多的大学生感到掌握知识的重要性，四年的大学学习实在不足以满足未来社会、事业发展的需要。为此，考研、考博，继续艰苦而清贫的求学之路，成为不少学子执着的奋斗目标。

2. 选择职业，投身社会实际工作

毕业时大多数学子选择到社会实践中再去锻炼自己、积累经验、培养能力。他们深入基层、深入生活的各个方面，或从事技术开发，或从事市场与管理，从具体工作做起，成为各行

业领域的业务骨干和技术能手。

3. 自主创业，商海中尝试一回

时代为大学生提供了一个前所未有的创业新空间，大学生创业已成为莘莘学子的热门话题。大学生向往能到商海当中去尝试一番，哪怕失败了也是一种积累。

4. 出国寻梦，寻找新的发展空间

中国加入世贸组织之后，人才流动更为频繁。出国留学、在外闯荡、回国创业，今后的发展天地十分广阔，不少大学生决意出国尝试。

5. 不受拘束，做自由职业人士

大学生的思想活跃、个性突出鲜明，许多大学生不愿在择业上受到束缚，不希望成为被动的"工作机器"。钟点文秘、自由撰稿人、项目策划、广告设计、经纪代理、理财顾问等工作弹性度大、自由支配度高的职业逐渐受到青睐，工作的稳定性已不再是大学生追求的主要目标。

（二）择业价值的矛盾冲突

市场经济条件下，社会群体利益分配的差异性以及群体价值观念的多元化，使大学生在择业价值观念上的困惑和矛盾明显增多。一方面他们强调个性，强调与众不同，另一方面却容易赶时髦、随大流；一方面他们有爱国热情和忧患意识，希望国家尽快发展和强大起来，希望家乡尽快改变落后面貌，另一方面在选择工作去向时却往往更多地考虑自己的利益和发展，大城市、大企业、大机关是首选，艰苦落后的地方往往不愿意去；一方面渴望走向社会，尽快证明和实现自身的价值，另一方面却对激烈的竞争、无情的淘汰感到无所适从。

21 世纪大学生择业价值观的矛盾性还表现在观念和行为的错位与脱节上。例如，大学生希望改革的步伐再快一点，择业的双向选择机制更完善一些，可是，一旦自己在择业过程中受挫又未免牢骚满腹，甚至留恋过去的统包统配。再如，他们崇尚真、善、美的精神境界和高尚的人格，对那些在平凡岗位上无私奉献的优秀人物深表敬佩，但在现实生活中若真让他们学习效仿，却还是讲实际、图实惠的更多一些。他们在学校里接受的正面教育，一旦在社会上受到不良观点倾向的影响就往往被抵消了，理想教育与现实生活的反差的确给大学生带来许多困惑与不解。因此，他们在求新与守旧、优越与自卑、求异与从众、贡献与索取、个人与集体等价值冲突中做判断、做选择时，存在着希望与困惑并存、进取与彷徨相伴、认同与失落交错的复杂心态，存在着先进与落后、正义与邪恶、勤俭与奢侈、忠诚与虚伪的矛盾冲突。

另外，从生理年龄看，大学生正处于变化多端的青春期；从社会年龄看，大学生年纪轻、经验少、生活阅历浅、社会化程度低；从心理年龄看，大学生正处于"第二心理断乳期"，心理和情绪容易波动。加之目前大学生中独生子女的比例日益上升，他们深受父母宠爱，生活条件优越，生活经历一帆风顺，一旦受挫，心理上往往比较脆弱，心理承受能力较差。因此，他们在择业价值选择和判断上，很容易受外界环境影响，处于不稳定状态，容易产生绝对化和片面化。他们可以因取得成绩、择业顺利而热情高涨、踌躇满志，也会因择业受挫而灰心丧气、一蹶不振。他们有时感觉良好，有时却茫然不知所措；有时高亢奋进，有时却情绪低落。这种内心的冲突和不稳定性容易使大学生在择业价值判断上产生动摇，在择业价值选择上产生彷徨，甚至会步入择业价值观念的误区，不利于大学生择业价值观的健康发展。尤其在产生心理冲突、遇到心理压力、受到心理挫折时，大学生在情绪上会波动较大，极易导致择业选择上的偏差。

二、大学生择业期望心理冲突

随着择业竞争的日益加剧，大学生的择业心理发生了很大的变化。面临人生的这种重大转

折，他们既向往又担忧，既对自己有很高的期望，又怕自己失败受挫。一方面，他们渴望竞争，希望通过自己的努力寻找到理想的职业，以证明自身的价值；另一方面，竞争的激烈又不免使他们产生犹豫担心、自卑恐惧、焦虑急躁等心态。

（一）理想目标与现实需要的冲突

大学时期是人生的多梦季节，大学生对自己今后的发展常有着各种美丽的构想。职业不单是一种谋生的手段，更是大学生实现自身理想抱负的重要途径。人人都希望自己能找到一个既体面又能发挥才干的理想职业，好干出一点成就。然而，社会是复杂的，理想与现实是有差距的，美好的愿望有时会被无情的现实击碎。为此，他们失落、抱怨，甚至痛苦，缺乏对现实的理解和承受能力。

从对大学毕业生的调查中了解到，大学生都希望到发展前景较好的企事业单位就业，如微软、联想、海尔、电信、联通、政府机关、工商税务、银行等，造成大学生择业期望值居高不下。少数大学生甚至给自己划定范围，如名气不响的单位不去，收入不高的单位不去，不是大城市不去，没有提升希望的不去等，从而使择业的理想目标与现实需求之间产生较大的冲突。

（二）长远利益与眼前利益的冲突

随着国家经济的不断发展，人们收入水平的不断提高，大学生对物质消费的追求也在不断升级。毕业后到外资企业去、到金融证券企业去、到挣钱最多的地方去，成为一部分大学生择业心态的写照。不少大学生希望自己毕业后能迅速富裕起来，追求一种幸福美好的生活，却很少想到眼前该付出怎样的艰辛和努力，怎样脚踏实地从头做起。他们目光短浅，心态浮躁，求成心切，只重眼前，而一旦发现现有岗位不能满足自己的愿望便轻易跳槽。因此，是继续读书深造还是选择就业、是倾向于眼前的高收入还是看重今后的发展空间、是注重现实打好基础还是急于求成名利双收，这一切令大学生为之困惑。

（三）求稳与求变的冲突

今天的世界，挑战与机遇并存，希望与危机同在。市场经济时代的大学生拥有更多的事业成功的选择，他们也具有强烈的成才愿望和热情。但面临毕业，到底是寻找一份待遇好、稳定系数高的职业，还是不断挑战自我、寻找新的更多的"奶酪"，是替别人打工，还是甘冒风险、尝试自主创业，令大学生们困惑不已。

三、大学生择业心态分析

（一）奉献心理

具有奉献心理的是将国家利益、社会利益放到首位，树立了正确的人生观、价值观、择业观的求职者。如放弃优越的工作条件和生活条件，自愿到边疆、贫困地区工作的大学生，在他们身上体现了过硬的思想素质和强烈的献身精神。

（二）功利心理

在现实生活中，有许多大学生在择业时把获取高收入、高地位作为自己强烈渴求的目标。有关部门对大学生择业取向的调查发现，被排在前三位的是"工作条件好，有利于个人才能发挥""经济收入高""社会地位高"。从调查结果中可以清楚地看到，大学生在择业过程中有强烈的功利心理。

（三）竞争心理

自高校毕业生试行"双向选择，择优录用"的分配政策以来，一方面大大地激发了大学生在择业中的竞争意识，许多大学生凭借出色的学识和能力，获得了较为理想的职业；另一方面，在严峻的竞争面前，许多大学生为了在竞争中取胜，不惜铤而走险，如涂改学习成绩、伪造荣誉证明、诋毁竞争对手，等等。

（四）从众心理

在求职现场经常可以看到一些热门职业的摊位前人满为患。许多大学生在择业过程中，由于缺乏对自己的了解和认识，别人选什么职业，自己盲目跟随，因此错过了本属于自己的求职机会，最后落个"竹篮打水一场空"的处境。有书云："骏马能历险，犁田不如牛；坚车能载重，渡河不如舟。"求职是一项需要认真对待的工作，它需要求职者全方位考虑、选择，绝不是"跟着感觉走"，盲目从众随大流，要充分考虑自己的专业、气质、性格、爱好等，要扬长避短，发挥特长。

（五）安全心理

有相当一部分大学生在选择职业时，首先考虑的就是"能不能发挥自己的才能和个性""工作稳定不稳定"，这种心态在许多干部、知识分子、工人家庭出身的大学生身上表现得比较多，他们在选择职业时，往往选择教育、科研单位，以及机关、党政部门，虽然收入不是很高，但是比较安全稳定。

（六）求名心理

从对大学生的调查中了解到，在择业过程中，有许多大学生追求"名望高、名誉好、有发展前途"的知名单位。其实，大学生对前往应聘的单位并不是很了解，尤其不了解内部实际经营状况，而实际上许多单位是徒有虚名而已。许多大学生放弃能发挥自己特长的民办企业、私营企业，而盲目地认为"瘦死的骆驼比马大"，一味求"名"，从而沦为平庸的人。

（七）求闲心理

一部分大学生在择业中追求舒适、清闲，宁愿待在办公室里打杂，也不愿意到能充分发挥自己才能和特长的基层去，从而荒废了学业，虚耗了青春。

（八）求点心理

毕业生在择业中考虑的一个重要问题，就是对工作单位所在地的选择。从每年的就业情况看，60％以上的学生把经济发达地区作为理想的工作地点，70％的学生不愿意回到生源地。许多学生认为，经济越繁荣、文化越发展、竞争越激烈越有利于发展自己、展现自己、挖掘自身的潜能，而经济落后、人才缺乏的地方往往是"英雄无用武之地"。这种以单位所在地因素来选择就业的求点心理，使部分学生失去了就业的机会。

第三节　影响大学生择业心理的因素

大学生经过四年的拼搏，开始进入择业阶段，这是决定自己前途和命运的关键时刻。大学生能否顺利择业，取决于择业的客观环境因素和择业的主体因素两个方面，包括家庭的背景和期望、学校教育的目标与质量、社会就业的形势与信息、个人的素质、个性特征等。大学生在择业过程中，自身的择业动机、就业目标选择、自身实际情况等原因也影响了大学生的择业。

案例导入

一、对就业政策一知半解

为了加强对毕业生就业的指导，许多高校都开设了就业指导课，并成立了学校的就业指导机构，对有关毕业生就业工作的政策做了广泛的宣传。但有相当一部分的大学生在思想上轻视就业指导课，对毕业政策置若罔闻、一知半解，甚至不屑了解，总以为能找到单位就好了，认为市场经济下的就业政策就是"愿意选择哪里就选择哪里"等，殊不知就业政策与劳动人事政策、招生政策、分配政策、户籍政策之间是息息相关、唇齿相依的。

二、缺乏必要的自我认知能力

有的大学生不能客观地评价自我并冷静地面对社会现实，表现出心理上的不稳定及思想上的不成熟。大学生要想找到一份适合自己的职业，就必须对自己有一个全局的客观认识和正确的评论，要着重考虑自己的兴趣爱好、专业特点、气质性格与选择的职业的关系。在毕业求职过程中，有许多毕业生犹豫不决，他们内心虽然渴望能找到一份既能满足自己兴趣爱好，又能发挥专业特长的工作，但实际上这仅仅是一种愿望而已，至于到底怎样的工作或职业是真正适合自己的，他们心中并不清楚。另外，许多大学生由于不了解自己的性格、气质特征，对自己认识不清，因而在择业时不考虑这些因素，盲目乐观随大流。

三、缺乏求职常识和择业技巧指导

大学生在选择职业前必须要了解毕业生招聘的程序、求职的程序、面试应注意的事项等常识性问题。在了解、掌握了有关这些常识性知识的基础上，有的放矢做好准备。但有相当一部分大学生由于缺乏这方面的知识而未按有关程序去做，以致在求职过程中屡屡碰壁，甚至洋相百出，自尊心受到严重挫伤，导致择业失败。

四、青春期固有因素的影响

大学毕业生的年龄一般在 23 岁左右，处在这一时期的大学生接受新事物快，思想上容易产生幻想，处理问题好冲动，自我意识比较强烈。虽然生理发育已经成熟，但相当一部分大学生心理发展还不成熟、不稳定，生理状况与心理因素具有明显的不同步性，再加上他们的知识结构不完善，在择业过程中表现出心理活动浮躁、彷徨和不安等，感到寻找工作无从下手，无从做起。

五、优柔寡断心理弱点的影响

从学校到社会，是人生的重要转折。面对这一转折，大学生既要做到知己知彼、尽快适应，又要不失时机，抓住机遇、当机立断。但在择业过程中，许多大学生优柔寡断、犹豫不决的心理弱点往往使他们产生"这山望着那山高"的思想，以致白白失去了许多择业良机。

六、自命不凡心态的影响

一些大学毕业生因自己的学习成绩优秀、政治条件好、学校牌子响、专业需求旺、求职门路广、家庭条件优越，或者因自己的能力强，在同学中有一定的竞争实力，或者因自己相貌出众、能说会唱等，产生了一种自命不凡的优越感。这种自视过高的心理，表现在求职时往往狂妄自大，这家单位瞧不上，那家单位也不遂心，结果使自己丧失了许多就业机会。

七、心理期望过高的影响

大学生在毕业时都希望能找到一份充分施展自己才华和实现自己人生抱负的工作。从目前情况来看，绝大多数毕业生普遍希望能到大城市、大机关、大企业及重点院所等单位工作。

这说明，大学生普遍对择业的期望过高，对社会的需求不了解，结果往往是大城市、大机关、大企业去不了，小城市、小机关、小企业不想去，从而造成职位难觅的尴尬局面。

八、依赖因素的影响

依赖在大学生择业过程中有两种表现：一种是依赖大多数人的从众心理，自己缺乏独立的见解，不是从自己的实际情况出发做出切合实际的选择，而是人云亦云，见别人都往大城市、大机关、大公司里挤，自己也跟着凑热闹；另一种是依赖政策、依赖他人，在择业中不主动选择、积极竞争，而是坐等学校给自己落实单位，结果往往是错过机遇，与就业失之交臂、遗憾终生。

九、等待因素的影响

在择业过程中，等待有两种表现：一种是自己不积极参与择业，而是靠父母和亲朋好友出面四处奔波，到处找关系、托人情；另一种是在择业工作一开始，用人单位需求量比较大时，一直不与用人单位签订协议，总认为还会有好单位在后头，结果是"过了这村，没了那店"。

十、短视因素的影响

有些毕业生在择业时过分看重地位、实惠，一心只想进大城市、大机关、沿海发达地区、挣钱多待遇好的单位，甚至为了暂时的功利宁可抛弃所学的专业。这样可能会得到一些眼前的利益和满足，但从长远发展看，并非明智的选择。

十一、传统观念的影响

首先是社会习俗的影响。有些大学毕业生把社会上某些传统观念作为自己择业的依据，因而在择业时求稳、求静、求享受，出现争进大城市、大公司、大机关，不愿到基层、生产第一线的倾向。其次是家庭朋友的影响。中国几千年的传统文化使部分大学生产生"苦读十年，光宗耀祖"的观念，他们在择业时首先是征求父母意见，想到的是对家庭有没有利、有没有面子、离家远不远，而事业的发展则是放在第二位的，无形之中，家庭、亲友利用其特殊地位，对大学生的择业起了替代作用。女大学生在这方面受影响尤为突出。

十二、自卑心理的影响

某些毕业生因自己的学校不是名牌、学历不高、专业不热门、自己相貌一般、没有社会关系、经济条件差等产生自卑感。面对择业激烈的竞争，觉得自己这也不行、那也不如别人，走进就业市场就发怵，参加招聘面试更加忐忑不安、异常紧张，难以发挥自己应有的水平，甚至自己的优点也被弱点所掩盖，难逃落选的命运。

十三、自信心不足的影响

一些性格比较内向、不善言辞的或学习成绩平平、能力一般、受过某种处分的学生，还有一些专科生和女大学生，在面对择业市场时，缺乏自信的心理表现得极其明显。他们怕面对竞争，缺乏足够的勇气和临场经验、现场应变的能力，以致产生"我能竞争过别人吗？""要是碰了钉子多丢人！""万一失败了怎么办？"的恐惧心理，从而在求职过程中显得过于怯懦。

十四、畏难心理的影响

对某些专业而言，就业难是一个不可回避的现实问题，部分大学生对此缺乏必要的心理准备，一旦在择业过程中遇到了困难和问题就打退堂鼓，多跑几次怕辛苦，多找几人怕麻烦，多问几次怕受气。本来通过努力可以克服的困难和解决的问题，由于畏难心理的影响，就不愿再努力了，自己放弃了机会。

第四节　大学生择业心理辅导

择业是大学生人生的一个重大转折点，是成就事业的新的生长点，是从"自然人"向"社会人"进发的聚焦点，是大学毕业生成才的闪光点。在社会主义市场经济迅速发展的今天，人才市场双向选择，就业岗位竞争十分激烈，要运筹帷幄、决胜千里，就必须做好择业的心理准备。

案例导入

一、确立择业竞争意识

市场经济的核心内容就是竞争，社会各个方面都存在着竞争，择业更是激烈竞争的一个方面。大学生应该从现在起就培养自己的竞争意识，择业是双向选择，"我择业，业择我"，因此每一名大学生都要积极应对，参与竞争。在校期间要充实完善自己，提高竞争实力；在人才市场上要对自己充满信心，不轻易放弃任何一个可以抓住的机会，在用人单位面前尽显自己的风采。如何培养自己的竞争意识呢？

（一）不要轻易示弱和言败

我们每个人都有自己的生存方式，"天生我材必有用"，要敢于面对困难，世上没有弱者、失败者，只有胆怯和懦弱者。

（二）进取不止，锲而不舍

有些人在事业上、学业上小有成绩后，就不思进取了，认为自己已经算是一个生活的强者了，我们要知道"山外有山，楼外有楼"，人生需要不断进取。

（三）从小事做起

要先制定一个小目标，待解决之后，再集中全力向大一点的新目标前进；将它完全征服之后，再进一步建立更大的目标，然后向它展开激烈攻击。只有这样坚定而不懈地努力，我们才能成为人中豪杰。大学生一定要脚踏实地，从小事做起。小事不干，何成大业？

二、提升择业成功的信心

随着就业制度改革的不断深入，大学生要不断增强自主择业的意识，要充满信心，主动出击，要认识到大学生就业不仅是国家、学校的事，更是自己应主动关心的事，不能被动地等待学校的安排。应树立"要工作，找市场"的观念，主动了解自己所在学校的就业形势、就业情况，并了解具体的就业技巧，同时在择业期间不断向老师、同学咨询。在择业时如何充满信心、积极面对，有专家总结出以下几方面的技巧。

（一）绘制蓝图

在心中要描绘出自己希望达到的成功蓝图，然后不断地强化这种印象，使它不致随着岁月的流逝而消退模糊。此外，相当重要的是切莫因设想失败，就怀疑此蓝图实现的可能性，因为怀疑是成功的心理障碍。

（二）强化积极的态度

如果冒出怀疑本身力量的消极想法，就要尽快驱除这种想法，必须设法发掘积极的想法，并将它具体列出来，同时强化这种积极的态度。

（三）不受他人影响

不受他人的影响，不盲目仿效他人，他人的东西是生搬不来的，唯有自己方能真正了解适合自己的，任何人都不可能成为另一个他人。

（四）进行积极的自我暗示

每天重复说十次这段强有力的话："谁也无法阻挡我的成功，我很棒，我能成功！"用积极的心理暗示，克服消极的心理障碍。

（五）寻求朋友的帮助

寻找对你了如指掌，且能对你提出忠告的朋友，让朋友们帮你一起分析，使你了解自己自卑感或焦虑感的根源所在，克服消极的情绪。

（六）正确评价自己

正确评价自己的实力，对自己的定位要恰如其分，既不能过高，又不能过低，这样有利于制订取得成功的就业计划。

三、培养良好的情绪状态

大学生择业，不仅应具有良好的思想品德素质、科学文化素质和身体素质，也应有良好的心理素质。良好的心理素质，不仅使大学生在择业期间保持良好的心态，适时调整自己的行为，促进顺利就业，而且可以在择业后顺利适应职业和环境，尽快成才。择业是大学生人生的重要转折点，面对择业，大学生的心理既复杂又多变，同时择业的过程本身就是一个复杂的心理过程，受个体心理、群体心理和社会心理所制约，因此在择业过程中难免会出现种种心理矛盾、心理误区和心理障碍。所以，大学生在生活、就业过程中必须学会保持乐观向上的情绪，有效地驾驭自己的情绪，保持良好的情绪。具体做法如下。

（一）确立合理的需要和远大的理想

情绪的基础是需要，如果个人的需要获得满足，就能引起积极的情感体验，如满意、高兴、幸福等；而如果个人的需要得不到满足，就会产生消极的情感体验，如不满、焦虑、抑郁、愤怒等。人的需要是多层次多方面的，因此大学生要获得健康乐观的情绪，就要使自己的需要和愿望尽力符合当前的社会历史条件。理想是人的高层次需要，是人的精神支柱，有了远大的理想，不论遇到什么样的曲折和困难，都能尽力去克服，而情绪也会保持健康乐观、积极向上。

（二）增强适应社会生活的能力

生活本来就是复杂的，有甘甜也有苦涩。学习的压力、人际环境的变化、就业的艰难选择都是我们在生活中遇到的问题，如果不面对现实，不适应这些变化，情绪长期低落，就会影响自己的生活和身体。要增强适应社会生活的能力，保持稳定的、乐观的情绪，就要正视生活，正视遇到的困难和挫折。生活中要看到自己的优势和长处，要接受经自己主观努力而无法改变的现实，不要过分自责、自暴自弃、自我消沉。遇到了困难并不要紧，要紧的是情绪必须稳定乐观。

（三）加强性格锻炼

情绪的控制和调节，同人的性格密切相关。有的人性格比较沉稳，遇事能冷静对待，不急不躁；有的人性格比较急躁，遇事头脑发热，缺乏考虑，容易冲动；有的人性格开朗，喜欢交往，遇事容易想得开；有的人性格孤僻，不喜欢交往，整天心事重重……处在成长中的大学生，应该培养良好的性格，主动改变和纠正不良性格，做到更有效地控制和调节自己的情绪。

（四）增强幽默感

幽默是一种特殊的情绪表现，也是调节情绪的一种有效方式，表现了个人的自信和镇静。幽默可以使尴尬的局面在笑声中消失，可以使紧张的劳动变得轻松愉快。幽默有助于情绪的调整，有助于身心健康。

四、形成良好的择业心态

大学生面临就业，迫切希望有人帮助他们解决择业过程中的种种心理适应问题，维护他们的心理健康，保持应有的心理平衡。特别是在就业制度改革步伐加快、竞争激烈、信息量大、人们就业观念发生较大变化的新形势下，大学生的这一需要更为迫切。面临毕业，大学生必然会考虑社会给自己提供了哪些职位，有多少选择的机会与可能；同时也会想到如何认识自己、调整自己，使个人做出最佳选择并尽快适应职业需要。前者属于社会就业环境问题，在很大程度上不以个人意志为转移；后者则是心理问题，属于个人可掌握的部分。认识环境、把握自己、有一个良好的心理调节机制，乃是最积极可行的途径。总之，在求职过程中，大学生应当充分认识心理调节的作用，提高自我调节的自觉性，尽量通过自身努力使自己保持良好心态，以利于合理择业、顺利就业和健康成长。

五、强化择业的倾向性

大学时代是人生道路上的一个重要阶段，随着生理和心理的逐渐成熟，大学生对职业的种类、社会地位、经济地位等有了一定的认识，个人的兴趣、爱好、能力、情感、价值观等便会逐渐反映到职业选择上。能客观、冷静地分析自己的条件和发展前途，强化自己的择业倾向意识，形成较为实际、明确、具体的择业倾向，对大学生的就业以及事业的成功至关重要。为此，大学生在择业过程中应努力做到以下方面。

（一）认识自己，调整期望值

戴尔·卡耐基有一句名言："你若不能做一条大路，那就做一条小径；你若不能做太阳，那就做一颗星星；不能以大小决定你的输赢，但要做，就要做最好的你。"大学生历来被社会誉为"天之骄子"。身为"天之骄子"的自豪感使他们自视甚高，对未来充满了种种美好的憧憬。然而，大学生这一群体中，每个个体的实际情况又不尽相同，他们的兴趣、气质、能力等各方面都存在着巨大的差异。大学生不可能个个都能成为经理、厂长、局长。每个人的发展机遇和他们各自先天的许多条件往往有着巨大的联系，一个不具有综合领导和管理能力的人，可能会在平凡的岗位上成为一名出色的劳模，但若将其放在经理的位子上，他可能会导致企业的破产。因此，正确认识自我，选择能发挥自身特长、挖掘自我潜力的职业，才能真正做到人尽其才。

（二）树立现实的就业观念，确定正确的价值取向

当前，市场经济大潮奔涌不息，其间也不免有许多腐朽的沉渣泛起，如金钱至上观念、享乐主义观念等，影响着大学生正确的择业行为。发展社会主义市场经济，从某种程度上说就是

为了提高人民的生活水平。但如果大学生仅仅关注低层次的生物、物质生存需要，就会变得目光短浅、心胸狭窄，并且会经常纠缠于利害得失的圈子里，平添种种烦恼。唯有树立正确的人生价值观，追求和发展高层次的社会性、精神性需要，才会超脱种种世俗的烦恼和功利名禄，不断得到精神上的愉悦享受。大学生在择业过程中，除职业的社会地位和社会声望外，还应看到职业多方面的价值，更何况"一次定终身"的传统就业观早已被打破，只有树立正确的价值取向，才能确立正确的择业标准、择业倾向；只有正确处理好国家、集体、个人三者的关系，才能确定正确的择业观念，才能在择业中实现自我价值，体现人生的意义。

（三）纠正盲从的择业心理，增强成功就业的信心

大学生在择业过程中，在形成自我的正确职业倾向时，要树立正确的择业观念，避免形成不切合自身实际的从众心态。人才市场的竞争使大学生机会均等，使个体可以自由发展，然而这需要有正确的择业心态。要跳出择业从众心态的怪圈，切忌随波逐流，跟着感觉走。最终选择的职业，应该是适合自我专长、特长的职业，而非热门的、赶时髦的却不适合自我情况的职业。与此同时，对于大学生来讲，要想择业成功，必须坚定自我的择业倾向，增强自信心，相信自身的才能和长处，满怀信心地推销自己、展示自我。如果自感实力不够，竞争不过别人，也不必自卑失落，而要用更为现实的标准审视自我、估价自我，找到自身的定位。成功，固然应该高兴，然而失败也并非全无益处，人生中难免挫折，但挫折能磨炼人的意志。只要我们能找出失败的原因，对自己做出客观的分析，择业的信心就不会消磨掉，择业的倾向性才不会偏离。

六、提高择业的科学性

大学生的择业过程，从表面上看，是毕业生考虑如何找到一份比较满意的职业；从深层意义上来看，是毕业生规划自己的人生道路、进行一生事业的策划和选择。因此，这个择业选择、策划是否科学合理，不仅影响到能否顺利就业，而且影响到大学毕业生能否为走好人生道路打下坚实的基础。为了提高大学生择业的科学性，在择业决策过程中应从以下几个步骤着手。

（一）制定人生理想，确立择业目标

想成为什么样的人，或者说自己的人生目标是什么，这是大学毕业生应该首先考虑的问题。毫无疑问，每个人都想成为一个成功的人，但是成功的标准是什么，每个人都会有不同的答案。有的为了名，有的为了利，还有的为了名利双收。然而，在实际生活中，名与利常常不可兼得。选择不同的职业，就是在选择不同的社会角色和社会地位，也是在选择不同的收入水平。因此，毕业生在进行就业选择时，首先要决定的是"我想成为一个什么样的人？我想从事一份什么样的工作？"每个毕业生都应该思考自己的目标，而且目标越明确、越具体，越有可操作性，就越能使自己制订出合适的、科学的实施策略和计划，也就越能实现自己的目标和理想。

（二）分析自身实力，明确心理定位

实力分析基于两方面：一是自己的专业素质和非专业素质是否符合职业本身的要求；二是自己在就业竞争中处于优势地位还是劣势地位。大学毕业生都是受过专门训练的人才，都有一定的专业知识。因此，从事与所学专业相一致的工作，相对于其他专业的毕业生，有自己的优势。但是，在本专业范围内，由于学业成绩的不同以及运用知识能力的高低，相同专业乃至相

近专业的毕业生也有实力高低之分。对于那些对专业知识没有太高要求的职业来说，非专业素质的高低决定了毕业生竞争实力的高低。总之，要针对目标，对自己进行全面的分析，要做到心中有数，只有这样，才能使自己的择业决策更有针对性，更显科学合理性。

（三）寻找能够实现自己目标的单位

寻找能够实现自己目标的单位，这是提高就业决策科学性的关键环节。因为就业的最终实现体现在你找到了一个愿意接收你，而且你也愿意去的工作单位。但是，"条条道路通罗马"，对于很多毕业生来说，目标也许是抽象而模糊的，而选择对象往往是具体的，毕业生所注重的任何一个方面也许都有许多单位同时能够满足。例如，一个倾向于高薪的毕业生，可能发现许多单位提供的薪水都比较高，但这些单位的工作性质等内在方面却大相径庭；即使同行业、同规模的单位也可能由于企业文化、经营管理方式等方面有所不同，给毕业生的发展前景带来完全不同的结果。想要从众多的单位中寻找到自己的目标单位，就要尽可能获得足够的信息。没有足够的信息，一切的分析判断都无从进行。

（四）在选择中修正目标，提高实施针对性、合理性和可行性

绝大多数毕业生都是第一次真正面对社会，因此，当直接与社会打交道时，往往会发现自己处在尴尬的境地：自己设计的人生目标并不现实；学校里所学的知识一点儿也派不上用场；面对陌生的人和事显得无所适从；等等。这就需要毕业生不断地调整自己的目标，也需要毕业生改变实施策略，在与社会的接触中使自己迅速成熟起来，使自己的就业技巧尽快娴熟起来，能够从容面对社会的挑选，也能冷静地选择合适的单位。只有这样，也才能使自己更好地提高择业决策的针对性、合理性和可行性。

七、拟定择业思路

择业是大学生在人生十字路口的一次重大抉择，谁都渴望有一个令人羡慕的职业，但是选择自己满意的职业却不是每个大学生都能够轻轻松松做到的。求职的每一个过程都需要做出正确的选择和判断，以及充分的心理准备。

（一）专业对口的择业思路

大学生的职业选择必须从客观现实出发，一定要将个人的职业愿望、自身素质与兴趣、能力结合起来，加以充分考虑，估计一下自己能否胜任某项职业的要求，认真评价个人职业意愿的可能性。如果对照后发现自己非常符合条件，那么就可以选择专业对口的职业。学以致用，会使自己很快地融入工作中，迅速将自己的能力和才华发挥出来，得到领导和同事的好评。

（二）专业错位的择业思路

每个行业对需求的人才都有着不同要求，每个行业都有着不同的发展周期。如果某些行业不适合你或你不感兴趣，或者这个行业已没有发展前途、人满为患，那么专业错位择业是不错的选择。

有些大学生过分强调专业对口，在就业过程中死盯着专业不放，从而丧失了就业机会。实际上，具有发展潜质的大学生都是树立"先就业，后择业"的观念。学非所用在用人制度发生巨大变化的今天已不是什么新鲜事，博士、硕士改行投身其他行业并取得一定成绩的不乏其人。所谓的学历、专业只能说明你经受了一定层次的教育，而并不意味着你必须选择这种职业。即使你在专业不对口的岗位上并没有获得成功，但却使你积累了宝贵的工作和人生经验，为你重新选择职业提供了大量有益的财富。因为你的职业生涯中所包含的绝不仅仅是专业，还包括人际关系、处理问题的能力、协调能力、创造精神等。况且，随着人事制度改革的深入，你也许有第二次、第三次择业的机会，有了第一次的经验，以后的道路应该会畅通得多。

测试与训练

一、阅读资料

阅读资料

二、心理测试

职业价值观测试

【测试说明】 职业价值观测试由 36 道题组成，每题都有 A、B 两种类型的态度和处理方法。经过考虑后，在符合你个人情况的选项下面打"√"，如果 A 或 B 均不符，则在 A、B 下面都打"×"。

1. A. 即使有些损失，以后可再挣回来　　　B. 无利可图则不干

2. A. 国家的富强是经济力量在发挥作用　　B. 国家的富强是军事力量在发挥作用

3. A. 想当政治家　　　　　　　　　　　　B. 当法官

4. A. 通过服装、居住条件可知其人　　　　B. 不想通过表面现象去判断一个人

5. A. 为了更重要的工作而养精蓄锐　　　　B. 必要时愿意随时献血

6. A. 想领个孤儿抚养　　　　　　　　　　B. 不愿让他人留在家里

7. A. 如果买车，就买全家能乘的大型汽车　B. 买车就买最流行的汽车

8. A. 非常注意自己和他人的服装　　　　　B. 对自己和别人的事情都不放在心上

9. A. 先确保有房子才考虑结婚　　　　　　B. 不考虑以后的事

10. A. 被认为是个照顾别人很周到的人　　　B. 被认为是有判断力的人

11. A. 生活方式同他人不一样也行　　　　　B. 其他人家里有的东西我也想凑齐

12. A. 为能被授予勋章而奋斗　　　　　　　B. 暗中支持得不到帮助的人

13. A. 自己的想法比别人的正确　　　　　　B. 应当尊重别人的价值观

14. A. 最好婚礼能上电视，而且有人赞助　　B. 结婚仪式要比别人办得气派

15. A. 被认为手腕高，能推断将来的人　　　B. 被认为是处事果断的人

16. A. 即使是小店也愿意干　　　　　　　　B. 不想做被人瞧不起的工作

17. A. 非常关心法定利率、佣金　　　　　　B. 关心自己的能力和适应性

18. A. 人生不取胜就没意思　　　　　　　　B. 人生就是互助

19. A. 社会地位比收入更有吸引力　　　　　B. 与社会地位相比安全更重要

20. A. 不重视社会惯例　　　　　　　　　　B. 经常被邀请去当婚礼主持人

21. A. 愿同独身生活的老人交谈　　　　　　B. 为别人干点什么都嫌麻烦

22. A. 每天过充实的生活　　　　　　　　　B. 够生活费就不想干了

23. A. 有空闲时间就想学习文化知识　　　　B. 考虑让别人喜欢自己的方法

24. A. 想一鸣惊人　　　　　　　　　　　　B. 平凡地生活也就可以了

25. A. 用金钱能买到别人的好感　　　　　　B. 人生中不可缺少的是爱而不是金钱
26. A. 一想到将来就感到兴奋　　　　　　　B. 对将来能否成功置之度外
27. A. 伺机重新大干一番　　　　　　　　　B. 关心发展中国家人们的生活
28. A. 尽可能地利用亲属　　　　　　　　　B. 同亲戚友好地互相帮助
29. A. 如果来世托生成动物的话，愿变成狮子 B. 如果来世托生成动物的话，愿变成熊猫
30. A. 严守作息时间，生活有规律　　　　　B. 不想忙忙碌碌，想轻松地生活
31. A. 有空就读成功者的自传　　　　　　　B. 有空就看电视或睡觉
32. A. 干不赚钱的事是乏味的　　　　　　　B. 时常请客或送礼给别人
33. A. 擅长干决得出胜负的事情　　　　　　B. 擅长于布置房间或修理东西
34. A. 对自己的行动充满自信　　　　　　　B. 注意与他人合作
35. A. 不愿借给别人东西　　　　　　　　　B. 经常忘记借来或借走的东西
36. A. 运气决定人生，这是荒谬的　　　　　B. 受命运的支配很有意思

【计分方法】　打"√"的记 2 分；打"×"的记 1 分。然后按表 11-1 纵向累计你的得分。

表 11-1　得　分

	一	二	三	四	五	六	七	八	九		一	二	三	四	五	六	七	八	九
1	A	B								19				A				B	
2		A	B							20					A			B	
3			A	B						21						A			B
4				A	B					22						A		B	
5					A	B				23					A			B	
6						A	B			24			A			B			
7							A	B		25		A				B			
8								A	B	26	A				B				
9							A		B	27	A					B			
10						A			B	28		A					B		
11				A			B			29			A						B
12			A		B					30			A						B
13			A		B					31			A						B
14		A		B						32							A		B
15	A		B							33	A					B			
16	A		B							34	A								B
17		A		B						35		A							B
18			A		B					36	A								B

注：一到九表示九种职业价值观类型。

【测试结果】　纵向合计，得分超过 12 分的就是你的职业价值观；如果得分比较松散，没有超过 12 分的，就说明你的职业价值观不鲜明，具有多种职业价值观的特点。

1. 独立经营型，又称非工资生活者型，具有这种职业价值观的人不愿受别人指使，也不愿受他人干涉，只靠自己的力量，任意施展自己的才能，自己独立完成自己的工作。

2. 经济型，又称金钱型，具有这种职业价值观的人确信世界上的一切幸福都能用金钱买

到，把赚钱作为人生的目标。

3. 支配型，又称独断专行型，具有这种职业价值观的人认为能支配的职业是高尚的，把追求权力、社会地位作为人生目标。这种人无视别人的意见，以坚持己见为乐。

4. 自尊型，具有这种职业价值观的人渴望得到别人的尊重，追求虚荣，渴望得到社会地位和荣誉。

5. 自我实现型，具有这种职业价值观的人不关心人所共有的幸福和一般惯例，一心一意追求个性、探索真理，对收入、地位乃至他人全然不顾，喜欢向自己的能力极限挑战，并把它看成是生存的最大意义。

6. 志愿型，具有这种职业价值观的人富于同情心，把他人的痛苦视为自己的痛苦，乐于帮助别人，为大众服务。

7. 家庭型，具有这种职业价值观的人常以自家为中心，喜欢平凡、安定的生活，注重与家人团聚，生活态度保守而稳重，不愿冒险。

8. 才能型，具有这种职业价值观的人单纯，爱戴高帽子，把受别人的欢迎、赞扬视为乐趣，常以能说会道博得众人好感。

9. 自由型，具有这种职业价值观的人办事既无目的又无计划，而是适时采取相应的行动。这种人不愿负责任，不愿给别人添麻烦，也不想受任何约束，愿意随心所欲地生活。

三、心理训练

（一）设计职业生涯规划

对于大学生来说，就业前就应该预先设计好自己的理想与规划，否则就会缺少准备，缺少目标和方向。职业生涯规划就像手中的棋盘，作为下棋的人，不能在举棋不定时才想起观察与预判的重要性，要下好一盘棋，就应该把每一步都进行设计，这样才能最终实现自己的目标。

请你将理想的职业生涯要素制成一份表格，其中每一项都至少包含两方面内容：其一是对各项词条的畅想描述，其二是如此畅想描述的理由，如表 11 - 2 所示。每项字数最好控制在200 字以内。

表 11 - 2　理想的职业生涯要素

理想的职业生涯要素	想描述	理　由
职业种类、性质		
职务、职位		
日常工作状况、方式、内容		
工作地点、环境		
工资待遇、社会地位		
工作伙伴		
职业发展前景		
职业的社会价值		
所需技能、专业		

（二）大学发展目标探索

1. 活动目的

通过活动，让学生发掘大学应该完成的发展目标，从而激发学生的行动力。

2．活动步骤

你是否发现了未来的职业发展和在大学里需要提高的能力之间的关系？请你把你的想法和理由尽可能多地写出来。

关系：_____

理由：_____

（1）在大学，我要努力完成的发展目标是_____。

（2）原因是_____。

（3）我觉得完成该目标的困难是_____。

（4）调节的方法是_____。

可以尽可能多地写出大学期间要努力完成的多项发展目标。之后，分组讨论目标的异同及理由的异同。

（三）我的未来不是梦

1．活动目的

通过活动，帮助同学们设立自己的人生目标。让学生意识到设立人生目标的重要性；让学生对自己未来生活有初步的规划和目标；改变学生现有的某些行为和习惯，为实现目标打好基础。

2．活动材料

白纸，笔。

3．活动过程

组织者准备一些关于目标的故事，最好是可以比较的，如一个人没有目标时很迷茫，有目标时充满动力。让同学们根据故事判定自己是不是有目标的人。

（1）描绘自己目前的情况。在一张白纸上画出平行且相等的四块地方，在最左端将自己现在的学习情况、家庭情况、兴趣爱好、人际关系等写上。

（2）对未来生活进行憧憬。憧憬自己的未来，如未来职业、家庭情况、社会生活、学习情况、人际关系等，并做一个详细的规划，写在另一张白纸的中间。

（3）画出自己的未来之路。在原来写有自己目前情况的第一张纸的第二块地方，针对自己所做的详细规划，做出十年后在各个方面的设想；在第三块地方写下自己在二十年之后在各个方面的设想情况；在第四块地方写下三十年后的生涯规划。最后，将四块地方用线条连接起来，形成自己的未来之路。

4．活动评价

本活动形象生动地体现出学生的未来之路该如何走，这样让同学们制定了有关未来的目标规划，也让同学们知道了目标的重要性。有了方向，路才会越走越远。

四、思考题

1．大学生在择业过程中表现出来的心态有哪些？

2．大学生在择业过程中容易产生哪些心理冲突？

3．通过对本章的学习，你感到有哪些心理因素影响你对职业的选择？

4．你希望在择业时，社会、学校、老师能给你提供什么样的帮助？

5．如何调整心态，确立正确的择业心理？

第十二章　大学生网络心理

心灵导读

　　网络作为一种新型的信息传播和人际交往的工具，对大学生的学习、生活和心理健康有巨大的影响。如何发挥网络的积极心理效应，控制和减少其消极作用，已成为大学生应该认真思考的问题。

教学目标

　　通过对本章的学习，应了解网络的特征以及网络对大学生的影响，理解大学生网络心理特点和网络心理障碍表现，掌握大学生网络心理障碍的调节方法，从而能够通过积极有效的途径和方法克服网络心理障碍，并对网络成瘾综合征进行矫治。

第一节　网络心理概述

近年来，网络越来越多地走进大学生的实验室、课堂和宿舍。形形色色的人物，众说纷纭的观点，无穷无尽的数据，无一不对大学生产生不可抗拒的吸引和诱惑。作为"网络新生代"的大学生的网络心理，已成为心理学研究的一个崭新视域。

案例导入

一、网络的含义

所谓网络(Internet)，即国际信息互联网络，就是特指集通信网络、计算机、数据库以及日用电子产品于一体的电子信息交换系统，是计算机之间进行国际信息交流和实现资源共享的最佳手段。它能使每个人随时将文本、声音、图像、电视信息传递给设有终端设备的任何地方、任何个人。我国有人将 Internet 直接音译为"因特网"，常说的网络也大多是指互联网。

二、网络的功能

（一）查询、浏览全球信息

通过搜索引擎用户可以在万维网(WWW)上寻找合适的网站，也可以通过点击一些网站上的"友情链接"轻松地找到相关信息的网站。万维网所蕴藏的巨大信息分布在世界各地的主机上，用户可以借助信息查询工具在指定网站上找到所想要的，诸如文本、图形、音频、视频、动画、软件等不同形式的信息，或对上述信息进行下载。网民上网的最主要目的是休闲娱乐和获取信息，学习排在第三位，上网目的呈现多样化发展。

（二）获得新闻

通过浏览器访问网上的各种新闻站点、新闻组和 BBS，我们可以快速获得世界各地发生的最新新闻、各种公告和时事文章，跟上社会发展的节拍。同时，这些新闻信息也可以供大家使用、讨论和发表评论。值得一提的是，由于对网站发布的信息难以有效监管，所以网上的"新闻"不一定都"货真价实"，不同网站上的新闻可信度是不同的。

（三）网上学习

网上学习是一种很好的学习方法，一方面是因为网络使学习更加轻松便捷，如学生通过远程教学，可以获取其他学校、教师的课程；通过电子图书馆，可以读到世界上任何一家电子图书馆的藏书。另一方面是因为网上的知识内容丰富多彩，可以使学习更有趣生动。一些网上的交流方式，如电子邮件和网上论坛，尤其是有关教育、学习、计算机和网络等论坛，为我们提供了很好的学习讨论场所，还给我们提供了交流经验的机会。

（四）收发电子邮件

电子邮件是借助计算机网络的连接彼此传递信息的通信方式，可以传递文本、图像、声音和程序等各种各样的文件。使用者可通过 Internet 迅速地将电子邮件送达指定的电子信箱，收件人可随时收阅。一封电子邮件从中国到达美国只需数秒钟至数分钟，与人工邮件比起来，既迅速又准确，而费用几乎为零。

（五）在网上与人交往

网上的聊天室、网上寻呼、在线咨询等不仅可以帮助我们利用网络与朋友交流信息，也有助于结识新朋友和学会交朋友。此外，网络电话也是一种有效的交际工具，它基于 Internet 的信息传递，将声音转化为数字信号，传送到对方后再还原为声音信号。

（六）发布信息

用户可以通过建立个人或组织的网站或主页，发布所想要发布的各种信息，介绍自己或组织的观点以及研究成果等。

（七）网络游戏

网络给我们玩游戏提供了一个很好的环境，无须去电子娱乐厅就能玩自己想玩的电子游戏。另外，我们还可以利用互联网在线听音乐和看电视等。

（八）其他远程服务

其他远程服务也很多，如电子商务，通过互联网发布商品信息便可进行电子贸易。如今越来越多的人采取电子购物的形式，不去实体商店在家中就能进行购物。

三、网络的特征

（一）开放性

互联网的本质是通过计算机之间的互联互通实现信息共享。而且，计算机之间互联互通的程度越充分，共享信息越多，开放性越高，互联网所起的作用就越大。互联网的这种开放性，主要体现在以下几个方面。

1. 对用户开放

互联网是一个对用户充分开放的系统。在这里，不分国家、种族、贫富、性别、职位高低、年龄大小，只要你具备上网的硬件条件，就可以上网，去体会网上冲浪的乐趣。

2. 对服务者开放

从系统论的角度来说，互联网是一个无限的信息系统。互联网上的信息来自不同的提供者，没有哪一个国家或组织能够独揽互联网的信息服务。互联网正是通过对服务者开放，为用户提供一个开放的接入环境，从而使互联网上的每一个节点都可以自愿地、轻而易举地为互联网提供信息服务。互联网的开放性，是互联网强大的生命力和活力之源。

3. 对未来的改进开放

互联网的开放特点，使得互联网上的子网在遵循 TCP/IP 接入协议的前提下，可以有不同的风格和体系，可以根据不同的需要随时对任何一个子网进行更改而不影响整个互联网的运行。在《互联网简史》中，互联网的缔造者们明确地强调，"互联网的关键概念在于，它不是为某一种需求设计的，而是一种可以接受任何新的需求的总的基础结构"。

（二）实时性

实时性是指互联网在第一时间发布新闻、报道，而用户则可以随时方便、快捷地获得所需要的信息。因此，作为"第四媒体"的互联网，其实时性胜过传统媒体，用户可以随时上网发表见解、抒发感想以及寄送文章等。由于互联网运作模式的特殊性，人们能在第一时间获得所需要的信息，传统媒体根本无法同它相比。

（三）全球性

网络拓展了人类的认识和实践空间，原本可能终生难以相见的人们瞬间变成了近在咫尺的网友。庞大的地球在不知不觉中变成了"地球村""电子社区"，人人都可以进入这个"地球村"，成为这个"电子社区"的一员；人人都可以在网络上使用最新的软件和资料库，不同的观念和行为的冲突、碰撞、融合就变得直接和现实；网络化还把不同的宗教信仰、价值观、风俗习惯、生活方式呈现在人们的面前，经过频繁洗礼和自主选择，不同国家、不同民族、不同生活方式的人们通过与对方交往、互相学习和借鉴，达成共识、沟通和理解。总之，当互联网以其传播方式的超地域性将地球连接成"地球村"时，每个网民都成为地球村的平等公民，互联网无论在广度还是深度上都在我们无法想象的空间中漫延、伸展着，它突破了种族、国家、地区等各种各样的有形或无形的"疆界"，真正体现了全球范围内的人类交往，体现了人与人之间的"无限互联"及"无限关涉"。

（四）虚拟性

网络世界是人类通过数字化方式，链接各计算机节点，综合计算机三维技术、模拟技术、传感技术、人机界面技术等一系列技术生成的一个逼真的三维的感觉世界。进入网络世界的人，其基本的生存环境是一种不同于现实的物理空间的电子网络空间或赛博空间。这样，一方面网际关系的虚拟性是与实体性相对的，交往主体隔着"面纱"，以某种虚拟的形象和身份沟通、交流着，交往活动也不再像一般社会行为那样依附于特定的物理实体和时空位置；另一方面网际关系的虚拟性并非与虚假性等同，尽管由于人的恶意操作它会堕落变质为虚假。在人工构造的虚拟情境中，网络赋予人一种在现实中非实在的体验，从功能效应上说这是真实的，所发生的虚假关乎于交往者的德行，而与网络的上述功能无关。

（五）身份的不确定性

在现实世界中，人们的社会关系，如亲戚、朋友、同事、邻里、师生……在很大程度上是一种"熟人型"的，其交往活动依附于特定的物理实体和时空位置，并受着较为稳定的社会价值观念文化的支撑和规范。而在网络世界里，尽管计算机专家可以将一切信息还原为数字"0"或"1"，换言之，信息在其构成上是确定的，但是信息的庞杂性、虚拟性和超时空特征使得其作为行为目的、意义和情感的传播途径并不是清晰可辨的。同时，网络世界是一个开放多元的世界，它跨越了时空的界限，但却无法聚合历史文化的差异。这些都使得发生在人与人之间的网络交往易变、混沌，网络世界中的人际关系也因此充满了不确定性。不仅如此，在"网络社会"这个崭新的信息世界里，主体的行为往往是在"虚拟实在"的情形上进行的，在网络技术的帮助下，每个人都可以成为"隐形怪杰"，其身份、行为方式、行为目标等都能够得到充分隐匿或篡改：一个白发老翁可以发布电子信号将自己伪装成红颜少女，强盗亦可自称警察而难被发觉，甚至就像网络经典名言所说的那样，"在互联网上没人知道你是一条狗！"

（六）非中心化

互联网以令人惊异的发展速度，把社会各部门、各行业乃至各国、各地区联成一个整体，形成了一个相对自由的"网络时空"。互联网是由世界上许多国家的局域网所构成的，在科学家设计互联网的前身 ARPANET 时，军方就要求这个网络没有中心，让信息在网络中能够自由地传播，因此它采用离散结构，不设置拥有最高权力的中央控制设备或机构，这样互联网就成了一个绝对没有中心的网络世界。此外，从地理角度讲，互联网覆盖在整个地球表面上，既没有明确的国界和地区界限，也没有开始和结束。一旦进入这个由光纤电缆和调制解调器构成的世界，你就变成了电子化的飞速运动的"符号"。作为小小的个体陷在无边无际的"网"中，无论怎样"挣扎"都将是无能为力的。

网际交往突破了现实社会行为所具有的以自我为中心的互动特征。当你随着网络进入他人的行动空间，或进行在线交谈、网络讨论，或进行超文本的创作和阅读时，他人也同时进入了你的行动空间中。没有了专家、平民之分，没有了作者、读者之别，每一个网络参与者都是处于一种交互主体的界面环境之中。互联网技术消灭了"客体"这个字眼，消灭了权威式中心化的主体意志，而代之以平等自由的主体间交往，所形成的网际关系是非中心化的。

（七）平等性

互联网作为一个自发的信息网络，它没有所有者，不从属于任何人、任何机构甚至任何国家，因而也就没有任何人、任何机构、任何国家可以左右它、操纵它、控制它。在这里，没有政府机构的监督和管理，所有的用户都是自己的领导和主人，因为所有人都拥有网络的一部分；在这里谁都没有绝对发言权，但同时谁又都有发言权。这样，网民可以充分感觉到自由性与主体之间的平等性。

网民可以阅读许多来自外信息源的消息，可以自由选择议论话题，而不必受编辑、新闻出版机构的控制，不必担心自己的言论是否离经叛道，只有平等的网上公民，没有至高无上的网络统治者；只有网络公民之间的平等交流，没有单纯的说教者、灌输者或者固定的受众。总之，网上的信息不为某一个人独有，而是平等地属于每一个网民。互联网的这种特点，使网民的意识和思维进一步走向平等和双向沟通，思维方式更加多样化，从而也更加具有个性和创造性。

（八）个性化

互联网是世界上最大的计算机网络的集合，它将世界上数以万计的计算机、网络互联在一起，既互通信息、共享资源，又相互独立、各自分散管理，没有人比其他人享有更多的特权，权力、阶级、阶层甚至地理位置、国家、民族在网络中都失去了意义，每个网民都有可能成为中心，人与人之间趋于平等，不再受等级制度的控制，个体的个性意识逐渐增强。网络呈现出的分散性、自主性和隐蔽性等特点正是网民生活的个性化的表现，这种表现包括上网时间和地点的很大的随意性和不确定性，上网目的、浏览内容的多样性以及上网身份的不实性。在网上，每个网民的目的不同，需要各异。可以说，网络为人的个性发展提供了广阔的空间，使个体的创造性能够获得极大的张扬。

第二节　大学生网络心理的特点

互联网在给中国社会带来急剧变化的同时，也越来越深刻地影响着当代中国社会的各个领域。对先进知识和技术有着敏锐直觉的大学生，是最具有网络意识的群体。面对互联网构建的虚拟世界，当代大学生表现出了极高的认同度和参与热情。网络已经深入大学生的学习、生活以及情感等各个领域，成为大学生学习知识、交流思想、休闲娱乐的重要

案例导入

平台。同时，在大学生形形色色的网络行为中所透露出的种种心理现象也引起了人们的关注。

一、网络对大学生行为与心理发展的影响

网络作为一个集通信网络、计算机、数据库以及日用电子产品于一体的电子信息交换系统，能随心所欲地将图、文、声等多媒体信息传送到设有终端设备的地点和个人，并且时时刻刻影响着上网者。网络不仅渗透到了大学生活的方方面面，而且以其特有的方式影响着大学生的行为与心理。

（一）网络对大学生行为的影响

1. 网络拓宽了大学生获取信息的渠道

网络具有信息量大、传播速度快和影响范围广的特点，作为一种新的信息传播方式，为广

大学生所青睐。据调查，在这样一个信息时代，网络已经取代其他的传统方式，成为大学生获取信息最主要的渠道。这种全新的信息传输方式给大学生带来的影响也是多方面的。

（1）网络提高了大学生的信息占有量和更新速度。网络既是世界上最大的广告系统、信息和新闻媒体，又可以称为全球最大的图书馆、博物馆和展览馆。在这个信息的海洋中，各种信息无奇不有，丰富而新鲜，并具有运行的快捷性、同步性和使用简便性的特点。它以更快的速度传送和处理数量日益增加的数据、信息和知识。正如威尔·希弗利在《难以置信的光收缩》一书中写道："今天一根头发丝般细的光纤能在不到 1 秒的时间里将《大不列颠百科全书》29 卷的全部内容从波士顿传到巴尔的摩。"大学生只需轻轻一点，就能方便快捷地在浩瀚的信息海洋中找到自己所需的信息，这大大缩短了他们在搜寻信息上耗费的时间，从而在很大程度上提高了大学生的行为效率。

（2）网络干扰了大学生对信息的准确判断和选择。网络既是信息的宝库，又是信息的垃圾场。在铺天盖地而又瞬息万变的网络信息中，存在着大量的虚假信息和不良信息。前者成为大学生汲取信息的"陷阱"，不仅浪费大学生宝贵的时间，而且干扰他们及时找到有用的准确信息；后者则是信息中的"垃圾"，很容易对大学生造成精神上的污染和行为上的误导。

2. 网络改变了大学生的学习方式

传统的学习方式以老师为主导，大学生为主体，以课程为载体，以课堂讲授为主要方式，实现知识的传输和能力的培养。这种封闭式、单一性的学习方式容易导致大学生学习兴趣减退、学习效率降低。网络的出现以全新的方式渗透到大学生学习的各个环节，在很大程度上引发了大学生"学习革命"。

（1）网络提高了大学生学习的主动性。网络为大学生提供了获取知识的新渠道。与传统的从书籍、报刊、课堂获取知识的方式相比，从网络获取知识的方式具有明显的快捷性、方便性和灵活性的特点。网络资源的共享性使得大学生不必担心课堂笔记是否完整，也不会为了图书馆里的一本书而等上数月。由于对网络方式的高度认同，在这样一个汲取知识的新天地中，大学生不再只是被动地接受知识和信息，而是更主动地学习新知识，选择信息、接受信息。网络对大学学习的介入，帮助大学生打破了局限于课堂、埋头于书本的僵局，不仅扩大了知识面，而且提高了大学生学习的积极主动性。

（2）网络增强了大学生学习过程的互动性。在大学生的学习过程中，课堂学习和课后自学占了大部分时间，整个学习过程具有封闭式和单向性的特点，老师与学生、学生与学生之间的交流和互动容易被忽视。尽管现代教育改革一再强调要加强教育环节的互动性，但真正行之有效的方式并不多。网络为大学生展开互动交流式的学习开辟了足够的空间和便捷的方式。大学生可以通过网络课堂、BBS、电子邮件以及网上视频等多种方式和老师、同学展开广泛的交流。

（3）网络也导致了大学生一些不良学习行为的出现。网络的隐蔽性、自由性和快捷性，也滋长了大学生的一些不良学习行为。如一些大学生在网上下载、购买相关资料作为作业交给老师，甚至硕士、博士毕业论文也如此"得来全不费功夫"；有些大学生在网上帮别人做作业、写论文赚钱；更有甚者，连考试也在网上找"枪手"代考。这些不良行为的滋生与蔓延不仅扭曲了大学生的学习态度，也败坏了高校的学风和学术伦理。

3. 网络影响大学生的人际交往

"交往是人类的必然伴侣"，无论是在刀耕火种的远古时代，还是在科技发达的现代社会，人与人之间都需要交往。从农业社会到工业社会，人类延续着千百年来的传统交往方式，即通过直接或间接的方式实现彼此的物质、精神、信息等的交流。进入信息时代以来，网络的出现在很大程度上改变了人类亘古不变的交往方式。对于处在交往探索期的大学生来说，网络对其人际交往的影响更为深刻。

（1）网络扩大了大学生人际交往的范围。网络人际交往具有超时空性的特征。现实社会的人际互动总是发生在一个具体的情境中，具有空间和时间的实在性，人们借以在其中去把握行动，判断"在场"与"缺场"的意义。而在网络人际互动中，不仅时间和空间发生了分离，而且空间与场所也发生了分离。因特网极大地延伸了人们虚拟中的互动的空间距离，又压缩甚至取消了现实的人际互动过程中所需的时间和场所。超时空性使整个人际互动的环境成了一个虚拟和真实的混合体。网络交往的这种特性使得大学生能够从以往狭小的生活圈子走出来，跨越千山万水，突破地域限制，实现"朋友遍天下"的梦想。

（2）网络丰富了大学生人际交往的方式。据调查，尽管大学生的交往方式仍然以传统的打电话、写信、见面交谈等方式为主，但是与以往相比，大学生利用网络进行交往的比率在增加，而写信的比率日渐减少。网络为大学生提供了诸多方便快捷的交往方式，如电子邮件、BBS论坛、网上聊天、网络游戏等，甚至还能提供网上的语音和视频的交流。与传统交往方式相比，网络交往方式多了一份自由，少了一丝束缚；多了一份神秘，少了一丝真实。这对于心理正处在不稳定期的大学生来说，极具吸引力和诱惑力。

（3）网络在某种程度上导致大学生现实人际交往能力减弱。人际交往的一个基本内容就是人际互动。网络为大学生提供的交往空间是一个既隐蔽又流动的非面对面的情境，大学生在其中互动时，既不会被人监视，又不用太顾忌社会规范的压力，他们在现实社会互动中的人际障碍，如家庭背景的悬殊、生活方式的不同、生理和心理的差异等均可消失，取而代之的是非常平等、自由和普遍的交往关系。这使得大学生乐于在网上交友，而对现实中的人际接触避而远之。例如，一个在网上侃侃而谈、备受欢迎的大学生在现实中可能会沉默寡言、性格孤僻。长此以往，必然导致现实人际交往能力减弱。

（二）网络对大学生心理发展的影响

1. 网络对大学生认知发展的影响

认知是指人们感受事物、思考事物的心理过程，它对一个人的情感、行为有着极其重要的影响。大学生正处于感受能力强、思维活跃而又丰富的时期，其认知发展在很大程度上受到网络的影响。网络通过增加和扩大信息量，缩短大学生收集信息的时间，为大学生提供了更好的学习机会和途径，从而拓宽了大学生的认知视野，提高了大学生的认知效率。网络集视、听于一体，注重网民参与性的信息传输方式，改变了大学生传统意义上的静态的认知模式，使大学生在认知发展的过程中出现与以往不同的一些新特点。在网络"知识快餐"的冲击下，大学生的求知欲望更强烈，思维更具活跃性和敏捷性，想象力更加丰富。同时，面对铺天盖地的大量信息，大学生现有的接受能力和判断能力无法承受，在信息"超载"的情况下，容易出现思维混乱状况；而这些没有明确价值指向的信息长期充斥着大学生的大脑，搅乱他们的思维，必将阻碍大学生认知中对信息的准确选择和内化过程，以及良好判断能力的形成。

2. 网络对大学生情感成长的影响

大学生正处于情感、情绪丰富而又不稳定的阶段，其情感的发展变化与外界环境息息相关。由于周边环境因素的限制与影响，大学生在情感成长过程中往往容易出现较强烈的矛盾和冲突，而网络世界正好为内心敏感、情绪易波动的大学生创造了一个崭新的情感表达和交流的空间。在网络中，大学生可以随意选择自己的情感交流对象，可以同时向许多人表达自己的内心情感；可以不必面对面地交流，也不用随时回应对方；可以不向对方表明自己的真实身份，不用担心因此危害自身利益。这样的情感交流空间虽然是虚幻的，却解决了大学生在现实生活中既渴望真情又企图封闭自己的心理矛盾，以其特有的自由、随心所欲和隐蔽性而深受大学生的欢迎。同时，网络以广博的包容性吸引大学生将其作为他们情感宣泄的重要渠道。在这里，大学生可以通过游戏、论坛等各种方式肆意宣泄自己的情感而不受到制止和阻挠，因而在一定意义上也起到了维护情感的平衡、避免情感异常和迷失的积极作用。但是我们也应该看到，当大学生的一些不良情绪、情感在网络中得到宣泄并获得其他网民认可时，或者是通过一些不正常的网络方式进行发泄时，其不良情感可能会得到强化，容易导致大学生的情感发展误入歧途。

3. 网络对大学生个性心理塑造的影响

网络世界具有较强的无政府性和非政治性，这与大学生追求个性自由、崇尚个性张扬的心理正好相吻合。在这个管理、约束相对弱化的区域里，大学生能够独立地选择网络资源，并需要自觉地去判断各种网络信息中所包含的价值趋向和文化倾向，对于网上的热点问题、现实生活中的重大事件，独立进行思考和评价，培养了大学生个性心理中的独立性。大学生正处于自我意识不断增强而又不稳定的时期，注重自尊、自信、自我展现，在网络这个平台上，大学生可以以自己喜恶为中心，以自己需要为尺度，按照个人的自我意志利用网络资源，如对自己的网页和网络形象进行个性化的设计，在 BBS 中毫无保留地发表自己的独特见解，在网络游戏中自主地扮演各类角色，在虚拟社区中充当高手和"大虾"（大侠），这无疑促进了大学生自主性个性心理的培养。在网上，现实生活中因财富、职位、身份等形成的社会地位被淡化，决定一个人是否受欢迎的主要因素是网络技术是否高超、网络语言是否熟练、网络风格是否幽默等。在这里，大学生找到了充足的平等感，他们可以平等地和对方交流，平等地享受网络资源，无须顾忌现实生活中的条条框框，从而塑造了大学生个性心理中的平等性。

当然，虚拟世界不能完全等同于现实生活，我们不能忽视一些大学生为了展现自我而在网络中过于张扬，甚至自私，比如为了充当"高手"而肆意制造损害别人利益的数据，或发布恶意网帖、散播网络病毒等。这种过激行为不仅不利于大学生个性心理的健康发展，反而有可能导致大学生异常人格的形成。

4. 网络对大学生道德心理培养的影响

网络作为存在于现实生活之外的虚拟社会，同家庭、学校、社会一样对大学生道德心理的发展和培养产生较大的影响。大学生在网络这个自由空间最大限度获取各种道德体验的同时，也面临道德心理健康发展的极大挑战。网络冲击大学生的传统道德价值观。网络的虚拟性、隐匿性和自由性使得传统的道德判断标准被淡化，大学生在是与非、善与恶的判断和选择上容易趋向折中主义和相对主义；网络磨炼大学生的道德意志。道德通过"自律"发生作用，要求个体能够自我控制。而在网络生活中，个体追求的是通过对网络资源的自主操纵获得高度自由的快感。大学生正处于好奇心强、自控能力弱的时期，在网上更容易放纵自己，做出道德失范的行为。因此，网络成为考验大学生道德意志的又一个重要空间，网络挑战着大学生的道德品格。在现实生活中，个体塑造健康、统一的道德品格是良好道德心理的重要因素。在网络生活中，个体的行为自由度与其应当担负的责任并不完全对应，"慎独""内省""克己""知行统一"等品格在我行我素的网络空间显得并不重要，因而大学生容易忽视或放松对自己道德品格的要求，甚至出现网络与现实中道德品格不一致的不良现象。

二、大学生的网络行为及其心理分析

大学生作为应用网络的主体，在不同动机的驱使下徜徉于网络这个广阔的天地，随着网络空间的千变万化而喜怒哀乐。网络为大学生提供了一个汲取知识、扩大交往、实现自我的巨大空间，同时也引发了种种心理问题。

（一）大学生网络行为的类型及其动机分析

1. 网络学习行为

当前，网络学习已经成为教育的一个重要手段，大学生利用网络进行学习非常普遍。通过上网，大学生可以随时浏览、下载自己所需要的学习资源，当遇到学习难题或需要更多信息时，无须到图书馆查阅资料或购买参考书，直接上网搜索便能很快解决。同时，网络云集了全国各个高校的学生和老师，成为大学生进行学习活动的又一个空间。在这个空间，大学生可以随心所欲地和其他同龄人甚至老师进行交流和切磋，可以模拟现实中的学习环境进行大胆的试验和创新等。网络学习行为激发了大学生的求知欲望，调动了学习热情，培养了创新能力，因而越来越多的大学生正加入网络学习的大军中。

2. 网络交往行为

随着网络与人们生活的交互程度越来越深，交往成为大学生上网的主要目的之一。大学生的网络交往行为主要有以下动机：通过网络寻找更多的朋友，扩大交往空间；通过网络更便捷地与人交流，E-mail、BBS、QQ、微信等成为大学生青睐的交流工具；通过网络更随意地与人沟通，网络的匿名性使得大学生可以在 BBS 上畅所欲言，可以与各种认识的、不认识的人海阔天空地聊天；通过网络感受与现实生活中完全不同的交往体验，比如新奇、刺激、神秘等。

3. 网络娱乐行为

大学校园里娱乐设施较少，娱乐生活较为单调，无法满足活泼好动的大学生的娱乐需求。而网络以其迅速的传播速度和独特的传播方式，为大学生创造了一个新的娱乐空间。在网上参加游戏、聊天、听音乐、看电影、读娱乐性文章是大学生网上娱乐的重要方式。网络把文字阅览、画面浏览和声音聆听融为一体，将欣赏者的各种感觉全方位打开，使视觉、听觉、触觉甚至味觉和嗅觉协同活动，获得多感官的刺激，让人体验到心跳加速、体温升高、眩晕、紧张等微妙的生理、心理变化，达到真正的审美通感，从而获得精神上的满足与愉悦。网络具有的这些特征和功能正好和大学生具有的好奇、浪漫、喜欢惊险刺激，对新事物、新知识反应迅速，强烈的求知欲和探索精神的心理特征相匹配。因此，上网娱乐成为他们业余休闲的重要形式。

4. 网络宣泄行为

随着社会竞争的加剧，社会对人才的要求越来越高，大学生承受的心理压力也越来越大。学业、就业、人际关系等方面出现的竞争、矛盾、冲突和挫折，使他们对社会环境以及校园生活中的诸多不完善的方面大为不满，严重的还可能产生不同程度的心理障碍，进而影响学习、生活和身心健康。这种心理压力需要一定程度和方式的宣泄以求平衡。网络由于具有隐匿性、开放性、便捷性和互动性等特点，给大学生适时地转移、倾诉和宣泄自己的不良情绪提供了机会和场所。通过网络，他们可以宣泄被压抑的不良情绪，获得一定的心理自疗效果，使他们从日常的精神紧张中解脱出来。因此，网络极易成为许多大学生躲避孤独和排解心理压力的场所。上网成了他们释放心理压力、松弛身心的一种方式。

（二）大学生网络行为的心理透视

1. 猎奇心理

大学生正处于精力旺盛、求知欲和好奇心强的阶段，喜新猎奇是他们最典型的个性特征。互联网信息快、内容新、覆盖面广等特点，满足、强化了大学生这种猎奇心理，使他们领略到传统信息传输方式难以实现的境界，极大地刺激了他们的好奇心，引起他们的特别关心和兴趣，激发出他们学习和掌握网络知识与应用技能的欲望。正是这种求新、猎奇心理，促使他们迅速进入网络世界，同时网络环境又进一步刺激和开拓了他们的求新、猎奇心理，获得现实生活中无法感受的体验。

2. 从众心理

所谓从众心理，就是指在群体的影响和压力下，放弃自己的意见而采取与大多数人相一致的行动，即通常所说的"随大流"，是日常生活和工作中常见的社会心理现象。在大学校园里，上网成为一种潮流和时尚，大学生茶余饭后的谈资笑料往往来源于网络。一些大学生本身对网络比较陌生，也不是非常感兴趣，但为了能够和身边的同学保持一致，寻找共同话题，或者为了跟上潮流赶时髦，也开始学习上网，有的甚至迅速迷恋、上瘾。

3. 逆反心理

大学生正处于思维独特、兴趣广泛、个性张扬的时期，对现实生活不满，对传统、正规、权威进行排斥和挑战成为他们现实生活中的普遍现象。网络中信息的非正规性、网络社区的非政治性、网络言论的自由性以及网络空间充斥的种种与现实道德传统相违背甚至冲突的导向，既迎合了大学生"反其道而行之"的逆反心理，又给了大学生一种心理暗示，进而催化了这种心理。

4. 逃避心理

如今大学生多为独生子女，在成长过程中所受的挫折经历较少，心理承受能力较弱。面临大学生活中的种种问题，无法妥善解决而引发心理困惑，脱离家庭、父母呵护的他们常常在网上寻求心理逃避和解脱。一些大学新生因为不能适应大学生活而上网消磨课余时间，有的大学生因为人际关系处理不好而到网上寻求安慰，有的同学则因为情绪的波动和起伏而在网上寻找平衡，也有些同学在遇到困难时不能正确面对，通过上网玩游戏、进行娱乐来逃避困难等。

5. 补偿心理

大学生的需求是多方面的，有些需求并不合理，有些需求需要经过一番艰辛努力才能实现，因而在现实生活中，大学生常常会因为需求无法得到满足而失去自信心，陷入苦恼之中。一些同学选择了放纵自己到网上寻找满足感、获得心理补偿的方式。比如通过网络游戏感受成功的乐趣，通过网络交友体验人际肯定的兴奋，通过网络弥补现实生活中的种种失落，似乎重新找回"有信心"的自我。正是这种轻而易举获得的虚拟"成就感"吸引着大学生沉迷其中，乐此不疲。

第三节　大学生网络心理障碍

网络心理障碍是指上网者没有一定理由、无节制地花费大量时间和精力在互联网上进行持续地聊天和浏览，以致损害身体健康，并在生活中出现各种行为失控、心理异常、人格裂变、交感神经功能部分失调等现象。

一、大学生主要的网络心理障碍

大学生上网过度可能引发的网络心理障碍主要有以下几种情况。

案例导入

（一）认知过程障碍

上网过度大学生的认知过程障碍主要有感知觉障碍（如幻觉）、注意障碍（如注意减退、注意涣散）、记忆障碍（如记忆力减退）和思维障碍（如思维僵化等）。迷恋网络的大学生，由于长期处于疲劳状态，违背了人的生理作息规律，不注意科学用脑，没有科学地掌握记忆规律，逻辑思维能力得不到锻炼，从而导致认知过程障碍。

（二）网络情感障碍

大学生的情感、情绪具有丰富而又不稳定的特征，其情感的变化、与他人的互动都建立在周围现实环境以及与人面对面交流的基础上。网络空间不仅不利于大学生情感、情绪的成长和成熟，而且长期沉迷网络而脱离现实环境，还会引起他们情感社会化的不足和情绪的偏离，产生情感障碍。其主要表现有以下几种。

1. 冷漠

一些大学生由于长期上网，对外界刺激缺乏相应的情感反应，导致对亲友冷淡，对周围事物失去兴趣，面部表情呆板，内心体验缺乏，严重时对一切都漠不关心。

2. 孤独

网络上过多的信息和刺激，使得大学生在应接不暇的同时也对现实生活产生厌烦和排斥，失去激情，感到孤独。其表现为在上网时感到刺激和兴奋，离开网络便觉得孤独和精神无所寄托，又想继续上网。久而久之，这些大学生平时不能正常享受大学集体生活，孤独感日益增强。

3. 抑郁

网络游戏、聊天软件和短视频等对缓解心理紧张、释放学习生活压力有积极作用。但由于网络的虚拟特征，会使一部分大学生深陷其中不能自拔，正常的人际交流出现困难。更有甚者，一旦停止上网就会出现精神萎靡、孤独寡言、神情呆滞、行动迟缓等症状。

4. 空虚

网络是虚拟而又精彩的，而现实是客观而又真实的。一些大学生常常徘徊在虚拟的网络与真实的现实之间，体验着从网络的精彩跌落到现实的无奈，容易产生心理不充实、苦闷空虚之感。

5. 冲动

一些大学生在网络空间缺少正常的情感沟通，再加上网上浮躁的语言和刺激性的画面，常常使他们在现实中遇事不冷静而产生冲动情绪。

（三）意志行为障碍

上网大学生的意志行为障碍主要包括意志增强、意志减退和意志缺乏。

1. 意志增强

意志增强表现为长时间沉溺在网络游戏中，不顾疲劳持续用各种方法进行游戏攻战、企图过关的病态意志。

2. 意志减退

意志减退是指终日沉醉于虚拟世界中的上网学生，经常在上课和做作业时情绪低落，对老师讲课、做作业不感兴趣以致意志消沉，对学习产生厌恶感，并逐步失去信心。

3. 意志缺乏

意志缺乏是指学生对除上网以外的任何活动都缺乏动机、要求，对工作、学习无自觉性，个人生活极端懒散，行为孤僻、退缩。

（四）网络人格障碍

网络在某种程度上可以促进大学生人格健康发展，也可以导致其人格走向扭曲，出现人格障碍。

1．人格虚拟

部分大学生由于长时间痴迷于网络的虚拟空间，常常出现"忘我"境界，习惯于在网络中将自己虚拟成一个非现实的自我，进行虚拟的网络行为。这种长期脱离自我、脱离现实，以一种似我非我的状态游移于网络空间的行为，极易形成虚拟人格。

2．人格封闭

人格封闭表现为：依赖网络，封闭自我；现实中疏于与人交往，言语不多，思想迟缓；只喜欢在网上与人侃侃而谈，却难以和现实中的人正常交流。他们常常蛰居于网络空间，生活更加封闭，人格更加孤独，形成恶性循环。

3．人格变异

传统的伦理道德很难约束人们的网络行为，容易导致人格发生变异。例如，一些上网大学生反传统、反主流，缺少责任感，追求异化性格，形成多重人格，有的甚至散播谣言，浏览黄色网站，崇尚黑客行为，幻想网络犯罪等。

（五）网络交往心理障碍

一些大学生长期沉迷于网络数字化的虚拟空间交往，以冷冰冰的"人机交流"代替热乎乎的人际交流，容易产生以下网络交往心理障碍。

1．孤僻

一些大学生言行怪癖而不合群，在网上显得独树一帜，常常语出惊人，我行我素。

2．虚伪

网络交往的匿名性淡化了一些大学生在交往中的责任感，引发或强化了他们撒谎、隐瞒、伪装的心理，形成虚伪的交往人格。

3．多疑

大学生在网络交往中常常会遇到欺诈、散布病毒、传播虚假信息等不道德的行为，使其觉得交往安全感下降，久而久之会产生多疑、防范等不良交往心理。

4．社交恐惧

一些大学生在网络交往中越是积极活跃，在现实交往中就越是孤独内向，在这样的恶性循环中产生对现实交往的恐惧心理。

（六）网络性心理障碍

据调查，大学生中经常或偶尔点击色情网站的占41％，其中95％点击色情网站时伴有自慰行为。大量的黄色网站和色情信息造成大学生的性心理障碍。

1．性认知偏离

色情网站通过一些消极、不堪入目的文字、图片、视频以及聊天室、论坛等，传播不健康的性知识，造成涉世未深的大学生在性认知上产生偏差。

2．贞操观淡化

网络上充斥着大量挑战传统性道德、贞操观的内容和信息，诱惑大学生认可并接受，使得大学生在性态度、性观念上比较自由和开放，贞操观念被淡化。

3. 性行为放纵

一些大学生在开放的性观念的驱使下，选择放纵性行为来宣泄自己的性需求，比如在网络上寻找性伴侣等。

（七）网络成瘾综合征

网络成瘾又称为网络依赖或网络成瘾综合征，是随着互联网的普及而出现的疾病。它是指由于重复地使用网络所导致的一种慢性或周期性的着迷状态，并产生难以抗拒再度使用的欲望；同时会产生想要增加使用时间的张力与耐受性等现象，对于上网所带来的快感会一直有心理或生理上的依赖。患者的表现是过度上网，如果没有上网，就表现出精神颓废、萎靡不振等现象。

1. 网络成瘾综合征的类型与主要特征

（1）网络色情成瘾。网络色情成瘾指沉溺于网络上的色情内容，包括色情文字、音乐、图片、动画、电影和色情聊天等。许多学者通过网络调查研究发现，"sex"这个词是互联网搜索引擎中查询频率第一的词汇。而且近年来，色情网站的数量呈现上升趋势，网络不但成为色情媒介，提供色情资料，交换性经验，而且可能进行性交易，诱发性犯罪。医学心理学家戴纳·普特纳姆博士指出：沉溺于色情文学的人能意识到它的危害性却无法控制自己，为此，他们的心理和精神上将变得压抑、自卑、脆弱，甚至与他人打交道都会变得困难。从大学生的年龄特征来看，大学生正处在性生理成熟之后性满足的延迟期，极易因为网络色情内容的诱惑而导致网络色情成瘾。

（2）网络游戏成瘾。据中国互联网络信息中心对中国互联网发展所做的调查显示，在众多的网络休闲娱乐活动中，超过六成的大学生认为游戏最有可能成瘾；20.5％的大学生则认为"聊天、交友"是最有可能让人成瘾的网络娱乐；"浏览网络社区""浏览新闻"也占了一定比例，这在一定程度上说明了大学生网络娱乐成瘾原因的多元化。网络游戏给游戏者提供了充分的想象空间和交流手段，吸引了很多大学生投身其中，甚至在课堂学习时对网络游戏内容仍难以忘怀，导致上课注意力分散，课后对游戏内容津津乐道。有研究表明，如果长时间不加抑制地玩游戏，甚至会影响智力发展。

（3）网络关系成瘾。网络关系成瘾指过分迷恋于通过网络上的人际交往建立的友谊或爱情，并用这些关系取代现实生活中的人际关系。在网络所建立的"虚拟社会"中，人际关系必然具有虚拟化的特点。据调查，网上交友和网上恋爱是大学生网上生活中最感兴趣的两个主题。青年群体是一个特别渴望与人交往的群体，由于网络的独特魅力，在青年大学生中也就形成了网络关系成瘾的"茧居族""电子隐士族"等，他们痴迷网络人际关系，甚至逃避现实中正常的人际关系，从而产生"人机热，人际冷"的现象。

（4）信息超载成瘾。信息超载成瘾是指不能自制地在网上浏览搜索过多对现实生活没有多大意义的资料或数据，偏执地迫使自己遍读一切可读之物，当吸收的阅读量超过消化所需要的能量时，超出部分日积月累，最后因压力与过度刺激转化为所谓的信息焦虑症。大学生的求知欲望和好胜心都特别强烈，对网络所提供的信息往往趋之若鹜，过度迷恋网络信息也会导致信息超载成瘾。

（5）网络强迫行为。网络强迫行为指不可抑制地参与网上讨论、购物、赌博、拍卖等活动，收集或下载毫无价值的软件等行为，明知无必要，但又控制不住自己，以至于离开计算机或手机就感到失落，就担心遗漏什么重要的信息。

当然，一个网络成瘾患者可能是纯粹的某个类型，也可能是几个类型的混合型，而实际上混合型患者居多，这就需要根据不同的类型做不同的分析、诊断和治疗。

2. 网络成瘾综合征的诊断

综合许多学者的研究，我们认为网络成瘾综合征患者一般具有以下几个典型症状。

（1）耐受性增强。也就是网瘾越来越大，需要不断增加上网时间才能达到同样的满足程度。

（2）出现戒断症状。如果一段时间（从几个小时到几天不等）不上网，就会变得焦躁不安，不可抑制地想上网，时刻担心自己错过什么，甚至做梦也是关于互联网的内容。

（3）时间失控。上网频率总是比预先计划的要高；上网时间总是比原先计划的要长，经常说"再过一分钟"；为缩短上网时间所做的努力总是以失败告终；生活中有大量的时间都花费在与网络有关的活动上，比如安装和尝试新软件，整理和编辑、下载大量的文件等。

（4）生活无序。正常的社交、学习、生活变得无序，经济和道德情感的稳定性受到严重威胁，虽然能意识到上网带来的严重问题，但是无法克服，仍然继续花费大量时间上网。

网络成瘾综合征最明显的症状就是上网时间的失控。为了达到自我满足，不惜增加上网时间，难以控制上网欲望，长时间沉湎于网上聊天或游戏，甚至在梦中或想象中也经常出现网上的事情，忽视现实生活的存在。当然，每日上网时间并不是判断网络成瘾综合征的唯一依据，关键要看上网的动机和行为，看网上时间利用的方式。网络成瘾综合征的患者一般都是把大部分时间用在互联网的同步通信环境中，如聊天和多人互动游戏等。

二、大学生网络心理障碍的成因

大学生网络心理障碍产生的原因比较复杂，主要分为网络本身因素、社会环境因素和大学生自身因素。

（一）网络本身因素

网络本身的特点是学生沉溺于网络的主要原因之一。开放性、丰富性、虚拟性的网络精神文化空间，具有灵活而匿名的身份、超越时空界限的平等地位、易建立的人际关系、梦幻般的体验等特点。网络这种立体的文化传播形态集翔实的文字材料、悦耳的音乐旋律和精良的影视图像于一体；网络的可操作性能发挥使用者的主观能动性，满足其自我实现的需要、自我超越的需要、社会交往的需要、成就和控制的需要等；网络人际交往具有即时性、自由度高和不受现实生活中的道德准则和行为规范约束的特点。这些特点使大学生在现实世界中无法实现的东西在网络世界中能逐一变成现实。他们通过因特网交朋友，在网上寻找关怀、支持和信任，于是日益对这个身份不明的社区更加依赖。但他们却无法以一种真实生活中的方式与他人产生真正的联系，从而产生落寞、失望和孤独等负面情绪，诱发网络心理障碍的产生。

（二）社会环境因素

1. 社会原因

社会的飞速发展、竞争的激烈、生活节奏的加快、环境的不断变迁，给大学生带来对生活、对人生的更多的不确定感和不安全感，使其产生迷惘甚至恐惧的心理状态。他们求助于网络来解脱生活中的烦恼，就像一个酗酒的人企图通过喝酒来麻痹自己一样。

2. 校园环境

校园生活的单调沉闷、校园文化的匮乏，造成大学生精神生活空虚、无所寄托而转向网络。

3. 网络管理

目前网络管理的宽松、上网条件的便利、便宜的花费以及相关法律制度的不健全，也是大学生沉迷网络的外部原因。

(三) 大学生自身因素

1. 大学生具有积极探索外部世界的心理倾向

大学生正处于精力旺盛、求知欲强烈的成长阶段，内心渴望一种具有挑战、刺激的新鲜生活。大学生的主要任务是学习，学校生活空间相对狭小、封闭，难免产生单调、乏味的感觉。而网络作为新鲜、时尚的事物，对大学生具有极大的诱惑力，能从多方面满足大学生求知、娱乐、寻找新鲜感的需求。并且由于网络的匿名性，大学生可以随心所欲在网上畅游而不必担心自己的身份、年龄、性别被别人知道，因而更加毫无顾忌地沉迷在网络世界。

2. 自我约束力、控制力较差

大学生正处于心理发展尚未完全成熟的阶段，其情感、意志具有不稳定的特点，自我约束、自我控制能力较差，对于网络中极具诱惑力而又不正确的信息和内容，不能完全做出正确的判断和选择，对于充满暴力、富有刺激性的网络游戏，容易痴迷其中，对于网络交往的不真实性和虚幻性无法抗拒而乐此不疲，容易形成对网络的过度依赖而无法自拔，导致因上网成瘾产生的种种心理障碍。

3. 人际交往认识错位

人际交往、社会支持的心理需要是大学生上网成瘾的主要原因之一。一些大学生在现实人际交往中遇到困难，便转向网络寻求安慰和补偿，但是网络中的交往"高手"虽然备受网友景仰，毕竟只能获得网上短暂的愉悦和满足，在现实中其交往能力和人际吸引力并不能被他人认可，因而感到失落，转而重新投入网络社会中。

4. 心理的脆弱

大学生在长期的学习生涯中，思维习惯上重理论、轻实践，心理和情感上依赖性较强，理想高远但承受能力较差，易有挫折感。当学业压力过大、人际关系不和谐、生活不顺利时，因为缺乏应对困境的能力以及相应的勇气和信心，常常会利用网络作为发泄、放松或逃避的方式。而越沉迷在网上，越解决不了问题，这种恶性循环只能加重他们对网络的依赖，形成心理障碍。

5. 性格的缺陷

部分大学生有性格缺陷，比如自卑、冷漠、孤僻、虚荣、过于自尊等，这使得他们对于网络空间的认知不科学、不合理，在自己和网络之间建立起不正常的心理联系，从而使自己的缺陷性格进一步强化。

第四节　大学生网络心理辅导

网络深刻地渗透到大学生的日常生活中，对大学生产生双重影响，由网络引发的大学生的一些心理问题已经严重阻碍了大学生的成长、成才。高校教育工作者应当结合大学生的心理发展特点和网络行为特征，寻找培育大学生健康网络心理的有效途径以及构建有关体系。

一、加强思想政治教育，提高大学生网络道德素质

案例导入

网络的发展和普及，给大学生思想政治教育带来了机遇，也提出了挑战。传统的高校思想政治教育理念、手段和模式在网络时代受到冲击，教育效果不佳。如何运用网络的有利条件，推进思想政治教育进网络，加强大学生网络道德素质教育是当前大学生思想政治教育工作的重要课题。

（一）以网络为阵地，唱响主旋律

网络以其独特的魅力迅速吸引了大量大学生参与其中，这是高校思想政治教育面临的挑战。大学生正处于塑造正确道德观、培养良好道德品质的关键时期，需要加强网络空间的思想教育。思想政治教育工作者应当树立占领意识，把握网络思想政治教育的主动权，积极开辟网上思想政治教育的新阵地。网络文化阵地同任何思想阵地一样，如果不用先进文化去占领，低级颓废的精神垃圾就会乘虚而入。要不断强化利用校园局域网为大学生的学习和生活提供保障服务的意识，建设好融思想性、知识性、趣味性、服务性于一体的主题教育网站或网页，积极开展生动活泼的网络思想政治教育活动，实现寓教于乐，形成网上网下思想政治教育的合力。同时，思想政治教育工作者还要树立"以人为本"的理念，密切关注网上动态，通过网络加强与大学生之间的沟通与交流。要坚持贴近大学生实际、贴近大学生思想、贴近校园生活，及时了解大学生的思想状况，积极回答和解决他们提出的各种问题，以提高思想政治教育的有效性和针对性。只有占领网络这个思想阵地，才能将健康的网络文化、文明的网络道德观念传输给大学生。

（二）以网络为手段，改革"两课"教育教学

网络的普及推进了高等教育的信息化，作为大学生思想政治教育主阵地、主渠道的"两课"教育教学也应当以网络为手段，充分运用网络信息技术，改革"两课"教学，提高教育效果。

1."两课"教学可以借助网络，拓展新的教育领域

将"两课"延伸到网络虚拟空间，可以改变传统"两课"教学中资源有限、教师和学生互动机会有限的局面，提高教学时效性；还可以打破课堂教育的时空局限，使大学生可以随时、随地利用网络进行"两课"学习，从而保持了"两课"教育教学的连续性，增强教育效果。

2."两课"教学可以利用网络寻找新的教学手段

借助网络开展教学，可以让不同的教学内容和信息穿梭于网络空间，并利用数字媒体的多样互动性和多媒体的多重感官刺激功能，充分调动大学生的各种感知系统，获得更深刻的教育体验，达到较好的教育效果；运用网络可以拓宽"两课"教学的信息传输渠道。通过做好"两课"教学进网络的工作，选取、开发有效的教育信息和资源，增强"两课"教学资源的可获得性，并开展有针对性、说服力的教育，吸引大学生参与进来，提高"两课"教育资源的利用效率。

（三）立足网络时代，进行大学生道德教育的创新

网络空间的不良信息污染了大学生道德教育的环境，网络的自由性也淡化了大学生的社会责任感，使他们出现不少网络道德问题。针对网络背景下大学生这种道德现状，高校德育工作者应当大胆进行道德教育的创新，摸索适合网络时代道德教育的行之有效的方法和模式。

1.德育工作者要树立开放式的教育理念，注重培养大学生的道德辨析能力

要走出课堂、走出校园，引导学生通过网络了解纷繁芜杂的社会现象，改变单一的正面知识传授的模式，注意给学生提供正反两方面的信息，让学生在比较、辨析的过程中培养正确的

思维方法，提高他们去伪存真的辨析能力，以免在网络中迷失自己。

2. 加强大学生网络道德教育

引导大学生认识到网络空间的行为规范，既讲究自由、平等，更注重宽容、无害。教育大学生要做到"网而不惘""网而不乱""网而不失""慎思于网""慎独于网"，培养大学生良好的网络道德品质。

二、强化网络心理健康教育，培养大学生健康的网络心理素质

（一）引导大学生培养良好的网络心理素质

1. 培养良好的网络认知能力

高校心理教育工作者和思想政治教育者要引导大学生用全面、辩证的眼光来剖析和认识网络。要充分认识到网络的正负面双重作用像一把"双刃剑"，在给现代人带来惊喜的同时，也造成不可忽视的负面效应。我们不能因为这些负面因素而对网络给人们带来的文明的进步视而不见，也不能只顾享受网络世界的新奇、刺激而对其负面效应充耳不闻。大学生对网络的正确认知应当是趋利避害，积极应对。要通过对本章的学习，端正对网络的态度，提高网络操作和驾驭能力，做自主、自觉的网民。

2. 树立稳定的网络自我意识

大学生在网络世界中以及上网过程中必须清醒地认识到"我是谁?""我是个什么样的人?""我和周围世界及他人的关系如何?"等一系列问题，要学会协调网络中虚拟自我与现实中真实自我、理想自我与现实自我的多重矛盾，稳定对自己、对他人的评价和认识，确保自己在网络环境中能保持清醒头脑和理性思维，不迷失自我。

3. 塑造健全的网络人格

大学生在网络中对自己、他人和世界的认识应当现实而又客观；能保持网上交往和现实交往的统一性，建立适宜、和谐的人际关系；能保持情绪的稳定，在由网络世界向现实世界转换时不出现大幅度的、剧烈的情绪波动；等等。

4. 培养优雅的网络审美情趣

网络中不乏格调低下、内容庸俗的信息，大学生应当通过提高网络辨识能力，远离网络庸俗，以正确的审美认知去感受网络的美好和优雅，使得上网过程不仅是一个汲取知识的过程，更是一种体验高雅、愉悦的"心灵之旅"。

（二）建立完善的网络心理辅导体系

1. 开设网络心理健康教育课程

网络使大学生的心理发展更具特殊性和复杂性。在高校根据大学生心理发展变化特点开设专门的网络心理健康教育课程，可以使大学生通过学习了解自身个性特点，了解网络心理健康标准，提高上网行为的控制能力。

2. 开展网络心理健康调查和测试

不定期地在不同年级大学生中开展网络心理状况调查，可以通过发放问卷、开展座谈、进行访谈、网上调查等方式，了解和掌握大学生的上网心态和网络心理特点，便于有针对性地进行网络心理健康教育工作。此外，在网上开辟在线心理测试的平台，不仅易于为大学生所接受，也有利于更快捷地为大学生提供网络心理教育服务。

3. 开展网络心理咨询工作

上网是大学生较为普遍的行为，大多数上网的大学生都有不同程度的网络心理障碍。高校

应当建立专门的心理咨询部门，配备专业的心理咨询老师，对大学生常见的网络心理问题进行分析和诊断，纠正其不良上网形态及行为，引导其培养健康的网络心理品质。也可以在校园网上开设心理咨询专栏，吸引大学生进行网络心理问题的讨论，并提供在线解答。

三、积极正确引导，培养大学生良好的网络行为素质

大学生的网络行为素质是指大学生在上网过程中自觉遵守网络道德规范、维持健康网络心态而养成的日常的网络行为习惯。大学生只有养成良好的网络行为素质，才会成为文明、成熟的网民，真正地应用、享受网络。

（一）引导大学生正确上网

1. 引导大学生规范上网

大学生的规范上网主要体现在大学生上网过程中的遵纪、合法和守德三个方面。遵纪指大学生在上网时要遵守纪律制度，将其作为自己网络行为的准则。如在公共场合不大声喧哗，维护安静有序的上网环境；听从网络管理人员的管理和劝导；不破坏网络安全和网络秩序等。合法是指大学生的网络行为应当合乎我国当前的网络法规和条例，不在网上做法律不允许的事情，内容涉及网络管理、信息安全、网络通信、密码管理等多方面。守德是指大学生的网络行为要符合道德伦理规范，如诚实守信、公正公平、尊重他人隐私、尊重知识产权、保守秘密等。

2. 引导大学生理性上网

大学生理性上网主要体现在树立理性的网络观和培养理性的网络行为两个方面。

大学生理性的网络观要求运用辩证的眼光看待网络，既要能在需要时走进网络，运用网络，又要确保自己能走出网络，远离网络，做到真正的应用自如，轻松驾驭。同时，理性的网络观还要求大学生能正确认识网络—人—社会之间的内在联系，确立"以人为本"的网络发展观，避免"人受制于网络"、陷入网络不能自拔的不良现象。

大学生理性网络行为的培养要求大学生树立合理的网络需求、正确的上网动机和健康的上网心态，在此基础上培养有序、理智的网络行为。

（二）促进大学生加强自我管理和自我约束

网络环境缺少他人的干预、管理和控制，要求上网者具有高度的自律性。对于自控能力相对较弱的大学生来说，加强自我管理和自我约束是养成良好的网络行为素质的必然要求。

1. 引导大学生进行个体自我管理和约束

大学生上网条件的可获得性和上网环境的宽松对学校在这方面的管理提出挑战，可见，高校教育者和管理者的一个重要任务是引导、帮助大学生实现个体的自我教育、自我管理和自我约束。要引导大学生树立自尊、自爱、自重的自我观念，强化自律意识，自觉遵守《网络文明公约》，坚决远离网上不文明行为；要督促大学生把主要时间和精力放在专业知识的学习、专业技能的掌握和综合素质的锤炼上，把网络当作学习的工具，而不是精神的寄托；要在大学生中提倡克己、自省、自律和慎独的自我管理。尤其要在大学生中强调网络世界的"慎独"原则，并将其作为良好网络行为的道德境界来倡导。

2. 促进大学生开展群体的自我管理和约束

要充分发挥大学生自身的主观能动性和同龄群体之间相互影响、相互教育的优势，强化大

学生的自治意识。如成立大学生宿舍管理委员会、大学生自律中心等群众性自治组织，发挥这些学生社团的积极性和自律性，优化大学生的网络行为，维护网络秩序。

四、开展丰富的校园文化活动，营造健康的文化氛围

校园文化是以学生为主体，以课堂文化和课余活动为重要形式，以校园为空间的多方面、多类型的文化活动，是广大师生长期的观念、行为积淀而形成的群体文化。通过开展丰富的校园文化活动，构建良好的校园文化氛围，从外部为大学生营造良好的心理环境。

（一）通过校园文化活动陶冶情操，追求真、善、美

面对网络中的种种诱惑，保持正确的网络认知和健康的审美情趣显得尤为重要。开展健康、高雅的校园文化活动带给学生的不仅是知识的补充、视野的开阔、信息的更新，也是思维方式的完善、思想认识的净化、审美能力的提高以及实践能力和创新能力的锻炼。无论是校园文化的物质形态、精神形态，还是制度形式，都通过特定的人文环境的熏陶、渗透和升华，将其长期培育和积淀的专业精神和传统作风以及形成的该环境中人的正确的观念追求、价值标准、行为规范不断地作用于校园文化的主体，向大学生传递着一定的隐性观念，陶冶大学生的情操，净化大学生的心灵，引导大学生不断追求真、善、美。健康的校园文化活动同时有利于改善大学生人格品质培养中的薄弱环节，培养良好的心理素质、高尚的道德情操以及较高的文化艺术修养，促进大学生在网络社会中健康成长。

（二）通过校园文化活动充实生活，减轻网络依赖

大学生之所以对网络过度依赖而产生心理问题，除了网络自身的诱惑力以及自己主观上对网络的认知误区之外，一个很重要的原因就是校园生活单调，学生精神生活空虚，对大学生活提不起劲，感到无聊。一种人心涣散、凝聚力弱的文化氛围是不利于引导大学生充实自己、热爱生活的。因此，充分发挥校园文化的凝聚功能，借助校园文化活动所产生的精神纽带的心理市场，吸引和团结大学生，并通过唤起和激发每个人对学校的真挚情感而把他们紧密结合在一起，建立起高度和谐的信任、理解、平等的群体关系，并达成对其所在学校目标的共识，产生巨大的向心力和凝聚力，从而促使大学生自觉地热爱自己的大学生活，不断为了自己的梦想而努力。大学生生活充实、精神愉悦，自然而然就会减轻对网络的依赖。

（三）通过校园文化活动完善自我，增强自信心

相当多的大学生沉迷于网络的原因是在网络世界里能找到属于自己的自信心，尽管那是虚拟、不真实的。可见，现实生活中树立稳定的自信心有利于大学生远离网络的诱惑。通过开展丰富的校园文化活动，传递积极向上的校园理念，吸引大学生积极参与进去，大胆、充分地展示自我风采，既提高了参与意识，又锻炼了综合能力。通过在群体中的自我展示获得他人的认可和赞同，在体验成就感、满足感的同时，树立起坚实的自信心。例如，通过举办高水平的文艺欣赏讲座，提高大学生对知识的感受能力和对美的鉴赏能力，增强对网络中颓废、虚幻、刺激的抵御能力；通过开展大型文化体育活动，吸引大学生展现青春风采，在实际参与和操作过程中不断激荡思想，思考自我，改善自我，在充实的大学生活中寻找真实的自我，构建健康有力的自信心。

五、完善网络管理和建设，净化网络环境

（一）倡导文明上网，推动网络文明秩序建设

随着近年来互联网的普及和网民的激增，整个社会对文明上网的呼声越来越高，中国互联

网协会颁布了《文明上网自律公约》，号召广大网民"自觉遵纪守法，倡导社会公德，促进绿色网络建设；提倡先进文化，摒弃消极颓废，促进网络文明健康；提倡自主创新，摒弃盗版剽窃，促进网络应用繁荣；提倡互相尊重，摒弃造谣诽谤，促进网络和谐共处；提倡诚实守信，摒弃弄虚作假，促进网络安全可信；提倡社会关爱，摒弃低俗沉迷，促进少年健康成长；提倡公平竞争，摒弃尔虞我诈，促进网络百花齐放；提倡人人受益，消除数字鸿沟，促进信息资源共享"。大学生应当自觉遵守团中央、教育部联合颁布的《全国青少年网络文明公约》提出的"五要五不"：要善于网上学习，不浏览不良信息；要诚实友好交流，不侮辱欺诈他人；要增强自保意识，不随意约会网友；要维护网络安全，不破坏网络秩序；要有益身心健康，不沉溺虚拟空间。

(二) 完善网络管理，优化网络环境

完善网络管理需要全社会共同参与，协调一致，营造良好的网络环境。网络运营商有义务尽可能地为用户提供保证上网安全的必要措施，如开发、研制一些"绿色上网"的过滤软件，作为单独的一项业务，配赠给开通上网功能的用户，安装在用户计算机中。当用户计算机开启时过滤软件也会自动运行，不仅能过滤掉网络中大量的非法有害信息，还能自动生成对有害信息的监控和提取，并以报告的形式反馈给相关技术部门，以便进一步解决绿色上网中尚待解决的"死角"。一些人选择在网吧上网，因此国家有关职能部门必须加强对网吧的整顿和管理。各行政执法部门要加大对网吧的监督检查执法力度，如发现有违规运营的网吧，一定要从严处置，给网民一个文明、有序的上网空间。作为高校，要协同有关部门强化上网信息的监控，对网络中的自由评论要及时进行正确的引导，减少不良信息对大学生的负面影响。校园网络应建立严格的网络信息发布管理制度和相关奖惩制度，加强对大学生网络道德、网络自我管理的教育，强化大学生遵守网络规则的意识。

(三) 健全网络立法，杜绝不规范网络行为

健全网络立法，建立网络行为监控机制，是加强大学生网络心理健康教育，培养大学生健康网络心理的重要保证。政府职能部门要制定相应的法律法规，做好对网络信息的入境防范，加强对上网信息的监控，关闭各种有害信息源的进出口途径，过滤有害、错误、反动的信息。对在网上发表违规文章和散布不良信息的用户要及时警告，严重的要追究法律责任。高校要开设上网指导课程，强化法制意识，加大有关网络规章制度和法律知识的宣传和教育力度，把有关网络管理的规范性文件添加到大学生行为守则中，使学生认识到不良网络行为的危害性和严重后果，培养健康的上网意识，坚决杜绝不规范的网络行为。

(四) 加大校园网建设力度，吸引大学生积极参与

高校要加大校园网建设力度，在内容和形式上不断创新，力求最大限度地吸引大学生。要从学校的实际出发，制订措施，加大投入，充实校园网站的内容，如关于就业、交往、心理咨询等大学生感兴趣的内容，以切实能为大学生服务、解决实际问题的形式，吸引他们参与进来，提高校园网点击率，提升校园网的权威性；要结合本校学科特色和校园文化，倡导健康向上的网络文化。通过校园网，使大学生了解学校的历史、办学理念，推荐知名的教授，宣传学校的发展等，使得校园网不仅是释疑、解惑的交流平台，而且成为弘扬时代精神、唱响爱国主义主旋律的重要阵地；动员大学生参与校园网的改进与建设，通过在校园网上举办诗歌、散文、橱窗板报、网页设计等比赛活动，调动大学生参与校园网建设的热情，自觉为创造良好的校园网络文化氛围而努力，培养健康的网络心态。

测试与训练

一、阅读资料

阅读资料

二、心理测试

网络成瘾自测量表

【测试说明】 若下列题项中描述的情形对你来说符合，则在其后的括号里填"Y"；若不符合，则在其后的括号里填"N"。

1. 我曾尝试让自己花更少的时间在网络上，但无法做到。（   ）

2. 我只要有一段时间没有上网，就会觉得心里不舒服。（   ）

3. 由于上网，我和父母、老师及同学的交流、相处时间减少了。（   ）

4. 我曾不止一次因为上网的关系而睡眠不足5个小时。（   ）

5. 比起以前，我必须花更多的时间上网才能感到满足。（   ）

6. 我只要有一段时间没有上网，就会觉得自己好像错过了什么。（   ）

7. 由于上网，我花在以前喜欢的活动上的时间减少。（   ）

8. 我经常上网。（   ）

9. 我常常因为熬夜上网而导致白天精神不振。（   ）

10. 我每次下网后，其实是要去做别的事，却又忍不住再次上网看看。（   ）

11. 我只要有一段时间没有上网，就会情绪低落。（   ）

12. 由于上网，我与周围人的关系不如以前好了，但我仍没有减少上网。（   ）

13. 我习惯减少睡眠时间，以便能有更多时间上网。（   ）

14. 从上学期以来，我每周上网的时间比以前增加了许多。（   ）

15. 我常常不能控制自己上网的行动。（   ）

16. 我非常喜欢上网。（   ）

17. 由于上网，我的学习成绩越来越不如以前了。（   ）

18. 我曾因为上网而没有按时吃饭。（   ）

19. 我每天一有空，想到的第一件事就是上网。（   ）

20. 没有网络，我的生活就毫无趣味可言。（   ）

21. 上网使我的健康状况越来越不如以前了。（   ）

22. 我觉得自己花在网络上的时间比一般人少。（   ）

23. 其实我每次都只想上一会儿网，但常常一上网就很久下不来。（   ）

24. 每次只要一上网，我就有兴奋及满足的感觉。（   ）

25. 我从来没有上过网。（   ）

26. 别人曾不止一次对我说："你花了太多时间在网络上。"（　　）

27. 我非常讨厌上网。（　　）

28. 我曾不止一次因为上网而逃课。（　　）

【计分方法】　选择"Y"得 1 分，选择"N"得 0 分。

【测试结果】　28 个题项中若得分在 15 分以上便可判定为对网络的依赖已达成瘾程度。

（1）成瘾症状：包括耐受性和戒断反应两个维度。耐受性的题项有 1，5，10，14，19，23；戒断反应的题项有 2，6，11，15，20，24 。

（2）网络成瘾相关问题（影响）：包括人际关系与健康、时间管理两个维度。人际关系与健康的题项有 3，7，12，17，21；时间管理的题项有 4，8，9，13，18，22，26，28。

（3）测谎题有 16，25，27。

三、心理训练

网络已成为现代社会不可缺少的交流工具，但也存在许多弊端。如果因为网络成瘾而出现一些问题，如头痛头昏、失眠焦虑、情绪低落、社交困难等，可以尝试用以下方法来改变。

（一）转移注意力

在想上网的时候，强迫自己转移注意力，主动离开放有计算机的房间，或用看书、打球、跑步、听音乐等其他活动取代原来的上网行为。

（二）上网时间递减法

要让网络成瘾者一次性地戒掉"网瘾"是不可能的事情。辅导员应该引导对象设立合理的"小步子"目标，逐渐减少其上网的时间。如果辅导对象每天上网 6 小时，那么第一个目标应该是每天上网 5 小时，这个目标实现并维持一段时间之后，再把目标定为每天上网 4 小时，以此类推，直到上网时间合适为止。在此过程中，在每次上网的时候，可以使用闹钟提醒自己准时下网。

（三）自我奖励与惩罚

给自己制订上网时间安排表，逐渐减少上网时间。如果自己上网时间明显减少，或感觉自己"网瘾"下降，就可以好好奖励自己，如去大吃一顿或买一件喜欢的东西；如果自己仍然对网络恋恋不舍，上网时间有增无减，就应该惩罚自己，如快跑 1500 米，做 100 个俯卧撑等。

（四）随身携带警示卡

为了帮助你将精力集中在减轻和摆脱网络成瘾行为上，请你在这两张卡片上分别列出网络成瘾导致的五个问题和摆脱网络成瘾将会带来的五个好处。然后，请你每天随身携带这两张卡片，时时处处约束自己的行为。

网络成瘾导致的五个问题	摆脱网络成瘾的五个好处
1. ＿＿＿＿＿＿＿＿＿＿＿＿＿	1. ＿＿＿＿＿＿＿＿＿＿＿＿＿
2. ＿＿＿＿＿＿＿＿＿＿＿＿＿	2. ＿＿＿＿＿＿＿＿＿＿＿＿＿
3. ＿＿＿＿＿＿＿＿＿＿＿＿＿	3. ＿＿＿＿＿＿＿＿＿＿＿＿＿
4. ＿＿＿＿＿＿＿＿＿＿＿＿＿	4. ＿＿＿＿＿＿＿＿＿＿＿＿＿
5. ＿＿＿＿＿＿＿＿＿＿＿＿＿	5. ＿＿＿＿＿＿＿＿＿＿＿＿＿

（五）团体心理辅导

团体心理辅导是由心理辅导老师指导，借助团体的力量和各种个体心理辅导理论与技术，就团体成员的心理问题面对面与他们共同商讨，提供行为训练的机会，为团体成员提供心理帮助与指导，使每一位团体成员学会自助，以此解决团体成员共同的发展或共有的心理障碍，最终实现改善行为和发展人格的目的。

团体辅导方式有师生辅导、成员互相辅导、讲座、小组讨论、行为示范等。网络心理障碍的团体心理调适的内容至少要包括以下几个方面。

（1）缓解求助者的心理紧张和焦虑情绪，利用成员的相互介绍和成员共同参与度高的游戏活动，转移他们对心理障碍的过度关注，放松心情，初步拉起一道心理安全网。

（2）在此基础上，让成员讲述各自的成长经历，并做自我评价。其他成员获得"和别人一样的体验"，产生情感与心灵的共鸣。

（3）开展网上信息认识的讨论交流，引导他们正确评价网上信息，共同为提高自身的信息素养出谋划策。

（4）展开网络与网络技术的研讨，使他们了解网络的两面性、技术中立性和网络技术的工具性。

（5）运用"头脑风暴法"，让求助者把网上人际交往与网下即现实中的人际交往的异同、在两者交往中的困顿——列举出来，并进行归因。之后，再让全体成员倾诉各自在人际关系上的困惑，成员间进行互相辅导，帮助对方寻根究源，寻找人际关系改善的途径。

（6）设定基本的人际交往的情境，辅导老师做交往行为示范，求助者模仿学习。

（7）小组讨论上网行为的自我管理，彼此订立互相监督上网的契约。

四、思考题

1. 什么是网络？网络具有哪些特点？
2. 大学生具有哪些网络心理特点？这些心理特点对大学生会产生什么影响？
3. 造成大学生网络心理障碍的原因有哪些？
4. 什么是网络心理障碍？它有哪些具体表现？
5. 通过哪些途径和方法能够克服网络心理障碍？

第十三章　大学生心理障碍

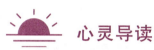

心灵导读

　　大学生刚刚跨进校门，由于他们的单纯和幼稚，往往在这样或那样的挫折和困难面前显得不知所措，出现苦闷、烦躁、抑郁等情况，如果不能及时排除，有可能形成心理障碍，影响他们正常的学习和生活，妨碍其健康成长。

教学目标

　　通过对本章的学习，应了解心理障碍的含义和大学生常见的心理障碍，理解大学生心理障碍产生的原因，掌握大学生心理障碍的调适方法，从而能够正确区分心理正常与异常，并通过积极有效的途径和方法调适心理障碍。

第一节　心理障碍概述

现代社会充满机遇和挑战，大学生不仅需要有竞争、应变和创新能力，还要有较强的自我认知能力和心理承受能力。当心理承受能力相对较差时，就很容易发生心理异常。当然，每个人都有可能发生心理异常，只是轻重程度有所区别。掌握心理异常相关知识，有助于大学生摆脱心理困惑，促进其心理健康发展。

案例导入

一、心理异常的含义

关于"异常"的界定，有其相对性。这里所说的异常是指低于界定的界限，带有一定否定意义的病态心理。一般来说，按心理异常的程度划分有三种：轻度心理异常为心理问题，中度心理异常为心理障碍，重度心理异常为心理疾病。轻度的心理异常即心理问题，一般人人都发生过，而且也随时可能发生，如受老师批评而产生的不快，因自尊受损而产生的反感、抗议等。如果自我调节能力较强或随着情境转移，多数心理问题能随时得到解决。但也有的人因心理适应性差，自我调节能力较弱，或得不到及时的正确心理疏导，一些心理问题不能随时排除，积淀已久，就会加重心理异常的程度，导致心理障碍。如果心理障碍再得不到及时矫治，就会发展到严重的程度，成为心理疾病，即人们所恐惧的精神病。

二、心理障碍的含义

心理障碍是指心理异常反应剧烈，又持续时间长久，形成其内容充分泛化和自身难以克服的精神负担。心理障碍一般是由心理问题积淀过久而演变的，往往发生在认知环节上。在心理发展过程中，由于人们认知能力的局限，常出现不正确的认知，从而得出片面的、不准确的结论，直接影响情绪的变化，而这个过程的时间愈久，愈易"泛化"。

三、心理正常与异常的区分

一般来说，心理正常与异常之间必然存在一种界限，两者存在着实质性的差异，而且应该有一个区别它们的标准。但实际上要找到一个判定心理正常与异常的固定不变的、通用的标准是困难的。因为个体心理正常与否是与他所处的时代环境、社会文化和风俗习惯等有密切关系的。

但是，在相同的社会文化背景下，人们还是可以制定出一般人正常心理活动的常态范围，将个人的心理状态与社会认可的行为常模比较，以及与其本人一贯的心理状态和人格特征加以比较，就可以判定此人的心理是否异常，其心理异常的程度如何。

划分心理异常的标准是困难的，正常与异常没有绝对的分界线。但是，多数专家认为，如果根据心理科学的理论原则，还是可以从以下三个方面来认识和判定个人心理状态是否正常。

1. 心理与环境的统一性原则

心理是客观现实的反映，因此任何正常的心理和行为，无论是心理形式还是其内容都必须与客观环境保持一致。例如，在街道上出现一条疯狗，人们都很害怕，一些人拿起棍棒把疯狗打死，以免伤了他人，这些人的思想、感情和行为是正常的表现。假如在场其他人均未看到疯狗，而有人却称清楚地看到一条疯狗在咬人，那么此人可能是心理异常。所以正常的心理活动必须保持与环境的一致，如果人的认识、情感和行为与客观现实相脱离，那么这个人的心理可能就是不正常的。

2. 心理活动的内在协调一致性原则

人类的心理活动过程是由认知、情感和意志行动等部分组成的。知、情、意各种心理过程是一个动态的有机完整统一体，各种心理活动之间具有协调一致的关系。在心理活动过程中，如果它们之间表现出不统一和不协调，就是说失去了心理活动的统一性和协调性，就出现了心理异常。如正常人想到或遇到高兴的事就会愉快而发笑，遇到悲伤的事就会伤心甚至哭泣，这是心理正常的表现。假如一个人无缘无故地发笑或哭泣，或者是遇到伤心的事反而不停地笑，那就是心理异常的表现了。

3. 人格的稳定性原则

人格是个人在长期的生活历程中形成的独特的个性心理特征。每个人的个性特征也就是人格特征都具有相对的稳定性。俗话说"江山易改，禀性难移"，这说明人的个性是不易改变的。如果在没有重大的外部变化的情况下，一个人的个性特征却发生了明显变化，那么这个人的心理可能产生了异常。如一个一向比较开朗、达观、外向的人，没有遭遇什么明显变故，突然变得沉闷、寡言、悲观、内向，这个人的心理和行为偏离了正常轨道，可能打破了人格稳定性，有可能是心理异常。

第二节　大学生常见的心理障碍

案例导入

不同的心理障碍有着不同的表现或症状，了解和掌握心理障碍的分类有助于大学生分辨不同的心理障碍。心理学上根据人们日常生活中常见的心理、行为异常的表现，把心理障碍分为五大类。

一、神经症方面的障碍

神经症或称神经官能症，是指人的整体心理的某些方面受到影响，即大脑一般没有组织上的器质性损害，只是在高级神经系统活动方面表现失调。患者心理活动各个方面的协调性受到一定的影响，对周围环境的适应能力有明显的减弱，人际关系处理往往不够和谐。但他们能理解并认识到自己心理失常状态，因而主动寻求改善自身不正常状态的办法和措施。能自理生活，日常工作和社会生活可以正常进行。其主要表现为精神活动能力降低（如注意力不集中、记忆力减退、学习与工作效率降低等）；情绪失调，表现为波动、烦躁、抑郁等；慢性疼痛，如紧张性头痛、腰痛等；睡眠障碍，如失眠、噩梦、早醒或睡眠过多等；有疑病强迫观念；有各种明显的躯体不适应感，但体检时找不到器质病变。

（一）神经衰弱症

神经衰弱是一种很常见的神经症，患者多数是青壮年脑力工作者，尤其在青年学生中居多。但是，有的青少年对其认识不够，仅仅因为自己失眠健忘就给自己扣上了"神经衰弱"的帽子。根据我国制定的诊断标准，神经衰弱症状有以下五个方面的表现。

1. 衰弱症状

患者经常感到精力不足、萎靡不振、脑力迟钝、困倦思睡，特别是工作、学习稍久即感到注意力不集中、思考困难、记忆力下降，学习效率不高，即使得到充分的休息也不能消减其疲劳感。

2. 兴奋症状

患者在阅读书报或收看电视等活动时精神容易兴奋，会不由自主地产生回忆和联想，而且控制不住。

3. 情绪症状

患者容易烦恼和激动，烦恼的来源主要是生活中难以解决的各种矛盾。

4. 紧张性疼痛

患者经常感到头晕、头胀，头有紧压感或颈项僵硬，有的则是腰酸背痛或四肢肌肉疼痛。

5. 睡眠障碍

最常见的就是入睡困难，躺在床上辗转反侧，心情烦躁，难以入睡；其次是多梦、易惊醒或感到睡得不稳不深，似乎整夜都未曾入睡。

如果以上五种症状在一个人身上同时存在或符合其中三种及以上，那么才能怀疑可能患有神经衰弱。若只符合其中的一种或两种，绝不能给自己扣上神经衰弱的帽子。其实神经衰弱并不可怕，可怕的是对神经衰弱的焦虑、紧张、担心。因为过分的紧张、焦虑、担心会加重神经衰弱本身的症状。

（二）癔病性神经症

癔病性神经症简称癔症或癔病，又称歇斯底里症，是由精神刺激或不良暗示引起的一类精神障碍。癔病大多突然起病，可出现感觉运动和神经功能紊乱，或短暂的精神异常，检查常不能发现有相应的器质性病变。这类症状可因暗示产生，也可因暗示而改变或消失。

癔病发作与精神因素关系密切。使患者感到委屈、愤怒、羞愧、窘困或惊恐等突然的刺激，常为本病的初发病因，以后可因联想或重新体验到当时的情感而发病。躯体症状大多由暗示和自我暗示引起，而精神症状则由明显的强烈情感因素所促发，有易感素质者遇到较轻的精神刺激即可发病。有癔病个性特点者较易发生本病，该个性特点即情感反应强烈而不稳定，容易走向极端，对人对事常感情用事，富于幻想，易受暗示，好表现自己。

1. 精神障碍

（1）情感爆发：在精神受刺激后立即发病，情感反应强烈，具有尽情发泄的特点，一般历时不长，约 10 分钟至 2 小时渐安静。

（2）意识障碍：表现昏睡、目僵或朦胧状态；有的答非所问、每答必错，呈痴呆表现，称为癔病性假性痴呆；有的患者言语表情幼稚如儿童，称童样痴呆。

（3）精神病状态：类似重精神病精神运动性兴奋的表现，意识障碍不明显，可有幻觉或妄想，但时间短暂，常在 3～5 分钟内安静下来，此外尚有阶段性遗忘、神游、双重人格或多重人格、附体体验等表现。

2. 运动障碍

其表现为痉挛发作、瘫痪、抽搐、舞蹈样动作或失音等。

3. 感觉障碍

其表现为突然失明，呈现弱视、管状视野或单眼复视，也可突然耳聋，出现躯体感觉缺失或感觉过敏区，或有咽部梗阻感（称为癔病球）。

4. 植物神经和内脏功能障碍

其表现为神经性呕吐、呃逆、腹痛、尿痛、尿急、假孕等症状。本症可以通过暗示作用影响患者近亲或周围人群，引起短暂的癔病流行。无论患者有何症状，通过检查都不能发现相应的器质性病变，其症状体征也不符合解剖生理规律，且可在暗示影响下改变或消失。

（三）强迫性神经症

强迫性神经症简称强迫症，是指患者主观上感受到某种不可抗拒的和被迫无奈的观念、意向或行为的存在。其表现为强迫观念、强迫意向、强迫行为。

1. 强迫观念

强迫观念是强迫症的核心症状，生活中最为常见。如有些患者在头脑中反复思考某些并无实际意义的问题："动物为什么要分雌雄？""树为什么要往上长？"出门后总是怀疑门、窗没有锁好、关好等；有的人看到或听到某一事物时就会联想到可怕的、不愉快的情景，如见到别人抽烟就联想到火灾，见到"黑"就不由自主地想到"白"，见到"友好"就联想到"危险"。

2. 强迫意向

强迫意向是最折磨人的一种强迫状态，患者常常为某种与正常心理相反的意向所纠缠，产生一些令患者感到害怕和紧张的冲动，虽然他们也知道这种冲动和意向是违反自己的意愿和人格的，但却难以摆脱这种不堪设想的状态，如患者来到窗前便产生跳楼的冲动等。事实上，冲动不等于行动，他们绝对不会真正做出这种行为，只是由于此种强迫意向似乎显得"强有力"让他们不能控制，从而反复出现在脑海里，常常给患者带来焦虑和恐惧的情绪反应。

3. 强迫行为

强迫行为有的人表现为洁癖，如反复洗手、洗脸或某一部位。有的表现为强迫计数，有的表现为强迫检查，还有的表现为强迫性礼仪或动作等。

（四）恐惧性神经症

恐惧性神经症简称恐惧症，是指对某种特定的事物或情绪产生持久的、特殊的、不合理的强烈的恐惧感。这种恐惧感与引起恐惧的情境很不相称，让人难以理解。患者明知这种恐惧没有必要，但无法控制，于是就千方百计回避恐惧源，行为退缩得十分明显，从而影响正常的工作和学习。恐惧症依据恐惧对象不同可分为社交恐惧、水恐惧、空旷恐惧、疾病恐惧、动物恐惧、登高恐惧、声音恐惧等。

（五）抑郁性神经症

抑郁性神经症简称抑郁症，是一种以持久的心情低落状态为特征的神经性障碍。表现为心情压抑、郁闷、沮丧，遇事老往坏处想，对生活失去信心，对日常活动缺乏兴趣，对各种娱乐或令人高兴的事体验不到乐趣，遇到亲友聚会或热闹场所尽可能回避，常常夸大自己的缺点，自卑、自责、内疚，精神疲惫、思维迟钝，感到前途暗淡、生活没有意义，活得生不如死，有自杀的企图或想法等。

（六）焦虑性神经症

焦虑性神经症简称焦虑症，是以发作性或持续性焦虑紧张为主要特征的状态。患者焦虑情绪并非由现实情况所引起，常伴有植物性神经功能障碍和运动性不安，严重者可有惊恐发作。其主要表现为没有明确对象和内容的恐惧，提心吊胆，惶惶不安，似乎大祸即将临头或死亡将至，但说不出怕什么，或会发生什么危险和不幸。患者常出现头痛、头昏、失眠、晕厥、震颤、多汗、心悸、恶心、呕吐、胸痛、呼吸急促、窒息样感觉、腹泻、尿频等症状，生化改变则会出现血糖升高，肾上腺素、皮质类固醇、白细胞增加等。

焦虑性神经症根据疾病表现形式可分三种类型。

1. 急性焦虑症

这种疾病发作后可持续数分钟或数小时，但以后又可再发，或一天发作多次。

2. 亚急性焦虑症

其表现为遇到困扰或受到刺激而产生焦虑、紧张反应。患者个性特征多为胆小羞怯、自卑过敏、忧心忡忡。这种情况可持续终生。

3. 慢性焦虑症

患者有胆小羞怯、自卑敏感、易忧心忡忡等性格特点，常处于持续焦虑状态之中，为一些小事而苦恼、自责，对困难过分夸大，遇事往坏处想，常无病呻吟，对躯体不适特别关注，注意力不集中，记忆不佳，常失眠、多梦。

（七）疑病性神经症

疑病性神经症简称疑病症，又称臆想症，表现为对自身健康状态过分关注，对身体的微小不适感觉过于夸大或做出不切实际的解释，深信自己患了某种躯体或精神疾病，到处求医，迫切要求治疗。各方检查和医生对疾病的解释也不能消除患者固有的成见，从而焦虑、恐惧，担心得了不治之症而惶惶不安。

二、人格障碍

人格障碍是指明显偏离正常人格并与他人和社会相悖的一种持久和牢固的适应不良的情绪和行为反应方式。人格障碍一般始于童年或青少年，而持续到成年或终生。一般认为它是在不良先天素质的基础上，遭受到环境的有害因素（特别是心理社会因素）影响而形成的，通常有不同的表现类型。

（一）偏执型人格障碍

偏执型人格障碍又称妄想型人格障碍，其主要特点是思想固执，敏感猜疑，不信任或者怀疑他人，过分警惕与防卫，将别人的友好行为误解为敌意或轻视；强烈地意识到自己的重要性，有将周围发生的事件解释为"阴谋"、不符合现实的先占观念；过分自负，认为自己正确，将挫折和失败归咎于他人；不接受批评，易冲动，缺乏幽默感；容易产生病理性嫉妒；对挫折和拒绝特别敏感，不能谅解别人，长期耿耿于怀，特别好斗；对个人权利执意追求，常与人发生争执或沉湎于诉讼，人际关系不良等。

（二）分裂型人格障碍

分裂型人格障碍在日常社会中是比较常见的，主要表现如下：

（1）关联观念。患者会毫无道理地将与自己无关的事情联系起来并深感不安。

（2）过度的社会焦虑。患者在有陌生人在场的时候，表现出极度不安。

（3）奇特的信念和想法。有些患者感到自己有透视能力、心灵感应或"第六感官"，对奇异功能特别着迷。

（4）奇怪的、反常的、特别的行为或外貌。有的患者穿衣戴帽非常奇特；有的不修边幅，行为不合时宜，不符合习俗或自己的行为目的不明确。

（5）言语怪异。患者说话离题或用词不当，表达意思不清楚。

（6）不寻常的知觉体验。患者经常产生错觉或幻觉。

（7）缺乏温情，行为怪异。患者的人际关系较差，难与别人建立起深切的情感关系，没有亲密朋友或知己；对别人的意见漠不关心，无论是赞扬还是批评，均无动于衷，过着一种孤独寂寞的生活。

以上的七种表现，只要符合其中的四种，一般就可以认定是分裂型人格障碍。

（三）反社会型人格障碍

反社会型人格障碍在现实生活中也是常见的，主要表现为缺乏道德情感，没有同情心和内疚感，做了坏事心里一点儿也不觉得难过，对别人的痛苦漠不关心，脾气暴躁，不能容忍丝毫的挫折，总是责怪他人或环境，不真诚、不坦率，没有责任感和义务感，常常会做出一些违反社会规则的行为。

（四）自恋型人格障碍

自恋型人格障碍主要表现为：

（1）不能接受批评。患者受到批评后往往产生强烈的愤怒、羞愧和耻辱感。

（2）喜欢指使别人。自己什么都不干，却指使别人干这干那，要他人为自己服务。

（3）过分自高自大。对自己的能力夸大其词，特别希望受到别人的关注。

（4）过分自信。认为自己的家庭、长相、气质等是别人无法企及的。

（5）想入非非。患者对成功、权力、荣誉、理想、爱情等有非分之想。

（6）唯我独尊。自己想干什么都行，别人不行，他可以指使别人，别人绝对不能指使他。

（7）虚荣。特别好面子，把自己的脸面看得比什么都重，特别希望得到别人的赞扬。

（8）冷漠。只关心自己，对别的人和事漠不关心。

（9）多疑。疑心比较重，总是怀疑这、怀疑那。

以上九项，只要符合其中的五项，一般就可以认定是自恋型人格障碍。

（五）冲动型人格障碍

冲动型人格障碍又称为爆发型人格障碍。其特点为对人对事往往做出爆发性反应，稍不如意就火冒三丈，易于爆发愤怒冲动或与此相反的激情；行为有不可预测和不考虑后果的倾向；不能在行动之前事先计划，有不可预测和反复无常的心境，行为爆发时不可遏制；特别在行动受阻或被批评时易与他人冲突和争吵，此类人经常变换职业和酗酒。

（六）回避（焦虑）型人格障碍

回避（焦虑）型人格障碍的主要特点是懦弱胆怯，自幼表现胆小，易惊恐；有持续和广泛的紧张、忧虑感觉；敏感羞涩，对任何事情都表现得惴惴不安；表现为过敏、自卑、退缩，面对挑战采取逃避态度或无力应付，日常生活中惯于夸大潜在的危害，达到回避某些活动的目的。个人交往十分有限，对与他人建立关系缺乏勇气。与分裂型人格障碍不同的是，他们并不乐于孤独或安于退缩状态，他们不与他人来往并非出于自己的意愿。他们常被迫采用多种心理防御机制来应付外界的要求。

三、性心理障碍

性心理障碍又称性变态或性欲倒错，是指人的性心理以及性行为由于种种原因而丧失常态。在青春期，个别青少年会由性心理畸形发展而导致种种性变态行为，虽然人数不多，但对个人身心发展以及社会的危害极大。常见的性心理障碍有以下几种。

（一）恋物癖

恋物癖是指经常收集异性使用过的物品，并将此物品作为性兴奋、性满足唯一手段的性变态。患者大多数为男性，主要表现为：

（1）千方百计、不惜一切代价收集其偏爱的异性物品。患者在得到恋物的前后心理相当复杂和矛盾，未得手时表现为情绪焦虑、紧张和不安，而一旦得手，虽然性心理得到了满足，却又会对自己的行为产生自责、悔恨、忧郁、痛苦、自卑等心理冲突。

（2）恋物癖患者对异性本身毫无兴趣。患者把性欲专门指向物品，至于这些物品是什么人的无关紧要，只要是异性的就行。

（3）有不良的性行为习惯。患者一边摸着、看着、闻着这些物品，一边以各种方式达到性高潮。

（4）恋物癖患者往往有改过之心，却无改过之举。患者在遭到嘲笑和歧视时，会产生很大的心理压力，往往决心痛改前非，但当他们见到恋物后往往又不由自主地去收集。

（二）窥阴癖

窥阴癖是指以窥视异性的裸体或性生活而获得快感和性满足的异常心理。患者多数是男性。窥阴癖的患者自身没有正常的性要求，不图谋接触异性，而是通过窥视别人的性生活，或偷看异性裸体、生殖器官来获得兴奋感和性快感。

（三）露阴癖

露阴癖是指通过显露自己的生殖器或完全裸体来求得性快感的心理异常表现。患者多数是男性。露阴癖患者经常出没于一些偏僻的角落、公共汽车上、商场、影剧院等，当遇到女性时就解衣显露生殖器，一边手淫一边说下流话。他们一般都不接近女性，而是保持相当的距离，也没有攻击行为，只是从女性的惊慌、害怕、羞怯、厌恶的神态和惊叫中获得性欲的满足。

（四）异装癖

异装癖是指以穿异性服装而获得性满足的一种变态心理。患者以男性为主。异装癖患者常常是独自关上门，穿上异性的内衣和服装，有的是在夜深人静时穿上异性的服装到街上散步。异装癖患者主要是通过穿着异性服装引起兴奋，部分患者主要是通过穿着异性服装来消除烦恼，获得安宁和舒畅感。

（五）异性癖

异性癖患者在心理上不能接受自己的生理性别，并且对自己的生理性别深恶痛绝，因此其中有些人强烈要求以药物或手术来改变性别，严重者会产生自杀心理倾向。异性癖的发生率大约在十万分之一。异性癖男女都有，但男性居多。社会学者刘达临曾对3000余名大学生进行过调查，结果有15.6%的男性和2.6%的女性厌恶自己的性别。

性心理障碍除以上介绍的几种外还有恋兽癖、受虐癖、施虐癖、恋童癖、恋尸癖等。

四、特殊意识状态

特殊意识状态包括以下几种情况。

1. 催眠状态下或梦境状态下的心理变化

催眠或梦境状态的主要表现是意识模糊或意识范围狭窄，并在此基础上产生各种心理变化，只要催眠状态解除，梦境状态就结束，心理变化即恢复正常。

2. 社会交往或感觉剥夺状态

这是由于大脑失去了适度的兴奋刺激的支持而功能失调，主要表现为注意力涣散、记忆力减退、意志力和自控能力受到严重削弱、思维混乱、情绪不稳、烦躁不安、焦虑压抑或出现孤独感。

3. 服用精神活性物质或是物质滥用所致的精神障碍

精神活性物质是指能够影响人们的心境、情绪、行为，改变人们意识状态，并可能有依赖作用的物质，如一氧化碳、香烟、酒精、镇静解痛药、兴奋剂、毒品等。这种中枢兴奋剂所致的欢快、兴奋、不安、过分警觉、判断失误或站立不稳、妄想等，在一定情况下易引起精神障碍。

在这类物质作用下所产生的心理、行为异常表现大多属于正常心理和变态心理之间的交叉或边缘状态，而且许多表现都是一过性的，即引起异常表现的各种状态消失以后，患者的心理与行为便恢复正常，大多数人无须治疗即能恢复常态。

五、严重的心理异常

严重的心理异常指人的整体心理机能瓦解，不仅心理活动本身各方面的协调一致性遭到严重的损害，而且机体与周围环境的关系也严重失调。概括起来主要有以下三方面的异常表现：一是病人的反应机能受到严重损害，对客观现实的反映是歪曲的，可出现精神失常现象，如幻觉、妄想、思维错乱、行为怪异、情感失常等，因而丧失正常的言行、理智与行为反应；二是社会功能有严重损失，不能正常处理人际关系，不能理解个人生活，也不能正常参与社会活动，甚至会给公众社会生活造成危害；三是不能理解和认识自身现状，不承认自己有精神病，对自己的处境完全丧失自知力，各种精神病都属于这一类。

(一) 精神分裂症

精神分裂症是最严重而且常见的精神病，患病率为 0.3%～0.7%，发病多在青春期及成年初期，病程多迁延；其发病原因在遗传、生化、心理、社会方面都能找到一定的证据，但并未完全说明问题，这也影响到对该病的理解和诊断。其特点是患者基本个性改变，出现感知、思维、情感和行为障碍，精神活动各方面及与环境的关系均不协调，但一般无智力缺陷和意识障碍。其症状复杂多样，较常见的有思维联想障碍，原发性妄想、幻觉，原发性幻想、情感倒错或淡漠，紧张综合征，被控制感、被操纵控制感、被洞悉感等。本病可分为急性和慢性两种，急性起病预后较好，慢性起病预后较差。精神分裂症可分为多种类型，如单纯型、青春型、紧张型、妄想(偏执)型等。

由于精神分裂症多在青年期发病，因而在大学生中发病率相对较高。如何进行早期发现、早期治疗，是大学生心理健康教育的一项重要任务。如果大家都有一些这方面的基础知识，并能适当地关心身边的人，那么情况就会好得多。

精神分裂症的早期症状(或称前驱期症状)如下：

(1) 感知觉异常。

(2) 思维逻辑混乱，说话语无伦次。

(3) 常拥有奇特的想法或信念，并因此而影响行为。

(4) 情感迟钝或倒错等。

(5) 有明显的怪异或奇特行为(如当众自言自语或进行诡秘动作等)。

(6) 明显的退缩或社会隔离。

(7) 兴趣、动机、意志力明显减退。

(8) 学习和工作能力明显下降。

(9) 生活懒散，个人卫生或修饰明显受损。

(二) 躁狂抑郁症

躁狂抑郁症是另一种重度精神疾患，它是以原发性情感情绪障碍为主要临床表现，且发作期和完全正常的间歇期反复交替出现的一种精神病。躁狂发作期以言语明显增多、联想加快、观念飘忽、注意力不集中、自我感觉良好、自我评价过高、情绪极端高涨、行为活动显著增多、精力充沛、行为轻率等为特点。抑郁发作期则与此相反，以言语明显减少、联想困难、思维迟缓、思考能力下降、体感不适、自我评价过低、情绪极为低落、反复出现轻生念头、行为活动显著减少、自责、自罪等为特点。

第三节 大学生心理障碍的成因

案例导入

大学阶段是一个人身心成长发育的关键时期。大学生的内心体验越来越丰富，他们对精神需求，对爱与归属，对尊重的需求非常明显，对人生价值的实现充满幻想。但实际上，大学生的这些心理和精神上的需求并没有引起高度的重视，许多大学生挣扎在理想与现实的冲突中不能自拔。影响大学生心理障碍的因素是多种多样的，既有生理因素，又有社会因素，也有个体发展过程中自身的心理因素。

一、生理因素的影响

人是一个身心统一的整体，其生理健康和心理健康是交互影响的，健康的心理寓于健康的身体。生理因素是形成大学生心理障碍的一个重要因素。

（一）遗传因素的影响

遗传是指父母把自己的生物性状，即生理结构和机能的特点传递给子女的现象。遗传是生物界共有的普遍现象。人的心理问题能否遗传，这是人们非常关注的一个问题。一般来说，人的心理活动是不会遗传的，它主要是在后天的社会环境影响下，在社会实践活动中形成和发展起来的。然而，作为一个整体的人与遗传的关系又十分密切，尤其是一个人的体形、气质、神经结构及活动特点、能力等的某些成分直接受到遗传因素的影响。现代的大量研究资料表明，在精神疾病中，尤其是精神分裂症、躁狂抑郁症和癫痫等所谓内源性精神病的致病因素中，遗传占有十分重要的地位。

（二）发育因素的影响

个体生长发育及其速度的快慢，对其心理健康发展也有一定的影响。青春期的身体发育是影响学生心理健康的一个不可忽视的因素。青春期是一个人长身体、学知识的黄金时期，也是培养个性的重要时期。生理的剧变，不可避免引起心理上的反应。这时，性发育给他们带来的最初的性冲动，往往使一些缺乏基本性知识的学生产生羞耻感、罪恶感、内疚感、焦虑、烦恼甚至恐慌等情感体验；而体格发育的特点（如过高、过矮、过胖、过瘦）、发育的时间（过早、过晚）也都会引起学生的一些不良的心理反应。

（三）生理疾病和外伤、中毒等因素的影响

学生的生理疾病和外伤、中毒等因素，因为可能会给大脑带来伤害或者引起生理变态反应，影响神经系统的机能，进而引起各种心理障碍，所以对学生的心理健康也会有不利的影响。

1. 生理疾病

无论是发烧、炎症都可能使脑组织的活动发生变化，对脑的局部或全部机能发生破坏作用，从而出现某些精神障碍状态，引起心理疾病；同时，有许多病原体都可以产生毒素，这些毒素也能侵犯脑组织而影响脑的机能活动；此外，有些传染病会使身体发生变态反应而影响神经系统的机能，进而引起心理障碍。

2. 外伤

当身体受到物理性的作用而引起伤害后，如机械性创伤、电伤、放射性伤害、热伤、烧伤、

冻伤等，一方面可能使中枢神经系统发生直接伤害，而导致心理障碍的产生；另一方面还可能由于外伤而引起个体强烈的心理应激反应，使心理发生异常。

3. 中毒

个体中毒的毒素可以是由体外输入的化学物质，如麻醉剂、兴奋剂、镇静剂及安眠药等；也可能是某些系统性疾病导致的异常代谢产物。如急慢性肝病会使肝功能严重受损，肝的解毒作用减弱，导致体内血氨含量增高，临床可出现意识障碍、记忆力减退或错乱、智能或个性改变等症状；肺功能不全会导致二氧化碳水平过高、动脉血氧含量及氧分压降低，二氧化碳分压增高，血 pH 值下降，大脑缺氧，临床可出现意识模糊等心理障碍等。有许多化学物质都能作用于人的中枢神经系统而改变人的正常心理活动，从而造成心理障碍。在工业化越来越发达的现代社会，各种污染越来越多，毒素已成了影响人们心理健康的重要因素。

（四）神经－内分泌系统异常因素的影响

人的神经系统包括中枢神经系统和周围神经系统。人的心理障碍的产生与整个神经系统，尤其是大脑有着最为密切的关系。内分泌功能正常，人的发育就正常；内分泌功能失调，人体就会发生病变，从而直接或间接地影响神经系统，并引起心理活动的异常。如甲状腺功能过盛，会引起新陈代谢亢进、神经兴奋性增高，易激动、紧张、烦躁、多语、失眠等；而甲状腺功能低下，则会引起条件反射活动迟缓、智力下降、记忆力减退，言语减少、嗜睡等。又如肾上腺功能发达的人，情绪易于兴奋、激动；而功能不足的，则易抑郁、疲劳、缺乏学习兴趣等。还有脑垂体功能过盛者，会表现出淡漠无情、注意力分散、语言迟缓、健忘等症状；而脑垂体功能不足者，则会身心发展迟缓。近年来，对一些心理健康问题的研究都证明，神经－内分泌系统的种种异常因素确实会影响人们的心理健康。

二、社会因素的影响

学生是在一定的社会环境中生活成长起来的。因此，一定的社会文化背景、社会经济地位、风俗习惯等因素都会对学生的心理健康产生影响。

（一）社会文化背景的影响

不同的社会文化关系（或环境）不仅制约着人的心理异常表现的内容，而且影响到心理异常的表现方式。每个人在家庭、学校中所受的教育，都离不开社会文化因素的影响。在任何时候、任何情境下，作为教育者的父母或教师都是一定文化因素的"负荷者"。社会正是通过他们，把社会原则、规范、准则灌输到每一个新的成员中，形成其理想、信念、世界观、需要、动机、兴趣等心理品质。因此，社会文化背景对学生的心理健康发生影响是不言而喻的。

（二）社会经济地位的影响

人的心理健康与社会经济地位有一定关系。经济地位低的人整日为生存奔忙，其子女缺乏适当的食物营养、一定程度的居住条件、受教育机会以及家庭中的慈爱和照顾，结果使他们在心理、生理成长发育方面都受到损害，很容易发生心理健康问题。

（三）社会政治局面的影响

社会政治局面的安定或动荡情况，也是影响人的心理健康的重要因素。对形势变化不能做出相应的适应的人，由于对客观现实的变化不能正确认识、理解、接受，就会感到自己不能主宰自己的命运，不能与社会沟通，常常体验到一种茫然或孤立无助，导致情绪上的彷徨、失望、怀疑、忧虑、悲伤、恐惧、愤怒以及绝望等，对其心理健康产生严重的影响，导致心理或生理上的异常表现。

（四）社会意识形态的影响

社会意识形态对人的心理健康的影响，是通过社会信息作为媒介的。现在一些不健康的电影、电视、录像、小说、报刊等已侵蚀了许多学生的心灵，对他们心理健康造成了极大的危害。

（五）社会风气的影响

社会风气作为一种社会心理环境，不可避免会对生活在其中的学生发生影响。如今社会上"一切向钱看""走后门""拉关系""请客送礼""以权谋私"以及新的"读书无用论"等已严重污染了学生的心灵，有的学生甚至因此走上违法犯罪的道路。

三、心理因素的影响

大学生产生心理障碍最直接的原因是心理因素。不了解心理活动产生的内部机制，就不可能找到大学生心理健康问题产生的原因，不能"对症下药"，更不能找到防治的具体方法和措施。因此，探讨和研究影响大学生心理健康的心理因素，对于提高学校心理卫生工作的质量具有重要的现实意义。

（一）心理冲突的影响

心理冲突又称动机冲突。动机是直接推动个体进行活动的内部动因或动力。它一经产生，便会引导个体进行实现目标的活动。由于社会生活的复杂多样，个体在有目的的活动中，常常会同时存在着一个或数个所欲求的目标，同时又存在着两个以上相互排斥的动机。如果这些并存的目标不能达到或完全达到，动机不能获得满足或不能全部获得满足，就构成了心理冲突。这种使人难以做出抉择、左右为难的矛盾状态，就形成动机冲突的心理状态。

人的动机冲突是非常复杂的。在心理学上一般把动机冲突分为四种类型。

1. 双趋式冲突

个体在有目的的活动中，同时有两个并存的目标，而且两个目标对其具有同样的吸引力或引起同样强度的动机。当个体因实际条件的限制（如时间、空间）而无法同时获取两个目标，即所谓"两者不可兼得"时，就会在心理上产生难以取舍的冲突情境，这便是双趋式冲突。这种冲突在学生中很常见。如某一学期同时开设了两门选修课，上课时间在同一时刻，某学生对这两门课都感兴趣，都十分想学习和了解，但分身乏术，只能择其一，这时其心理上就会产生双趋式冲突。

2. 双避式冲突

双避式冲突指同时有两个可能对个人具有威胁性的事件发生，因为对个体都是不利的，个体对两者都想躲避，但迫于情势，只能躲开一件，而无法避开另一件。这样在选择接受其中某一件时，就会产生双避式冲突的情境。如既不愿学习，又怕挂科，两者都想逃避，但必须选择其中之一，这也是双避式冲突。

3. 趋避式冲突

趋避式冲突指对于同一个目标，个体同时有趋近与躲避两种动机，即同一目标，对于个体来说，可能会满足其某种需要，但同时也可能会构成威胁。一个目标对个体形成了既有好的一面，又有坏的一面，既有吸引力又有排斥力的矛盾的心理情境，就是趋避式冲突。这种动机冲突在日常生活中最为普遍。如有的学生既想参加学校组织的各种活动，又怕耽误学习。人在生活情境中对任何一件事情做决断时，都要考虑决断后的利害得失。从"利"与"得"方面看，个体会倾向于做出趋向的决定；但从"害"与"失"方面看，个体又倾向于做出躲避的决定，而所谓的利害得失，又没有一个客观标准，只凭主观感受。因此，在这种情况下，个人做出正、反两面的反复考虑时，常常会陷入犹豫不决的困扰情境之中。

4. 双重趋避式冲突

双重趋避式冲突可能是双趋式冲突与双避式冲突的复合形式，也可能是两种趋避式冲突的复合形式，即现实中两个目标或情境对个体同时具有吸引与排斥两种力量。如在挑选工作时，可能会遇到一种是物质待遇优厚而社会地位却不高的工作，另一种是社会地位高但物质待遇菲薄的工作，这就是双重趋避式冲突。

在现实生活中，动机的冲突情境不仅是经常发生的，情况也是错综复杂的，而且常常不能轻易地获得解决。如不能妥善处理、及时解决，就会造成强烈的情绪波动，使人陷入困惑和苦闷，甚至颓废和绝望之中，并使矛盾冲突加剧而无力自拔，从而给人的身心健康带来严重的威胁，甚至使人的精神状态趋于崩溃。

（二）心理挫折的影响

在现实生活中，人人都会有抱负，有种种雄心壮志。但是"人生逆境十之八九"，任何人的一生都不可能是一帆风顺的，人在达到某种目标的过程中，常常会遇到种种障碍，碰到许多困难，使目标不能实现，即受到挫折。而心理挫折是直接导致学生心理健康问题的内部因素。

个体在遭受挫折后，对自己这种因动机不能获得满足而产生的情绪状态总是要设法表现出来，常见的有如下几方面。

1. 攻击行为

当个体受到挫折后，常常会引起愤怒的情绪，而出现攻击性行为。

（1）直接攻击：个体受到挫折后把愤怒的情绪和行为直接指向造成挫折的人和物，表现为对人反唇相讥，甚至咒骂、拳脚相加或损物伤人。

（2）转向攻击：不能直接攻击阻碍自己达到目标的对象，而把攻击行为转向某种代替物。这种攻击往往采取寻找"替罪羊"的形式，或者由于对自己缺乏信心而自卑、悲观，而把攻击方向转向自身，产生自责、自残行为。

2. 倒退现象

倒退现象指人们在受到挫折后，通过表现出与自己年龄不相称的幼稚行为方式来应付挫折情境，以满足自己的欲望。如有的学生每当学校举行考试时就声称自己"头痛"或者"肚子痛"。因为头痛或肚子痛就可以不去参加考试。倒退行为在疑病症中最常见，有人认为疑病症本身就是一种倒退的表现。因为在他们的意识中，认为有病就可能得到别人的帮助，有病就可以逃离现实。

3. 冷漠

冷漠指个体在挫折情境下持漠不关心与无动于衷的态度。冷漠大多出现于以下情况：

（1）长期遭受挫折。

（2）情况表明已无希望。

（3）情境中包含着心理上的恐惧与生理上的痛苦。

（4）个体心理上产生攻击与压抑之间的冲突。

冷漠并不表明个体不含有愤怒的成分，而是把愤怒压抑罢了。因此，冷漠往往会对个体心理健康产生更为有害的影响。

4. 推诿

推诿指一个人受到挫折后，把自己的不良行为诿过于人，以此来减轻内心的不安、内疚或焦虑。如有的学生考试不合格，就归罪于教师教得不好、试题出得太难太偏或评分不公平，而不承认是自己平时不用心听讲、不充分复习或学习能力差等造成的。推诿是一种有害的受挫后行为反应方式，对人对己都没有好处。惯用这种方式的人，一般都人缘不佳，难以建立良好的人际关系，也不容易得到别人的谅解，严重的还可能导致人格分裂。

5. 焦虑

焦虑是人在遭受挫折时最普遍的心理反应，是预期要发生不良后果时的一种复杂情绪状态。焦虑反应的心理活动状态很复杂。焦虑一般会导致心理活动的增强，以致个体表现出忐忑不安、失眠并伴有头痛；在言语变化方面，有的说话时越说越快而不间断，有的声音提高，有的变得吞吞吐吐、犹豫躲闪或因选择词汇困难而口吃，有的注意力不集中，对简单的问题也难以回答；在举止方面，无效操作增加，并出现一些看起来很不协调的动作等。如果持续时间过长，会不可避免地给个体的心理健康带来影响。

6. 逃避

逃避是个体在挫折或冲突情境中常见的一种行为反应。生活中常见这样的学生，一拿起书本就打瞌睡。实质上，他们并非睡眠不足，而是将睡眠作为一种应付挫折或适应困难的方式。因此，我们会看到有的学生明知第二天要考试却在晚上复习时打瞌睡，第二天他又会向别人诉说自己由于睡觉没复习或由于失眠没休息好，以此来推卸考不好的责任。

7. 自我心理防御机制

自我心理防御机制指个体处在挫折与冲突的紧张情境时，在其内部心理活动中具有的自觉或不自觉地解脱烦恼、减轻内心不安，以恢复情绪平衡与稳定的一种适应性倾向。有的人受到别人欺辱而又无力反抗时，常常自我解嘲地说"虎落平阳被犬欺""脱毛的凤凰不如鸡"等话，来解脱现实中所遭到的不安和痛苦而暂时获得安慰，以补偿自己心理上的不平衡。

总之，尽管大学生受挫后的行为反应方式多种多样，但不外乎积极方式和消极方式两类。积极方式，即能正视现实、承认挫折，冷静地分析产生挫折的主客观原因，不断地总结经验教训，从而改善行为、提高能力以战胜或减少挫折；消极的方式，究其实质都是回避矛盾，掩盖矛盾，从表现上看使心理冲突暂时缓和了下来，但并没有从根本上消除矛盾，潜在的冲突必然会逐步积累起来，结果会使人的心理健康问题变得更为严重。

（三）心理压力的影响

心理压力是指受内外环境的强烈影响所产生的情绪上的波动和生理上的变化。一个人长久地承受巨大的心理压力，就会产生各种疾病，影响心理的健康发展。美国华盛顿大学的霍尔姆曾调查了5000名被试者，并据此制定了"心理压力量表"。他表明当心理压力总分达到150～199分时，37%的人健康会受影响；达到200～300分时，50%的人健康将有变化；超过300分时，80%的人要病倒。当今学生面临着众多的心理压力，如考试、升学、师生关系、同学关系、家庭关系、就业等，如果不能合理地释放压力，就会不可避免地对心理发展造成消极影响。

第四节　大学生心理障碍的调适方法

生活在复杂的社会集体中的个人，难免会出现心理失衡，产生心理障碍，严重时还会损害身心健康，甚至危及生命。因此，如何维护和保持心理健康，以及出现心理失调时怎样恢复心理平衡，这对每一个人，包括大学生来说，都是一件十分重要的事情。那么大学生怎样维护和保持自己的心理健康呢？下面简要介绍一些行之有效的方法，供大学生参考。

案例导入

一、精神分析法

精神分析法又称心理分析法，它是心理治疗中最主要的一种方法。它主要是通过移情分析、自由联想、释梦和直接分析等技术，深入患者内心世界，发掘患者潜意识中的心理矛盾，揭示病症的无意识动机，启发患者对自我获得重新认识，从而使病症自然消失，达到治疗的目的。

进行心理分析的主要技术是追溯患者的童年经历、释梦、自由联想、分析口误和笔误，等等。总的来说，心理分析法的基本原理是：探明患者潜意识的心理创伤或致病情结，把它们带到意识领域，使患者对其有所领悟，然后在现实的原则下纠正或消除它们，从而使患者恢复正常健康状态。

精神分析法集多种心理治疗方法于一身，因此它可适用于多种心理病症，尤其对于精神分裂症、妄想症、思维障碍、退缩型人格、各种人格障碍等患者有较好的疗效。

二、行为主义方法

行为主义方法又称行为疗法，是以行为主义学习理论为指导，按一定的程序，来消除或纠正人异常或不良行为的一种心理治疗方法。这种方法认为，个体所有的异常行为或不适应行为，都是个体在其过去的生活经历中通过学习而固定下来的。因此，也就可以设计某些特殊的治疗程序，通过条件反射作用的方法即学习的方法，来消除或矫正这些异常或不适应行为。行为疗法有许多技术，包括系统脱敏疗法、放松疗法、厌恶疗法、暴露法、自我调整法、行为演练法、行为塑造法等。行为疗法已经在很多领域中得到应用以帮助人们改正各种问题行为，在心理健康教育中应用前景非常广阔。

（一）系统脱敏疗法

系统脱敏疗法是行为疗法的一种，是由交互抑制发展起来的一种心理治疗方法。当患者面前出现焦虑和恐惧刺激时，施加一种与焦虑和恐惧相对立的刺激，从而使患者逐渐消除焦虑与恐惧，不再对有害的刺激发生敏感反应。采用系统脱敏疗法治疗时需要经过以下三个步骤。

1. 建立恐怖或焦虑的等级层次

建立恐怖或焦虑的等级层次是进行系统脱敏疗法的依据和主攻方向。

（1）找出所有使患者感到恐怖或焦虑的事件，并分析他对每一事件感到恐怖或焦虑的主观程度。这种主观程度可用主观感觉尺度来度量，一般分为心情平静、轻度恐惧、中度恐惧、高度恐惧和极度恐惧五个等级。

（2）将患者对事件的恐怖或焦虑等级程度按由小到大的顺序排列。

2. 放松训练

一般需要 6～10 次练习，每次练习半小时，每天 1～2 次，以全身肌肉能够迅速进入松弛状态为合格。

3. 分级脱敏练习

在完成以上两项工作之后，即进入系统脱敏练习。脱敏练习需在患者完全放松的状态下进行，一般分为三个步骤。

（1）放松。具体方法参照放松疗法。

（2）想象脱敏训练。由医生做口头描述，并要求对方在能清楚地想象此事时伸出一个手指头来表示，然后让患者保持这一想象中的场景30秒左右。想象训练一般在安静的环境中进行，想象要求生动逼真，像演员一样进入角色，不允许有回避停止行为产生，一般忍耐1小时左右视为有效。一次想象训练不超过四个等级。若患者在某一级训练中仍出现较强的情绪反应，则应降级重新训练，直至完全适应。

（3）实地适应训练。这是治疗的关键步骤，也是从低级到最高级逐级训练，以达到心理适应。一般重复多次，直到情绪反应完全消失，再进入下一等级。每周治疗1～2次，每次30分钟左右。

系统脱敏疗法是最常用的心理治疗法。它设计合理，疗效好，适用于焦虑症、恐惧症、自我封闭心理等各类心理障碍。但由于系统脱敏治疗时间长，方法繁杂，所以需要患者保持高度的配合和耐心，否则收不到应有的效果。

（二）放松疗法

放松疗法又称松弛疗法或放松训练。它是一种通过训练有意识地控制自身的心理生理活动，降低唤醒水平，改善机体紊乱功能的心理治疗方法。

人的各种行为和活动都是意识支配下产生的，当人的情绪紧张时，躯体也会产生紧张反应。因此，通过意识控制使肌肉放松，同时间接地松弛紧张情绪，从而达到心理轻松的状态，以便于治疗疾病。

放松疗法常和系统脱敏疗法结合使用，也可单独使用，它适用于恐惧症、焦虑症等各种情绪紧张症状，对于身心系统疾病都有较好的疗效（本书在第五章对放松疗法已有介绍）。

（三）厌恶疗法

厌恶疗法是把需要消除的行为或症状与某种厌恶性或惩罚性的体验和刺激结合起来，以建立厌恶条件反射，从而消除某种适应不良行为的心理治疗方法。

人的各种不良的病态的行为，既然可以在生活经历或心理创伤的体验中，通过条件反射的建立而逐渐形成并固定下来，那么，同样可以在痛苦的反应或惩罚性的体验中，通过厌恶条件反射的建立抑制和消除。例如，喝酒可作为"提神"的信号刺激建立条件反射导致嗜酒，同时可让有酒瘾的人喝酒时口含能引起恶心的药物，使酒成为痛苦体验的信号刺激而建立厌恶条件反射，从而达到戒酒的目的。

（四）满灌疗法

满灌疗法是一种把引发患者恐惧反应的某事物或某刺激呈现在其面前，让患者暴露在各种刺激情境中，使他逐渐忍受并适应，从而使恐惧反应逐渐消退的心理治疗方法。满灌疗法的实施步骤如下：

（1）确立引起患者恐惧和焦虑的人、事或物。
（2）向患者解释清楚治疗的意义、目的、方法和注意事项，必要时取得家属的配合。
（3）治疗过程中，坚持做"医生留的家庭作业"，以便巩固疗效。
（4）医生根据患者个体情况，可采用示范疗法，与患者一同进行练习。
（5）学会放松训练，在做好充分心理准备的情况下进行满灌治疗。

三、患者中心疗法

患者中心疗法是人本主义心理学家罗杰斯创立的一种治疗方法。患者中心疗法在治疗社会性孤独、接受和表达自己感情有困难及缺乏自尊心的人时效果最佳。

这种方法认为，人类有自我实现的潜能，能够了解自身，使生活态度和行为产生建设性的改变。在与咨询师建立起融洽的关系后，患者的这种潜力就能得到释放与发挥。因此，对于不正常的行为，只要患者得到咨询师的温暖与鼓励，他们就能发挥出内在的潜力，完全有能力做出合理的选择，使自己恢复正常。患者中心疗法在治疗中要求咨询师像患者的一个有专业知识的朋友，与患者建立融洽的关系，使患者感到温暖并产生信任感。咨询师不对患者发出指令，也不控制治疗的程序与内容，只决定治疗时间的长短，并努力创设一个环境，使患者感到自由、轻松、安全、无所畏惧、大胆倾吐；咨询师表示完全接受、了解与同情患者，抱着充分理解与宽容的态度，愿意倾听患者的陈述，并不需要去引导患者的讲述，也不需要表达自己的意见。患者在倾吐内心痛苦经验的过程中会恢复正常的自我，从而解决自己的心理问题。总的来说，患者中心疗法主张给予患者充分的时间与注意，让他们以自己的方式与步调来探索其处境，使患者感到自己是独立自主的，而不像在日常生活中总是受他人评价、拒绝或劝说。这样就可以帮助病人从消极防御的情感中解脱出来，从而产生健康的和自我实现的态度。

测试与训练

一、阅读资料

阅读资料

二、心理测试

症状自评量表（SCL－90）

【测试说明】 以下 90 项中，可能会有对你有影响的病痛或问题，请仔细阅读每一条，然后根据现在或一周以内的感受从 5 个备选答案中选择一个最符合自己实际情况的，在括号内打"√"。

	从无 1	轻度 2	中度 3	偏重 4	严重 5
1. 头痛	（　）	（　）	（　）	（　）	（　）
2. 神经过敏，心中不踏实	（　）	（　）	（　）	（　）	（　）
3. 头脑中有不必要的想法或字句盘旋	（　）	（　）	（　）	（　）	（　）
4. 头昏或昏倒	（　）	（　）	（　）	（　）	（　）
5. 对异性的兴趣减退	（　）	（　）	（　）	（　）	（　）
6. 对旁人责备求全	（　）	（　）	（　）	（　）	（　）
7. 感到别人能控制你的思想	（　）	（　）	（　）	（　）	（　）
8. 责怪别人制造麻烦	（　）	（　）	（　）	（　）	（　）
9. 忘性大	（　）	（　）	（　）	（　）	（　）
10. 担心自己的衣饰整齐及仪态的端正	（　）	（　）	（　）	（　）	（　）
11. 容易烦恼和激动	（　）	（　）	（　）	（　）	（　）

12. 胸痛	( )	( )	( )	( )	( )
13. 害怕空旷的场所或街道	( )	( )	( )	( )	( )
14. 感到自己的精力下降，活动缓慢	( )	( )	( )	( )	( )
15. 想结束自己的生命	( )	( )	( )	( )	( )
16. 听到旁人听不到的声音	( )	( )	( )	( )	( )
17. 发抖	( )	( )	( )	( )	( )
18. 感到大多数人都不可信任	( )	( )	( )	( )	( )
19. 胃口不好	( )	( )	( )	( )	( )
20. 容易哭泣	( )	( )	( )	( )	( )
21. 同异性相处时感到害羞不自在	( )	( )	( )	( )	( )
22. 感到受骗、中了圈套或有人想抓住你	( )	( )	( )	( )	( )
23. 无缘无故地突然感到害怕	( )	( )	( )	( )	( )
24. 自己不能控制地大发脾气	( )	( )	( )	( )	( )
25. 怕单独出门	( )	( )	( )	( )	( )
26. 经常责怪自己	( )	( )	( )	( )	( )
27. 腰痛	( )	( )	( )	( )	( )
28. 感到难以完成任务	( )	( )	( )	( )	( )
29. 感到孤独	( )	( )	( )	( )	( )
30. 感到苦闷	( )	( )	( )	( )	( )
31. 过分担忧	( )	( )	( )	( )	( )
32. 对事物不感兴趣	( )	( )	( )	( )	( )
33. 感到害怕	( )	( )	( )	( )	( )
34. 你的感情容易受到伤害	( )	( )	( )	( )	( )
35. 旁人能知道你的私下想法	( )	( )	( )	( )	( )
36. 感到别人不理解你、不同情你	( )	( )	( )	( )	( )
37. 感到人们对你不友好、不喜欢你	( )	( )	( )	( )	( )
38. 做事必须做得很慢，以保证做得正确	( )	( )	( )	( )	( )
39. 心跳得很厉害	( )	( )	( )	( )	( )
40. 恶心或胃部不舒服	( )	( )	( )	( )	( )
41. 感到比不上他人	( )	( )	( )	( )	( )
42. 肌肉酸痛	( )	( )	( )	( )	( )
43. 感到有人在监视你、谈论你	( )	( )	( )	( )	( )
44. 难以入睡	( )	( )	( )	( )	( )
45. 做事必须反复检查	( )	( )	( )	( )	( )
46. 难以做出决定	( )	( )	( )	( )	( )
47. 怕乘电车、公共汽车、地铁或火车	( )	( )	( )	( )	( )
48. 呼吸有困难	( )	( )	( )	( )	( )
49. 一阵阵发冷或发热	( )	( )	( )	( )	( )
50. 因为感到害怕而避开某些东西、场所或活动	( )	( )	( )	( )	( )
51. 脑子变空了	( )	( )	( )	( )	( )
52. 身体发麻或刺痛	( )	( )	( )	( )	( )

53. 喉咙有梗塞感	( )	( )	( )	( )	( )
54. 感到前途没有希望	( )	( )	( )	( )	( )
55. 不能集中注意力	( )	( )	( )	( )	( )
56. 感到身体的某一部分软弱无力	( )	( )	( )	( )	( )
57. 感到紧张或容易紧张	( )	( )	( )	( )	( )
58. 感到手或脚发重	( )	( )	( )	( )	( )
59. 想到死亡的事	( )	( )	( )	( )	( )
60. 吃得太多	( )	( )	( )	( )	( )
61. 当别人看着你或谈论你时感到不自在	( )	( )	( )	( )	( )
62. 有一些不属于你自己的想法	( )	( )	( )	( )	( )
63. 有想打人或伤害他人的冲动	( )	( )	( )	( )	( )
64. 醒得太早	( )	( )	( )	( )	( )
65. 必须反复洗手	( )	( )	( )	( )	( )
66. 睡得不稳不深	( )	( )	( )	( )	( )
67. 有想摔坏或破坏东西的想法	( )	( )	( )	( )	( )
68. 有一些别人没有的想法	( )	( )	( )	( )	( )
69. 感到对别人神经过敏	( )	( )	( )	( )	( )
70. 在商店、食堂、电影院等人多的地方感到不自在	( )	( )	( )	( )	( )
71. 感到做任何事情都很困难	( )	( )	( )	( )	( )
72. 一阵阵恐惧或惊恐	( )	( )	( )	( )	( )
73. 感到在公共场所吃东西很不舒服	( )	( )	( )	( )	( )
74. 经常与人争论	( )	( )	( )	( )	( )
75. 单独一人时神经很紧张	( )	( )	( )	( )	( )
76. 别人对你的成绩没有做出恰当的评价	( )	( )	( )	( )	( )
77. 即使和别人在一起也感到孤单	( )	( )	( )	( )	( )
78. 感到坐立不安、心神不定	( )	( )	( )	( )	( )
79. 感到自己没有什么价值	( )	( )	( )	( )	( )
80. 感到熟悉的东西变得陌生或不像是真的了	( )	( )	( )	( )	( )
81. 大叫或摔东西	( )	( )	( )	( )	( )
82. 害怕会在公共场合昏倒	( )	( )	( )	( )	( )
83. 感到别人想占你的便宜	( )	( )	( )	( )	( )
84. 为一些有关性的想法而苦恼	( )	( )	( )	( )	( )
85. 你认为应该因为自己的过错而受到惩罚	( )	( )	( )	( )	( )
86. 感到要赶快把事情做完	( )	( )	( )	( )	( )
87. 感到自己的身体有严重问题	( )	( )	( )	( )	( )
88. 从未感到和其他人很亲近	( )	( )	( )	( )	( )
89. 感到自己有罪	( )	( )	( )	( )	( )
90. 感到自己的脑子有毛病	( )	( )	( )	( )	( )

【计分方法】 选择"从无"记 1 分，"轻度"记 2 分，"中度"记 3 分，"偏重"记 4 分，"严重"记 5 分。将每一种症状所包含的各题相加得出总分，用总分除以小计的分就是得分（保留两位

小数），然后与表13-1中的标准值相对照。

【测试结果】 所得得分在标准值最高分以下即为正常，超过标准值的分数越多，某一方面的症状也就越严重。如果某一症状的得分超过了3分，便可认为该症状已达到中等以上的严重程度。

表13-1 症状自评量表(SCL-90)统计表

症状	题 号	总分	小计	得分	标准值
躯体化	1、4、12、27、40、42、48、49、52、53、56、58		12		1.37±0.48
强迫	3、9、10、28、38、45、46、51、55、65		10		1.62±0.58
人际关系	6、21、34、36、37、41、61、69、73		9		1.65±0.61
抑郁	5、14、15、20、22、26、29、30、31、32、54、71、79		13		1.50±0.59
焦虑	2、17、23、33、39、57、72、78、80、86		10		1.39±0.43
敌对	11、24、63、67、74、81		6		1.46±0.55
恐怖	13、25、47、50、70、75、82		7		1.23±0.41
偏执	8、18、43、68、76、83		6		1.43±0.57
精神病性	7、16、35、62、77、84、85、87、88、90		10		1.29±0.42
附加题	19、44、59、60、64、66、89		7		

躯体化：主要反映身体不适感，包括心血管、胃肠道、呼吸和其他系统的不适，以及头痛、背痛、肌肉酸痛和焦虑的其他躯体表现。

强迫：主要是指明知没有必要，但又无法摆脱的毫无意义的思想、冲动和行为，还有一些比较一般的认知障碍的行为征象。如出了家门或寝室后，总是怀疑门没有锁好，窗没有关好；走楼梯时总是数台阶；等等。

人际关系：主要表现是在与别人交往中有自卑感，心神不定，感到不自在，或者消极被动地与人交往。

抑郁：主要表现为对生活的兴趣减退、动力缺乏、活力丧失、苦闷烦躁、悲观失望；或觉得什么都没意思，什么也不愿意做，把一切都看成是灰暗的，感到胸闷、心紧、胃空、疲劳乏力，失眠，有自杀的想法；等等。

焦虑：主要表现为坐立不安、心神不定、紧张、神经过敏、怀疑自己的能力、夸大自己的失败、怨天尤人、不知所措、闷闷不乐，等等。

敌对：主要表现为对谁都不信任、遇事好冲动、喜欢争论、爱挑剔别人，有摔东西、毁物等行为。

恐怖：主要表现为怕黑暗、怕与人交往、怕空旷的场所、怕老师、怕异性，等等，明知恐惧没有必要，但在生活中一旦遇到自己所恐怖的对象就害怕。

偏执：主要表现为极度的感觉过敏，对侮辱、伤害耿耿于怀，思想行为固执死板，敏感多疑、心胸狭隘、爱嫉妒、自以为是、自命不凡，喜欢把自己的过错、失败、责任归咎于别人，自卑，过高要求别人，不相信别人，等等。

精神病性：主要表现为经常出现幻听、幻想、情感色彩浓重，时常有大哭大笑、大喊大叫、捶胸顿足、撕衣毁物等行为。

附加题：主要是为了使各因子分之和等于总分，因此不做统计。

三、心理训练

做自己的医生

大学生面对心理异常，不必慌张，不要"病急乱投医"。大家都有这种常识，一般的轻感冒到药店买点药就可以自我治疗了。心理异常也是一样的，比如情绪不好或者是低落，或者是出现了一些自认为不太正常的心理现象，都可以进行自我调整。如果调整了一段时间后发现效果不理想，再去找心理医生也不迟。首先让自己成为自己的医生，掌握几种基本的小医术，备好一个基本的"小药箱"，也许就足以应付许多心理异常问题了。

(一) 压抑法——"万能药"

望闻问切：如因为曾经患有脑部疾病，对自己的思维水平、智力程度、反应机敏性等产生怀疑，固执地认为自己的精神发育一定会受到影响，留有后遗症，陷入深深的自卑。请写下你无法"挥之即去"的苦恼，让它能反映出你的异常心理。

你的烦恼：1. _____

　　　　　2. _____

药方：压抑法。

特点：能医治各种类型的异常心理。

使用说明：这是一种退让型方法，指个体尽量将过去遭受的失败所引起的痛苦、焦虑等深埋心底，避免正视它们，让一切痛苦都消失在时间中。时间是医治伤痛的最佳良药，任何伤口都可以被时间的妙手抚平。尝试忘记它吧！它只是你的过去。不要去刻意想起它，开始新的生活。

你运用这种医术和药方解决问题的具体操作：

_____

(二) 文饰法——"去痛片"

望闻问切：如发现自己最近有某种程度的错觉或幻觉，看到了别人看不到的现象，听到了别人听不到的声音，从而陷入深深的恐惧之中。请写下导致你经常不能平静的想法，让它能反映出你的异常心理。

你的想法：1. _____

　　　　　2. _____

药方：文饰法。

特点：有效去除疼痛。

使用说明：这是一种消极型方法，指当个体有什么过失和遇到失败的事件时，尽量进行外部归因，即把事情发生的原因推给自身以外的一些因素，以缓解自己的痛苦。你完全可以反过来思考，我的这种异常心理只是周围环境和遭遇的偶然作用使然，并非我的心理真的出现了什么问题，从而让内心摆脱痛苦、自责。

你运用这种医术和药方解决问题的具体操作：

_____

(三) 投射法——"糖衣片"

望闻问切：如发现自己具有某种强迫症症状，想克服却欲罢不能，越刻意控制就越强迫自己去重复动作，从而陷入深深的担忧。请写下你类似的习惯性"毛病"，让它能反映出你的异常心理。

你的习惯性动作：1. _____

2. _____

药方：投射法。

特点：吃起来甜甜的却能治病，良药未必苦口。

使用说明：这也是一种消极型方法，指把自己内心一些不被社会允许的冲动、态度、行为等转移到他人身上，以减少自身的压力。要树立这样的观念：我有的毛病并非我单独所有，其他人也有，只是程度上的不同，大可不必过分紧张。每个人可能都有这些类似的心理，因此我也大可不必紧张。

你运用这种医术和药方解决问题的具体操作：

_____

(四) 转移法——"降压药"

望闻问切：如给自己制定了过高的目标，在客观条件不允许的前提下，背负了沉重的包袱，导致心理压力过大，出现焦虑等心理，甚至影响到身体状态，出现内分泌失调等生理症状。请写下你因压力而出现的种种症状，让它能反映出你的异常心理。

你的压力是：1. _____

2. _____

药方：转移法。

特点：明显降低和减轻压力。

使用说明：这是一种积极的调节方法，指当个体遇到无法克服的困难或无法实现的目标时，尽量转移到难度小或比较容易实现的目标上，以便减少自己的精神负担。卸下压力，轻装上阵吧，这样反而能展开翅膀，飞得更高。

你运用这种医术和药方解决问题的具体操作：

_____

(五) 补偿法——"营养液"

望闻问切：如自己缺乏社会适应能力，害怕陌生人，容易羞怯、退缩，从而陷入自我封闭之中。请写下你某方面的不如意感，让它能反映出你的异常心理。

你不如意的地方：1. _____

2. _____

药方：补偿法。

特点：补充营养，增强力量。

使用说明：这是指当一个人在某一(或一些)方面受到挫折时，尽量以其他方面的成功来弥补，从中找到自信，以减轻自己的精神压力。某一方面的小挫折只不过局限于特定的范围，你完全可以发现自己在其他方面仍然是优秀的，而并非一无是处。用那些成功来弥补这小小的不足吧，你将获得更大的自信。

你运用这种医术和药方解决问题的具体操作：

_____

(六) 升华法——"排毒丸"

望闻问切：如在经历了偶然的失败之后产生了反社会倾向，对很多现象都看不惯，甚至愤世嫉俗，从而陷入深深的压抑之中。请写下你潜意识里不符合社会常规的内容，让它能反映出你的异常心理。

不符合社会常规的内容：1. _____

2. _____

药方：升华法。

特点：排除毒素使你更年轻美丽。

使用说明：这是指当个体原有的冲动或欲望不能实现或不可能得到社会的允许时，就将它们改变成社会许可的形式，或者用更崇高的、具有创造性和建设性的、有利于社会的活动表现出来。如人们常说的"化悲痛为力量"就是典型的升华。

你运用这种医术和药方解决问题的具体操作：

_____

（七）正视法——"消炎药"

望闻问切：如最近比较偏执，甚至容易歇斯底里，从而陷入深深的不安之中。请写下你反常的情绪，让它能反映出你的异常心理。

你的不良情绪：1. _____

2. _____

药方：正视法。

特点：消除炎症，杀灭病毒，战胜病魔。

使用说明：这是指当一个人面临焦虑情境时，不是一味地采取逃避态度，而是寻找理由说服自己去正视它，并以主动的方式去克服它；或者采取放松情绪的方法，如找朋友倾诉自己内心的苦恼；或者使用一些应急措施，如加强自身修养，提高自己的能力，付出更多的努力等，以便能从根本上解除苦恼或焦虑。正如鲁迅所说：真的勇士敢于直面惨淡的人生。正视问题，战胜它，你永远是强者。

你运用这种医术和药方解决问题的具体操作：

_____

四、思考题

1．什么是心理障碍？如何区分心理正常与心理异常？

2．大学生常见的神经症方面的障碍有哪些？

3．大学生常见的人格方面的障碍有哪些？

4．大学生的心理障碍是如何形成的？

5．当产生心理障碍时，你会用什么样的方法来调适？

第十四章　大学生心理危机

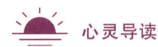

心灵导读

  大学生的心理困惑和障碍如果长期得不到解决和治疗，就会引发心理危机。心理危机会严重影响大学生的身心健康，甚至可能引发突发性的意外事故，对国家、社会造成损害。

教学目标

  通过对本章的学习，应了解心理危机的含义、特征和危机发生后的心理反应，了解大学生心理危机的表现和影响因素，掌握大学生心理危机干预的对策，从而能够全面了解心理危机、直面心理危机并运用科学有效的方法解决心理危机，促进自我成长与自我完善。

第一节　心理危机概述

联合国专家预言，到 21 世纪中叶，没有任何一种灾难能像心理危机那样带给人们持续而深刻的痛苦。全面了解心理危机的含义及特点，对于我们正确把握和化解心理危机具有重要的指导意义。

案例导入

一、心理危机的含义

"现代危机干预之父"卡普兰认为，当一个人面临困难情境，而且他先前处理危机的方式和惯常的支持系统不足以应对眼前的处境，即他必须面对的困难情境超过了他的处理能力时，这个人就会产生暂时的心理困扰，这种暂时性的心理失衡状态就是心理危机。

心理危机表现为静态与动态两种。

静态的心理危机强调心理危机是一种状态，主要表现为：个体运用惯常的应对方式无法处理所面临困境时的一种不平衡心理状态。它是一种过渡状态，人不可能长久地停留在危机状态之中，整个心理危机活动期持续的时间因人而异，短者仅 24～36 个小时，最长也不应超过 4～6 周。危机可能由重大突发事件引起，也可能由长期的心理压力所致。在危机状态下，个体会出现一系列负性的生理、情绪、认知、行为反应，如果危机反应长时间得不到缓解，便会引发心理疾患和过激行为。

动态的心理危机则强调心理危机是一种心理过程，主要表现为：危机具有心理状态的失衡、个体资源的匮乏、认知反应的滞后性等特征，是个体发展中原有平衡状态被打破、新的平衡没有建立的过程。

心理危机的动态与静态是相互转化的，当危机个体处于静态时，危机并未显示出来，当遭遇生活应激事件时，动态心理危机便爆发了。因此，在静态下，要启动心理危机预防机制，而在动态中，要启动心理危机干预措施。

二、大学生心理危机的特点

（一）突发性

危机常常是出人意料的，突如其来的，而且具有不可控制性。大学生一般都在 18～25 岁，心理发展处于由不成熟向成熟发展的过渡阶段，呈现出积极与消极、自负与自卑并存的矛盾与冲突的心理状态，任何一个小小的问题如果不能得到及时干预与化解，都可能引发严重的心理危机甚至导致悲剧性后果。大学生的激情犯罪与冲动自杀多与此特征相关。

（二）潜在性

大学生心理危机常常不以直接爆发的方式体现，而是潜藏于个体内心，当遭遇特定应激事件时才会被引发。大学生心理危机与成长相伴，如果没有危机，即使年龄与日俱增，心理发展也不会与时俱进。危机与成长的力量相互较量，此消彼长。在正常情况下，成长的力量占上风，但面临特定的情境时，潜在的危机就发生了。正如平静的大海下暗潮汹涌一样，危机的累积与渐进，是一个潜在过程和量变过程，一旦带来质变，就是成长或者更大的危机。

（三）交互性

大学生心理危机往往是多种因素共同作用下的结果，经济状况、学业期望、情感归属、人际关系等交织在一起，在遇到特定的生活事件时，这些交互因素便浮出水面，引发心理危机。

（四）时代性

大学生心理危机与时代有高度的相关性。近年来，随着我国社会经济发展和政治体制变革的深入，激烈的竞争和快节奏的生活使人们的心理承受了更多的压力。特别是我国高校大幅度扩招，使高等教育从"精英教育"向"大众教育"过渡，由此出现的一系列并发症，如就业竞争激烈、教育资金短缺、师资等教育资源缺乏、教育质量下降等问题无一不对大学生的心理产生深刻的影响。当代大学生的心理危机，在一定程度上反映了时代、社会对大学生的要求和考验，大学生心理危机也往往被打上很深的时代烙印。

三、心理危机的分类

（一）成长性危机

成长性危机又称为发展性或者内源性危机、内部危机。按照埃里克森的理论，人生是由一系列连续发展的阶段组成的，每一个阶段都有其特定的身心发展课题。当一个人从某一发展阶段转入下一发展阶段时，他原有的行为和能力不足以完成新课题，而新的行为和能力又尚未发展起来，这时个体常常会处于行为和情绪的混乱无序状态，容易产生成长性危机。成长性危机是可预见的，因而也被认为是正常的危机。

大学生成长危机主要表现在求学与求职的问题、理想自我与现实自我的问题、环境与人际关系适应的问题以及对生命价值和生活意义的感悟问题等。

（二）境遇性危机

境遇性危机又称外源性危机或环境性危机或适应性危机，是指由外部的看见的或者超常的、个人无法预测和控制事件引起的危机。境遇性危机的关键特点在于它是随机的、突然的、震撼性的、强烈的和灾害性的。境遇性危机事件可以是物质的或环境的，如火灾、自然灾害等；也可以是个人的或者身体的，如个人患急重病、发生交通意外、被绑架等；还可以是人际的或社会的，如亲友死亡、离婚等。

大学生境遇性危机主要表现在生活中突然遭遇亲人离去、失恋、考试或干部竞选失败、暴力伤害或其他突发性意外事件等。

（三）存在性危机

存在性危机是指伴随着重要的人生问题，如关于人生目的、责任、独立性、自由和承诺等出现的内部冲突和焦虑。

四、心理危机的发展过程

对于处于危机中的个体来说，其心理反应通常会经历一个连续不同的发展过程。在危机发展过程的划分上，卡普兰的观点最具代表性。他认为，处于危机中的个体要经历四个阶段。

（一）冲击期

在这个阶段，当事人感受到自己的生活突然发生变化或即将出现变化，其内心基本的平衡被打破，表现为警觉性提高，开始体验到紧张。为了重新获得平衡，个体试图用其惯常的策略做出反应，但一般不会向他人求助。

（二）防御期

经过一段时间的努力，个体发现惯常的策略未能解决问题，于是焦虑程度开始上升。为了恢复心理上的平衡，控制焦虑并恢复受到损害前的认识功能，个体开始尝试采取各种办法解决问题，但高度紧张的情绪多少会妨碍当事人冷静地思考，从而会影响其采取有效的行动。

（三）解决期

如果在尝试各种方法后未能有效地解决问题，当事人内心的紧张程度持续增加，并积极尝试新的解决办法，努力寻求各种资源去解决问题。在此阶段中，当事人求助的动机最强，常常不顾一切地发出求助信号，甚至尝试自己曾经认为荒唐的方式，此时，当事人最容易受到别人的暗示和影响。

（四）成长期

此阶段个体经历了危机，获得了应对危机的技巧，变得更加成熟。但如果当事人经过前三个阶段仍未能有效地解决问题，就很容易产生习得性无助，会对自己失去信心和希望，甚至会把问题泛化，对自己的整个生命意义发生怀疑和动摇。很多人正是在这个阶段企图自杀。同时，强大的心理压力有可能触发以前未能完全解决的、被各种方式掩盖的内心深层冲突，有的人会由此走向精神崩溃和人格解体。这个阶段当事人特别需要外援性的帮助，这样才有可能渡过危机。

可见，危机个体陷入危机是一个逐渐的发展过程，在这个过程中，个体有许多成长的机会，且在不同的阶段，对外力帮助的需求和接受意向不同。因此，危机干预要掌握好适当的时机，以取得干预的最好效果。

第二节　大学生心理危机的表现

大学阶段，成长的压力与动力并存，机遇与挑战同在，个人成长与危机共生。在危机中达到自我成长，是每个大学生面临的任务。

案例导入

一、大学生中常见的心理危机高发群体

现实生活中，不同的人群具有不同的行为模式和心理类型，把握不同人群的特征，是认识不同人群基本的社会学理论方法。在大学校园中，存在着贫困生、独生子女、新生、毕业生、学业困难学生等特殊群体，由于其群体的特殊性，如果缺少相应的教育、引导与干预，就可能成为大学生心理危机的高发群体。

（一）新生群体

大学新生大多十八九岁，这一时期正是青年人生理、心理迅速发展变化的时期，身心发展极不稳定，极易受外界环境变化的影响。当最初的新鲜感消失，正常的学习生活开始之后，出现了"理想真空带"与"动力缓冲期"，使他们的心理冲突和动荡加剧，很容易陷入心理危机。

1. 失落

失落是新生中较为常见的心理体验。新生的失落主要体现在以下三个方面：

（1）无目标感的失落。不少学生把上大学看成自己的最终目标，进入大学后，思想随之放松，生活失去了目标和动力，显得失落和茫然。

（2）对大学生活的失望。入学前，新生们对于大学充满憧憬和梦想，进入大学后，真实的大学生活全面铺开，他们感到现实远非自己想象的那样完美，他们依然要面对索然无味的教科书，要重复宿舍—教室—食堂的三点一线生活，一切都与他们设想的不一样，理想与现实的反差巨大。

（3）自卑感。能从众多青年人中脱颖而出成为一名大学生，令新生们感到无比光荣和自

豪，但进入大学后发现，身边的同学也都是精英，强手如林，自己只不过是沧海一粟，一种自卑感和失落感随之而来，心理严重失衡。

2. 困惑

新生在大学生活了一段时间后，渐渐发现大学生活不过如此，种种现象、弊端使他们的兴奋点逐渐消失，随之而来的是各种心理困惑。

（1）学习困惑。无论是教学方式还是学习方法，大学与中学相比都有很大区别。这些差异使自学能力差、自律意识弱的新生难以适应，表现为对学习方法、学习环境、自主学习的不适应。此外，学习动机不明确也使新生变得较为被动和消极，心理上产生压力、迷茫和焦虑。

（2）人际交往困惑。大学的同学来自不同地域、不同家庭、不同文化背景，在价值标准、兴趣爱好、生活习惯、语言上都有较大差异。面对人生经历、性情脾气等各不相同的新同学，一些新生在人际交往中出现了恐惧、冷漠、孤僻、自我封闭的现象，陷入苦恼孤独之中。

（3）对大学生行为模式的不确定性而造成的角色转变的困惑。经过高考的紧张激烈的竞争，新生进入大学后都会不同程度地出现"松绑"之后对于"自由"的不适应，不知如何管理自我，如何打发大量的课余时间。于是有的人沉迷于网络游戏，有的人生活懒散，浑浑噩噩，得过且过。

（4）性困惑。大学生的性生理发育已经成熟，性心理也有了发展。由于对性缺乏健康、科学的认识和态度，对自己的性心理缺乏正确的认知和评价，对性欲和性冲动感到不安、羞愧和压抑，甚至还有个别同学因恋爱发生越轨行为而懊恼、悔恨等。大学生的性心理困惑还包括在恋爱方面的困扰，如单相思、失恋、多角恋爱而引起的内心冲突。

（二）贫困生群体

1. 自卑

贫困大学生的主要构成来源有四种：一是来自老少边穷地区的学生，二是城市低收入家庭学生，三是多子女家庭学生，四是遭遇疾病或重大家庭变故的学生。他们共同的特点是家庭经济基础薄弱。进入大学后，他们感觉到贫富差距不容忽视。多数贫困生能够正确调整心态，积极适应大学生活。但他们又不得不面对这样的现实：由于存在学习基础和知识储备上的差距、经济困难引发的生存和学习压力，他们比普通学生多了一层生活的重压，从而陷入深深的自卑中。

2. 强烈的自尊

贫困生一方面自卑感较重，另一方面自尊心又很强。他们不愿接受帮助，不愿被别人看作"异类"，出于自我保护，他们为自己构筑起强烈自尊的外壳，但这个外壳是极其脆弱、不堪一击的。他们对触及自己痛处的事物极为敏感，一点小小的刺激就会让他们产生强烈的情绪、情感反应。

3. 孤僻

由于自卑心理严重，自我保护意识强烈，贫困生往往习惯于把自己封闭起来，不愿与人接触，很少向别人敞开心扉。长此以往，心里的积郁和苦闷得不到正常的宣泄和释放，问题越积越多，以至于到了无法摆脱的地步，甚至把别人的关心和帮助当成是对自己的嘲弄，对外界充满敌意。在如此强烈的心理负荷下，很小的事件都会使他们的心理防线崩溃，产生过激行为。值得关注的是，贫困生常常处于一种相对剥夺感之中，因此，他们极易产生愤世的倾向，对很多事情看不惯，感觉社会缺乏公平感，在遭遇生活事件时，容易产生心理偏差。

(三) 独生子女群体

目前，大学生中的独生子女的比例越来越大，由于与非独生子女在生存状态等方面存在一定差异，也就形成了这一群体普遍存在的人格特征和心理行为特点。

1. 依赖

独生子女在成长的过程中得到较多的关注，在长辈的过度宠爱下，易形成心理上的依赖性。进入大学以后，虽然他们的独立意识逐渐增强，但还不足以令他们摆脱对于家庭的依赖。面对新的生活环境和生活方式，难以顺利地实现角色转换，往往出现强烈的恋家和思乡情绪，变得郁郁寡欢，严重的甚至出现退学的念头。

2. 以自我为中心

独特的家庭地位和环境，使独生子女逐渐养成了自我评价较高、自我意识较强的"优势心理"。他们容易看到自己的长处，常常看不到自己的弱点，以自我为中心，缺乏对他人的理解、尊重和宽容，不愿接受不同的看法和意见，更接受不了批评与挫折，协调能力较差，稍有不如意他们就会产生强烈的逆反心理。过强的自我意识，极易导致自私、任性、专横、攻击性强等人格缺陷，有碍身心健康。

3. 情绪控制能力弱

家长对于独生子女过度呵护和溺爱，使他们的意志发展水平不够，遇事往往不知如何妥善处理，易冲动、易感情用事，情绪控制能力及情绪稳定性较差，面对挫折和困难时应激反应较为强烈，影响其身心健康。

4. 心理承受能力差

独生子女大多成长环境较为顺利，心理上缺乏锤炼，心理成熟严重滞后，感情脆弱、意志薄弱、心理承受力差、受挫感强。面对不如意的事情时，从小形成的优越感遭受打击，不能进行客观的评价和分析，容易产生强烈的心理冲突，导致心理与行为失常。

(四) 毕业生群体

大学毕业生是大学生中压力较大的一个群体。对于他们中的大多数而言，十几年的校园生活即将告一段落，他们面临着许多人生的转变和抉择。求学与求职的冲突、与同窗四载的同学分离、激烈的就业竞争、对社会的适应等课题纷纷摆在他们面前，使他们承受着极大的心理压力。

1. 焦虑

焦虑心理是毕业生在就业过程中常见的心理反应。纷繁复杂的社会、严峻的就业形势、激烈的就业竞争、社会需要和个人专业的矛盾、以发展为重和以待遇为重的冲突、对是否能适应和胜任工作的担忧，都使得他们产生焦虑心理，这是可以理解的。适度焦虑会使毕业生产生一定的动力，激发自身的潜能，但过度焦虑会使他们身心疲倦、失眠、注意力分散、判断力下降、心浮气躁，从而严重影响潜能和才华的发挥，阻碍正常择业的顺利进行，甚至陷入心理危机。

2. 迷茫

大学毕业生非常渴望在社会中找到自己的一席之地，但他们对自己的专业范围、兴趣特长、实践能力缺乏正确判断，盲目地随着求职人流乱闯，缺乏主见，不能主动地参与就业市场的竞争，导致不少大学生与适合自己的用人单位失之交臂。

3. 自负

部分大学毕业生自我预期过高，只看到自己的优点，看不到自己的不足，好高骛远、眼高手低，不切实际地追求高职位、高工资，最后有可能高不成低不就，错过适合自己发展的职位。

4. 盲目攀比

部分毕业生争强好胜、虚荣心较强，嫉妒和攀比心理严重，一旦感到自己的单位和工作岗位比别人差，心理就很不平衡，产生抱怨、憎恨等复杂的情感，主动放弃自己看好的单位，在这种不断的攀比和权衡中丧失了机会，贻误了就业良机。

5. 自卑

自卑心理在毕业生求职中也较为常见，他们过低估计自己的知识水平，缺乏竞争的勇气，求职一旦受挫，往往意志消沉，失去信心，甚至对未来的求职抱有恐惧心理。

（五）学业困难学生

大学生的学业成绩是考察大学生优秀与否的重要砝码之一，竞选、评优、求职等无一不与学业成绩挂钩，成绩不良意味着重修、补考甚至退学，这就使学业困难学生成为大学校园的一个弱势群体。学业困难学生具有以下心理特点。

1. 自我怀疑与否定

由于学习成绩长期不理想，学业困难学生容易产生消极心理暗示，他们不能充分接纳自己，对自我产生怀疑和否定，容易陷入存在性危机而无法自拔。

2. 心理冲突加剧

学业困难学生普遍存在强烈的心理矛盾和冲突。一方面，他们迫于家庭的期望、学校的要求和社会的压力，渴望出类拔萃；另一方面由于意志力不强等原因，他们又感到无力摆脱目前的状况。这种矛盾的心理状态使他们很难承受外界刺激，容易陷入心理危机。部分学生是"双困生"，学业困难、经济困难，双重的压力更易使他们形成强烈的心理冲突，导致问题行为的发生。

3. 强烈的疏离感

学业困难学生常常无意中遭受同学的排斥冷遇，游离于班集体之外，评优、入党、受表彰等都因不良学业成绩而受阻，这种"边缘人"处境使他们自我保护意识强烈，在内心形成"反控制"心理，对外界抱有谨慎与警觉的态度，特别是当不良学业成绩遭遇外界生活事件时，又缺乏良好的社会支持，容易引发心理危机。

二、大学生心理危机发生后的反应

大学生心理危机发生后，会在情绪、认知、行为、躯体等方面发生种种变化，这些变化是相互作用、互为因果的，一种反应的加剧，必然导致整个系统的恶性循环，对其身心健康产生影响和危害。

（一）情绪方面

当事人表现高度的焦虑、紧张、丧失感、空虚感，且可伴随恐惧、愤怒、罪恶、烦恼、羞惭等。

（二）认知方面

当事人身心沉浸于悲痛中，导致记忆和知觉改变，难以区分事物的异同，决断力和解决问题能力受影响，一旦危机解决可迅速恢复知觉。

（三）行为方面

当事人不能专心学习或工作；回避他人或以特殊方式使自己不孤单；破坏与社会的联系，可产生对自己或周围的破坏性行为；拒绝帮助，认为接受帮助是软弱无能的表现；行为和思维情感不一致；出现过去没有的非典型行为。

（四）躯体方面

当事人极易产生疲劳、失眠、头晕、食欲不振、胃部不适等。

从过程来看，个体在危机发生后可能出现以下一系列的反应：

（1）事后震惊。危机过后，经历危机的人可能产生的一种潜在反应，表现和特征是周期性或持续性的颤抖、心烦意乱、不安和精神恍惚。

（2）责难。责怪自己和责怪他人。

（3）内疚和焦虑。面临危机的个体可能因为害怕、恐怖和忧虑而感到不知所措，从而导致他们以一种坐立不安的方式行动，这在日常生活的坐、站、步行中可得到证明，并借助于抽烟、喝酒、祈祷、打电话、吃药和与那些能够帮助自己的人交谈等途径来减少焦虑。

（4）抑郁。在面临危机时往往表现得很抑郁，特别是在很极端的时候，人们会极度地无助、悲伤、痛心或绝望。

（5）逃避和专注，并有假装适应的反应。这是所有心理危机反应中最敏感的。假装适应的反应是一种由抑制、自我克制等支撑起来的脆弱的防御方法。假装适应的人很少主动寻求帮助。

（6）休克。人们可能被创伤事件弄得不知所措，经常眼神呆滞，说话时恍恍惚惚，难以集中注意力，走路僵硬，并且很容易受到暗示的影响。

（7）寻求改变。危机中的个体虽然对事件的不确定感到很难受，处理问题的能力受到了限制，但个体也不会坐以待毙，他也想获得别人的帮助，寻求摆脱困境，只不过常常采用一些不当的方式来处理问题。

第三节　大学生心理危机的成因

心理危机到底是如何产生的呢？社会学、心理学等领域的学者均对危机的形成机制进行过一定程度的考察，认为心理危机的产生并不归属于单一的原因，而是多个因素交互作用的结果。

案例导入

一、个体与自我产生冲突引发心理危机

一般认为，给人心理造成冲击的应激源都是外来的，如突发灾难、生活事件、工作学习压力等。但实际上，应激源也可以源于个体内心。内心应激源是个人内在心理因素的困扰所形成的压力来源，如个体的虚无感、内心冲突和矛盾、完美主义等，都有可能引发心理危机。

（一）个人心理发展的冲突

大学生处于心理发展的特殊时期，心理结构各部分发展不平衡，其自我意识常有矛盾的状况，一旦受外界困扰就容易引发心理危机。

1. 人生观、价值观出现矛盾

大学生在对社会多元文化价值观念不断进行比较、选择、整合、内化的过程中，必然会出现不同程度的困惑，原有心理上的稳定结构被打破，从而导致心灵上的冲突和空寂。因此，从某种意义上说，心理危机是人生观、价值观冲突或意义缺失的外在表征，而这一状态往往以存在性危机的形式表现出来。

2. 认知方式出现偏差

对应激事件的认知和主观感受在个体应对危机的过程中起着重要作用，对事件的不同认知会产生不同的心理反应。如果对事件的认知是科学的、切合实际的，便有利于抓住事件的本质，采取适当的应对方式；但如果一个人的认知失当，那么在面临外来应激时，出现心理危机的可能性就较大。因此，认知往往在心理危机应激源和心理危机之间扮演着中介的角色。

3. 认知发展不成熟

认知发展是心理发展的一个极其重要的方面，大学生的认知方式还存在着明显的不成熟特征。这使大学生难以客观、全面、辩证、理性地认识事物，表现出一定的主观性、片面性和绝对性，对事物常常做出非此即彼、非善即恶、非好即坏的简单评价。

（二）人格发展不完善

容易陷入心理危机状态的个体在人格上有一定的特异性，主要表现为：看问题比较表面和消极，过分内向；做事瞻前顾后，犹豫不决；情绪不稳定，自信心低；过于依赖他人；行为冲动；等等。

1. 人格特质存在差异

（1）气质的影响。胆汁质和抑郁质这两种气质的人较易发生心理危机。胆汁质的人往往性情急躁、情绪易于激动、做事冲动欠思考、容易走极端而发生过激行为；而抑郁质的人比较敏感、孤僻、不善与人交流，情感体验深刻，厌恶强烈刺激，在困难面前常常怯懦、自卑、优柔寡断，挫折承受力低。

（2）性格的影响。情绪型性格的人情绪体验比较深刻，行为容易受情绪左右；内倾型性格的人感情含蓄、处事谨慎，但交际面窄，适应性不强；顺从型性格的人独立性较差，在紧急情况下容易惊慌失措。

2. 自我意识存在矛盾

大学生自我意识的发展一般都要经历分化、整合、再分化、再整合的过程。自我意识的分化，使大学生对自己的内心、行为、角色和责任有了新的认识，意识到自我中不曾被关注的许多细节，同时又使大学生对自我产生不确定性，对自我的态度和评价表现出矛盾性。一方面，他们拥有更积极的自我认知，更加懂得自我悦纳、自我欣赏、自我认同，自我效能感更高；另一方面，一旦遇到挫折与失败，他们建构的自我认知会立即转向另外一个极端，自我否定、自我怀疑、自卑甚至自我闭锁。

3. 过分关注自我

青年大学生开始把关注的重点转向自我，去发现、探求自己微妙的内心世界。一方面，他们迫切要求形成自己独特的个性与独特的理解方式，自觉地从各方面塑造自己的形象，设计自我的模式；另一方面，他们以自我为中心，认为周围的人也对他们抱有密切的关注。现在的大学生生活在一个资讯高度发达、没有太多传统文化记忆、没有刻骨铭心的历史负累的时代，更关注个性自由，关注多元评价带来的自主性与成人感。

4. 存在一些不良心态

大学生的不良心态主要表现为无聊、退缩、偏狭、虚荣等。无聊心理的主要特点是空虚、幻想、被动，感觉不到自我存在的意义与人生价值，其核心在于没有确立合适的人生目标。退缩的人常常抱怨自身的不幸，却宁愿忍受痛苦而不主动追求。偏狭是人们常常说的"小心眼"，主要表现为心胸狭窄、耿耿于怀、挑剔、嫉妒。人一旦心胸狭窄，就容易进入管状思维，只见树木，不见森林。虚荣是指过分看重荣誉、他人的赞美，自以为是。虚荣心强的人情感脆弱，自尊敏感，过分介意别人的评论与批评，与人交往时防御性强，喜欢抬高自己的形象，他们捍卫的是虚假的、脆弱的自我。

二、个体与他人产生冲突引发心理危机

（一）人际关系适应不良或交际困难

当代大学生绝大多数是独生子女，他们普遍以自我为中心、独立生活能力差、社会经验少，进入大学不能根据环境的变化调整自己的生活，容易感到不适应。来自不同地方的同学之间，由于生活习惯、个人性格、个人兴趣的差异不可避免地产生摩擦或冲突，有的大学生因为不能正确处理这种冲突而心理失衡，从而引发心理危机。

（二）失恋或情感方面的问题

大学生谈恋爱的现象越来越普遍，但大学生的身心发展还不成熟，不一定能正确处理复杂的感情纠葛问题，一旦失恋有些大学生就会产生情感危机，进而诱发产生心理危机。

（三）心理支持系统的缺乏

大学生想要维持自己的心理健康，需要有一个来自亲人、朋友、同学等多方面的心理支持系统。但是有很多大学生的心理比较闭锁，性格较为内向，即使有心理问题也不愿向周围的人倾诉，也不愿意求助专业咨询人员，长期积累下去，一旦超越心理承受能力，必然引发心理危机。

三、个体与环境产生冲突引发心理危机

（一）个体与社会环境的冲突

大学生富有时代感、责任感和使命感，对国家对社会有强烈的忧患意识，担负着个体发展和国家振兴的双重使命，因此也承受着越来越多的客观环境压力和越来越多的社会心理应激，这使得不少大学生精神迷茫，常常陷入剧烈的心理冲突之中，导致心理危机的产生。

（二）个体与学校环境的冲突

大学生的心理危机一方面来自学习的压力，学校在学科设置、课程数量、质量评估等方面给学生带来沉重的负担；另一方面来自就业压力，大学生为增加就业机会拼命参加各种形式的等级考试和资格考试，日夜忙碌，这使得部分大学生长期处于身心疲惫状态，压力过大，从而引发大学生的心理危机。

（三）个体与家庭环境的冲突

高校并轨招生以来，学费成为贫困地区学生沉重的经济压力和心理负担，由此出现了贫困生的心理危机问题。另外，多数大学生的家长在子女入学后就把主要的精力转移到经济支持上，而对子女的心理健康问题关注不够。

（四）个体与网络环境的冲突

不少大学生入校后感到了理想与现实的矛盾，又面临学习、就业等压力，这使得他们渴望与人交流，但是又缺乏与人交流的方法与技巧，进而感到苦闷、空虚。而上网聊天给他们提供了相互交流的渠道，于是有人沉迷于"虚拟社会"中，久而久之导致网络依赖。同时网络信息的出现，使青年学生的接触面一下子开阔起来，传统的价值观、人生观、道德观受到巨大冲击。另外，受网络暴力和网络色情的影响，部分大学生滋生暴力倾向，自我与现实产生冲突，进而引发心理失调，导致心理危机。

第四节　大学生心理危机干预

危机干预又称危机介入、危机管理或危机调解，是随时对经历个人危机、处于困境或遭受挫折和将要发生危险行为的人提供支持和帮助，使之恢复心理平衡。

案例导入

一、构建大学生心理危机干预体系

心理危机干预在国外高校被广泛应用，但我国高校开展和实施的还很少。大学生心理危机干预必须与时俱进，在高校应建立相应的心理危机干预中心，完善心理危机干预的运行机制，提高大学生的自我认识能力，利用各种形式开展危机干预，创造良好的内外部环境，利用多种手段进行积极有效的大学生心理危机干预。

（一）营造积极健康的社会及校园文化氛围

对于社会来说，要形成公平竞争的良好风气，杜绝丑恶现象的泛滥；各种传播媒介要宣扬积极健康的文化和价值观，避免色情、暴力等不良思想对大学生的影响，形成良好的社会文化氛围。要不断加强校园文化建设，开展各类文体活动，丰富大学生课余文化娱乐生活，使大学生在活动中发挥自己的专长，加强交往，增强自信心，调整心态，提高适应环境的能力，培养奋发向上、积极进取的精神；开展各种学术活动，形成浓厚的校园学术风气，使大学生自觉抵御不良思想和文化的侵袭；为大学生提供合理的情绪表达机会，使不良情绪得以宣泄，避免破坏性行为的发生。

（二）建立大学生心理危机干预中心

及时为危机事件的当事人和所涉及的学生提供心理危机援助，并做好心理危机当事人的跟踪援助工作，帮助当事人解决危机，恢复心理功能和心态平衡，重新掌握应变能力。

（三）建立大学生心理危机四级预警网络

要做好大学生心理危机的预警工作，除建立大学生心理档案、对高危人群进行筛选和干预外，还应完善大学生心理危机预警信息处理和汇报制度，构建学生寝室心理负责人、班级心理委员、辅导员、专业人员四级预警网络，推动教职员工、广大学生参与学校的危机干预工作，实现汇报、筛查、控制、跟踪、反馈一体化的工作机制，做到及早发现、及早预防、及时疏导。

（四）对大学生进行心理健康状况普查，建立在校生心理健康档案

通过心理健康状况普查，建立在校生心理健康档案并密切关注大学生的心理发展，对于心理危机的高危人群做出及时评估、诊断和预警，建立干预对象档案库，并定期追踪观察，做到及时发现、及时指导和帮助。

（五）通过各种教育手段提高大学生对于心理危机的抵抗力

向大学生宣传普及心理健康知识，使其认识自身，了解心理健康对成才的重要意义，树立心理健康意识；介绍增进心理健康的途径，养成良好的思维习惯，积极开发自身潜能，培养创新精神和实践能力；传授心理调适的方法，使大学生学会自我心理调适，有效消除心理困惑，自觉培养坚韧不拔的意志品质，提高承受和应对挫折的能力，以及社会生活的适应能力；解析心理异常现象，使大学生了解常见心理问题产生的原因及主要表现，以科学的态度对待各种心

理问题。

（六）利用各种形式开展危机干预

通过个体咨询、团体训练、电话、网络等各种形式进行有效的干预，以期达到最佳的干预效果。

二、自我支持技术

自我支持技术的目的在于，从处于危机中的当事人自身的角度出发来解决危机，调整情绪，使自身的功能水平恢复到危机前。其具体做法有以下几种。

（一）寻求滋养性的环境，收集充分的信息

改变境况的第一步就是要充分了解问题之所在。虽然个体在危机中会陷入莫名其妙的恐惧和不知所措的境地，不知道发生了什么事，也不知道将可能发生什么事，但可以肯定的是，人们还可以向有经验的人和处理危机的专家请教，或从有关书籍中寻找解决问题的办法。环境对人的心情会有很大的影响，处于危机中的个体一般对周围所处的环境把握不住。

（二）积极调整情绪

危机的出现显然会使人们极度地紧张和沮丧，这些情绪反应是内在的、会带来强烈的不适感，而且消极的挫折体验将使危机进一步恶化。因此，调整情绪的中心环节，就是培养承受痛苦的能力，使恶性循环得到控制。当危机超出我们的控制以及我们无力改变外部事物时，把握自己的情绪尤为重要。情绪调整法包括抑制、分散等回避痛苦的方法，这些方法能转移人的消极思想和情绪，为个体的心理重建赢得时间。个体将强烈的、痛苦的情感变得可以忍受的一条普通而有效的途径就是"自我对话"。比如，通过对自己说安慰或平静心态的话来调节焦虑，甚至可以大声地独白或把所发生的事情写下来。通过有意识地提醒自己注意事物积极的一面来缓解沮丧情绪。良性的"自我对话"在帮助人们超越所有不能忍受的痛苦时非常有用。

（三）建立良好的人际关系

孤立无援的个体很希望能够得到别人的帮助。在危机期间和危机过后，个体都需要与周围的人保持良好的人际关系，不一定是要求他们提供强烈的情感支持，而是与他们保持日常的联系，共同分享经验，共同面对事物。这有助于遭受危机的个体重新适应社会，还可以分散他们的注意力，使得他们不再为消极紧张的情绪所困扰。这种良好的关系可以表现为与自己的朋友一起散步、听音乐或是静静地坐一会儿。

（四）面对现实，正视危机

在危机前期，人们习惯于采取积极的态度来应对危机，利用一切可以利用的资源来避免危机带来的损害。但到了危机中后期，当个体积极应对危机的策略失败，个体感到绝望的时候，他们就会消极地逃避现实，采取退缩的策略来应对危机。他们不愿意承认现实情境，常常歪曲现实情境，以此来避免危机带来的损失。面对现实，正视危机，有利于个体激发自身潜在的力量，动员一切资源来寻求危机的解决办法。

（五）暂时避免做重大的决定

处于危机中的个体处理问题的能力比平时要低，由于个体受到问题和情感的双重困扰，搜集信息和处理信息的能力受到一定的限制。也就是说，这时个体对所面对的问题不会进行深入的分析，掌握的信息量又太少，无法做出正确的决策，个体虽然在这时很想摆脱危机，努力寻求一切解决问题的办法，但危机的无法控制往往使得个体无能为力，甚至造成更大的伤害。在危机时期，避免做重大的决定，有利于个体的自我保护，避免再次受到伤害。

三、大学生自杀危机与干预

现在大学生心理问题导致校园自杀案件频发，为什么会出现这么多问题呢？在求学路上，一味追求个人成功，缺少价值引领；专业知识丰富，却忽略了基本健康人格的培养。大学生的自杀对社会、学校和家庭造成的损失是无法估量的。

（一）大学生自杀原因分析

大学生自杀的原因受个体的出身、经历、价值观、个性特征等多种因素的影响而呈现多元化。

1. 个体心理不成熟

大学生面临学习、交往、成才、恋爱、就业等一系列人生发展课题，承受着其他年龄阶段的人无法比拟的心理压力，处于人生发展任务最繁重、心理冲突最尖锐、心理动荡最剧烈的时期。大学生心理尚未完全成熟，情绪不稳定，挫折承受力相对较差，人生发展任务的艰巨性与个体心理成熟的相对滞后性导致的错位，是当前大学生自杀问题频发的原因。

2. 认知偏差

在现实生活中，自杀者通常不能正确认识自己，对自己持否定的态度，使自己处于高度的自卑状态。不能正确地认识社会、认识与之有关的人和环境，导致个体对自己境遇的内部感知向越来越消极的状态发展，他们看到的是前途一片黑暗。自我认知的偏差导致对自己的完全否定，丧失了竞争中的自信，带来的必定是竞争的失败。这种失败更加剧了自卑和自我否定，循环往复，不能自拔，必然会造成悲观厌世，某些心理脆弱者甚至会精神崩溃，导致自杀行为。

（二）识别自杀行为的信号

有关学者指出，大多数企图自杀的当事人，是希望通过自杀这种极端的方式，来获得周围亲朋好友的帮助，以协助他们解决自己无法解决的问题。自杀行为是可以预防的，因为自杀的大学生在自杀前，大都会给周围亲朋好友一些信号暗示，亲朋好友若能及时加以理解、辅导，就可避免当事人的自杀行为。自杀的警告信号如下。

1. 语言上的线索

当事人会表现出想死的念头，可能直接以话语表示，也可能在作文、作诗、作词之中表现出来。如果当事人告诉别人，他想在何时、何处、如何自杀，可以说他自杀的危险程度极高。

2. 行为上的线索

（1）突然地出现明显的行为改变。

（2）出现与上课无关的行为问题。

（3）突然把个人有价值、有纪念性的物品赠送他人。

（4）突然增加饮酒量或用药。

（5）曾经企图自杀过，曾经企图自杀过的人再度企图自杀的可能性很高。

3. 环境上的线索

（1）最近一段时间有重大的生活失落感，如亲人变故、与男（女）朋友决裂、被人殴打或强暴等。遭遇重大创伤往往会使当事人觉得自己是不值得生存的人，觉得没有脸活在世上。

（2）家庭发生大变故，还有如家庭财务困难、搬家等。对家庭当中曾有人自杀过的学生要提高警觉。自杀是一种模仿的行为，如果家庭无意识地默许自杀行为，那么家庭成员发生自杀的可能性会增加。

（3）对于改变痛苦的生活或处境感到无能为力的当事人。他们会觉得十分无助、绝望，这种感觉愈强烈，愈值得注意。

4. 并发性的线索

（1）从社交团体退缩下来。对生活失去兴趣，不再参与社团活动，对人间没有留恋。

（2）表现出抑郁的征兆。

（3）表现出不满的情绪。

（4）睡眠、饮食规律变得紊乱，失眠，显得疲惫，身体常有不适、生病。这些现象往往提示，当事人遭受重大的情绪困扰，值得进一步了解，并评估有无自杀的可能性。

（三）大学生自杀的预防与干预

1. 宏观社会水平的预防

（1）反自杀宣传教育。面向公众长期开展有关自杀问题的宣传教育，提高大众对自杀问题重要性的认识，提醒公众尊重生命，珍爱生命。自杀是不可逆的，每一个消失的生命背后是亲人的眼泪，自杀不仅给家庭带来不幸与沉重的精神负担，也给社会带来极大的不安定。与此同时，对自杀未遂导致的麻痹症、大脑损伤、身体残疾等给家庭与社会带来的不良后果要进行适度报道，提醒公众不要随意选择自杀作为解决问题的方式。

（2）加强传媒正确引导。很多研究表明，自杀具有传染性，特别是过度渲染自杀的电视节目，会给人以心理暗示，导致青少年的模仿，诱发潜在的自杀行为。要宣传自杀对社会、家庭及个人的危害，告诫自杀不是明智的选择，以减少自杀报道的负面效应。

2. 学校层面的预防

在大学生中开展生命教育与死亡教育，这对帮助大学生正确认识生命、理解死亡具有重要意义。

（1）开展生命教育。生命教育是指通过教育与引导，帮助个体积极思考生与死的生命课题，以积极的态度面对生命与死亡，热爱生命，认识生命的意义，创造生命的价值。

首先，生命教育应着力于珍视生命本体的存在价值。人的生命价值离不开生命的存在与延续，既包括对自身生命本身的珍爱与珍惜，也包括对他人生命的尊敬与敬畏。

其次，生命教育要倡导对生命的敬畏。从根本上而言，任何生命都有存在的权利和价值。生命存在于普遍联系之中，所有的生命链条都是环环相扣、相互依存的，因此，人类的生存依赖于生命体的延续，生命神圣性是人类永恒的追求。人对其他生命的关怀从本质上是对自己的关怀，人对万物负责的根本理由是对自己的负责。人应当懂得珍重生命，对大自然的一切生命采取敬重的态度。

最后，珍爱自己的生命与珍爱他人生命同等重要。选取生活中正反两面的典型案例，教育大学生对自己的生命负责，对家庭与社会负责，也对他人的生命负责。

（2）开展死亡教育。当代大学生对生命与死亡态度的率性与随意令人担忧，针对频频发生的大学生自杀事件，开展死亡教育具有非常迫切的现实意义。

一是以智者的死亡观开启大学生对死亡意义的思考。中国伟大的思想家孔子主张以生的意义抵消死的侵袭，认为当我们生命过得充实而有意义时，死亡就并不可怕了。在生命的历程中，我们必须随时准备被"唤走"，如果我们过着一种有意义的生活，那么，随时离开都没有遗憾。

二是建立正确的死亡观。中国人一向对死亡讳莫如深，因此当一个人最初接触死亡现象后必然产生困惑，甚至成为导致自杀的深层心理契机。应开设死亡教育课程，让大学生系统学习与探索死亡的生理过程、死亡对人产生的心理影响等，使他们更加珍爱生命，懂得对亲人的临终关怀。

三是从价值层面关注死亡。"生如夏花之绚烂，死如秋叶之静美"，是对生死观的一种诠释，也从价值理念为我们展示了生命与死亡的意义与内涵。

（3）加强大学生心理健康教育与心理辅导，利用课堂教学、团体心理辅导与个别咨询等方式，全面提高大学生的心理健康水平。

学校心理危机干预中心与心理辅导中心也要在大学生心理危机预防中扮演重要角色，通过开展专题讲座、广泛的健康宣传以及针对高危群体的团体辅导与咨询、24小时心理热线、大学生心理自助组织等及时发现自杀高危个体并开展积极的干预，起到对大学生自杀的预防作用。

3. 家庭层面的预防

家庭一直是个体成长最重要的微观环境，对个体成长起着潜移默化的影响。大学生虽然离开父母独立生活，但家庭仍然无所不在地影响着大学生的生活。

（1）加强家长与子女的交流。家长应关注子女的心理与行为变化，与其建立良好的亲子沟通，特别是当孩子面临挫折与失败时，父母要成为他们强有力的社会支持，帮助他们走出困境，重构自己的信心。

（2）对有家族自杀史的学生重点关注。具有家族自杀史与抑郁病史的家庭，要关注学生的心理健康水平与负性生活事件。行为遗传学研究表明：家族自杀史的存在极大地增加了其后代的自杀可能，若父母中一方有自杀倾向或行为，其子女比常人呈现更多的自杀倾向与行为。

4. 学生个体层面的预防

个人的心理危机有一个不断累积的过程，我们的心灵需要不断地自我涤荡与反省，这样我们的心灵之屋才会始终阳光灿烂。

（1）关注自我内心。每个大学生都要积极关注自我的心理状态，当发现自杀意念萌生时，要主动求助，以积极的方式对待自己的问题，并及时解决。特别是当面临负性生活事件时，要关注这个事件对自己的影响时间与严重程度，如果自我调节不能奏效，就应求助心理咨询中心，将问题解决在萌芽状态。

（2）树立积极的人生观。大学生应树立乐观的人生态度，以积极的心态面对挫折与失败。

（3）积极应对。当面临成长危机与境遇性危机时，大学生要积极运用自身资源与社会资源，主动寻求社会支持，相信"办法总比困难多""没有过不去的坎""桥到船头自然直"，想办法将危机化解在萌芽状态。

5. 大学生自杀干预

自杀干预是指在自杀者表现出强烈的自杀倾向时，给予及时的帮助与指导，避免自杀行为的发生，这是预防和控制自杀的重要手段。自杀干预的目的，不仅在于减轻当事人的自杀意图，减少自我伤害行为，而且要为将来的心理治疗提供指导性意见。

进行自杀危机干预时要注意以下事项：

（1）要有生命关怀的觉悟和高度的警觉心。任何人谈及对于生命有厌恶感觉时，都应予以注意，将其视为一种求救的信号。

（2）对于有重大丧失的个体，要适时地给予关心及安慰。对于有自杀征兆的个体，要经常向其表达并让其了解到你的关切。想自杀的个体常会有情绪低潮及行为退缩的征兆，对个体多一点儿关心，可以提早发现。

（3）发现个体有自杀的征兆时，要信赖自己的判断，宁可反应过度，也不要麻木不仁，以免追悔莫及。

（4）对自杀问题的处置，往往需要家庭的参与。应该积极寻求专业人士的协助，不要有"家丑不可外扬"的心态。

（5）如果个体处在危机阶段，要随时陪在身边，并切实找出个体想自杀的原因。

（6）出于安全考虑，把可能的自杀工具拿走。

（7）那种"基于保密的原则，不能把青少年有自杀的想法告诉他的父母"的观念是错误的。当保密会危及一个人的生命安全时，保密性就被置于第二位。也就是说，当你所辅导的对象可能伤害自己或他人时，不论从法律的角度或是人道的立场，你都有通知相关人员的义务。

测试与训练

一、阅读资料

阅读资料

二、心理测试

生命观测试

【测试说明】 请你仔细阅读以下测试题，符合你情况的打"√"，不符合你情况的打"×"。

1. 在我生命中，我感到一种无以名状的失落感。（ ）

2. 我觉得在我的生命中缺乏真正的意义和目标，而我也需要找到它。（ ）

3. 生命的奥秘迷惑着我，并使我感到不安。（ ）

4. 在我的一生中，有一股强大的驱动力，促使我去寻找自我。（ ）

5. 我发觉有个强而有力的目标在指引着我。（ ）

6. 我感到在生命中缺乏一件值得去做的工作。（ ）

7. 我觉得有决心去完成某些超凡脱俗的事。（ ）

8. 真正的爱永不褪色。（ ）

9. 假如人要获得快乐，他必须以自我为中心。（ ）

10. 苦难是对我性格力量的考验。（ ）

11. 只有经历苦难，才会变成完整的人。（ ）

12. 经历苦难的人必有后福。（ ）

13. 我选择职业时，很重视该职业的声望。（ ）

14. 假如一个病人遭遇苦难、濒临死亡，医生应该帮助病人安乐死。（ ）

15. 苦难有助于人了解真正的人生意义。（ ）

16. 关于死亡，我毫无准备，并感到害怕。（ ）

17. 关于自杀，我曾经慎重考虑过，并认为这是一种解脱之道。（ ）

18. 在经历苦难之后，我变得更能体谅别人。（ ）

19. 死亡是生命的结束，再也没有其他意义。（ ）

20. 将来有一天会死的事实，使我整个人生变得毫无意义。（ ）

21. 我预期我的未来会比过去更有希望。（ ）

22. 我已经找到一个满意的生命目的。（ ）

23. 我生命中所发生的事，我能做决定。（ ）

24. 生命的意义存在于我们的周围世界。（　　）

25. 我觉得有需要为我的生命制定清晰的目标。（　　）

26. 对死亡的自觉，使我觉得生命一刻比一刻重要。（　　）

27. 我决心使我的未来有意义。（　　）

28. 我生命的成就，大部分取决于我努力的程度。（　　）

29. 新奇变化的事物吸引着我。（　　）

30. 每个人都应为他自己的生命负责。（　　）

31. 我以极大的期待心盼望着未来。（　　）

32. 我能依照我想过的方式生活。（　　）

33. 我很关心如何过一种有意义的生活。（　　）

34. 基本上来说，我正过着一种我喜欢的生活。（　　）

35. 我目前的生活是与我未来的希望紧密相连的。（　　）

36. 我正在追寻生活中令人兴奋的事物。（　　）

37. 我时常觉得烦躁无聊。（　　）

38. 生命对我而言，似乎是非常机械化的。（　　）

39. 对于生活，我有很明确的目标和计划。（　　）

40. 我个人的存在对生活是非常有意义的。（　　）

41. 每天的生活总是千篇一律。（　　）

42. 如果可以选择，我宁愿没有出生。（　　）

43. 退休之后，我愿意无所事事地度过余生。（　　）

44. 对于寻求生命的目的，我不断取得进展而终得圆满。（　　）

45. 我的生命充满兴奋美好之事。（　　）

46. 假如我今天就去世，我会觉得我的生命毫无价值可言。（　　）

47. 想到我的生命时，我常不懂我活着的理由。（　　）

48. 每当我注视世界与我的关系时，这世界使我迷惑不解。（　　）

49. 我是一个非常有责任感的人。（　　）

50. 关于人为自己作决定的自由，我相信人是完全被传统环境所限制的。（　　）

51. 对于寻求生命的意义、目标和使命，我是很有这种能力的。（　　）

52. 我的生命受外界因素的影响，我不能控制。（　　）

53. 我发现人生并无任何目的与使命。（　　）

【计分方法】　4、5、7、8、10、11、12、13、15、18、21、22、23、24、25、26、27、28、29、30、31、32、33、34、35、36、39、40、44、45、49、51题打"√"的得1分，打"×"的不得分。1、2、3、6、9、14、16、17、19、20、37、38、41、42、43、46、47、48、50、52、53题打"×"的得1分，打"√"的不得分。

【测试结果】　将得分相加，得分大于等于40分，表明你对生活充满希望和信心；得分为25～39分，表明你对生活有轻度无望感；得分小于25分，表明你对生活有重度无望感，甚至有自杀意愿，建议立即寻求心理援助。

三、心理训练

（一）生命密码

1. 生命的起源

地球上的生物五彩缤纷、种类繁多。最早的生物从哪儿来的呢？生命又是怎样产生和发展的呢？请谈一谈你的想法。

【提示】

（1）神创说：如中国的女娲造人传说（神创论）；外国的耶和华造万物。

（2）自然发生说：生命是从无生命物质自然发生的。

（3）化学起源说：生命起源于原始地球条件下从无机到有机、由简单到复杂的一系列化学进化过程。

尽管假说很多，但大多数科学家认为，地球的原始生命是由非生命物质经过漫长的化学进化过程演变而来的。

2. 我从何而来

我们每个人都是由父亲的精子和母亲的卵子相结合，在母亲的子宫中经过约 280 天的孕育分娩后，成为一个独立生命个体的。在这一过程中，大约有 4 亿左右的精子兄弟与你竞争。母亲体内的酸性环境不利于精子的生存，在 4 亿个精子中，大约只有 100 个能够穿越重重障碍，到达母亲体内的卵子附近。而这 100 个最强壮的精子中，最终只能有一个幸运地刺破卵子，捷足先登。之后精子与卵子的遗传物质相互结合，塑造出一个全新的生命。可以说，我们每个人的诞生，都是一个极小概率的事件，都说明我们曾在"人生第一场战役"中全面胜出——这是生命的奇迹。

父母给予了我们生命，将我们带到这个丰富多彩的世界。阅读下面的散文，体验父母养育子女的辛苦，并据此写一写"我想对父母说……"。

孩子！当你还很小的时候，我花了很多时间，教你慢慢用汤匙、用筷子吃东西；教你系鞋带，扣纽扣，溜滑梯；教你穿衣服，梳头发，擦鼻涕。这些和你在一起的点点滴滴，是多么令我怀念不已！所以，当我想不起来、接不上话时，请给我一点时间，等我一下，让我再想一想……极有可能最后连要说什么，我也一并忘记。

孩子！你是否还记得我们练习了好几百回才学会的第一首娃娃歌吗？是否还记得每天总要我绞尽脑汁去回答你不知道从哪里冒出来的"为什么"吗？所以，当我重复又重复说着老掉牙的故事，哼着我孩提时代的儿歌时，体谅我，让我继续沉醉在这些回忆中吧！希望你，也能陪着我闲话家常吧！

孩子！现在我常忘了扣纽扣、系鞋带。吃饭时，会弄脏衣服，梳头发时手还会不停地抖，不要催促我，要对我多一点耐心和温柔，只要和你在一起，就会有很多的温暖涌上心头。

孩子！如今，我的脚站也站不稳，走也走不动，所以，请你紧紧地握着我的手，陪着我，慢慢地。就像当年一样，我带着你一步一步地走。

我想对父母说：

_____

如果让你用几句话来形容生命，或你对生命的看法，你会怎么诠释呢？

_____

（二）生命随悟

1. 提醒幸福

"世上有预报台风的，有预报蝗灾的，有预报瘟疫的，有预报地震的。没有人预报幸福。其实幸福和世界万物一样，有它的征兆。"（毕淑敏《提醒幸福》）今天，我们一起来提醒幸福，也许幸福一直就在你的身边。

（1）幸福第一课：幸福以需要为驱动。

何为幸福？不同的人有不同的体验。心理学认为，幸福是一种心理感受，是一种内心平和与满足的感觉，是一种稳定而持久的心理反应。

幸福是以需要为驱动的。著名心理学家马斯洛认为，人类的需求构成了一个层次体系(生理需求—安全需求—社交需求—尊重需求—自我实现需求)，人是不断需求的动物。不同的人有不同的需要，不同的人对同一事物有不同的期望，当个体的期望与需要得到满足的时候，人就会产生幸福感。

幸福从表面来看是"好事"带来的结果，实际上是由外界情况引发的一种内心感受。因此，保持幸福的最好办法就是通过日常的修炼使内心平和，心态平和了，就很容易养成一种情不自禁地选择幸福的习惯。

(2) 幸福第二课：积累小快乐，成就大幸福。

心理实验表明，一个人的幸福感其实是来自多次的"感觉良好"，而不是仅仅一次短暂的"大乐"。如果用心，不难发现生活中普遍存在一些简单的"小乐"，诸如和孩子出去放风筝、和朋友去野外踏青或享受一次自己制作的美味等，不要忽略它们，如若能用心去体会，这些并不起眼的"小乐"积累起来所构成的幸福感往往胜过短暂的"大乐"。

(3) 幸福第三课：幸福靠自己创造。

歌里唱道：幸福的生活要靠我们自己创造。确实如此，幸福感是要靠我们自己创造的，这里提供一些提升幸福感的小建议。也许你还能有一些新的发现，续写这个建议吧。

第一，照顾好精神自我，乐观地期待幸福降临。

第二，每天腾出一点时间读令人鼓舞的图书或者杂志。

第三，每天都为自己做点儿好事，诸如给自己买一本书、吃自己喜欢的食物、看一个自己喜欢的电视节目或者电影、在街上散步等。

第四，每天至少做一件让别人高兴的事情。可以是一句温暖他人的良言，或是在路口停下车让行人先过，也可以是在公交车上给别人让座，或给喜欢的人送一件小礼物。让别人高兴的时候，你自己也高兴，别人也会善意回应，形成良性互动。

第五，常怀感恩之心，并记录感恩日记；闲暇的时候翻阅一下，回忆一下，未尝不是一个很好的寻找幸福的途径。

第六，与幸福的人交往，向他们学习，使自己幸福。

第七，＿＿＿＿＿＿＿＿＿＿＿＿＿＿＿＿＿＿＿＿＿＿＿＿＿＿＿＿＿＿＿＿＿

第八，＿＿＿＿＿＿＿＿＿＿＿＿＿＿＿＿＿＿＿＿＿＿＿＿＿＿＿＿＿＿＿＿＿

第九，＿＿＿＿＿＿＿＿＿＿＿＿＿＿＿＿＿＿＿＿＿＿＿＿＿＿＿＿＿＿＿＿＿

第十，＿＿＿＿＿＿＿＿＿＿＿＿＿＿＿＿＿＿＿＿＿＿＿＿＿＿＿＿＿＿＿＿＿

2. 学会感恩

感恩就是一种积极的、乐观的生活心态。感恩，可以是病床上奄奄一息的患者看到第二天初升的太阳；可以是沙漠中断水口渴之人举步维艰之时发现的一片绿洲；可以是迷茫无助之时忽然出现的"柳暗花明又一村"。感恩，又不同于一般意义上的感谢、感激，是一种更深的、发自内心的生活态度。对生活感恩，其实也是善待自我，学会生活。请续写下面的感恩誓词。

感恩于我的父母，因为＿＿＿＿＿＿＿＿＿＿＿＿＿＿＿＿＿＿＿＿＿＿＿＿＿

感恩于我的朋友，因为＿＿＿＿＿＿＿＿＿＿＿＿＿＿＿＿＿＿＿＿＿＿＿＿＿

感恩于我的师长，因为＿＿＿＿＿＿＿＿＿＿＿＿＿＿＿＿＿＿＿＿＿＿＿＿＿

感恩于我生活中的磨难，因为＿＿＿＿＿＿＿＿＿＿＿＿＿＿＿＿＿＿＿＿＿＿

感恩于我生活的环境，因为＿＿＿＿＿＿＿＿＿＿＿＿＿＿＿＿＿＿＿＿＿＿＿

感恩于洒在我们身上的每一缕阳光，感恩于路人投来的每一个微笑或一个眼神，感谢这一切的存在让我体验到了真实的美好。让我们以感恩的心来面对生活中的一切幸福和苦难，享受这真实的生活吧！

制作感恩卡，将感恩卡寄给你的父母、朋友和师长。

3. 感悟宽容

天空容留每一片云彩，不论其美丑，故天空广阔无比；

高山容留每一块岩石，不论其大小，故高山雄伟壮观；

大海容留每一朵浪花，不论其清浊，故大海浩瀚无际。

谈谈你读这首诗歌之后的感悟：＿＿＿＿＿＿＿＿＿＿＿＿＿＿＿＿＿＿＿＿＿＿＿

宽容训练法：

（1）在发怒前倒数 10 个数字，告诉自己："我不生气。"时间可以改变一切，等待 10 秒可以改变一件事。

（2）以名人为榜样，以名言为激励，自我勉励。很多名人在为人处事方面都堪称楷模。名人都能如此，我又有什么不能做的呢？找一句自己喜欢的格言，类似"忍一时风平浪静，退一步海阔天空"的句子，时时给自己加油鼓劲！

（3）多读修身养性之书，以陶冶性情，学习为人处世之道。好书能使人受益终身，从书中学习先人的经验可以少走弯路。

（4）多从他人角度考虑问题。人人都有自己的苦衷，试着从他人角度思考问题，也许你会明白事情的来龙去脉。

（三）心理活动

生死对话

利用空椅子，与死者进行对话。

情景引导：当你认识的一个人失去了生命，这意味着你们之间永远不可能回到从前。也许你还有些话没有来得及说，例如感谢、抱歉，也许你想让他知道你的计划……如果世界上有这样一面镜子，可以让你重新看到他，你会对他说什么呢？

情景布置：两把椅子相对而放。其中一把椅子始终空着，代表失去生命的人。在"死者"对面，还有一把椅子。

在自愿的原则下，随机选择同学承担不同角色，扮演"死者"的父母、子女、同学、朋友、老师、知己或知道这个事情的陌生人……

请扮演各种身份的人轮流坐到"死者"面前，把自己想说的话对着代表"死者"的空椅子说出来。例如，没有机会说出来的遗憾与抱歉，一起度过的快乐时光，死者让人赞赏的品质，死者曾经对自己的关爱与帮助，单纯的震惊与惋惜……

注意：在生者对死者讲述的过程中，其他人不能干扰。

大家分享感悟。

四、思考题

1. 什么是心理危机，它有哪些特点？

2. 处在心理危机中的个体一般要经历哪些阶段？

3. 大学生中常见的心理危机高发人群有哪些？

4. 产生心理危机的原因有哪些？

5. 如何有效地预防和干预心理危机？

第十五章 大学生心理咨询

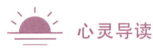

心灵导读

适应与发展是人生的两大任务。由于种种原因，大学生在适应与发展的过程中难免会遇到困难，产生心理问题与障碍。心理咨询和心理治疗的职能就是帮助个体克服各种心理问题与障碍，使其成为人格健全、身心健康、快乐、幸福的人。

教学目标

通过对本章的学习，应了解心理咨询的含义、特点、心理咨询与心理治疗的关系，理解心理咨询的过程和原则，掌握心理咨询的理论和操作模式，从而能够运用心理咨询理论和心理咨询技巧缓解心理困惑和心理障碍并有效预防这些心理问题的产生。

第一节　心理咨询概述

心理咨询与心理治疗有着不同的历史渊源，发展到今天，两者的关系已变得难以分清。在实际工作中，一些心理咨询工作者做了一些心理治疗工作，一些心理治疗家也在做心理咨询工作。为此，我们有必要对什么是心理咨询，什么是心理治疗，以及两者之间的关系是什么等进行探讨。

案例导入

一、心理咨询与心理治疗的内涵

（一）心理咨询的含义

在汉语的解释中，咨是商量，询是询问，咨询就是找人商量和询问。那么何为心理咨询？

张人骏等人在《咨询心理学》一书中提出，心理咨询是通过语言、文字等媒介，给咨询对象以帮助、启发和教育的过程。通过心理咨询可以使咨询对象的认识、情感和态度有所变化，解决其在学习、工作、生活、疾病康复等方面出现的心理问题，从而更好地适应环境，保持身心健康。马建青在《辅导人生：心理咨询学》一书中认为，心理咨询是运用心理科学的理论和方法，通过解决咨询对象（来访者）的心理问题（包括发展性心理问题和障碍性心理问题），来维护和增进其身心健康，促进其个性发展和潜能开发的过程。钱铭怡在《心理咨询与心理治疗》一书中则认为，心理咨询是通过人际关系，运用心理学方法，帮助来访者自强自立的过程。她提出，良好的人际关系是达到帮助来访者目的的前提；心理咨询是在有关心理学理论指导下进行的活动；咨询是一个过程，往往不是一次会谈就能解决问题的；咨询是帮助来访者自强自立，而不是包办解决来访者的各种问题。

综上所述，我们把心理咨询定义为：心理咨询是指来访者就自身存在的心理不适或心理障碍，通过语言、文字等交流方式，向有专业素养的咨询师进行诉说、询问和商讨，在其支持和帮助下，通过讨论找出引起心理问题的原因，分析问题的症结所在，进而寻求摆脱困境与解决问题的条件和对策，以便来访者恢复心理平衡，提高对环境的适应能力，增进身心健康的过程。

（二）心理咨询的特征

1. 心理咨询解决的是来访者心理或精神方面存在的问题

一位考试焦虑的大学生，希望咨询师替他和学校交涉缓考的问题，这个问题不是心理咨询师的工作范围。心理咨询解决的是来访者心理或精神方面存在的问题，而不是帮助他们处理生活中的具体问题。

2. 心理咨询是一种职业化的助人行为，而不是一般的帮助活动

心理咨询有特定的目的和任务，解决问题有专门的理论与方法，它是一种有目的、有意识的职业行为，它重在帮助人分析内心的矛盾冲突，探讨影响其情绪和行为的原因，协助他们自我改变，而不是人与人之间一般的社会交往。

3．心理咨询强调良好的人际关系氛围

在这种良好的人际关系中，来访者可以向咨询师袒露自己的隐私、痛苦和软弱，咨询师则可以将来访者意识不到的思想和感受反馈给来访者，帮助来访者重新认识自己和接纳自己。因此，这种良好人际关系的氛围是有治疗功能的。

4．心理咨询具有保密性

来访者不希望将咨询内容和咨询关系公开化，咨询师有责任为来访者保守秘密，这是咨询师必须遵守的职业道德。咨询师和来访者的良好人际关系，通常只限定在咨询室和咨询时间内，不能将这种关系引向咨询活动以外。

5．心理咨询是一种学习和人格成长的过程

通过心理咨询，来访者从不能自立自强到能够自立自强；从不能正确对待自己和他人到学会正确对待自己，减少内心矛盾和冲突；从不善交往或具有交往焦虑的困扰到学会怎样与他人和睦相处，最终使自己在生活的各个领域实现其最大的潜能。这些都是在心理咨询过程中的学习和人格方面的成长。

6．心理咨询是来访者的自愿行为

即使当事人有明显的心理问题，但他并没有主动来求助，咨询师一般也不可主动上门。否则会使当事人产生戒备心理，不可能有好的效果。

（三）心理治疗的含义

与心理咨询一样，国内外对心理治疗的看法也不尽相同。《美国精神病学词汇》将心理治疗定义为：在这一过程中，一个人希望消除症状，或解决生活中出现的问题，或因寻求个人发展而进入一种含蓄的或明确的契约关系，以一种规定的方式与心理治疗师相互作用。

沃尔培格 1967 年将心理治疗定义为：心理治疗是针对情绪问题的一种治疗方法，由一位经过专门训练的人员以慎重细致的态度与来访者建立起一种业务性的联系，用以消除、矫正或缓和来访者现有的症状，调解其异常的行为方式，促进其积极的人格成长和发展。

北京大学陈仲庚教授认为，心理治疗是治疗师与来访者之间的一种合作努力的关系；治疗是关于人格和行为的改变过程。

钱铭怡在《心理咨询与心理治疗》一书中则认为：心理治疗是在良好的治疗关系的基础上，由经过专业训练的治疗师运用心理治疗的有关理论和技术，对来访者进行帮助的过程，以消除或缓解来访者的问题或障碍，促进其人格向健康、协调的方向发展。

美籍华裔学者曾文星、徐静则认为，心理治疗是指应用心理学的方法来治疗病人的心理问题。其目的在于通过治疗师与病人建立的关系，善用病人求愈的愿望与潜力，改善病人的心理与适应方式，以解除病人的症状与痛苦，并帮助病人，促进其人格的成熟。

在以上心理治疗的定义中，我们看到良好的治疗关系备受重视，这是所有改变的前提条件。心理治疗的理论与方法是心理治疗的依据与手段，其目的是使来访者产生某种改变，消除或缓解其问题和障碍，使其人格能向较为积极的方向发展。

二、心理咨询与心理治疗的关系

心理咨询与心理治疗既存在很多的一致性，又存在一些差异，但几乎每一种差异都不是本质的差异，而是程度、范围或者侧重点的差别。因此，在这个领域经常出现这样的情况，心理咨询师所做的事情在心理治疗师看来是心理治疗，心理治疗师做的事情在心理咨询师看来是心理咨询。为更好地理解心理咨询和心理治疗，将其关系进一步梳理如下。

（一）心理咨询与心理治疗的一致性

1. 心理咨询和心理治疗是本质相同的专业助人活动

心理咨询和心理治疗都是通过一种专门的帮助关系来使当事人发生心理和行为上的改变，不仅改变的性质相同，导致改变的条件、改变发生的机制也都是一样的。例如，帮助当事人了解自我，正确面对失落与生活危机，学会培养积极的行动以消除症状，进而产生行为改变，并发挥潜能。

2. 心理咨询和心理治疗所依凭的理论和采用的方法常常一致

当代心理学理论体系中一些重要的理论，如心理分析理论、行为理论、认知与社会学习理论、人本心理学理论、家庭系统理论等，是心理咨询师和心理治疗师共同的理论基础。例如，倾听、提问、评估、解释、支持、说明、提供信息、劝告和指导等，咨询师和治疗师同样使用，只不过略有偏重而已。一般而言，咨询师在提问、提供信息、劝告和指导的运用上优于治疗师，治疗师在倾听、支持的运用上优于咨询师。

3. 心理咨询和心理治疗都注重建立帮助者与求助者之间良好的人际关系

心理咨询和心理治疗都认为帮助者与求助者之间良好的关系是帮助求助者改变和成长的必要条件。

（二）心理咨询与心理治疗的差异性

1. 心理咨询和心理治疗的服务对象是"同中有异"

心理咨询和心理治疗可以为相同的对象提供服务。同一个当事人，带着相同的问题，可能去求助心理咨询师，也可能去求助心理治疗师。如果他去了精神科门诊，他就接受心理治疗，如果他去了学生辅导中心或社区心理卫生中心，他就接受心理咨询。但在传统上，心理咨询的服务对象较偏向于正常人群。他们的困难主要是现实生活中的适应和发展问题，其中解决发展性的问题又是咨询的特色。而心理治疗的对象，尤其是精神科的门诊病人中，有相当一部分是有较重心理障碍的人，如存在人格障碍、神经症和情绪障碍的人。

2. 部分心理咨询师和心理治疗师的专业训练背景有所不同

从事心理咨询的人通常称作咨询师或咨询心理学家；从事心理治疗的人主要是临床心理学家，通常称为心理医生。名称虽异，但两者所受的实际专业训练却非常近似，都是心理学训练。在美国，心理医生的平均学历比咨询师稍高一点。另外还有一部分精神病医生（**psychiatrist**）也从事心理治疗。他们的专业训练与前两者不同，受的是医学专业训练。心理医生和咨询师供职的机构虽有很大交叠，但也有所偏重。前者主要在各种医疗、保健和康复机构工作，也有私人开业的；后者的传统领域是学校、社区服务机构等处所，较少独立开业。

3. 心理咨询和心理治疗的帮助特点也是"同中有异"

心理治疗较多涉及比较深入的心理特质、行为方式的改造，重视改善病人的人格；心理咨询侧重帮助来访者获得信息，学习新的适应技能，解决所面临的工作、学习和生活问题。在方法上，咨询多倾向于认知、支持、再教育方法，治疗多注重矫正、领悟、训练、重建方法。也有人从来访者问题的性质和相应的帮助角度，认为心理咨询偏"意识层面"一些，心理治疗偏"无意识层面"一些。

由以上分析不难看出，心理咨询和心理治疗是本质相同的助人活动，但在传统上两者各有所侧重。基于这个原因，国外许多文献中咨询和治疗两个词经常混用，我们在此也不再严加区别。高校心理咨询中心虽然也经常面对各种患有心理障碍的来访者，但其面对的群体决定了其工作以发展性咨询为主。

第二节 心理咨询的模式和形式

心理咨询的模式和形成是指导高校心理咨询工作的基础，它既与整个心理科学的理论发展有密切联系，又与学校心理咨询自身的需要息息相关。

案例导入

一、心理咨询的模式

一般认为，心理咨询的模式主要包括发展模式、教育模式、社会影响模式和医学模式四种。

（一）发展模式

发展模式是指心理咨询应当遵循个体心理发展的一般规律，针对学生在不同发展阶段所面临的任务、矛盾和个别差异，促使其心理矛盾得到妥善解决，心理潜能得到有效发挥，个性品质实现和谐发展，任务得以顺利完成。

发展模式的基本特征是注重对学生发展历程、发展障碍和发展规律的了解，强调专业咨询人员的间接咨询功能。具体来说，发展模式包括三方面的特征：一是发展模式不仅在一个时间横断面上要了解学生心理发展的性质与状态，更强调在时间延续性上考查学生心理发展的潜力与水平；二是发展模式注意对学生发展障碍的早期发现和预防，尤其重视心理危机的早期觉察和干预；三是发展模式试图使学生在日常生活情境中就能从教师、家长等成年人那里获得科学的辅导和帮助。

（二）教育模式

教育模式又称为"指导模式"，是指咨询师在全面了解学生素质、专长、兴趣、性格和其他人格特质的基础上，对来访学生在学习、适应、升学、就业等方面的问题所进行的综合性指导。

教育模式的基本特征是强调对学生心理特点和心理问题的了解，充分发挥咨询师对学生成长的理性导向功能。具体来说，教育模式具有四个特征：一是教育模式强调来访学生的稳定特征（如遗传因素、智能、经验、人格特质、行为习惯等）对当前行为的影响；二是教育模式强调发挥咨询师的指导作用；三是教育模式重视对来访学生解决问题和做出决定的技能训练，并使其将学到的技能迁移到实际学习和生活中，以促进来访学生的适应；四是教育模式注重信息搜集，尤其是有关职业指导方面的信息搜集。

（三）社会影响模式

社会影响模式是指在心理咨询中，咨询人员依据社会心理学的有关原理，注重咨访双方的社会角色、性别差异、文化素养、价值观念、个性倾向、社会习俗等多种社会因素以及社会环境对咨询效果的影响，以提高咨询的成效，巩固咨询的结果。

社会影响模式的基本特征是从人际交往和社会因素两方面探讨有关咨询的条件和途径。其具体特征包括三个方面：一是社会影响模式注重不同社会文化背景对咨询过程的影响；二是社会影响模式重视个体社会化结果（如咨访双方的价值观念、个性倾向、角色心理、方式等）对咨询过程的影响；三是社会影响模式注重社会环境对咨询结果的影响。

（四）医学模式

医学模式又称为"治疗模式"，是指在咨询过程中，咨询师站在医师的立场，对来访的心理偏常者给予严格的心理诊断和耐心的心理治疗，并发挥治疗对象在治疗过程中的积极作用，以减轻来访者的心理压力和精神痛苦，促进其心理功能的恢复和协调。

医学模式的基本特征是把咨询看作医师和患者之间的治疗关系，采用各种临床心理手段解决来访者的心理偏常问题。其具体特征包括三个方面：一是医学模式中咨询师会更多地考虑临床心理学各个方面的使用；二是医学模式注重来访者的自我选择和自我矫治；三是医学模式强调咨访双方的体谅、信任、合作和坚持精神。

二、心理咨询的形式

心理咨询的形式多种多样。根据咨询的性质，可分为发展心理咨询和健康心理咨询；根据咨询的规模，可分为个别心理咨询与团体心理咨询；根据咨询的时程，可分为短程心理咨询、中程心理咨询和长期心理咨询；根据咨询的形式，可以分为门诊心理咨询、电话心理咨询、信函心理咨询、专栏心理咨询、现场心理咨询和网络心理咨询等。

（一）按咨询的性质分类

1. 发展心理咨询

在个人成长的各个阶段，都可能产生困惑和障碍。为了适应新的生存环境，为了选择合适的职业，为了个人事业的成功等进行的心理咨询就是发展心理咨询。

2. 健康心理咨询

当一个精神正常的人，因各类刺激引起焦虑、紧张、恐惧、抑郁等情绪问题，或者因各种挫折引起行为问题时，也就是说，当发现自己的心理健康遭到破坏时进行的心理咨询、信函心理咨询、专栏心理咨询、现场心理咨询就是健康心理咨询。

（二）按咨询的规模分类

1. 个别心理咨询

个别心理咨询的形式，是咨询师与来访者建立一对一的咨询关系。咨询活动与求助者所处的社会、集体及家庭无直接关系。在内容上，着重帮助来访者解决个人的心理问题。

2. 团体心理咨询

团体心理咨询是在团体情境中向求助者们提供心理帮助和指导。它是通过团体的人际交互作用，促使个体在交往中观察、学习、体验，认识自我、探讨自我、接纳自我，调整和改善与他人的交往，学习新的行为模式，以促进个人良好发展的助人过程。团体咨询的适用范围相当广泛，可以用于治疗各种神经症，也可用于发展性目标的实现。

（三）按咨询的时程分类

1. 短程心理咨询

短程心理咨询是指在相对较短的时间内（1～3周以内）完成咨询。资料收集和分析集中在心理问题的关键点上，就事论事地解决求助者的一般心理问题。追求近期疗效，对中、远期疗效不做严格规定。做好这类咨询，要求咨询师的思维敏捷、果断，语言要准确、明快，有较长期的临床经验。

2. 中程心理咨询

中程心理咨询是指在 1～3 个月内完成咨询。可涉及较严重的心理问题，要求有完整的咨询计划，追求中期以上疗效。

3. 长期心理咨询

在遇到严重心理问题或神经症的心理问题时，可采用长期心理咨询，一般用时在 3 个月以上，应使用标准化咨询方法——心理治疗，要求制订详细的咨询计划，追求中期以上疗效，并要求有疗效巩固措施。对资历较浅的心理咨询师，除要求有详细的咨询计划外，还要求写出案例评析报告。

（四）按咨询的形式分类

1. 门诊心理咨询

门诊心理咨询是在专门的心理咨询机构进行的，包括精神病院、综合医院、学校、科研机构等所属的或私人开设的心理门诊和咨询、治疗中心。门诊心理咨询的对象主要是各种神经症、心身疾病、人格障碍、性障碍、情绪失调的病人和存在心理困扰的正常人。门诊心理咨询工作的承担者为心理学家、受过心理咨询训练的医生、心理咨询师、社会工作者等，主要采用咨询师和来访者直接面谈的方式。这种方式首先有利于消除来访者的顾虑和心理屏障，咨询可以进行得比较深入、彻底，咨询师也可以根据来访者的具体情况，调整咨询或治疗的策略。门诊心理咨询也可以进行团体咨询，团体治疗成员的背景、年龄、性别及所属心理问题可以相似，也可以不同。团体咨询和治疗的最大好处是让团体成员在团队形成、与人相处过程中消除心理病症和困惑，团体的情感支持、群体的相互学习和正性体验在咨询与治疗中发挥着有益的作用。

门诊心理咨询因其较好的隐蔽性、系统性，故而是心理咨询中最为主要的和最有效的方法。

2. 电话心理咨询

电话心理咨询也是心理咨询的一种常见形式，它是利用电话通话的方式对当事人给予劝告、安慰或鼓励、指导。由于电话心理咨询的方便性、快捷性，故而深受当事人的喜爱。这种形式在国外的主要功用是心理危机干预，故被称为"希望线""生命线"。在我们国家，由于人们对心理咨询还不能深入理解、公开接纳，电话心理咨询隐蔽性、保密性强的特点使它成为心理咨询的一种重要形式。我国心理援助热线电话为 12320。电话中心有专门的咨询人员 24 小时值班，有条件的还设有流动的急诊小组。另外，近年也出现了一些以心理咨询为名义的收费电话服务。对于这些服务形式，还应做进一步的规范，那些通过电话聊天、解闷或传授一些知识的不能算作心理咨询。

3. 信函心理咨询

顾名思义，信函心理咨询是通过书信的形式进行的，多用于不愿暴露身份的求助者。帮助者根据求助者来信中所描述的情况和提出的问题，进行疑难解答和心理指导。信函心理咨询的优点是较少避讳，缺点是不能全面地了解情况，只能根据一般性原则提出指导性的意见。求助者的来信往往杂乱无章，所述问题往往过于宽泛，有些甚至超出了心理咨询的范围。因此，一些心理咨询机构在接到求助者的信件时，往往给求助者寄去心理咨询的专用病史提纲，或者相应的心理或行为自评量表，让求助者按规定的形式填写后寄回，这样，可以使信函心理咨询更加规范。由于方法学上的困难，对于信函心理咨询的效果不太好做统计研究，但是实际工作表明，信函心理咨询对于某些求助者还是很有帮助和益处的。对于比较严重的问题，咨询师可以在书信中建议求助者前来当面咨询。

4. 专栏心理咨询

专栏心理咨询是通过报纸、杂志、电台、电视等传播媒体，介绍心理咨询、心理健康的一般知识，或针对一些典型问题进行分析、解答的一种咨询方式。目前，国内有许多报纸、出版物都开辟了心理咨询专栏，包括一些专门的心理咨询和心理卫生的刊物、医学杂志、科普读物等。许多电台、电视台等也有相关的节目。严格地说，这种形式的心理咨询的作用更多的是普及和宣传相关的知识，而非真正的心理咨询，其优点是覆盖面大，科普性强，缺点是所涉及的对象针对性不强。

5. 现场心理咨询

现场心理咨询是指心理咨询工作者深入学校、家庭、机关、企业、工厂、社区等地方，现场接待来访者。这种形式对于一些有共同背景或特点的心理问题有较好的效果。现场心理咨询发展最深入的是家庭心理治疗，已经逐渐发展为一种独立的咨询治疗形式。家庭治疗把重点放在家庭各成员之间的人际关系上，通过组织结构、角色扮演、联盟与关系等方式了解这个小群体，以整个家庭系统为对象，发现和解决问题。

6. 网络心理咨询

网络以其极强的保密性、隐蔽性、快捷性及实时性，为心理咨询提供了无限发展的空间。通过网络，当事人能够真正毫无顾忌地倾诉自己的隐私，暴露自己的问题，从而使心理医生能够在尽可能短的时间内掌握当事人的基本情况，做出适时的分析判断，并可以通过实时交谈，不断矫正其分析判断，做出切合实际的引导及处理。随着网络技术的不断提高和互联网的迅速普及，网络心理咨询将具有十分广阔的前景。声频、视频咨询特别适合在监狱等场所使用。

第三节　心理咨询的过程及原则

心理咨询是一个系统的过程，分为不同的阶段，每个阶段都有特定的目的和任务。在心理咨询过程中要遵循相应的原则，才能有效达成心理咨询的目标。

案例导入

一、心理咨询的过程

心理咨询的过程一般分为开始阶段、指导与帮助阶段、巩固与结束阶段。

（一）开始阶段

开始阶段是心理咨询的第一步，是整个心理咨询的基础。一个成熟的咨询师总是非常重视心理咨询的开始阶段，并机智慎重地完成这个阶段的工作。

开始阶段需要完成的任务有三项，即建立咨询关系、掌握来访者的资料及进行分析、诊断。

1. 建立咨询关系

咨询师与来访者必须建立起信任、真诚、接纳的咨询关系，这是心理咨询的起点和基础。这种关系有助于咨询师真实了解来访者的情况，准确确定咨询目标并有效达到目标。对来访者而言，基于这种积极的关系，他才会与咨询师积极合作，对心理咨询抱有热情和信心，从而有助于提高咨询效果。此外，这种积极的关系也给来访者提供了一种良好的人际关系的范例，使其能在咨询环境之外加以运用，提高人际交往的能力。

能否建立起积极的咨询关系，咨询师担负着重要责任。为此，要求咨询师做到以下几点。

（1）在初次会谈时，咨询师要向来寻求指导和帮助的来访者进行简明扼要的自我介绍。在简短的自我介绍后，可以允许有短暂的沉默，主要目的在于给来访者一个整理思绪的机会，使他能完整地表达自己想说的话。

（2）在初次会谈时，咨询师可以就咨询的性质、限度、角色、目标以及特殊关系等向对方做出解释。解释的内容包括时间的限制、会谈的次数、保密性、正常的期望等。对这些问题的说明，可以减少对方的困惑，消除因此而引发的焦虑，也使对方不致对咨询产生不当或过高的期望。在初次会谈中，有必要澄清保密性的问题，对咨询过程中必要的记录给予说明，对所谈内容和隐私权的保密与尊重做出肯定性承诺，以此消除来访者的戒备心理。

（3）对来访者要热情有礼、耐心慎重，装束整洁得体，行为举止落落大方。初次会谈，来访者往往比较紧张、局促，因此咨询师的态度会对其心理产生很大的影响。热情友好的态度给人以亲切感，可有效拉近双方的距离，特别是他们在受心理困扰时，热情友好的态度本身就是一种力量、一种希望、一种安慰，能在很大程度上降低其焦虑水平。

（4）要建立并保持积极的咨询关系，还需要咨询师掌握一些有效的方法，如无条件的积极尊重、准确的共情和真诚等。

2. 掌握来访者的资料

收集与来访者有关的各种资料，通过会谈、观察、倾听、心理测验等方式，了解对方的基本情况及存在的心理问题。

（1）来访者的基本情况。来访者的基本情况包括姓名、年龄、班级、家庭及社会生活背景、自身的生活经历、兴趣爱好、学习生活近况及有无心理咨询经验等。通过对基本情况的了解，掌握其过去、现在等各方面的活动及生活方式。对来访者基本情况的掌握，有助于对其主要心理问题的把握。

（2）来访者的心理问题。认识来访者的心理问题是确定心理咨询目标的基础。这一般比收集基本情况要复杂得多，因为来访者一般心存顾虑，往往不愿直截了当地把面临的心理问题如实暴露出来，或是他们自己也弄不清问题的实质，只是感觉到困扰，希望改变现状。需要了解的心理问题涉及多方面，咨询师要通过收集有关资料，弄清心理问题的性质、持续时间及产生原因。

3. 进行分析、诊断

在收集资料的同时，分析、诊断就已相伴出现。分析、诊断是在收集资料的基础上，进一步明确心理问题的实质、程度及原因，并对其做出正确的评估。分析、诊断包括下列内容。

（1）确定心理问题的类型及性质，决定咨询的适应性。咨询师首先要确定心理问题的性质，是属于学习问题，还是人际关系问题，或者是其他方面的问题；是属于发展性问题、适应性问题，还是障碍性问题。考虑心理咨询的适应性对于心理咨询的实施是十分必要的，这是因为有些问题不属于一般心理咨询能解决的，如器质性疾病，应及时介绍到医院就诊；如精神疾病，应及时转送精神病院接受治疗；如障碍性心理问题，也可介绍到综合医院开设的心理咨询门诊接受心理治疗。

（2）分析心理问题的程度，以区别对待。心理咨询的对象有的存在适应性问题，有的存在发展性问题。虽然这两类来访者的心理状态都正常，但仍然有程度上的差别。前者在学习、生活等方面出现了心理上的不适应，可以通过个别咨询等方式予以必要的指导；而后者可能并未对自身的心理问题产生自觉的意识，因此，可以通过心理咨询讲座、课程等方式，予以指导与训练，强化其心理品质。

（3）寻找心理问题产生的原因。寻找原因是诊断来访者心理问题的重要组成部分。造成来访者心理问题的原因是多方面的，需要从两个不同侧面入手，即一般原因分析和深层原因分析。一般原因分析就是针对心理问题形成的生物学因素和心理社会因素进行全方位的搜索。深层原因分析是对产生心理问题的主要心理原因进行剖析。不同的心理咨询理论和方法，往往从不同的角度寻找并发现心理问题的根源。如精神分析理论重视从无意识的矛盾冲突、幼年生活经历中寻找根源；行为主义理论重视对行为的分析，发现原因；认知理论认为不良情绪、反应是认知错误造成的，来访者的非理性认知是其心理问题产生的原因；人本主义理论认为人有各种需要，而造成心理失调的原因是人的需要不能得到满足，从而自我意识发生扭曲，内在潜能不能发挥出来。如果能够把握住心理问题产生的深层原因，将为心理问题的解决奠定最重要的基础。

（二）指导与帮助阶段

经过开始阶段，心理咨询进入了解决问题阶段，即指导与帮助阶段。这一阶段主要完成的任务有三项：制订咨询目标，选择咨询方案，实施指导与帮助。

1. 制订咨询目标

心理咨询的目标，就是心理咨询所追求的结果与所要达到的目的。咨询目标的确立，在咨询过程中有重要的价值。首先，它使咨询双方都清楚地意识到努力的方向，从而不仅能详细制订实施方案，而且可以在实施过程中根据目标对实施方案进行必要的调整。其次，它有助于咨询双方的积极合作。有了明确的目标，可以使来访者看到希望，增强咨询信心与动力。由于方向明确，来访者成了咨询过程的主动参与者，使咨询双方能积极合作，协调一致。最后，它使心理咨询的评估成为可能。通过咨询目标，来访者可以清楚地看到自己的变化，从而认识到心理咨询在自我成长中所发挥的作用。咨询双方也可以借此评价咨询方案的适用性及确定心理咨询的进展程度。为保证心理咨询的顺利进行，制订咨询目标应遵循一些基本的原则。

（1）必须由咨询双方共同制订目标。咨询目标的制订，必须要咨询师和来访者共同配合、互相交流并最终达成一致。这样的咨询目标才比较客观、真实，才能使双方共同努力去实现目标。共同制订咨询目标，首先要求咨询双方在心理问题的把握和原因分析上取得一致意见，为此咨询师要鼓励并引导来访者全面、深入地倾诉和反映，同时咨询师也必须将自己的认识、看法、结论反馈给来访者。其次，咨询师要引导和鼓励来访者思考和提出自己的要求，坦诚提出对咨询目标的看法。若双方意见有分歧，应认真分析，是表述上的不同还是内容上的差异，是掌握材料不够还是看问题角度不同，是不是局部目标与整体目标上的差异等，在此基础上逐步达成一致。

（2）保证心理咨询目标的针对性。咨询目标的针对性，即解决心理问题而不是其他问题。在学校心理咨询中，经常会遇到一些不属于心理方面的问题，如学生经济上发生困难、考试不及格等。这些问题虽然使来访者感到不安，但心理咨询的目标只能是帮助来访者调整认知和心态而不是直接解决这些问题本身。

（3）中间目标与终极目标相统一。中间目标是心理咨询过程中所要达到的具体目标，而终极目标则是实现人的心理健康、潜能的充分发掘和人格的完善。中间目标是向终极目标发展的步骤。确定心理咨询的目标，应强调中间目标与终极目标的辩证统一，即咨询双方不仅要解决来访者当前所面临的具体问题，更应该从提高心理健康水平、充分发掘潜能、促进人格发展着眼，把终极目标融于中间目标，以终极目标引导中间目标，通过中间目标的实现达到终极目标的完成。在心理咨询的实践中，要实现两种目标的统一，咨询双方不仅要发现具体的心理问题及其引发原因，还要就此发掘其人格特点、心理素质等方面的不足；不仅使来访者在具体问题上掌握心理调节的技能与方法，而且能使这些技能迁移到类似的情境中去。

（4）心理咨询目标必须具体、可行。来访者的表述有时比较具体、明确，如考试焦虑、失眠问题等。但有时比较笼统、抽象，如希望有较强的学习能力、善于交往等。这样的目标因大而空泛，既难以操作、落实，又无从对咨询效果进行评估，因此，心理咨询很难进行。这就需要咨询双方经过商讨，共同将抽象的目标具体化，模糊的目标清晰化。总之，咨询目标必须具有可行性。

2. 选择咨询方案

选择咨询方案，包括咨询方法的选定以及为实施这些方法而制订的具体计划。解决来访者心理问题的方法是多种多样的，有许多咨询方法可供利用，如"支持与安慰""内省与领悟""训练与学习""疏导与宣泄""暗示"等。每种咨询方法对解决心理问题均有一定的针对性，并有其相应的实施过程。选择咨询方案，首先要根据心理咨询的目标，选取相应的咨询方法，然后按其实施过程的要求制订具体操作计划。

选择咨询方案应明确的内容：所采取咨询方法的目标；该方法的实施要求，即该做什么，如何去做，以及不做什么；该方法是否能达到预期的目的；告诉来访者必须对心理咨询的过程抱有足够的耐心，这些方法不可能立即产生奇迹，所有的改变都是循序渐进的。

3. 实施指导与帮助

实施指导与帮助，不同的咨询方法有不同的要求与做法。可灵活运用鼓励、指导与解释，对来访者的积极方面给予真诚的表扬、鼓励和支持，增强来访者的自信，促进其积极行为的保持与发展；可以直接指导来访者做某件事、说某些话，或以某种方式行动；可以通过解释，使来访者从一个全新、全面的角度面对自己的问题，重新认识自己及周围的环境，从而提高认识能力，促进其人格的完善和问题的解决。

（三）巩固与结束阶段

经过前两个阶段咨询双方的共同努力，基本达到既定的咨询目标后，即进入心理咨询的巩固与结束阶段。这一阶段心理咨询的工作主要是巩固效果和追踪调查。

1. 巩固效果

巩固已取得的咨询效果，是结束咨询之前必须完成的一项任务。具体工作有以下几项。

（1）咨询师应向来访者指出其已经取得的成绩与进步，说明已基本达到既定的咨询目标。咨询师和来访者对此应达成共识。使来访者认识到自己的进步，对他不仅是巨大的鼓舞，也是一种暗示，即预示着心理咨询的过程即将结束，使来访者对此做好心理准备。为此，咨询师应耐心、具体地分析来访者所取得的成绩，指导来访者真正认识到自己的进步。

（2）咨询师应和来访者一同就其心理问题和咨询过程进行回顾总结。重新审视来访者心理问题的前因后果，以及据此确定的咨询目标、咨询方法、咨询过程中出现的问题和进展等，对前两个阶段进行总结，这有助于帮助来访者加深对自己的问题的认识，总结咨询经验，了解努力的方向，获得有益的启示。这种总结本身就具有巩固、优化咨询效果的意义。总结最好通过咨询师的启发由来访者做出。

（3）指导来访者巩固已有的进步，将获得的经验运用到日常生活中去，并逐步稳定、内化为来访者的观念、行为方式和能力，使之能独立有效地适应环境。应指出从学习"经验"到运用"经验"尚有一段距离。通常来访者在咨询师的指导下，在特定条件下能表现其习得的经验，但当其独立面对实际生活环境时，又显得难以应付。这既有经验掌握尚未牢固的原因，也有其自信心不足的心理因素。能否顺利完成这一过渡，是能否实现"结束"咨询的前提条件。

2. 追踪调查

为了了解来访者能否运用获得的经验适应环境，进而最终了解整个咨询过程是否成功，咨询师必须对来访者进行追踪调查。追踪调查应在咨询基本结束后的数月至一年间进行。时间过短，调查结果的真实性难以保证；时间太长，亦不能及时了解情况，发现问题，同时也增加了调查工作的难度。在心理咨询中，追踪调查可采用以下方式进行。

（1）填写信息反馈表。信息反馈表一般是由心理咨询机构统一印制的，咨询师应嘱咐来访者定期填写并反馈给咨询师。

（2）约请来访者定期前来面谈。咨询师与来访者面谈是直接了解咨询效果的有效方式。这种方式获得的信息量大，容易深入，也便于咨询师及时察觉问题，并适时予以进一步指导。

（3）访问他人。向了解来访者学习、生活等情况的人，如来访者的父母、同学、关系密切的朋友等了解来访者现在的适应状况，这种做法一般比较客观。如果能将这种方式所获得的信息与其他方式反馈的信息综合起来考察，得出的结论将更全面、真实。运用这种方法时，必须注意维护来访者的利益，保护其自尊和隐私，注意保密原则，因此，有时需要以间接、委婉的方式进行。

经过追踪调查，可能会有几种不同的结果：一是咨询效果显著，即来访者的问题已经解决，此时可结束心理咨询过程；二是咨询有效果，但问题尚未完全解决；三是咨询效果不大，问题基本没有解决。若是后两种情况，则应继续咨询过程。

二、心理咨询的原则

咨询原则是咨询工作中应遵循的根本要求，是有效地为来访者排忧解难，帮助来访者自助自强的基本保证。心理咨询的基本原则可以从以下三方面来界定。

（一）职业要求的原则

心理咨询是一项专业性很强的工作。它既是一门科学，又是一种特殊的职业，在伦理道德等方面有着严格的要求。咨询人员必须恪守有关原则，这是心理咨询的首要前提。

1. 保密原则

心理咨询是人与人之间心灵的沟通，也是人际交流的艺术。当来访者将自己埋藏心底的困惑与苦恼讲述给咨询师时，他希望对方理解他的心境，分担他的痛苦，还希望对方不会将自己的隐私和心事告诉他人，以防贻笑众人。因此，保守秘密既是职业道德的要求，也是咨询能有效进行的最起码、最基本的要求。这是心理咨询与一般朋友之间交流的重要差别，也是专业心理咨询与非专业心理咨询的分水岭。对此，应注意以下事项。

（1）来访者的资料绝不能当作社会闲谈的话题。

（2）咨询师应小心避免自己有意无意间将个案举例，来炫耀自己的能力和经验。

（3）咨询师不应将个案记录档案带离服务机构。至于在工作场所，亦要小心保管，避免放错地方、遗失或置于他人可翻阅的地方。

（4）咨询师所作的记录不能视之为公开的记录而随便任人查阅。

（5）若有必需，资料传阅之前，必须经当事人同意。如果来访者可能危及他人或危及自己的生命（自杀、他杀等），必须与有关人员联系，采取保护措施。此外，由于教学与研究的需要，咨询内容需公开时，必须隐去全部可辨认的来访者的信息。

2. 中立原则

咨询师在心理咨询中应始终保持不偏不倚的立场，确保心理咨询的客观与公正，不得把自己私人的情感、利益掺杂进去，需保持冷静的、清晰的头脑，不轻易批评对方，不把自己的价值观强加于对方。

3. 信赖原则

咨询师应以满腔热情、真诚的态度，从正面、积极的角度来审视来访者的问题与错误表现。咨询师要尊重与接纳每一个来访者，则必须对人的本质有积极的信念，相信每一个体独特的潜能，重视每一个体的人性尊严与价值，这样才能相信人的可塑性、可改变性，才能采取正面、积极的审视态度引导来访者的转变与成长。

（二）咨询活动中应遵循的原则

心理咨询过程中对咨询师有一些基本要求，是否遵循这些原则直接影响心理咨询的有效性。

1. 理解与支持原则

此项原则要求咨询师设身处地地去感受来访者的内心体验，以深刻了解其精神痛苦和行为动机。从专业角度而言，这种真诚理解是同感的基础。咨询师对来访者的自我反省与转变的努力予以及时的肯定与支持，可使他们深受鼓舞，改变对自我的认识，这将有助于来访者解除心头的郁结，从而获得鼓励和信心。

2. 疏导与启发原则

咨询师应该对来访者的失调情绪进行合理疏导，给予适当的安慰，对咨询中来访者表现出的积极因素及时给予肯定。同时强调启发性，引导来访者正视自己面临的问题，启发他从多种角度思考问题，自觉领悟、调整、建立新的适当的态度，提高独立性。

3. 耐心细致原则

本原则要求咨询师对来访者的行为转变做长期的思想准备，不因一时一刻的挫折与反复而失去对来访者的信心。由于心理咨询难度性和弱效性问题，来访者的自我反省与转变会因各种内、外界的因素而出现反复，因此，心理咨询不可能是一日一时之功，需要我们采取积极的态度与耐心细致的思想准备来与其沟通。

4. 非指示原则

人本主义流派认为心理咨询不是一种外部指导或灌输关系，而是一种启发与促进内部成长的关系。相信每个人都有成长的巨大潜力，通过咨询激发潜力，不能对来访者的行为简单地进行解释，明确告诉他应该怎么办，不应该怎么办。非指示原则要求咨询师在咨询过程中对来访者绝对尊重、接纳，竭力推动对方去独立思考，从而强化其自助能力，避免直接出谋划策。

5. 预防性原则

当发现来访者的心理矛盾可能向心理疾病发展时，咨询师应加以提醒，提早预防。

（三）应用咨询方法应遵循的原则

目前世界上心理咨询的方法达 400 多种。至今各种理论流派仍层出不穷，且效能各具千秋。一般认为，按心理咨询与治疗方法所依据的理论分类，大致有三大类，即精神分析法、行为主义疗法和人本主义疗法。其他的方法可视为这三大类的派生物和结合物。因此，在运用心理咨询和治疗方法时应遵循以下基本原则。

1. 综合原则

在实际心理咨询实践中，至今还没有任何一种方法能取代其他方法，因为所有咨询方法各有长短，各自适用于不同的情况。部分学者认为咨询师需要多种方法结合运用，在了解多种方法的各自特点之后，根据来访者的具体情况，选择合适的方法。也有人主张在咨询的初期多用人本主义的方法，咨询中期多用分析的方法，咨询后期多用行为矫正的方法。

2. 发展性原则

人的心理活动始终处在动态过程中，心理咨询也是不断发展变化的过程。咨询师要用发展变化的观点看待来访者，选择和运用的方法要有助于来访者的成长发展，根据实际情况随时调整方法。

心理咨询和心理治疗虽有区别，但本质上是相通的。咨询过程本身就有一定的治疗意义，而治疗也离不开必要的咨询过程。因此，在咨询中，咨询师不仅要帮助来访者分析心理问题产生的原因，使其能领悟，同时也要采取必要的措施，使心理咨询更加有效。

第四节　心理咨询的会谈技术

会谈作为心理咨询的主要方式，是需要讲究技术性的，会谈技术的高低会直接影响到心理咨询的效果。

案例导入

一、倾听技术

（一）专注与倾听

专注与倾听技术是指在咨询过程中，咨询师的语言与非语言行为反映出咨询师正全神贯注地倾听来访者的语言表达，细读来访者的非语言行为，关切、同情与重视来访者的遭遇，愿意伴随来访者了解问题的始末。

咨询师的专注与倾听可分为两个层面：第一个层面是指咨询师身体的专注与倾听；第二个层面是指咨询师心理的专注与倾听。咨询师身体的专注与倾听包括五个基本要素：面对来访者，身体姿势开放，身体稍微倾向来访者，良好的目光接触，身体放松。

1. 专注与倾听技术的适用时机与注意事项

在咨询过程中，不管在哪种情况下，咨询师都需要表现出身体与心理的专注与倾听。所以，专注与倾听技术适用于整个咨询过程。咨询师使用专注与倾听技术时，必须随着来访者语言与非语言行为的变化，随时调整自己的语言与非语言行为，以同样的脚步跟随着来访者，以表明咨询师的专注与倾听。

2. 专注与倾听技术的功能

咨询师的专注与倾听能建立良好的咨询关系，鼓励来访者开放自己、坦诚表白，倾听与观察来访者的语言与非语言行为，深入其内心世界。

（二）询问与追问

在咨询会谈中，询问与追问是必要的，不仅可以加快咨访关系建立的进程，而且可以让来访者来不及掩饰和撒谎。虽然会谈中倾听非常重要，但适当的提问会让来访者感受到咨询师的认真负责。对于情绪激动或思维混乱的人来说，询问与追问还可以帮助来访者稳定情绪，整理思维和认识自我。

提问时应注意以下几点。

1. 多用开放式提问，少用封闭式提问

通过开放式的提问，咨询师可以了解与问题有关的具体事实、来访者的情绪反应、看法及推理过程等。

2. 开放性的问题要慎用"为什么"

因为有时来访者对问题的原因并不很清楚，或感到难以表达；有时对问题原因的解释可能会触及其秘密和隐私，这时的咨询关系还不够成熟，就不能保证其回答的真实性，反而会为以后的咨询或治疗带来困难。

3. 封闭式提问不可连续使用

一连串的"我问你答"，易使来访者感到对方主宰着会谈，而把解决问题的责任转移给咨询师；来访者往往变得沉默，不问就不说话，停止其自主探索，甚至降低对咨询师的信任度。

4. 使用"轻微鼓励"

轻微鼓励是指在谈话过程中，咨询师借助一些短语或复述来访者谈话中的一两个关键词或语气词，或用点头、注视等表情动作来支持对方往下说。

5. 不要连续提问

如果提问后来访者谈出一些重要的信息，咨询师应该做出同感反应，而不要再接着提问，因为同感能促使来访者进一步探索自己。

6. 要善于运用积极性提问

积极性提问是指能使来访者以积极心态进行回答的提问。

7. 避免判断性提问

带有判断性的提问往往包含着咨询师本人对来访者的某种评价，来访者就会认为咨询师不理解他。

（三）重复

所谓重复技术，是指咨询师就来访者描述的内容，选择重要的部分并将该部分重复一次，让来访者就讲述的部分做进一步说明，或是顺着重复内容的方向继续会谈。

来访者叙述的内容，开启了一个谈话的方向，咨询师的重复可以将谈话引导到某个关键的问题上，并且深入探讨。

1. 重复技术的适用时机与注意事项

重复技术可以用于咨询过程的任何阶段。咨询师重复的内容，必须是来访者的话而不是咨询师自己的重复，是来访者叙述中的关键主题和来访者此时此刻的感觉及想法。通常而言，来访者叙述中最后面的信息，一般是最重要的，咨询师可以选择那部分作为重复内容。

2. 重复技术的功能

（1）协助咨询师进一步了解来访者。

（2）协助来访者进一步了解自己。

（3）决定谈话方向。

（四）面质

面质，又称为对峙或对立，是指咨询师当面指出来访者自身存在的情感、观念、行为的矛盾，促使其面对或正视这些矛盾的一种语言表达方式。咨询师实施面质的目的，并不在于向来访者说明他说错了什么话或做错了什么事，不是"指出错误"，而是"反射矛盾"。前者的重心落在纠正错误上；后者的重心则落在讨论问题、帮助来访者上。由于心理防御机制的作用，有些来访者不愿意承认自己的无能或失败，在谈及自身的问题时显得躲躲闪闪，不肯正视现实。面质的目的就在于协助来访者认识自我，鼓励他们消除过度的心理防御机制，正视自己的问题，从而使问题得到妥善的解决。

礼貌、适时地指出来访者提供的虚假信息会让来访者感到咨询师的真诚、负责和良好的职业技能。面质有点类似日常所说的"揭穿"。面质的意义不在于否定对方，贬低对方，教训对方，而在于开启对方，激励对方，使对方学会辩证地看待当前所面临的问题。因此，在心理咨询中运用面质是非常必要的。

1. 面质的意义

（1）有利于澄清来访者在情感、观念以及行为上的矛盾，使咨询师把握来访者真正的感受。有些来访者存在有意无意的防卫心理或者对自己的情感、观念比较模糊，因此，可能出现前后的言行或情感不一致。这时咨询师需要使用面质，使来访者明确自己的言行或情感。只有这样，才能进行下一步的咨询。

（2）有利于来访者认识自己对他人和事物的理解、要求以及与现实间的差距，促使其自我思考，勇敢面对现实，从而做出行为或认知上的改变。有些来访者在认知上存在误区，他不愿承认现实，不愿承认自己的差距，仅仅活在自己的精神世界里，这样做虽然使他的自尊心免受打击，但是从长远来看，有可能会给他带来更大的伤害。因此，这个时候需要面质，使他能够正视现实。

（3）有利于来访者认识到自己认知方式与思维方法的误区，消除其认知方式中的某些片面性与主观性。正如认知疗法的主要代表人物贝克所说："适应不良的行为与情绪，都源于适应不良的认知，因此，行为矫正疗法不如认知疗法。"可见，来访者在认知方式与思维方法上存在的误区，会造成行为及情绪上的问题，但是来访者却认识不到这种误区，这时就需要应用面质来使其意识到这种误区的存在，从而做出改善。

2. 使用面质的注意事项

（1）面质必须以良好的咨访关系为基础，以充分接纳来访者为前提。因为面质所涉及的问题对来访者来说可能具有刺激性，有一定程度的威胁，有可能伤害来访者的自尊心，甚至导致危机的出现。有了良好的咨访关系，来访者在理智上就不会把面质理解成是咨询师对他的一种攻击。只有充分接纳来访者，咨询师才能在面质中充满关怀，充满理解和真诚，降低或避免面质可能造成的伤害。

（2）面质要有事实根据，事件必须具体、明确。面质之前，必须仔细倾听来访者的叙述，充分把握各种信息，明确来访者的矛盾之处，这样才能做到有的放矢。要避免对事实了解不充分时使用面质，否则容易给对方造成小题大做、专门找碴儿的误解，从而影响咨访关系，影响咨询效果。

在使用面质时，必须具体而明确地指出语言与非语言信息、前后看法差异或矛盾之处。若咨询师不能明确指出差异或矛盾，则来访者可能会认为咨询师在刁难自己而产生抗拒或争辩。咨询师应审慎觉察差异与矛盾症结，以便让来访者心服口服。

（3）以尝试、试探的态度进行面质，且应避免辩解。用尝试、试探的态度进行面质，会给来访者留有余地，使他在心理上容易接受，不至于产生逆反心理。比如用"不知道我的感觉对不对，你好像把责任都推给了她，自己是不是在整个事件当中一点责任都没有？"用这种语气面质要比用"我认为，你在这个事件中也应负一定的责任。"这种语气委婉得多，从而使来访者更容易接受，进而反思。

咨询师面质以后，来访者可能会寻找种种借口拒不承认，这时候咨询师不应辩解，而应该倾听来访者的叙述，寻找机会进行下一次面质。

（4）面质不宜一步到位，而应循序渐进地进行。充分地发现来访者心理上存在的矛盾或误区之后，如果直接指出他的矛盾所在，就会令来访者措手不及，无法从心理上接受，并产生防御心理，矢口否认。如果循序渐进、一步步地使他接受，到最后就会水到渠成。

（五）澄清

澄清也是一种技巧。咨询师对已经发现的破绽要及时予以澄清，任其继续会引出自圆其说的谎话。从事心理咨询的新手总是不敢澄清事实，生怕来访者觉得自己没有被充分尊重，这也是有一定道理的。如果在澄清前问"你介意我这样理解吗"等一类的话，就可以较好地消除误会和减轻彼此之间的压力了。

1. 澄清的目的

澄清是让来访者表达的信息更加清楚，并确认咨询师对来访者知觉的准确性。澄清的目的在于：

（1）鼓励来访者更详细地叙述。

（2）核查来访者所说事情的准确性。

（3）澄清含糊、混淆的信息。

2. 澄清的基本步骤

（1）要确认来访者的语言和非语言信息的内容——来访者告诉了你什么。

（2）确认任何需要检查的含糊和混淆的信息。

（3）确定恰当的开始语，要使用疑问（不是反问）的口气。

（4）要通过倾听和观察来访者的反应来评估澄清的效果。

二、反应与参与技术

（一）内容反应技术

内涵是最主要的内容反应技术。内涵，又称为释义、简述语意，是咨询师提纲挈领、简单扼要地用自己的话将来访者所表达的内容回应给来访者，以确定他是否能正确地理解来访者，是否抓住了来访者关注的重点，以及引导谈话至重要方向。

1. 内容反应技术的适用时机及注意事项

内容反应技术可以用于咨询过程的任何阶段，但是适当的时机才是最重要的。咨询师所简述的内容，不要过多也不要太少，同时尽量使用自己的语言，不要重复来访者的话。

2. 内容反应技术的功能

（1）协助建立良好的咨询关系，明确来访者咨询的动机。

（2）协助来访者了解自己。

（3）将谈话转移到重要的方向上。

（二）情感反应技术

情感反应技术是咨询师辨认来访者语言与非语言行为中明显或隐含的情感，并且反映给来访者，协助来访者觉察、接纳自己的感觉。

在咨询过程中，情感常被视为咨询的重要因素。以情感为取向的咨询治疗学派认为，协助来访者觉察感觉和表达与接纳情感是促使来访者产生顿悟、解决问题的关键因素。

1. 情感反应技术的适用时机及注意事项

情感反应技术可以用于咨询过程的任何阶段，但是适当的时机才是最重要的。咨询师使用情感反应技术时，首先要辨别来访者的情感，然后将该情感反映给来访者。如果来访者的叙述包含一种以上的情感，咨询师必须将不同的情感反映给来访者。

2. 情感反应技术的功能

（1）促使来访者觉察情感。

（2）协助来访者重新拥有自己的感觉。

（3）使咨询师正确了解来访者，或使来访者了解咨询师。

（4）建立良好的咨询关系。

（三）通情达理技术

通情达理技术就是倾听来访者叙述，深入来访者内心世界，以感同身受的方式体验来访者主观的想法与情绪，把关切和理解传递给来访者。这里的通情达理又被称为同理心或共性。

通情达理技术分为两类，一类为初层次通情达理技术（或初层次同理心技术），另一类为高层次通情达理技术（或高层次同理心技术）。咨询师使用初层次通情达理技术时，回应的内容是来访者"明确表达"的感受与想法。咨询师使用高层次通情达理技术时，回应的内容是来访者叙述中"隐含"的感受与想法，所以高层次的通情达理技术可以协助来访者了解自己未知或逃避的部分。

1. 通情达理技术的适用时机

（1）初层次同理心技术的适用时机。初层次同理心技术适用于任何咨询阶段，但是更适用于咨询初期，即当咨询师与来访者未建立良好关系之时。初层次同理心技术的回应，是顺着来访者的思考方向，反映来访者的感觉与想法，让来访者感到被支持、被了解的，所以能够帮助咨询师与来访者建立良好关系。由于在咨询初期，咨询重点放在建立咨询师与来访者良好关系上，因此初层次同理心技术虽然适用于咨询的任何阶段，但是更适用于咨询初期。

（2）高层次同理心技术的适用时机。高层次同理心技术适用于咨询的中、后期，即当咨询师与来访者已有良好关系时。在咨询中、后期，咨询的重点在于协助来访者探讨问题的根源，这时候咨询师的回应目的在于协助来访者觉察未觉察或逃避的想法和感觉。如果咨询师与来访者没有良好的关系，来访者在高层次同理心技术的挑战之下，必然穿上防卫的盔甲，让咨询陷入僵局。

2. 通情达理技术的注意事项

（1）咨询初期，咨询师须尽量使用初层次同理心技术，以帮助自己与来访者建立良好的关系。即使咨询师已看到来访者问题的症结，或是觉察到来访者的逃避、隐瞒行为，仍然只能使用初层次同理心技术。

（2）在咨询的中、后期，咨询重点放在协助来访者探讨问题的根源，通常以高层次同理心技术为主。但是有时为了配合来访者认知、情绪与行为的改变速度与状况，仍然可以配合使用初层次同理心技术。

（3）咨询师使用通情达理技术时，回应的内容必须反映来访者语言与非语言行为中蕴涵的信息。

三、影响与引导技术

(一)解释

解释是指咨询师运用有关的心理学理论来说明来访者思想、情感和行为的实质、发展过程及原因、影响因素等，促使其从一个新的角度，借助于理论知识来加深对自身的认识和理解，进而做出积极的改变。解释的内容主要包括：是否有心理问题；心理问题的主要原因及演变过程；心理咨询的过程、方法和效果等。

解释被认为是一种非常重要的影响技术，是面谈技巧中最复杂的一种，是一项富有创造性的工作。咨询师解释水平高低很大程度上取决于理论联系实际的程度。运用解释时要注意以下几个方面。

(1)咨询师在进行解释时，首先应了解情况，准确把握问题，否则解释势必偏离目标。如果咨询师对来访者的问题还没有足够的把握，就不宜随便地发表看法，更不能做缺乏科学性的随意的解释，而只能采用咨询技能来进一步了解问题。

(2)咨询师应明了自己想解释的内容是什么，若自己也模糊不清或前后矛盾，则效果就差，甚至起反作用。有些咨询师凭感觉和经验判断来访者的问题所在，但难以从理论的高度给予系统的分析解释，他们的解释或过于表面化，或叙述不清，或缺乏说服力。这就需要咨询师提高理论修养，否则会影响咨询效果。

(3)做解释是必要的，但应该是必要的解释。咨询师应视情况而做出合适的解释。也就是说，咨询师掌握的信息并不一定都要告诉来访者，因为有些解释会增加来访者的心理负担，或导致来访者更加不能很好地理解问题的实质，或增加与来访者信奉的理论的矛盾，或不利于来访者面对现实。解释的原则是要有利于咨询的顺利进行，有利于来访者问题的解决。解释不宜多用，一般来说，一次会谈中运用得当的解释不应超过三个，这是因为解释过多往往会使来访者感到难以接受。

(4)要灵活地运用解释技巧。这里应考虑的因素有文化程度、理论修养、个性特征、领悟能力、问题特征、理论特点。解释应因人而异。例如，对受教育程度较高的来访者，解释可以系统、全面些，而对受教育程度较低的来访者，解释则应尽量通俗、浅显。

(5)咨询师的解释不能强加在来访者身上。一方面不能在来访者还没这种心理准备的时候就匆忙地予以解释，过早解释往往会使来访者不知所措，难以接受；另一方面不能把来访者不同意或有怀疑的解释强加在他的身上。即使解释合理，但如果对方一时不能接受，咨询师应分析其中的原因，不能以权威自居，强迫来访者接受解释。

(二)潜能激发

潜能是指人具有的但又未表现出来的能力。正是因为潜能的隐蔽性，许多人并不能够有效地认识和开发自己的潜能。

潜能分为生理潜能和心理潜能。潜能的发掘和发挥都存在着极大的心理因素。人通过提高认识，掌握学习技巧，培养感受力、领悟力及坚强的意志等方法来发挥人的生理、心理潜能。因此，从广义角度上讲，任何潜能都属于心理潜能。

对于心理潜能，人们一般都狭隘地理解成意志的激发。的确，意志最能够体现人的意识能动性，有恒心、有毅力、有信心的人往往能够做到很多看起来不可能做到的事情。但是，心理潜能不仅仅是意志的激发，任何心理活动都还有相当多的能量没有被挖掘。也就是说，在一般情况下，任何心理活动都存在着潜能，这些潜能往往能够通过特殊的训练逐步释放出来。例如，某人记忆力不好，经常丢三落四，特别是对人名、电话号码等很难记住，在记忆力测试中得分远不如一般人。但是，由于采用系统学习法，运用多维网络理解记忆，且尽可能以整体模块打开记忆通道，学到的东西或用心记忆时记住的东西就比训练前好得多。

世界是广泛联系的，可以把广泛联系作为心理潜能激发的第一步。联系是人的需要，心理学中著名的感觉剥夺实验并不是完全的感觉剥夺，但已经让人无法忍受，足以证明这一点。

对于绝大多数人来说，能力发展是不均衡的，潜质也不均衡。每个人发挥自己的前提就是认识自己的智慧，开发自己的潜能。

既然每个人都有潜能，咨询师在咨询过程中就可以想方设法地激发来访者的潜能，最终达到帮助来访者成长的目的。

(三) 指导

指导被人们认为是最具有影响力的技巧。指导，简而言之，就是告诉来访者去做某件事。指导最直接的形式是咨询师让来访者做某些事或说某些话，或以某种方式行事。咨询师还可能引导来访者进行想象(人本主义的治疗)，指导来访者进行放松训练(行为治疗)，教来访者某些特定的行为方式(决断训练)或使来访者进行自由联想(心理分析理论)，等等。这些都是咨询师的指导行为，甚至于让来访者完成一定的家庭作业也可归入指导行为的行列。

指导技巧与解释一样，与各学派的理论联系紧密，不同的理论可能会运用不同的指导技巧。咨询师可在掌握了基本的倾听技巧和各种理论模型之后进一步研究这些影响技巧。

由于指导技巧繁多，又与理论密切相关，现仅列举几种不同类型的指导方式，使大家对指导技巧有个大致了解。

1. 指导言语的改变

如咨询师对来访者说："请把你所说的'我应该怎样'改为'我希望怎样'，把'我干不了'改成'我可能干不了'。"这里所举的例子与认知治疗理论相联系，认为来访者所说的是与其想法、认知相关联的，改变其认知才能改变其行为。从行为入手进行改变，就会对其认知产生影响。这里是从改变言语入手。如把"我应该"换成"我希望"，在程度上有明显不同。如一个大学生认为"我的学习在班里应该是最好的"，这种想法导致其走向极端，当现实情况与其想法不符时，极易产生心理问题。而在咨询师指导下，把这句话改为"我希望自己的学习在班上是最好的"，目标未变，客观效果却大不一样。当一个人说什么事情自己干不了时，很可能放弃尝试的努力，而说"我可能干不了"时仍有努力尝试的积极含义在。这种言语改变的指导在行为学派的"决断训练"中也常见到。如有的人怕说一些会使别人可能远离自己的话，但不说自己利益又会受损，像有些人借了钱老不还，而自己急需用钱又不敢去要，咨询师就可用指导技巧教其怎样去说。

2. 特殊的建议或指示

这在我国的心理治疗工作中常常采用。如来访者有考试焦虑，咨询师可能会建议其修改每日复习功课的计划，不要搞得过度疲劳，每天坚持体育锻炼等。或者有的来访者喜欢把每天的事情拖到第二天才做，这时咨询师就会要求来访者今日回去做一件事，做完就奖励自己，没做则给自己以某种形式的惩罚。

3. 自由联想式的指导

"带着这种情绪进行联想，回想一下你儿童时代的经历……"，"保持这种情绪进行联想。现在告诉我，你最先想到的是什么?"这可能是心理分析咨询师的常用话语，以指导和帮助来访者按心理分析的理论模型寻找问题的根源。

4. 角色性指导

角色性指导有角色扮演、角色颠倒练习和固定角色练习等。角色扮演在行为治疗中很常见，让来访者扮演自己当时的情况，咨询师或咨询组中的其他成员再进一步给予指导。咨询师会要求来访者："现在我们来重演一下当时的情景……"角色颠倒的情况与角色扮演类似，但来访者不是演自己而是扮演另一个与自己有关的人。固定角色则是人本主义心理治疗中的技术之一。咨询师让来访者在一段时间内，以不同于他原来的情况的角色出现，以此让来访者获得不同以往的新体验。

5. 训练性指导

这方面的种类极多，如放松训练、决断训练、系统脱敏训练等。在训练之前和训练过程中，咨询师都会对来访者提出要求，指导他们做什么，不要做什么等。这种指导多见于以行为治疗理论为指导的心理治疗之中。

6. 忠告与信息

这是一组非常有用的影响技巧。咨询师为来访者提供建议，或为其提供具有指导意义的思想观点等。这些新的信息对来访者的思维与行动具有潜在的影响。

提供忠告与信息在职业心理咨询中非常重要。此时作为咨询师，就必须为来访者提供有益的忠告，因为咨询师所具有的有关信息正是来访者所需要的。由于社会需求，我国职业咨询将会逐步兴起，有关职业需求等方面的重要信息将是咨询师帮助来访者的基本依据。

为来访者提供忠告与信息等在心理治疗会谈中的很多时候是必要的，但这些技术却可能给会谈带来潜在的危害。比如为来访者提供忠告与信息要完全以其利益为出发点，并且尽可能使来访者了解咨询师提出有关忠告的根据。如果来访者不以为然，咨询师应重新检查自己对来访者的问题和想法的理解，帮助其另立解决方案。切不可认为自己所提忠告就是最好的。有时咨询师可能是站在自己的立场上看问题的，并未真正了解来访者的苦衷；还有一些时候，对于咨询师提供的忠告，来访者一时不能体会其中的好处，因而并不接受。不论是属于何种情况，咨询师都应冷静对待，仍以对来访者负责的态度继续进行会谈。

在提出忠告的措辞方面也应注意，例如，可以采用这样的词句："如果那样的话可能会对你更好""如果我是你的话，我可能会……"等。措辞生硬可能会使来访者产生抵触心理，而这样委婉的话语易于被来访者接受，进而可能对其产生影响。

另一点需要咨询师注意的是，忠告或建议可能会因使用过多而失效。因此，使用这些技术时应持慎重态度。在大多数情况下，要在来访者询问咨询师的意见时再给予忠告和建议，一般不应主动提出过多的建议。即使你是出于好心，为来访者好，但如果来访者没有这种要求，就可能像你送的钥匙对不上来访者的锁一样无用。此时来访者可能会说"你说的是对的，但是……"，在这种情况下，咨询师可能就应该检查一下自己会谈的方式了。如果问题真的出在自己提了过多的建议上，那么可以马上改用倾听技巧，向来访者提出问题或做说明以给来访者进一步解释自己的问题的机会。例如，咨询师可以这样发问，"你觉得这种方法对你起不了什么作用，那么你觉得什么方法可能更适合你呢"，或者"你认为这样不行，解决不了你的问题，那么你希望我们给你些什么样的帮助呢"，等等。

对指导的上述介绍仅是挂一漏万的举例而已。指导技巧对来访者影响很大，适当运用定会有收效。但采用指导技巧时一定要注意，要在与来访者建立良好关系的基础上进行，否则将会事倍功半，收效甚微。有许多咨询师重视来访者提出的问题，而不重视来访者本人，这就容易形成在消极的基础上进行指导的局面。另外，我国的咨询师在采用特殊建议与指示性指导时，对某些思想活跃的青年人应特别注意，不要以权威身份强令来访者执行，以免引起来访者反感而中断治疗。

（四）自我开放

咨询师适当的自我开放（自我坦露）是一种行之有效的诱导技术，来访者会因为咨询师的坦诚而减轻压力，作为回报，他会在会谈中述说真情。自我坦露有利于来访者获得安全感，降低防范，减少他们的焦虑情绪，同时也表明咨询师的真诚。但自我坦露的时机不当反而会让来访者觉得咨询师浅薄无知，不值得自己信任。咨询师过多的自我坦露也会占用会谈时间，这不利于来访者继续倾诉。一般来说，当来访者讲述一段自认为非常"隐私"的案由后，咨询师应当做出回应，这样就有利于来访者继续讲出真实的情况。

有些人在与别人交往时，总喜欢把自己的真实思想、情感和需要掩盖起来，在他们看来，人世一切是那么无聊，令人厌倦、平淡、无意义。他们往往持一种孤傲处世的态度，只注重自己的内心体验，他们的行为和习惯有时令人难以理解。这种人与外界交往的失败就在于他们在心理上建立了一道屏障，把自己封闭起来，不与别人沟通。因此，他们只有增加自己的"透明度"，敞开自己的心扉，才能用热情、坦诚去赢得别人的理解。

（五）影响性摘要或总结

1. 总结的目的

（1）把来访者信息的多个元素连接在一起。

（2）确定一个共同的主题或模式。

（3）打断多余的陈述。

（4）回顾整个过程。

2. 总结的步骤

（1）关注和回忆来访者表述的信息，并在心中复述这些信息。

（2）通过向自己提问题来识别信息中存在的明显模式、主题或多种元素。

（3）使用所选择的语句和词汇描述信息中的主题，把多种因素联系起来，将总结告知来访者。

通过倾听和观察来访者对结论是肯定还是否定，以及总结是加强还是减弱了咨询关注方向等来评价总结的效果。

四、非言语技术

会谈，顾名思义就是会面和谈话。在这里，会谈中的双方不仅仅通过谈话交流，会谈双方视线的接触和身体的姿势等也会成为会谈中交流的要素。在会谈中，有些来访者除了讲话，可能会有些伴随的线索出现，特别是在其有情绪时，咨询师可能要多加注意。

（一）目光接触与身体语言

在会谈中，咨询师与来访者视线的接触及咨询师的身体姿势动作所构成的身体语言，是区别一个咨询师是否成功的重要因素。一旦咨询师要参加某个会谈，就应注视着自己的会谈对象，一直保持与会谈者视线的自然接触，表示出对他的关注。

我们常听到这样一句话，"眼睛是心灵的窗户"，当你注视着对方时，你可以了解到对方更多的情况，反之亦然。当来访者在讲话时，咨询师注视着来访者的双眼，来访者同样也可以了解咨询师。他们可以得到这样的信息，即自己的话是否被咨询师认真听取，是否能被接受，是否可以被理解。咨询师对来访者的共情与理解、尊重与关注等信息均可以从目光中传达给来访者。视线接触就是要求咨询师注意自己的目光。如果来访者在谈话，咨询师却在那里看着不相干的东西，或者东张西望、目光散漫，这种视线给来访者的信息一定是消极的。

那么，在会谈中咨询师的目光怎样安排比较合适呢？我们的建议是：当咨询师倾听来访者的谈话与叙述时，目光可直接注视着来访者的双眼；当咨询师在讲话解释时，这种视线的接触可以比听来访者谈话时少些。也就是说，来访者讲话时，一定要用目光表示咨询师的关注；咨询师谈话时，有时视线可以短时间离开来访者。

人类的身体语言是极为丰富的，如站立的姿势、坐着的姿势、举手投足都可包括其中。人们在各自的生活经历中，可能会形成一些自己独特的习惯，比如习惯双手抱臂而立，或谈话时爱在室内走动，或坐在自己的办公桌上，或坐下时习惯跷二郎腿，或想问题时经常颤动双脚，或解释说明时喜欢用各种手势，等等。文化背景不同时还有其他一些不同的身体语言，如"V"字形手势表示胜利，耸双肩表示无可奉告等。

作为咨询师，在来访者面前，应使自己的身体语言融入咨询过程中去，以有利于咨询过程为准。因此，有些咨询师的习惯动作可能是需要改变的。比如颤动双腿，这可能会使来访者感到压抑与不安；坐在办公桌上与人交谈，在自己的同事与朋友面前也许是适当的行为，但对来访者就有不利影响，这会产生一种咨询师"居高临下"的感觉。比较适宜的行为表现也许是这样的：当来访者初次到来时，可以与对方握手表示欢迎和接纳之意。若有的咨询师不习惯这种方式，也可以不用握手的方式，但需起身招呼来访者坐下。在整个治疗过程中，要使自己坐得舒适自如，同时又要表示出对来访者的关注，可使自己面对来访者，身体略微倾向于来访者，并用点头等方式表示自己对来访者谈话的注意。在说明问题时，可借助某些手势加强谈话效果，但要注意运用适度，不能显得过分夸张，以免使人感到有"取宠"之嫌。在每次会谈结束时，咨询师应起身将来访者送出门外，这不仅被看作一种礼节，也表明咨询师对来访者的主观态度。

在咨询师说话时，来访者也在观察咨询师。新手咨询师往往表现拘谨，常常会出现只坐椅子的一半、身体向前倾斜很大、双手紧紧地拧在一起等现象。来访者如发现这一点，也许他自己会放松，但其后可能对咨询师说出的话大打折扣。纠正的办法是咨询师要靠椅背而坐，找到一种使自己感到舒适的姿势，手中可拿笔纸做出准备记录的样子。当然这只是一种矫枉过正的办法。咨询师在会谈中，要既能真正表现出自如，又能表现出对来访者的关注，这就需要多进行实践锻炼。

（二）其他非言语性技巧

除目光的接触与身体语言外，还有其他一些非言语性的技巧。说话的语气、语调及速度就是其中之一。心理咨询的过程比较多地依靠咨询师的言谈话语来影响来访者，这就需要咨询师能在咨询中很好地运用自己的语音、语调。来访者在听咨询师讲话时，咨询师所说的话语对他来说是理性化的东西，而他从声调与语气中感受到的是某种态度与情绪，这种态度与情绪并不就到此为止了，它还会诱发来访者的感情。那么，作为一个咨询师，其声音是否能让来访者感到温暖、顺耳，让人有兴趣听下去，这也是需要注意的。每个人的声音都是独一无二的，但关键是咨询师要带着对来访者的共情、理解与关切去讲话。这样，他的语音中就有了灵魂，讲出的话语才会有扣人心弦的效应。

咨询师谈话时还有一些需要注意运用的技巧。比如发音不能太平，这会使人感到平淡无奇，枯燥无味；讲话时要有些抑扬顿挫、变速与停顿，这会使咨询师的话语变得有生机、有吸引力；讲话时要尽量发出明确的声音，使来访者能够听清楚，含混不清易使来访者产生疑惑；语速不要过快或过慢，过慢会使来访者感到拖沓、不精练，过快会使来访者跟不上咨询师的节奏，一般以中等速度较为适宜。因此，掌握谈话中的停顿有助于来访者思考。停顿并非留下谈话的空白，停顿有三个作用：首先，留下言语的余韵；其次，求得同意、领会；第三，加强听者的集中状态，这实际上是让来访者参与其中。

座位的角度也是其他非言语性技巧之一。椅子若面对面，晤谈时来访者会感觉有压迫感，不理想。椅子并排，则被称为情侣坐法，但咨询师与来访者会谈时应保持一定的专业关系，故也不理想。亦有人促膝而谈，但若遇到激动的患者，会很危险。90度为较适宜的方式，在医院，医师与病人也是如此坐法，因为这种坐法容易看到来访者，记录也方便。若咨询师的座位较来访者高，会产生权威性过高的感觉，使来访者觉得卑微，从而影响晤谈，所以视线应等高。

五、其他通用技术

（一）结构化

1. 结构化技术的含义

所谓结构化技术，是指对心理咨询的性质、限度、角色、目标以及特殊关系所做的解释，包括心理咨询时间的限制、需要晤谈的次数、保密性问题、可能出现的其他问题和应有的期待等，也可以包括理论构架、咨询关系、咨询环境及相关程序。在心理咨询之初，就将这些情况向来访者说明和解释，减少来访者由于不了解情况而产生的迷惑以及由此引发的焦虑，更可使其不至于对心理咨询产生不当或更高的期望。例如，"我们有一个小时谈话的时间，在我们谈话的时候我要做必要的记录，以便对你的情况进行分析。希望这不会对你造成困扰。现在我还不知道你带着什么样的问题来到这里，但不管怎样我会认真对待，给你应有的帮助，同时也将根据保密性原则对你的问题给予保密，在这里你可以谈论你所希望的任何事情。"

在心理咨询的实践中存在这样一个问题，即对每次晤谈的时间不做限定，往往一谈就是两三个小时。其实，每次晤谈时间应做规定，一般以一小时左右为佳，必要时，如来访者呈现的是一种紧迫的、确为其无法处理的问题时，咨询时间才可延长，但也不能延时过长。咨询师应在开始晤谈时就告知来访者晤谈时间，这样做有以下几个好处。

（1）在学校咨询服务时间里，来访者往往较多，对每位来访者一次晤谈的时间做出限定，可让更多的人享受到咨询服务。

（2）一小时左右的晤谈效果最佳。研究表明，在一小时左右的时间里人的注意力可以保持良好的状态，时间一长会使人的注意力分散，咨询效果不佳。但时间过短，又不能做深入交谈。因此，一般每次咨询时间以一小时左右较为适当。

（3）向来访者做出时间限定，可使他们珍惜咨询的时间，迫使来访者少绕圈子，尽早触及问题实质；同时，也使其对咨询师的谈话保持积极的反应。

（4）限定咨询时间，使每次咨询涉及的问题内容集中，主题明确、突出，来访者能有效地达到领悟，得到帮助。否则，内容繁杂，主题不明，面面俱到，反而使来访者无所适从，不能有效地消化接收，降低了咨询质量。心理咨询是一个循序渐进地解决问题的过程，除非来访者的问题单一、浅显、简单，一般不宜搞速战速决。

在咨询实践中经常出现这样的问题，即结束时间将到而来访者却不愿结束。为了有效结束晤谈，以下技巧是被经常采用的。

（1）晤谈开始就向来访者明确时间的限定。

（2）咨询师发现结束时间将到时，就阻止谈论新的话题和资料，最好的阻止办法是建议下次再来讨论这个问题。如"这似乎是我们下次面谈时最好的开始"，如此既达到结束的目的，也为下次面谈找到材料使其有备再来，同时也不至于使来访者因为被迫结束晤谈而沮丧、不满。

（3）由来访者对本次晤谈做一简明扼要的叙述，如此足以结束晤谈，因为它可使来访者认识到时间已经到了。

（4）由来访者来做总结，即让其说出本次晤谈的收获。咨询师可以下列的方式引导来访者做出摘要性的叙述："在本次晤谈即将结束的时候，我想了解你有些什么收获，这对我们将是很有帮助的。"

（5）咨询师委婉而明确地告诉来访者晤谈该结束了。例如，"我想我们今天是否就谈这些？""好的，我认为我们现在该结束今天的谈话了！"

心理咨询往往需要经过多次的晤谈才能达到既定目标，最后结束整个过程。而每次晤谈的间隔时间是颇有讲究的，尤其在咨询的第二阶段，既不能太长，也不能太短。每次间隔都是来访者消化前次咨询的内容、根据启发做进一步反省和领悟、实践阶段性目标要求、完成布置的作业的过程，与晤谈一样是心理咨询的重要组成部分。间隔时间一般以 1～2 周为宜。间隔太长，不利于整个咨询过程的连续性，容易造成前后脱节，来访者的变化过程无法得到咨询师的及时指导和帮助，从而影响咨询效果。间隔太短，则不能有效地实现间隔阶段的治疗价值，不能体现咨询师指导、帮助来访者自治的咨询本质，容易造成来访者对咨询师的过分依赖，从而影响咨询效果，也使咨询师接待来访者的时间和精力被大大耗费。除非是来访者处于情绪危机状态，需要咨询师帮助其迅速缓解以应付正常生活，咨询的间隔时间可以适当缩短，但这种缩短也应是暂时性的。

2. 结构化技术的主要功能

（1）减少来访者的疑惑与不切实际的愿望。如来访者认为：咨询师是个万能的人，有能力帮助他解决任何问题；自己只需等待咨询师的建议；问题可以很快获得解决；咨询就是听咨询师分析，找出问题的原因。这些想法都是错误的。

（2）协助来访者了解咨询过程，以减少来访者的焦虑。

（3）协助来访者做准备，以利于咨询的进行。

3. 结构化技术的适用时机及相关程序

在咨询开始时，咨询师向来访者说明从咨询开始到结束的要素；在咨询过程中，咨询师进行一项活动时，有必要向来访者说明活动进行的方式、来访者在活动中的角色，好让来访者决定是否同意参与。

来访者来求助时，对于咨询的进行会有一些疑问与期待，咨询机构应该以书面的方式，提供给来访者相关技术信息，例如：

（1）每次咨询的间隔时间有多久？

（2）在咨询时间外，如果来访者觉得需要与咨询师会谈时，要如何联络？

（3）如果来访者忘了咨询，要怎么处理？

（4）咨询内容如何被保密？

（5）在危急的情况下，来访者该如何做？

（6）什么时候结束咨询？

（7）咨询费用是多少？如何付费？

（二）评估

咨询方法虽是咨询师与来访者共同研究选定的，但并不表明这些方法一定合适，也不能保证来访者会很好地实施，因此，需要对咨询方法进行评估。咨询方法的评估不应在问题处理终结的时候才进行，而需在运用咨询方法的同时注意收集有关资料，这样才能及时发现问题，或是调整咨询方法，或是帮助来访者改变对咨询方法使用不当、投入不够的状态。

评估通常从整体的角度出发，以咨询目标为参照点，评估来访者进步的情况。评估资料的来源则主要是来访者，而其生活环境中的重要人物也是评估的资源之一。为收集评估资料，常采用的方法有三种。

1. 由咨询师向来访者提供问题并要求其做出回答

例如，"运用这种方法你感到适应吗？这种方法使用到什么程度？""使用这种方法，感觉收效如何？有什么意见？"，等等。

2. 由咨询师通过观察收集资料

咨询师通常可以从与来访者的晤谈中观察其现实的情绪状态、认知特点、行为方式，也可以向来访者生活环境中的重要人物了解其认知、情绪、行为的变化情况。

3. 指导来访者用写日记或咨询体会的方式收集资料

咨询师指导来访者写日记或者咨询体会，既可以让咨询师了解来访者运用咨询方法的情况和效果，又可以使来访者自我改变。如果自我改变的结果显示其正在朝咨询目标的方向发展，那么对来访者是一种鼓励，能增强来访者的信心；反之，也会通过言语和非言语反馈给咨询师。

如果通过评估证明既定的方法是有效的，那么咨询师应趁机鼓励来访者继续努力；如果收效不大甚至无效，那么可能有以下几个原因。

（1）来访者对既定方法运用不正确或投入不够。遇到这种情形，应对来访者就咨询方法做重新解释、指导，或是了解其投入不够的原因并进行针对性教育，然后去实践这些方法。

（2）既定方法不合适。在排除第一个原因的情况下，咨询师应与来访者一同重新研究分析并选择其他方法，然后通过实践去实行这些方法。

（3）可能对来访者心理问题的分析诊断有误。如果连续更改了几次咨询方法，而收效仍不理想，那么可怀疑咨询开始阶段的工作有问题：或是掌握材料不够；或是有价值的，甚至关键的问题没有掌握或被忽视；或是分析评判有误。这时，应向来访者进行解释说明，争取来访者的配合，重新经历开始阶段的工作。这种情况，在学校心理咨询中经常会遇到，需要咨询师保持足够的关注。

（三）结束咨询过程的技术

必须让来访者意识到整个心理咨询已经到了即将结束、咨询关系即将终止的时候，从而使其对结束咨询有准备，对结束后的生活有所准备，避免突然性和由此造成的惊慌失措。

为此，必须向来访者说明其心理问题已基本得到解决，通过咨询已获得了经验，增长了能力并已能独立应付生活环境。同时，也须向其承诺，必要时心理咨询机构将会再次给予关心和帮助，以免除其后顾之忧。通常，咨询师可以通过这样的表达向来访者传递结束咨询的信息："通过这段时间的努力，你已有了相当的进步，我们预定的目标已经实现，现在该是你去适应生活的时候，你已具备了这样的能力，再继续咨询将会妨碍你能力的发挥。因此，可能再进行两到三次的咨询，就可以结束整个咨询过程了。"值得一提的是，向来访者说明结束咨询时应尽可能以平淡的方式进行，暗示来访者结束咨询是一件自然、平常的事情。事实上，以平淡委婉的态度和口气说明比非常热心的方式要好。

逐渐结束的方式亦是常被运用的结束咨询过程的技巧。逐渐结束的方式有两种：一种是拉长两次晤谈的时间，如果咨询师原来与来访者每周晤谈一次，到咨询末期可改为两周甚至一月一次；另一种是减少每次晤谈的时间，即由原来每次晤谈一小时左右缩短为每次半小时甚至更短的时间。

测试与训练

一、阅读资料

阅读资料

二、心理测试

康奈尔健康问卷

【测试说明】 请仔细阅读下面每一道题，答案为肯定的得1分，为否定的不得分，然后计算总分。

A——眼和耳

1. 你读报时需要戴眼镜吗？

2. 你看远处时需要戴眼镜吗？

3. 你是否经常有一时性的眼前发黑（视力下降或看不见东西）的现象？

4. 你是否有频繁的眨眼和流泪？

5. 你的眼睛是否经常很疼？或你是否经常出现看物模糊的现象？

6. 你的眼睛是否经常发红或发炎？

7. 你是否耳背（听力差）？

8. 你是否有过中耳炎、耳朵流脓？

9. 你是否经常耳鸣？（耳中自觉有各种声响，以致影响听觉）

B——呼吸系统

10. 你常常不得不为清嗓子而轻咳吗？

11. 你经常有种嗓子发堵的感觉（感觉喉咙里有东西）吗？

12. 你经常连续打喷嚏吗？

13. 你是否觉得鼻子老是堵？

14. 你经常流鼻涕吗？

15. 你是否有时鼻子出血很厉害？

16. 你是否经常得重感冒？或你是否经常嗓子痛，扁桃体肿大？

17. 你是否经常有严重的慢性支气管炎（在感冒时咳嗽，吐痰拖很长时间）？

18. 你在得感冒时总是必须卧床吗？或你是否经常吐痰？

19. 你冬天是否经常感冒，使你一冬天都很难受？

20. 你是否有过敏型哮喘？（以某些过敏因素，如花粉等为诱因的哮喘）

21. 你是否有哮喘？（反复发作的、暂时性的、伴有喘音的呼吸困难）

22. 你是否经常因咳嗽而感到烦恼？

23. 你是否有过咳血？

24. 你是否有较重的盗汗（睡时出汗，醒时终止）？

25. 你除结核外是否患过慢性呼吸道疾病（如慢性支气管炎、支气管炎扩张、肺气肿）？或你是否有低烧（热）（37～38℃）？

26. 你是否有过结核病？

27. 你与得结核病的人在一起住过吗？

C——神经系统

28. 医生说过你血压很高吗？

29. 医生说过你血压很低吗？

30. 你有胸部或心区疼痛吗？

31. 你经常感到心动过速（心跳过快）吗？

32. 你是否经常心悸（平静时有心脏跳动的感觉）？或你是否经常感到脉搏停跳？

33. 你是否经常感到呼吸困难？

34. 你是否比别人更容易发生气短（喘不上气）？

35. 你即使在坐着的情况下有时也会感到气短吗？

36. 你是否经常有严重的下肢浮肿？

37. 你即使在热天也因手脚发凉而烦恼吗？

38. 你是否经常腿抽筋？

39. 医生说过你心脏有毛病吗？

40. 你的家属中是否有心脏病病人？

D——消化系统

41. 你是否已脱落了一半以上的牙齿？

42. 你是否因牙龈（牙床）出血而烦恼？

43. 你是否经常有严重的牙痛？

44. 你的舌苔是否常常很厚？

45. 你是否总是食欲不好（不想吃东西）？

46. 你是否经常吃零食？

47. 你是否吃东西时总是狼吞虎咽？

48. 你是否有时恶心呕吐？

49. 你饭后是否经常有胀满（腹部膨胀）的感觉？

50. 你饭后是否经常打饱嗝？或你是否有烧心吐酸水？

51. 你是否经常犯胃病？

52. 你是否有消化不良？

53. 你是否有严重胃痛使你不得不弯着身子？

54. 你是否感到胃部持续不舒服？

55. 你的家属中有患胃病的人吗？

56. 医生说过你有胃或十二指肠溃疡病吗？或你饭后或空腹时是否经常感到胃痛？

57. 你是否经常腹泻（拉肚子）？

58. 你是否曾因有肠道寄生虫而感到烦恼？

59. 你是否经常有严重便秘（大便干燥）？

60. 你是否有痔疮（大便时肛门疼痛，不适，或伴有大便表面带血或便后滴血）？

61. 你是否曾患过黄疸（眼、皮肤、尿发黄）？

62. 你是否得过严重胆囊疾病？

E——肌肉骨骼系统

63. 你是否经常有关节肿痛？

64. 你的肌肉和关节经常感到发僵或僵硬吗？

65. 你的胳膊或腿是否经常感到严重疼痛？

66. 你是否有严重的风湿病使你丧失活动能力？或你是否有肩、脖子肌肉发紧的现象？

67. 你的家属中是否有人患风湿病？

68. 你是否经常感到腿、脚发酸？

69. 腰背痛是否达到使你不能持续工作的程度？

70. 你是否因身体有严重的功能丧失或畸形（形态异常）而感到烦恼？

F——皮肤

71. 你的皮肤是否对温度、疼痛十分敏感或有压痛？

72. 你皮肤上的切口通常是易愈合的吗？

73. 你是否经常脸很红？

74. 你即使在冷天也大量出汗吗？

75. 你是否因严重的瘙痒（发痒）而感到烦恼？

76. 你是否经常出皮疹（风疙瘩或疹子）？

77. 你是否经常因生疖肿（脓包）而感到烦恼？

G——神经系统

78. 你是否经常由于严重头痛而感到十分难受？

79. 你是否经常由于头痛、头发沉而感到生活痛苦？

80. 你的家属中头痛常见吗？

81. 你是否有一阵发热、一阵发冷的现象？

82. 你经常有一阵阵严重头晕的感觉吗？

83. 你是否经常晕倒？

84. 你是否晕倒过两次以上？

85. 你身体某部分是否有经常麻木或震颤的感觉？

86. 你身体某部分曾经瘫痪（感觉和运动能力完全或部分丧失）过吗？

87. 你是否有被撞击后失去知觉（什么都不知道了）的现象？

88. 你头、面、肩部是否有抽搐（突然而迅速的肌肉抽动）的感觉？

89. 你是否癫痫发作过（又叫抽羊角风）？

90. 你的家属中有无癫痫病人？

91. 你是否有严重咬指甲的习惯？

92. 你是否因说话结巴或口吃而烦恼？或你是否因舌头不灵活而导致说话困难？

93. 你是否有梦游症（睡眠时走来走去，事后不记得睡着时所做的事情）？

94. 你是否尿过床？

95. 在小学和中学（8～14岁）阶段你是否尿过床？

H——生殖泌尿系统

96. 你是否每天夜里因小便起床？

97．你是否经常白天小便次数频繁？

98．你是否小便时经常有烧灼感（火烧样的疼痛）？

99．你是否有时有尿失控（不能由意识来控制排尿）？

100．是否有医生说过你的肾、膀胱有病？

（101～106 题只限男性回答）

101．你的生殖器是否有过某种严重毛病？

102．你是否经常有生殖器疼痛或触痛（一碰就疼）的现象？

103．你是否接受过生殖器的治疗？

104．医生有说过你脱肛（直肠脱出肛门以外）吗？

105．你是否有过尿血（无痛性的）？

106．你是否曾因排尿困难而烦恼？

（107～112 题只限女性回答）

107．你是否经常痛经（月经期间及前后小肚子疼）？

108．你是否在月经期常得病或感到虚弱？

109．你是否经常有月经期卧床？

110．你是否经常有持续严重的脸部潮红和出汗？

111．你在月经期是否经常情绪焦躁？

112．你是否经常因白带（阴道白色黏液）异常而烦恼？

I—疲劳症

113．你是否经常感到一阵一阵很疲劳？

114．工作是否使你感到精疲力竭？

115．你是否经常早晨起床后即感觉疲倦和筋疲力尽？

116．你是否稍做一点工作就感到累？

117．你是否经常因累而吃不下饭？

118．你是否有严重的神经衰弱？

119．你的家属中是否有患神经衰弱的人？

J—既往健康状况

120．你是否经常患病？

121．你是否经常由于患病而卧床？

122．你是否总是健康不良？

123．是否别人认为你体弱多病？

124．你的家属中是否有易患病的人？

125．你是否曾经因严重疼痛而不能工作？

126．你是否总是因为担心自己的健康而受不了？

127．你是否总是患病而且不愉快？

128．你是否经常由于健康不好而感到不幸？

K—既往病史

129．你得过猩红热吗？

130．你小时候是否得过风湿热，四肢疼痛？

131．你曾患过疟疾吗？

132. 你由于严重贫血而接受过治疗吗？

133. 你接受过性病治疗吗？

134. 你是否有糖尿病？

135. 是否有医生说过你有甲状腺肿（粗脖子病）？

136. 你是否接受过肿瘤或癌的治疗？

137. 你是否有什么慢性疾病？

138. 你是否过瘦（体重减轻）？

139. 你是否过胖（体重增加）？

140. 是否有医生说过你的腿部静脉曲张（腿部青筋暴露）？

141. 你是否住院做过手术？

142. 你曾有过严重的外伤吗？

143. 你是否经常发生小的事故或外伤？

L—习惯

144. 你是否有入睡很困难或睡眠不深易醒的现象？或你经常做梦吗？

145. 你是否不能做到每天有规律地放松一下（休息）？

146. 你是否容易做到每天有规律地锻炼？

147. 你是否每天吸 20 支以上的烟？

148. 你是否喝茶或喝咖啡比一般的人要多？

149. 你是否每天喝两次以上的白酒？

M—不适应

150. 当你考试或被提问时是否出汗很多或颤抖得很厉害？

151. 接近你的主管上级时是否紧张和发抖？

152. 当你的上级看着你工作时，你是否不知所措？

153. 当必须快速做事情时，你是否有头脑完全混乱的现象？

154. 为了避免出错，你做事必须很慢吗？

155. 你经常把指令或意图体会（理解）错吗？

156. 是否生疏的人或场所使你感到害怕？

157. 身边没有熟人时你是否因孤单而恐慌？

158. 你是否总是难以下决心（犹豫不决）？

159. 你是否总是希望有人在你身边给你出主意？

160. 别人认为你是一个很笨的人吗？

161. 除了在你自己家以外，在其他任何地方吃东西你都感到烦扰吗？

N—抑郁

162. 你在聚会中也感到孤独和悲伤吗？

163. 你是否经常感到不愉快和情绪抑郁（情绪低落）？

164. 你是否经常哭？

165. 你是否总是感到孤独和悲伤？

166. 你是否对生活感到完全绝望？

167. 你是否经常想死（一死了事）？

O—焦虑

168. 你是否经常烦恼（愁眉不展）？

169. 你的家属中是否有愁眉不展的人？

170. 是否稍遇任何一件小事都使你紧张和疲惫？

171. 是否别人认为你是一个神经质（紧张不安，易激动）的人？

172. 你的家属中是否有神经质的人？

173. 你曾精神崩溃过吗？

174. 你的家属中曾有过精神崩溃的人吗？

175. 你在精神病院看过病吗（因为你精神方面的问题）？

176. 你的家属中是否有人到精神病院看过病（因为其精神方面的问题）？

P—敏感

177. 你是否经常害羞和神经过敏？

178. 你的家属中是否有害羞和神经过敏的人？

179. 你的感情是否容易受到伤害？

180. 你在受到批评时是否总是心烦意乱？

181. 别人认为你是爱挑剔的人吗？

182. 你是否经常被人误解？

Q—愤怒

183. 你即使对朋友也存戒心吗（不放松警惕）？

184. 你是否总是凭一时冲动做事情？

185. 你是否容易烦恼和被激怒？

186. 你若不持续克制自己，精神就垮了吗？

187. 是否一点不快就使你紧张和发脾气？

188. 在别人支使你时你是否易生气？

189. 别人常使你不快，常激怒你吗？

190. 当你不能马上得到你所需要的东西时就发脾气吗？

191. 你是否经常大发脾气？

R—紧张

192. 你是否经常发抖和战栗？

193. 你是否经常紧张焦急？

194. 你是否会被突然的声音吓一大跳（跳起或发抖得厉害）？

195. 是否不管何时，当别人大声叫你时，你都被吓得发抖和发软？

196. 你对夜间突然的动静是否感到恐惧（害怕）？

197. 你是否经常因噩梦而惊醒？

198. 你是否头脑中经常反复出现某种恐怖（可怕的）想法？

199. 你是否常常毫无理由地突然感觉畏惧（害怕）？

200. 你是否经常有突然出冷汗的情况？

【测试结果】 其临界点参考值为：男性总分≥35分，女性总分≥40分；其中 M～R（共51项）得分主要反映情绪、适应性等心理方面的指标，男性 M～R 得分≥15分，女性 M～R 得分≥20分。当超过临界值时，可通过后面的要素判断问题主要出在哪些方面。

三、心理训练

（一）寻找打开心理之锁的钥匙

每一个人都希望拥有幸福快乐的生活，但心理问题的产生具有一定的偶然性，因而无论是我们自己还是周围的同学亲友都有可能遇到这样或那样的心理问题，有时甚至是比较严重的心理问题。那么，当自己真的在某个方面出现问题的时候，又该到哪里去寻找打开心理之锁的钥匙呢？想一想，把你想到的结果写在下面。

当我在学习方面遇到问题时，我可以去求助＿＿＿＿＿＿＿＿＿＿＿＿＿＿＿＿

当我在爱情与性方面遇到问题时，我可以去求助＿＿＿＿＿＿＿＿＿＿＿＿＿

当我在人际关系方面遇到问题时，我可以去求助＿＿＿＿＿＿＿＿＿＿＿＿＿

当我在个人发展方面遇到问题时，我可以去求助＿＿＿＿＿＿＿＿＿＿＿＿＿

当我在其他方面遇到问题时，我可以去求助＿＿＿＿＿＿＿＿＿＿＿＿＿＿＿

（二）丢掉人际交往中的自卑

请你完成下面的填空。

在我和同学的交往中，最看重和最欣赏对方的特点是（用词组或句子来描述）：

特点一：＿＿＿＿＿＿＿＿＿＿＿＿＿＿＿＿＿＿＿＿＿＿＿＿＿＿＿＿＿＿＿＿

特点二：＿＿＿＿＿＿＿＿＿＿＿＿＿＿＿＿＿＿＿＿＿＿＿＿＿＿＿＿＿＿＿＿

特点三：＿＿＿＿＿＿＿＿＿＿＿＿＿＿＿＿＿＿＿＿＿＿＿＿＿＿＿＿＿＿＿＿

特点四：＿＿＿＿＿＿＿＿＿＿＿＿＿＿＿＿＿＿＿＿＿＿＿＿＿＿＿＿＿＿＿＿

特点五：＿＿＿＿＿＿＿＿＿＿＿＿＿＿＿＿＿＿＿＿＿＿＿＿＿＿＿＿＿＿＿＿

写完句子后，每4～5人组成一个小组，就这个题目进行讨论和交流。在讨论时，将小组其他几位同学每人最重视的一条誊写到下面，来作为自己今后在人际交往中的参考。

交朋友时对方最重要的特点是：

特点一：＿＿＿＿＿＿＿＿＿＿＿＿＿＿＿＿＿＿＿＿＿＿＿＿＿＿＿＿＿＿＿＿

特点二：＿＿＿＿＿＿＿＿＿＿＿＿＿＿＿＿＿＿＿＿＿＿＿＿＿＿＿＿＿＿＿＿

特点三：＿＿＿＿＿＿＿＿＿＿＿＿＿＿＿＿＿＿＿＿＿＿＿＿＿＿＿＿＿＿＿＿

特点四：＿＿＿＿＿＿＿＿＿＿＿＿＿＿＿＿＿＿＿＿＿＿＿＿＿＿＿＿＿＿＿＿

特点五：＿＿＿＿＿＿＿＿＿＿＿＿＿＿＿＿＿＿＿＿＿＿＿＿＿＿＿＿＿＿＿＿

（三）勇敢地学会说"不！"

在处理同学之间的人际关系时，需要学会敢于说"不"，以便维护自己的正当权益。

活动方式：每4～5人组成一个小组，每个小组分别由两名同学轮流扮演提出不合理要求的人（角色A）与拒绝这种要求的人（角色B），且这两个角色并非恋爱关系。其他同学做观察员，来评比扮演角色B的同学的表达能力，并对他（她）的不足给予帮助。

活动要求：

（1）小组内的每一名同学都至少扮演一次角色A，也扮演一次角色B。

（2）小组内的评比标准：是否可以有效地并在尽量不损害与角色A之间的人际关系的前提下，拒绝其不合理的要求。

（3）对于剧本和具体语言，由小组同学自己发挥。

剧本①：经济不困难的角色A已经向角色B借过几次钱，并且一直都没有还，今天角色A又一次向角色B提出借钱的要求。

剧本②：角色B正在做一件对自己很重要的事情（比如正在写明天要交的作业等），角色

A 却要求角色 B 陪同他一起去玩(或去商场买东西等)。

剧本③:角色 A 平时很少学习,临考试前要求角色 B 在考场上配合其作弊。

(四) 倾听训练

当自己的同学、朋友出现了他自己难以处理的心理问题时,能够尽己所能给予帮助,这不仅是一种对同学、朋友表达爱心的方式,而且是一种关爱和助人能力的展现。当同学、朋友感到痛苦、郁闷、烦恼、压抑时,理解、关注和倾听就是很有效果的帮助和支持,也可以说,成为一个能让朋友宣泄不良情绪的倾诉对象就是对朋友很好的帮助。如何才能更好地倾听呢? 请同学们每两个人一组,相互做一个倾听的练习。

活动方式:一名同学做倾诉者,找一个自己特别想说的话题向对方倾诉(至少需要讲 5 分钟),倾听者按照下面的要求来倾听。5 分钟后,由倾诉者向倾听者反馈自己对其倾听时的感受,以帮助对方提高倾听的技巧。之后两人互换角色,继续练习。

倾听者在倾听时的要求:

(1) 关注聆听。当倾诉者说话时看着他,以建立起心理上的联系。保持一种合适的姿势,以期对方可以清楚你对他的兴趣、尊重和关爱。

(2) 做出感应。目的是反映情感,倾听倾诉者表达中的关键意思,同时观察他的情绪表现,以简洁扼要的话重述他刚刚表达的——说明他的感受。

(3) 澄清。允许倾诉者的表达有含糊不清的地方,当需要时要求倾诉者澄清他的意思,必要时进行重复。

澄清反应举例:

"你是说……?"

"我听见你说……,是吗?"

"你好像是说……"

"是(那样)……吗?"

"真是(那样)……吗?"

关于倾听的具体原则:

(1) 把注意力集中在倾诉者所说的和所感受的上面——表达出深刻关心和尊重。

(2) 不要说话,最好让倾诉者自由地表达。

(3) 全身心地投入这个倾听的过程中,不要走神。

(4) 从倾诉者的价值观念来理解他的意思,即不要从自己的价值观出发来想象对方的感受。

(5) 不对倾诉者做任何评价和判断。

四、思考题

1. 什么是心理咨询? 什么是心理治疗? 如何理解心理咨询与心理治疗之间的关系?

2. 心理咨询的基本特征和模式有哪些?

3. 心理咨询包含哪些过程?

4. 开展心理咨询应遵循哪些原则?

5. 在心理咨询和心理治疗中应掌握哪些会谈技术?

参 考 文 献

[1] 张冬梅，谷丹. 大学生心理健康教育[M]. 北京：北京邮电大学出版社，2018.

[2] 胡谊，张亚，朱虹. 大学生心理健康教育[M]. 上海：华东师范大学出版社，2019.

[3] 孙淑芬. 大学生心理健康教育[M]. 北京：北京师范大学出版社，2019.

[4] 郭朝辉，程虹娟，李奋生. 大学生心理健康教育[M]. 2版. 北京：科学出版社，2017.

[5] 林少菊. 我们的前世今生：DNA心理密码探索[M]. 长沙：湖南人民出版社，2013.

[6] 陈劲松. 大学生心理健康教育[M]. 北京：科学出版社，2020.

[7] 李书. 大学生心理健康教育[M]. 武汉：华中科技大学出版社，2019.

[8] 刘晓明. 大学生心理健康教育[M]. 2版. 吉林：吉林大学出版社，2014.

[9] 徐亮. 为心灵开一扇窗：大学生心理健康教育[M]. 天津：南开大学出版社，2014.

[10] 郑淑杰. 大学生心理健康教育[M]. 北京：教育科学出版社，2014.

[11] 鲁忠义，安莉娟. 大学生心理健康教育[M]. 北京：教育科学出版社，2015.

[12] 孙启香，涂冬侠，朱其志. 大学生心理健康教育实用教程[M]. 沈阳：东北大学出版社，2019.

[13] 陈昉，王明娟. 新编大学生心理健康教育[M]. 北京：北京邮电大学出版社，2012.

[14] 徐贤淑，等. 大学生心理健康[M]. 北京：中国医药科技出版社，2017.

[15] 马志国. 走出中学生活心理误区[M]. 北京：人民卫生出版社，2015.

[16] 邵肖琴，李海萍. 大学生心理健康指导[M]. 武汉：武汉理工大学出版社，2018.

[17] 郑航月，夏小林. 大学生心理健康教育[M]. 重庆：重庆大学出版社，2018.

[18] 陈树，张铮，向玉梅. 大学生心理健康教育[M]. 北京：高等教育出版社，2019.

[19] 严玲，常雅娟. 大学生心理健康教育[M]. 北京：高等教育出版社，2012.

[20] 李刚英，李一骁. 大学生心理健康[M]. 北京：中国人民大学出版社，2018.